U0771973

大学生职业生涯规划

主 编　王　璐　李翠萍　朱秀芬
副主编　苏贻涛

高等教育出版社·北京

图书在版编目（CIP）数据

大学生职业生涯规划 / 王璐，李翠萍，朱秀芬主编 .
-- 北京：高等教育出版社，2018.6（2019.12重印）

ISBN 978-7-04-050041-7

Ⅰ. ①大… Ⅱ. ①王… ②李… ③朱… Ⅲ. ①大学生
- 职业选择 - 高等学校 - 教材 Ⅳ. ① G647.38

中国版本图书馆 CIP 数据核字（2018）第 143167 号

策划编辑	李光跃	责任编辑	李光跃	特约编辑	张 磊	封面设计	李小璐
责任印制	韩 刚						

出版发行	高等教育出版社	网　　址	http://www.hep.edu.cn
社　　址	北京市西城区德外大街4号		http://www.hep.com.cn
邮政编码	100120	网上订购	http://www.hepmall.com.cn
印　　刷	保定市中画美凯印刷有限公司		http://www.hepmall.com
开　　本	787mm×1092mm　1/16		http://www.hepmall.cn
印　　张	17.5		
字　　数	420 千字	版　　次	2018 年 6 月第 1 版
购书热线	010-58581118	印　　次	2019 年 12 月第 3 次印刷
咨询电话	400-810-0598	定　　价	36.00 元

前　言

　　大学生是祖国的未来、民族的希望，是社会发展的重要人力资源，同时也是实施科教兴国战略的重要载体。每个人都有属于自己的职业生涯，择业与就业是每一个大学生都会遇到的一个非常现实的问题，也是摆在大学毕业生面前的一个重要课题。大学生科学、合理地就业，关系到我国高等教育的发展，关系到经济的增长和社会的稳定。大学是人生当中的一个重要阶段，在大学期间要做好自己的职业生涯规划，掌握丰富的知识和技能，努力寻找与自己的能力、兴趣、性格及价值观相匹配的职业类型，积极投身职业社会。

　　科学地进行职业生涯规划是大学生通向事业成功的前提与基础。首先，科学的职业生涯规划可以帮助大学生充分地认识自己，从而选择适合自己的职业。其次，科学的职业生涯规划还能对大学生起到一定的督促与激励作用，使大学生产生学习的动力，提高学习的积极性与主动性，向自己的目标不断努力。再次，科学的职业生涯规划还有助于提高大学生的综合素质，使其成为社会需要的人才。

　　大学生是职业生涯规划的主体，大学生只有对自己进行了客观分析与评价，才能有效地实现人职匹配，只有对自己的职业生涯规划进行了科学的评估与调整，才能最终获得事业上的成功。为了帮助大学生更好地认识职业生涯规划的相关理论，科学地制订出自己的职业生涯规划，我们编写了《大学生职业生涯规划》一书。

　　本书内容包括职业生涯规划概述、自我认知、职业社会认知、职业生涯决策理论、大学生职业生涯规划的制订、大学生职业生涯规划的实施、大学生职业素质培养、大学生职业生涯管理与发展八方面的内容。通过对这些内容的学习，大学生能够科学地制订好自己的职业生涯规划，为开启自己的职业生涯做好充分准备。本书结构清晰、理论明确、内容翔实，具有全面性、系统性、实用性的特点，相信本书会对大学生的职业生涯规划及就业创业等起到一定的指导作用。

　　本书由沈阳理工大学大学生职业发展与就业创业指导教研室编写，由王璐、李翠萍、朱秀芬担任主编，编委均为大学生职业发展与就业创业指导课程教学一线教师。各章编写人员为：第一章至第三章，王璐、苏贻涛；第四章至第六章，李翠萍；第七章、第八章，朱秀芬。

　　本书在编写过程中参阅了大量有关大学生职业生涯规划方面的著作，借鉴了一些专家和学者的研究成果，在此表示诚挚的谢意！由于时间仓促，作者水平有限，不足之处在所难免，恳请广大读者在使用中多提宝贵意见，以便本书的修改与完善。

编者

2018 年 3 月

目 录

第三章　职业社会认知 …………………………………………………… 75

第一章　职业生涯规划概述

在高速发展的现代社会中，职业对于大多数人来说，仍然是生活中不可缺少的重要组成部分。当一个人真正进入社会，职业就将伴随他的一生。一个人的职业生涯在其一生当中占据着极为重要的地位，职业生涯的成功与否直接影响到人生价值能否得到充分的体现，间接决定了生命内容的精彩抑或平淡。

有这样一个故事：

一对兄弟家住在80层。他们旅行回来，却发现大楼停电了！兄弟俩背着大包小包非常发愁，俩人商量决定无论如何也得回家，于是开始爬楼。

爬到20层时，他们觉得累了。哥哥说："包太重了，不如就放在这里，等来电后坐电梯来拿。"于是，他们把行李放下，觉得轻松了很多，继续向上爬。

但好景不长，到了40层，两人实在太累了。想到只爬了一半，两人开始互相埋怨，指责对方不注意大楼的停电公告，才会落得如此下场。他们边吵边爬楼，就这样一路爬到了60层。

到了60层，他们累得连吵架的力气也没有了。弟弟对哥哥说："我们不要吵了，爬完它吧。"于是他们默默地继续爬楼，终于到了家门口。

站在80层的楼梯口，兄弟俩互相望了望，想起了一件事：钥匙忘在了20层，还在背包里……

有人说，这个故事其实反映了人的一生：

20岁之前，我们活在家人、老师的期望下，背负着很多压力和包袱，自己也不够成熟，能力不足，因此，步履难免不稳。

20岁之后，离开了众人的压力，卸下了包袱，开始全力以赴地追求自己的梦想，就这样愉快地度过20年。

到了40岁，发现青春已逝，不免产生许多的遗憾和追悔，于是开始遗憾这个，惋惜那个，抱怨这个，嫉妒那个……就这样在抱怨中度过了20年。

到了60岁，发现人生已所剩不多，于是告诉自己不要抱怨了，就珍惜剩下的日子吧！这样，默默地走完了自己的余年。

到了生命的尽头，才想起自己好像还有什么事没有做完。原来，我们把所有的梦想都留在了20岁的青春岁月里，还没来得及完成。

这个故事揭示了人生的一般规律，而每个人的人生又都是独一无二和丰富多彩的。

无论你选择过什么样的生活，走哪一条人生道路，做好生涯规划对每个人来说都是十分重要的，它关乎个人的前途与命运。对于大学生来说，选定职业方向、规划职业生涯，有助于更加顺利地开始新的生活。越早确定确切的职业目标、做出科学的职业生涯规划，就越容易接近和实现自己的人生理想。

第一节　职业生涯规划理论

一、职业

（一）职业的内涵

虽然人们每天都在与职业打交道，但在现实生活中，人们对"职业"一词的内涵却有着不同的理解。有人认为职业就是"工作"，有人认为职业是一种"生活来源"，还有人认为职业是"社会地位"。职业是社会分工的结果，是人类社会生产和社会生活进步的标志。随着经济和社会的不断发展，科学技术的突飞猛进，社会职业的数量、种类、结构、要求都在不断地发生着变化。

在英文中，职业可对应为 vocation 和 occupation，但两者的含义并不完全相同。vocation 是一个比较微观的概念，在个人层面和心理的意义上使用，如职业兴趣和职业能力等；而 occupation 是一个比较宏观的概念，在社会制度或社会分工的意义上使用，如职业分类等。

在中文里，从汉语的角度来讲，"职业"独立成词很早就出现了。《荀子·富国》中说："事业所恶也，功利所好也，职业无分。"唐朝杨倞在其《荀子注》一书中说："职业，谓官职及四人之业也。"就是把官和士、农、工、商等分成职业。从词义学的角度来看，"职业"一词由"职"与"业"两字组合而成。"职"字包含着责任、工作中所担当的任务等意思；"业"字含有行业、业务、事业等意思。从这个角度来解释，职业是一种承担某种责任、义务的行业性、专门化的活动。而《现代汉语词典》中则将职业解释为个人在社会中所从事的作为主要生活来源的工作。

有关职业的定义至今还众说纷纭，莫衷一是，可谓仁者见仁，智者见智。各种不同学派的专家和学者着眼于不同的研究目的，从各自不同的立场出发阐述了对于职业的不同理解，比较有代表性的是社会学家和经济学家的观点。社会学意义上，认为职业是一种社会位置，强调职业的社会属性；经济学意义上，认为职业是一种"经济生活活动"，侧重强调职业的经济属性。

综合各种职业定义，我们将对职业的理解描述为：职业是人们在社会生活中所从事的、以获得物质报酬作为主要生活来源、并能满足自己精神需求的、在社会分工中具有专门技能的工作。所以，职业是为了满足社会生产和生活的需要，人们从事的相对稳定的、有收入的、专门类别的社会活动。特别需要指出的是：社会性劳动、相对长期稳定、有报酬收入构成了职业的三个最基本属性。

（二）职业的构成要素

职业的要素包括职业名称、职业主体、职业客体、职业技术以及职业报酬。

1. 职业名称

职业名称，是职业的符号特征，一般用社会通用名称来命名。它是职业构成的最基本要素，没有名称，职业就无法谈起，更无法区别各种职业。例如"警察"和"保安"，两者从职业名称就可以区分开各自的职业活动及其职责。"警察"是这一职业的社会通称。警察是根据国家法律法规，从事预防、制止和侦查违法犯罪活动，维护社会治安秩序，制止危害社会治安秩序行为的专门工作，属于国家执法机关工作人员，职业属于公务员范围；而"保安"这一职业，是在特定的工作区域内，根据内部管理制度，在一定范围内从事安全保卫服务工作，其既不是国家执法机关工作人员，也不是国家公务员。

2. 职业主体

职业主体，是指从事一定社会分工的劳动者。职业主体须具备开展该职业活动所需要的资格和劳动能力等。如教师这一职业，就是由个体教师组成，它的职业活动由个体教师承担并完成。《中华人民共和国教师法》第十条规定："中国公民凡遵守宪法和法律，热爱教育事业，具有良好的思想品德，具备本法规定的学历或者经国家教师资格考试合格，有教育教学能力，经认定合格的，可以取得教师资格。"

3. 职业客体

职业客体，是指职业活动的对象、内容、场所和劳动方式等，它是职业活动的具体指向。每一种职业都有各自的工作对象、工作内容以及工作场所，这也是职业与职业之间的重要区别。如"物业管理员"这一职业，工作对象是辖区的业主，工作内容是为业主提供各种服务，工作场所是辖区的办公室、业主住宅及公共场所；而"焊工"这一职业，工作对象是焊机、焊材，工作内容是对各种工件进行焊接等，其工作场所是车间、工地等。

4. 职业技术

职业技术，是指劳动者在从事职业活动时所运用的各种技术的总和，包括知识技术、能力技术以及思维技术。职业技术是职业要素的重要组成，社会中每一种职业都需要技术，都有一定的技术含量。例如，"工程师"这一职业，要求从业者必须具备一定的学历水平和知识结构，具有相当水准的专业水平，还必须具有高水平的思维能力。只有掌握并运用这些技术，才能胜任"工程师"这一职业。

5. 职业报酬

职业报酬，是指通过职业劳动所取得的各种报酬，包括工资、福利等。劳动者通过职业活动为社会创造大量财富，为社会的繁荣稳定发展做出贡献的同时，也通过职业活动获得了报酬，得到了相应的收入，满足个人谋生最基本的需要，达到了个体生存和发展的经济目的。

（三）职业的功能

职业的功能是指职业对社会及个体的影响和作用。职业是社会经济生活的基础，是推动社会发展进步的助推器，同时，职业也是每一个劳动者生存与发展的载体。职业不但具有社会功能，对劳动者来说还具有特殊的个人功能。

1. 职业对社会的功能

首先，职业作为一种社会存在，是社会存在的内容。职业分工及其结构，是社会经济制度与社会经济结构的重要部分，是社会经济发展水平的反映。人们通过职业劳动，生产出社会财富，为社会的存在和发展提供物质基础。因此，职业不仅是人的社会身份的体现，同时也构成了人类社会存在的一个内容。

其次，职业是社会发展的动力。职业的社会运动，包括个人改善职业的向上流动、不同职业阶层间的矛盾冲突和解决以及个人职业与社会经济结构相联系的职业结构变动等，这构成了社会发展与社会进步的动力。另外，个人为了追求未来的"好职业"，更好地实现人生理想而进行人力投资，不断学习，更是成为推动社会发展的巨大动力。

再次，职业是人们的重要生活方式，是社会控制的手段。自古以来，"安居乐业"是人们的共同愿望，"仓廪实则知礼节，衣食足则知荣辱""饥寒则起盗心"。政府为公众创造职业岗位，执行促进"充分就业"的政策，从其功能的角度看，就是为了减少社会问题，从而达到社会控制的目的。

2. 职业对个人的功能

首先，职业是人生的主要活动。职业作为人们参与社会生活、进行人生实践的最主要途径，从多方面决定了个人的特征和境遇。职业生活，使从业者进入一种社会情境，这种社会情境因职业的不同而不同。因此，可以说职业是人们担任特定社会角色、形成一定行为模式的条件。

其次，职业是个人获得经济收入的主要来源，是维持个人生存与家庭生活的主要手段。"民以食为天"，一个人生活在世间，离不开衣食住行，而这些都需要相应的经济收入作保障。人们通过参加一定岗位的职业劳动来换取劳动报酬，满足谋生需要，积累了个人财富，为人类的繁衍提供了物质基础。"趋利"与"避害"，都是生物对外部环境的必然选择。人们的"趋利"更多地体现在追求高收入的职业上，这也就成为人们选择职业的主要标准之一。另外，通过职业活动，人们也可以获得名誉、地位、权力以及各种便利等多种非经济的利益，从而使个人获得心理满足，达到"乐业"的境地。

再次，职业是个人发挥才能的手段，是个人实现人生理想的载体。职业不只是人们挣钱谋生的手段，也是促进个人的个性发展，实现人生价值的舞台。人们从事的某种特定职业类别的工作，不仅要求人们有一定的素质，还要能使人的才能得到发挥，并成为促进人的才能和个性发展的手段。每个人都有自己的专长和职业理想，人们要发挥出自己的特长，实现自己的人生理想，必须借助职业这一载体，通过选定适合自己的特定职业，参加职业活动，不断展示自己、满足自己、发展自己、完善自己。因此，可以说职业是一个人一生所追求的事业，它蕴涵着人生的理想和信念。

最后，职业是个人为社会做贡献的途径。职业不仅解决了人们谋生的问题，也是人们通过职业劳动为社会创造财富、承担社会责任的根本途径。一个人从事某种职业，就是进入一个社会劳动分工体系之中参与其活动。通过职业活动，承担了个人对社会、对他人应尽的义务，这就是他为社会做出的贡献。

（四）职业的特点

1. 时代性

职业的时代性有两层含义。一个层面是职业随着时代的变化而变化，一部分新职业产生，替代一部分过时的职业；另一个层面是人们所热衷的职业能够反映当时的社会风尚。个人与时代精神的关系，往往反映在人们的职业取向上。例如，"文革"期间，知识分子被视为"臭老九"，受到责难。但是，粉碎"四人帮"以后，大家都追求上大学，当科学家、当工程师。而改革开放以后，人们转而注重第三产业的职业，很多人把从事商业经营、饭店管理等工作当作最满意的工作。

2. 经济性

职业是劳动者生活的经济来源，是物质生活与其他社会生活的经济保障。劳动者在承担职业岗位职责并完成工作任务后要获得劳动报酬或者收入，这不仅是劳动者维持家庭生活、保持社会稳定的基础，而且是用人单位、社会对劳动者完成本职工作任务所付出劳动而给予的应有回报。

3. 广泛性

职业问题涉及社会的大部分成员，也涉及社会、政治、经济、技术、教育、心理以及伦理等许多领域，因而它具有广泛性。从个人角度来说，一个人生活的方方面面，都与形形色色的职业世界发生着联系。基于职业范畴的广泛性，诸多的学科，如社会学、政治学、经济学、管理学、教育学、心理学、生理学与医学、各种工程技术学科等，都把职业问题作为自己的研究对象。

4. 差异性

不同职业之间可能有着巨大的差异。这些差异包括职业劳动的内容、职业的社会心理以及从业者个人的行为模式等。人类社会作为一个有机体，必然存在分工，存在多种多样的职业。古人说"三百六十行，行行出状元"，而现代社会则有着多达几千至上万种职业。俗语说"隔行如隔山"，各类职业间大相径庭。职业的这种差异，导致了不同职业者的不同社会人格以及人在职业转换中的矛盾和困难。而且，随着经济结构的变动和社会的发展、技术的进步、劳动分工的细化，新职业不断产生，其数量要多于被淘汰的职业。当今社会，职业差异在不断加大。

5. 技术性

自职业诞生以来，社会就不存在没有技术的职业，这在科技高度发达的现代社会尤为明显。虽然社会对每一种职业的技术要求不同，职业与职业之间的技术性存在着差异，但一定的技术含量是所有职业所必需的。任何一种职业岗位，除了本岗位的职业道德、责任义务以外，还必须达到一定的技术水准，没有职业技术就无法胜任本职工作，甚至根本无法从事这一职业。如从事教师职业要求有相关的学历或者经国家教师资格考试合格；"工程师"从业者也必须具备一定的学历水平和知识结构。

6. 发展性

职业出现后并不是一成不变的，社会经济、科技、文化的快速发展，促使职业活动发生了变化，造就了职业的发展与变化。科学技术日新月异的当今社会，一些落后于时代的职业逐渐消失了，而更多的适应新时代的新职业应运而生。

此外，职业还有群体性、规范性、稳定性等特点。

（五）职业的分类

所谓职业分类，就是采用一定的标准和方法，依据一定的分类原则，对从业人员所从事的各种专门化的社会职业进行全面、系统的划分与归类。

职业分类不仅是形成产业结构概念和进行产业结构、产业组织以及产业政策研究的前提，同时也是对劳动者及其劳动进行分类管理、分级管理以及系统管理的需要，对于社会各个行业的发展有着十分重要的意义，任何一个国家的职业分类都影响并制约着其国民经济各部门管理活动的成效。

具体来说，职业分类是劳动力社会化管理的基础。一般来说，同一性质的工作，往往具有共同的特点和规律。把性质相同的职业归为一类，有助于国家对职工队伍进行分类管理，并可以根据不同的职业特点与工作要求，采取相应的录用、调配、考核、培训以及奖惩等管理方法，使管理更具针对性。

此外，职业分类还是现代教育培训与就业工作的基础，是对职工进行考核与智力开发的重要依据，不仅有助于建立合理的职业结构和职工配置体系，而且还能为国民经济信息统计和人口普查提供服务等。

1. 职业分类的基本依据与方法

任何一个国家的职业分类都是建立在一个分类结构体系之上的，针对体系中的每个层次，依据不同的原则和方法，才能实现总体结构的职业划分与归类。根据国际职业分类的通行做法，职业分类一般划分为大类、中类、小类以及细类 4 个层次。

（1）大类层次的职业分类是依据工作性质的同一性，并考虑相应的能力水平进行的。

（2）中类层次的职业分类是在大类范围内，根据工作任务与分工的同一性进行的。

（3）小类层次的职业分类是在中类范围内，按照工作的环境、功能及相互关系的同一性进行的。

（4）细类层次的职业分类是在小类的基础上，按照工作分析法，根据工艺技术、对象、操作流程和方法的同一性进行的。

工作分析法是职业分类的基本方法。所谓职业分类工作分析法，是将任何一种职业活动依据其工作的基本属性进行分析，按照工作特征的相同与相异程度进行职业的划分与归类。

2. 国际职业分类

世界上经济发达的国家都非常重视对职业分类问题的研究。当然，各国国情不同，划分职业的标准也有所区别。概括地说，国外的职业分类一般有三种类型。

（1）按照脑力劳动与体力劳动的性质、层次进行分类

按照这一分类方法，主要把工作人员划分为白领工作人员与蓝领工作人员两大类。

① 白领工作人员。主要包括专业性和技术性的工作，农场以外的经理和行政人员，销售人员以及办公室人员。

② 蓝领工作人员。主要包括手工业及类似的工人，运输装置机工，服务性行业工人，非运输性的技工以及农场以外的工人。

（2）按照心理的个别差异进行分类

这种分类方法是根据美国霍普金斯大学心理学教授、著名的职业指导专家约翰·霍兰德创立的人格－职业类型匹配理论，将职业划分为六大基本类型，即现实型、研究型、艺术型、社会型、企业型和常规型。

① 现实型。主要是指熟练的手工和技术工作，如鞋匠、木匠、锁匠、产业工人以及运输工人（司机）等。

② 研究型。主要指科学研究和实验工作，如科研人员等。

③ 艺术型。指艺术创作类工作，如作家、书画家、音乐家、摄影师、舞蹈演员以及雕塑家等。

④ 社会型。指为人办事的工作，如医生、护士、教师等。

⑤ 企业型。指那些劝说、指派他人去做某事的工作，如律师、经理、工业顾问等。

⑥ 常规型。通常指办公室工作，如办公室办事员、银行出纳员、统计员、图书管理员等。

（3）按照各个职业的主要职责或"从事的工作"进行分类

这一分类方法较为普遍，有两个代表。

一是加拿大《职业岗位分类词典》，把分属于国民经济中主要行业的职业划分为23个主类、81个子类、489个细类和7 200多个职业基本名称。

二是国际标准职业分类。国际标准职业分类把职业由粗至细分为4个层次，即8个大类、83个小类、284个细类、1 506个职业项目，总共列出职业1 881个。其中8个大类包括以下几方面。

① 专家、技术人员及有关工作者。

② 政府官员和企业经理。

③ 事务工作者和有关工作者。

④ 销售工作者。

⑤ 服务工作者。

⑥ 农业、牧业、林业工作者及渔民、猎人。

⑦ 生产和有关工作者、运输设备操作者和劳动者。

⑧ 不能按职业分类的劳动者。

这种分类方法便于提高国际间职业统计资料的可比性和国际交流。

二、职业生涯

（一）生涯

1. 生涯的内涵

"生涯"一词由来已久，"生"原意为"活着"，"涯"为"边际"，"生"和"涯"连在一起是"一生"的意思，也就是人的一生、一辈子。

"生涯"的英文释义是"career"，从词源上看，来自罗马字"viacarraria"及拉丁字"carrus"，两者的意义均指古代的战车。在希腊语中，"career"这个词蕴含竞赛的精神，最早常被用作动词，如驾驭赛马（to career a horse）。在西方人的概念中，使用"career"

一词就如同在马场上驰骋竞技，隐含有未知、冒险等精神。后来又被引申为道路，现多被引申为人生发展历程，即人的发展道路。因而，又可指人或事物所经历的途径，或指个人一生的发展过程，也指个人一生中所扮演的系列角色与职位。

因为时代不同、视角相异等因素，国外学者对生涯的定义也有所不同。麦克弗兰德（Mcfarland，1969）认为，生涯指一个个依据心中的长期目标所形成的一系列工作选择，以及相关的教育或训练活动，是有计划的职业发展历程。麦克丹尼尔（Mcdaniels，1978）认为，生涯指一个人一生职业、社会与人际关系的总称，即个人终身发展的历程。由此可发现，生涯的概念因阐述者视觉和时代的不同而有所侧重。但整体看来，生涯是个人终身从事的工作或者职业等相关活动的过程。目前大多数西方学者所接受的生涯的定义是舒伯（Super，1976）的观点：生涯是生活里各种事态的演进方向和历程，它统合了人一生中的各种职业和生活角色，由此表现出个人独特的自我发展形态。

2. 生涯的特征

从生涯的内涵看，生涯具有以下特征：

（1）终身性。生涯发展是一个持续不断的过程，包括了一个人一生中所经历过的各种职位和角色。因此，生涯不是某个人某个阶段特有的，而是终身发展的过程。

（2）独特性。世上没有两片相同的树叶，同样，每个人的生涯也彼此不同。生涯是每个人根据自己的理想，为了实现自我而逐渐展开的一种独特的生命历程，不同的个体有不同的生涯。有些人在生涯的形态上有相似的地方，但是其实质却可能完全不同。

（3）发展性。生涯是一个动态的发展历程，个体在不同的生命阶段中会有不同的愿望，这些愿望会不断地变化和发展，个体也就不断地成长。

（4）综合性。生涯以个体生命演进的发展为主轴，并包括了其他与工作有关的角色。生涯并不是个人在某个阶段拥有的职位、角色，而是个人在他一生中所有的职位、角色的总和，这个总和不局限于个人的职业角色，也包括学生、子女、父母、公民等涵盖人生整体发展的各个层面的各种角色。

3. 影响生涯的因素

影响生涯的因素很多，概括起来主要有以下几个方面：

（1）个人的特质和经验。心理特质，如能力、能力倾向、人格特质、自我概念、成就动机；生理特质，如健康程度、形体容貌、性别、精力；经验，如教育程度、受过的训练、掌握的技能、工作经历、社交技巧。

（2）个人的背景状况。父母的家庭背景，如父母的社会经济地位、职业、经济状况及父母的期望；自己的家庭背景，如婚姻关系、配偶的期望；一般状况，如种族、宗族、生态环境。

（3）个人的环境状况。包括所处的社会经济状况、职业变化趋势、技术发展、所处的国际环境、面临的国家政策等。

（4）不可预期的因素。包括地震、疾病、死亡等难以预期的事件。

由此我们发现，人的生涯存在潜在的、不可预见的因素的影响，但是我们可以通过个人的努力，清楚地认识客观事物，把握事物发展的方向，认真规划自己的生涯，实现自己追求的幸福生活。

（二）职业生涯

一个人选择一种职业，也许终身从事，也许一生中转换几种职业，不论怎样，一旦开始进入职业角色，他的职业生涯就开始了，并且随时间的流逝而延续。也就是说，职业生涯就是一个人的职业经历，是指一个人一生中所有与职业相联系的行为与活动，以及相关的态度、价值观、愿望等连续性经历的过程，也是一个人一生中职业、职位的变迁及工作、理想的实现过程。具体地讲，职业生涯是以心理开发、生理开发、智力开发、技能开发、伦理开发等人的潜能开发为基础，以工作内容的确定和变化、工作业绩的评价、工资待遇、职称职务的变动为标志，以满足需求为目标的工作经历和内心体验的过程。职业生涯是一个动态的过程，并不包含在职业上成功与失败或进步快与慢的意义。

因此，狭义上的职业生涯，是从一个人进入职场的第一天开始，到职业工作结束，也就是退休的那一天为止，这一期间的所有时间都属于职业生涯。而广义上，则将与职业相关的人的一生都看作是人的职业生涯。

职业生涯可分为内职业生涯和外职业生涯。内职业生涯由个人内在素质决定，是指从事一种职业时的知识、观念、经验、能力、心理素质、内心感受等因素的组合及变化过程。内职业生涯各项因素的获得，可以通过别人的帮助，但主要靠个体自身的努力追求。内职业生涯的构成因素一旦获得，别人便不能收回或剥夺。在职业生涯的各个阶段，我们都必须重视内职业生涯的发展。在校大学生，或者是刚刚参加工作的职场新人，一定要高度重视内职业生涯中各因素的培养。

外职业生涯的构成因素通常是由外人认可和给予的，同时也容易被否认和收回。外职业生涯通常可以通过名片、工资体现出来。名片表明了工作单位、企业类型、担任职务等内容；工资单里写明了基本工资、岗位津贴、奖金绩效等。

内职业生涯的发展是外职业生涯发展的前提，内职业生涯的发展带动外职业生涯的发展。在职业生涯发展进程中，起重要作用的是内职业生涯。

有培训机构对参加职业培训的 500 多名学员通过职业满足人生发展各种需求的平均百分比进行了调查，其中对"生活来源"需求满足的平均期望值为 99%；对"归属和爱"需求满足的平均期望值为 55%；对"自我需要"需求满足的平均期望值为 80%；对于"来自他人的尊重"需求满足的平均期望值为 86%；对"自我实现"需求满足的平均期望值为 95%。

从以上数据我们可以发现，多数人的需求都要通过职业生涯来满足。一个人的职业生涯是一个漫长的过程，一开始工作，首先要保证我们的基本生理需求，随着阅历及能力的提高，我们的职业生涯便向高层次发展，满足物质需求的同时，进一步满足精神需求，如获得别人的尊重、敬仰，实现自己的人生价值等。

（三）职业生涯发展的主要理论

1. 舒伯的职业生涯发展理论

20 世纪 50 年代，美国著名心理学家舒伯等人提出了"生涯"的概念，使生涯规划不再局限于职业指导的层面。舒伯认为，职业发展是人生成长的一部分。人的心理是发展的，因而人也会朝着职业成熟的方向发展。1953年，舒伯根据对自己"生涯发展型态研究"的结果，参照布勒（Bueller）的分类，将生涯发展阶段划分为成长、探索、建立、维持与衰退5个不同的阶段。

（1）成长阶段（0—14岁）

这一阶段属于认知阶段，主要特征是儿童通过家庭和学校中关键人物的影响并认同这种影响后，发展自我概念。在此阶段早期，个体的需要和幻想占据主导地位。随着逐渐参与社会和了解现实，兴趣和能力也逐渐变得重要起来。这一阶段是孩子生理、心理的发展时期，孩子通过与家庭成员、朋友、老师之间的相互作用，逐渐建立起自我概念，知道了如何看待自己。这一阶段可以细分出三个时期：

① 幻想期（4—10岁）。以需要为主要考虑因素，在幻想中扮演自己喜爱的职业角色。

② 兴趣期（11—12岁）。以个人喜好为主要考虑因素。此时，兴趣成为影响儿童职业抱负和活动的主要因素。

③ 能力期（13—14岁）。以能力为主要考虑因素，开始更多地考虑自己的能力、任职的资格和必要的训练对其未来职业选择的影响。

（2）探索阶段（15—24岁）

这一阶段属于打基础阶段。主要特征是个体通过学校学习、休闲活动、社会实践等机会，对自己的天资和能力进行现实性评价，从而进行自我考察、角色鉴定和职业探索。这个时期，个人的需要、兴趣、能力、价值观和对工作机会的把握变得十分重要，他们开始做出尝试性的职业决策。这个阶段也可分细为三个时期：

① 试探期（15—17岁）。综合考虑自己的需求、兴趣、能力和价值观，幻想、讨论并开始做一些尝试性的工作，判断可能适合自己的职业领域和层次。主要任务是明确自己的职业偏好。

② 过渡期（18—21岁）。进入就业市场或寻找机会继续深造，更加现实地考虑工作世界的雇佣机会，力图实现自我。主要任务是将一般性的职业偏好转化为明确的职业倾向。

③ 试验期（22—24岁）。选定某个工作领域，并在该领域中开始工作，探索其成为终身职业的可能。必要时会重新选择，再次探索。主要任务是实现职业偏好。

（3）建立阶段（25—44岁）

这一阶段属于选择、安置阶段。主要特征是经过早期的试探与尝试后，逐步找到合适的职业领域，努力巩固地位，谋求职业发展。这是大多数人职业生涯的核心部分，是人生的高产期。这一阶段可以分为两个时期：

① 承诺稳定期（25—30岁）。在选择的职业上安顿下来，或因满意度未达到期望，在没有确定终身职业之前，可能要调整一至两次工作领域。

② 建立期（31—44岁）。确立稳定的职业目标，并致力于实现这些目标。大多数人在此时期富有创造性，在工作中能够取得较好的业绩，使其资历、地位不断攀升。

（4）维持阶段（45—64岁）

这一阶段属于维持地位阶段，主要特征是个人不断地付出努力来获得生涯的发展和成就，避免产生停滞感；面对新人的挑战，全力应对；很少或不再寻求新的工作领域，而是朝着既定的目标前进。

其主要任务是接受自身的局限性；找出需要解决的新问题；发展新技能；专注于最重要的活动；维持并巩固既得的职业地位。

（5）衰退阶段（65岁以上）

这一阶段属于退休阶段。个人的身体和心理能力逐渐衰退，工作活动的范围开始缩小，以至停止，即将结束职业生涯。主要特征是个体从原有工作中退出；完成角色转换，从有选择的参与者转换为完全退出工作领域的旁观者。

这一阶段的主要任务是注重发展新的角色，寻求不同的生活方式来替代和满足职业缺失带来的不安和不适。

职业生涯阶段理论的各阶段之间可能有交叉重叠，并不完全受年龄的限制，也不存在严格的界限。同时，在个人生涯的不同时期，都可以经历由这5个阶段构成的"小循环"。

1976—1979年，舒伯又发展了"终身发展"理论，加入了角色理论，提出了一个广度与深度都更佳的生活广度、生活空间的生涯发展观，并以"生涯彩虹图"（图1-1）表示。

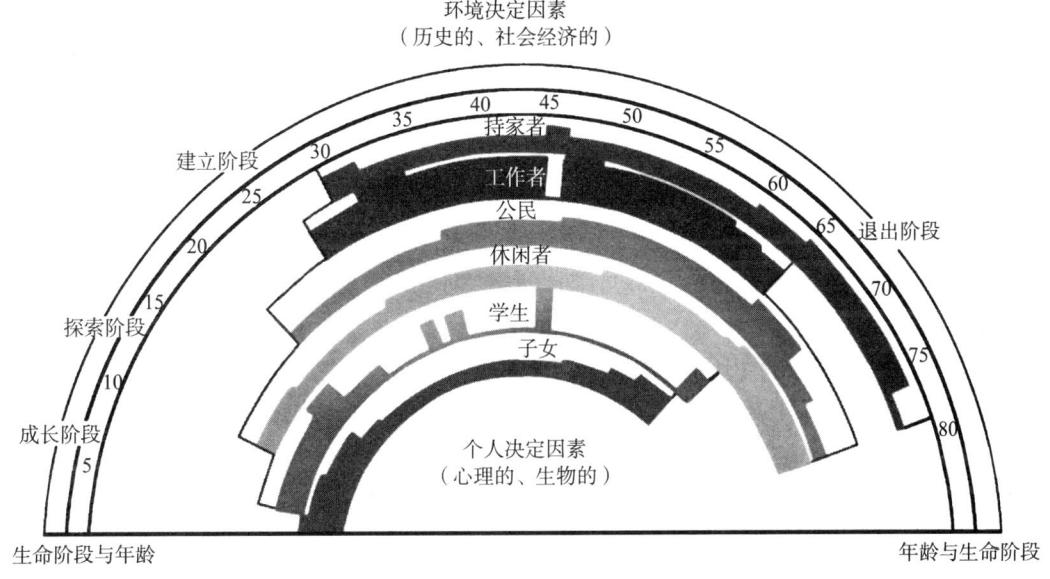

图1-1　生涯彩虹图

这一理论很好地概括了人的一生的职业发展历程。舒伯认为职业发展是人生成长的一部分，除了职业角色外，个人在生活中还扮演着其他角色，有孩子、学生、休闲者、公民、持家者、配偶或伴侣、退休者、父母或祖父母。通过生涯彩虹图，我们看到，生涯规划变得立体化了，以多层次的视角看到在个人发展中不同时期不同角色的意义和相互间的影响。从长度上看，它包括了一个人从生到死的全部生命历程；从空间上看，并不局限于对职业角色的关注，同样重视非职业角色对一个人生涯的影响。舒伯认为，持家者、公民、休闲者、学生、子女、配偶、退休者等的角色和工作者的角色都是一个人自我概念的具体表现。这里的自我概念指个人对自己在兴趣、能力、价值观以及人格特征等方面的认识，是个人生涯发展历程的核心。工作与生活满意的程度，有赖于个人能否在工作上、职场中以及生活形态上找到展现自我的机会。

大学时代处于职业生涯发展的探索阶段，经历了试探期，处于过渡期，即将迈入试验期。因此，大学生在大学阶段一定要通过参加各种各样的社会实践活动，进行职业生涯的重要探索，同时积累足够的社会实践经验，才能在毕业时顺利实现与职业的合理匹配。

2. 帕森斯的特质－因素理论

特质－因素理论是职业选择最早提出的、最基本的理论，至今仍对生涯辅导有着重要的指导意义。它是由美国波士顿大学弗兰克·帕森斯教授于 1909 年在其出版的《选择一个职业》一书中提出的："一种明智的职业生涯选择需要具备三个条件（要素）：一是清楚地了解自己的态度、能力、兴趣等特征；二是要对不同行业的工作要求、能力要素、优缺点、薪酬水平、发展前景有较明确的认识；三是在上述两组要素之间进行最佳搭配。"

帕森斯的理论内涵是，在清楚认识、了解个人的主观条件和社会职业岗位的需求条件的基础上，将主客观条件与社会职业岗位相对照、相匹配，最后选择一个与个人匹配的职业。

帕森斯认为，职业与人的匹配，分为两种类型：

条件匹配。如所需专门技术和专业知识的职业与掌握该种特殊技能和专业知识的择业者相匹配。例如，做医生必须是医学专业毕业的，做教师需要考取教师资格证，等等。

特长匹配。如会计、出纳、精算师等职业的工作者必须有较强的计算能力；工程、建筑等职业的工作者要具备空间判断能力；飞行员、运动员、舞蹈演员等职业的工作者则要具备眼与手的协调能力。由于帕森斯在职业辅导工作上做出的巨大贡献，他被后人尊称为"职业辅导之父"。

特质－因素理论后来由著名职业咨询专家威廉姆森等人进一步发展和定型。该理论强调个人具有的特性与职业需要的素质与技能（因素）之间的协调和匹配。为了对个体的特性进行深入详细的了解，特质－因素理论十分重视人才测评的作用。可以说，用该理论进行职业指导是以对人的特性的测评为基本前提。它首先提出了在职业决策中进行人职匹配的思想，这一思想奠定了人才测评的理论基础，推动了人才测评在职业选拔与指导中的运用和发展。

3. 金斯伯格的职业发展阶段理论

金斯伯格（Eli Ginzberg）是职业生涯发展理论的典型代表人物之一，也是职业生涯发展理论的先驱者。他研究的重点是从童年到青少年阶段的职业心理发展，研究的对象是美国富裕家庭的青年人，通过对比他们从儿童起到成年早期的成熟过程中的各个关键点上有关职业选择的想法和行动，金斯伯格把人的职业选择心理的发展分为三个主要时期。

（1）幻想期

这个时期，儿童往往会想象他们将来会成为什么样的人，并且在儿童角色中扮演他们所喜欢的角色。在这个时期，儿童的职业期望是由其兴趣所决定的，并不考虑自己的能力和社会条件。

（2）尝试期

这是在初、高中学习，由少年向青年过渡的时期。在这一时期，开始有规模地扩大对自己职业选择因素的考虑，不仅注意自己的职业兴趣，而且能够客观地认识到自己的能力和价值观，并意识到职业角色的社会意义。

① 兴趣阶段（11—12岁）。开始注意并培养起对某些职业的兴趣。

② 能力阶段（13—14岁）。开始以能力为核心考虑职业问题，衡量并测验自己的能力，然后将能力表现在各种职业相关活动上。

③ 价值阶段（15—16岁）。逐渐了解职业的价值性，并能兼顾个人和社会上的需求，依据职业的价值性选择职业。

④ 综合阶段（17岁）。将前三个阶段综合考虑，并综合相关的职业选择资料，以此来正确了解未来的发展方向。

（3）实现期

实现期为17岁以后的成年期，基于现实做出选择。

① 试探阶段。根据尝试期的结果，进行各种试探活动，试探各种职业机会和可能的选择。

② 具体化阶段。根据试探阶段的情况做进一步的选择，进入具体化阶段。

③ 专业化阶段。依据自我选择的目标，做具体的就业准备。

金斯伯格的职业生涯发展阶段理论，事实上是关于职业生涯发展前期的不同阶段，即就业前人们职业意识或职业追求的变化发展过程的理论。金斯伯格为了完善上述理论，1983年对其职业选择理论进行了重新阐述，其中着重强调，对于那些从工作中寻求满足感的人来说，职业选择是一个终身的决策过程。这一过程受三个方面因素的影响：最初的职业选择、最初的选择与随后工作经验所给予的反馈以及经济与家族状况。这就是说，如果一个人最初的职业选择没有达到所预期的职业满意度，他很可能要重新进行一次职业选择，而再次的职业选择依然受到家庭和经济状况所允许的自由度的制约。

4. 施恩的职业生涯发展理论

美国麻省理工学院斯隆管理学院教授、著名的职业生涯管理学家施恩（E. H. Schein）立足于人生不同年龄段面临的问题和职业工作主要任务，将职业生涯分为9个阶段：成长、幻想、探索阶段；进入工作世界阶段；基础培训阶段；早期职业的正式成员资格阶段；职业中期阶段；职业中期危险阶段；职业后期阶段；衰退和离职阶段；离开组织或职业——退休阶段。

（1）成长、幻想、探索阶段

一般0~21岁处于这一职业发展阶段，主要任务是：

① 发展和发现自己的需要和兴趣，发展和发现自己的能力和才干，为进行实际的职业选择打好基础。

② 学习职业方面的知识，寻找现实的角色模式，获取丰富信息，为进行实际职业选择打好基础。

③ 发展和发现自己的价值观、动机和抱负。

④ 接受适当的教育和培训，做出合理的受教育决策。

⑤ 寻找试验性工作和兼职工作的机会，开发工作世界中所需要的基本知识和技能。

在这一阶段所充当的角色是学生、职业工作的候选人、申请者。

（2）进入工作世界阶段

16～25岁的人步入该阶段。首先，进入职业社会，谋取可能成为一种职业基础的第一项工作；其次，个人和雇主之间达成正式可行的契约，保证雇主和个人的需要都能满足；再次，学会如何评估一项工作和一个组织的信息，做出现实的有效的第一项工作选择，个人成为一个组织或一种职业的成员。这一阶段充当的角色是应聘者、新学员。

（3）基础培训阶段

处于该阶段的年龄段16～25岁。与正在进入职业工作或组织的上一个阶段不同，该阶段要担当实习生、新手的角色。也就是说，已经迈进职业或组织的大门。此时主要任务一是了解、熟悉组织，接受组织文化，融入工作群体；二是适应日常的操作程序，应付工作，尽快取得组织成员资格，成为一名有效的成员。

（4）早期职业的正式成员资格阶段

此阶段的年龄为17～30岁，取得组织新的正式成员资格，面临的主要任务是：

① 承担责任，成功履行与第一次工作分配有关的任务。

② 发展和展示自己的技能和专长，为提升或进入其他领域的横向职业成长打基础。

③ 根据自身才干和价值观，根据组织中的机会和约束，重估当初追求的职业，决定是否留在这个组织或职业中，或者在自己的需要、组织约束和机会之间寻找一种更好的平衡。

这一阶段的角色是新的正式成员。

（5）职业中期阶段

处于职业中期的角色是正式成员、任职者、终身成员、主管、经理等。年龄一般在25岁以上。主要任务是：

① 选定一项专业或进入管理部门。

② 保持技术竞争力，在自己选择的专业或管理领域内继续学习，力争成为一名专家或职业能手。

③ 承担较大责任，确定自己的地位。

④ 开发个人的长期职业计划。

（6）职业中期危险阶段

处于这一阶段的年龄为35～45岁。主要任务是：

① 现实地估价自己的进步、职业抱负及个人前途。

② 就接受现状或者争取看得见的前途做出具体选择。

③ 建立与他人的良师关系。

（7）职业后期阶段

从40岁以后直到退休，可说是处于职业后期阶段，此时的职业状况或任务是：

① 成为一名良师，学会发挥影响，指导、指挥别人，对他人承担责任。

② 扩大、发展、深化技能，或者提高才干，以担负更大范围、更重大的责任。

③ 如果求安稳，就此停滞，则要接受和正视自己影响力和挑战能力的下降。

此时的角色是骨干成员、管理者、有效贡献者等。

（8）衰退和离职阶段

一般在 40 岁之后到退休期间，不同的人在不同的年龄会衰退或离职。此间主要的职业任务一是学会接受权力、责任、中心地位的下降；二是基于竞争力和进取心下降，要学会接受和发展新的角色；三是评估自己的职业生涯，着手退休。

（9）离开组织或职业——退休阶段

在失去工作或组织角色之后，面临两大问题或任务。

① 保持一种认同感，适应角色、生活方式和生活标准的急剧变化。

② 保持一种自我价值观，运用自己积累的经验和智慧，以各种资源角色，对他人进行传、帮、带。

需要指出的是，施恩虽然基本依照年龄增长顺序划分职业发展阶段，但并未囿于此，其阶段划分更多地根据职业状态、任务、职业行为的重要性。又因每个人经历某一职业阶段的年龄有别，所以，他只给出了大致的年龄跨度，在职业阶段上所示的年龄有所交叉。

5. 施恩的职业锚理论

1978 年，施恩教授又提出了职业锚的概念。所谓职业锚，又称职业定位、职业系留点，是指当一个人不得不做出选择时，无论如何都不会放弃的职业中的那种至关重要的东西或价值观。职业锚实际就是人们选择和发展自己的职业时所围绕的中心。施恩教授认为职业生涯规划实际上是一个持续不断的探索过程。要想对职业锚提前进行预测是很困难的，这是因为一个人的职业锚是在不断发生变化的，它实际上是在一个不断探索的过程中所产生的动态结果。

施恩根据自己对麻省理工学院毕业生的研究，提出了 5 种类型的职业锚。随后，国外许多机构进行了大量的试验来研究职业锚理论。1992 年拓展为以下 8 种类型：

① 技术职能型。技术职能型的人追求在技术职能领域的成长和技能的不断提高，以及应用这种技术职能的机会。他们对自己的认可来自于他们的专业水平，他们喜欢面对专业领域的挑战。他们通常不喜欢从事一般的管理工作，因为这意味着他们不得不放弃在技术/职能领域的成就。

② 管理型。管理型的人追求并致力于工作晋升，倾心于全面管理，独立负责一个部分，可以跨部门整合其他人的努力成果。他们渴望独立地承担整体的责任，并将公司的成功与否看成自己的工作。具体的技术职能工作仅仅被看作是通向更高、更全面管理层的必经之路。

③ 自主型。自主型的人希望随心所欲安排自己的工作方式、工作习惯和生活方式。追求能施展个人能力的工作环境，最大限度地摆脱组织的限制和制约。他们宁愿放弃提升或工作发展机会，也不愿意放弃自由与独立。

④ 安全稳定型。安全稳定型的人追求工作中的安全与稳定感，他们因为能够预测到稳定的将来而感到放松。他们关心财务安全，例如退休金和退休计划。稳定感包括诚实、忠诚，以及完成老板交待的工作。尽管有时他们可以达到一个高的职位，但他们并不关心具体的职位和具体的工作内容。

⑤ 创新型。创新型的人希望用自己的能力去创建属于自己的公司或创建完全属于自己的产品（或服务），而且愿意去冒风险，并克服面临的障碍。他们想向世界证明公

司是他们靠自己的努力创建的。他们可能正在别人的公司工作，但同时他们在学习并寻找机会。一旦时机成熟，他们便会走出去创立自己的事业。

⑥ 服务型。服务型的人一直追求他们认可的核心价值，例如帮助他人，改善人们的安全，通过新的产品消除疾病等。他们一直追寻这种机会，这意味着即使变换公司，他们也不会接受不允许他们实现这种价值的变动或工作提升。

⑦ 挑战型。挑战型的人喜欢解决看上去无法解决的问题，战胜强硬的对手，克服无法克服的困难等。对他们而言，参加工作或职业的原因是工作允许他们去战胜各种不可能。他们需要新奇、变化和困难，如果事情非常容易，他们就会觉得非常令人厌烦。

⑧ 生活型。生活型的人希望将生活的各个主要方面整合为一个整体，喜欢平衡个人的、家庭的和职业的需要，因此，生活型的人需要一个能够提供"足够弹性"的工作环境来实现这一目标。他们将成功定义得比职业成功更广泛。相对于具体的工作环境、工作内容，生活型的人更关注自己如何生活、在哪里居住、如何处理家庭事务等。

职业锚实际上是内心中个人能力、动机、需要、价值观和态度等相互作用和逐步整合的结果。在实际工作中，通过不断审视自我，逐步明确个人的需要与价值观，明确自己的擅长所在及今后发展的重点，最终在潜意识里找到自己长期稳定的职业定位，即职业锚。对于有工作经验的人而言，明确自己的职业锚是职业选择的最佳参考。而对于没有工作经验的人而言，因为不了解各个职位的内涵，所以其职业锚还没有清晰形成。

以上这 8 种职业锚类型不一定能涵盖所有的职业类型，但它提供了一个独特的视角，为职业规划和管理实践提供了新的理论基础。总之，不同职业锚类型的人，职业追求不一样，在职业选择过程中，只有正确认识自己的职业锚类型，识别自己的职业抱负模式和职业成功标准，才能够"对症下药"，才能够提高工作满意度和工作效率。因此，大学毕业生在职业生涯规划中必须考虑职业锚与工作岗位的匹配。

6. 霍兰德的职业兴趣理论

美国霍普金斯大学心理学教授、著名的职业指导专家约翰·霍兰德（John Holland）于 1959 年提出了具有广泛社会影响的职业兴趣理论。该理论将职业环境划分为 6 种，各种环境的性质是其所属成员典型特征的反映。他认为环境的性质提供了相应的 6 种人格类型的人发挥其兴趣与才能的机会，并强化了相应的人格特征。1971 年他又提出职业性向（career orientation）理论。根据此理论，职业环境分为现实性的、调查研究性的、艺术性的、社会性的、开拓性的、常规性的 6 种。与此相对应的职业倾向为：研究型（I）、艺术型（A）、社会型（S）、企业型（E）、传统型（C）、现实型（R）6 种类型，我们可以把这些类型作为一种模型来衡量真实的人。一种职业环境能够吸引相应取向的人进入这种环境工作。这种职业性向包括价值观、兴趣、动机和需要，这些因素也决定了个体的择业倾向。劳动者发挥自身潜力、高效率工作的前提是两者的匹配。也就是说，择业者会依据自己的素质与择业倾向选择相匹配的职业，前提条件是择业者了解自己的职业倾向。

霍兰德的人格类型理论主要从兴趣的角度来探索职业指导的问题。他明确提出了职业兴趣的人格观，使人们对职业兴趣的认识有了质的变化。霍兰德长期专注于职业指导的实践经历，把对职业环境的研究与对职业兴趣个体差异的研究有机地结合起来，这种结合对职业指导和职业咨询的实际操作起到了促进作用。

霍兰德将其职业人格类型理论运用于美国劳工部制定的职业条目词典，借助其中职业分析的有关内容，将其中 12 099 种职业赋予霍兰德人格类型代码。编纂了《霍兰德职业代码词典》(*The Dictionary of Holland Occupational Codes*)，为各类人员按照自己的职业兴趣类型搜寻合适的职业提供了广泛的应用前景。

霍兰德还提出，兴趣是描述人格的另一种方法，是职业选择中一个更为普遍的概念。在霍兰德的理论中，人格被看作兴趣、价值、需求、技巧、信仰、态度和学习个性的综合体。就职业选择而言，兴趣是个体和职业匹配的过程中最重要的因素。这一理论在本书每二章中还有详细的解读。

7. 生涯抱负发展理论

戈特弗里德森（Gottfredson）的职业抱负发展理论被归属于生涯发展理论的一种。该理论讨论职业抱负的内容及其发展过程，不仅关注兴趣、能力等特质 – 因素理论所关注的内容，也关注发展理论所强调的发展问题。该理论将心理学观点与社会学观点相结合，以性别类型（sex-type）、社会声望（prestige）和职业领域（field of worker）作为研究职业抱负发展的三个重要维度。

戈特弗里德森指出，职业抱负的发展过程是一个不断缩小范围的过程，在这个过程中，人们逐渐淘汰和放弃那些不能接受的选择，建立一个自己认为可以接受的社会空间。不仅如此，人们在面对内在或外在障碍时，为了得到那些虽然他们不太喜欢但更可能得到的机会，还是会放弃那些他们最喜欢的选择。

戈特弗里德森认为自我概念在职业抱负的发展过程中起重要作用。自我概念不仅要回答"我是谁"的问题，而且要回答"希望我将来是谁"。自我概念不仅包括心理层面（如价值观、人格、对家族的计划等），而且包括社会层面（如性别角色、社会地位等）。职业自我概念包括三个方面的内容：性别类型、社会声望和职业兴趣。他认为，每个人对职业都有一种概括的印象，他称之为职业印象（image of occupation），这一职业印象相当于霍兰德所提出的职业刻板印象（occupation stereotype）。职业印象包括工作者的人格特征、他们所做的工作、他们所过的生活、该工作的奖赏与工作条件等。

职业抱负发展阶段包括。

① 第一阶段（3～5 岁）是大小和力量取向（orientation to size and power）阶段。在这个阶段中，儿童以一种最简单的方式——大与小对人进行分类，他们对性别角色并无固定的认识，也没有对男女形成抽象的概念。

② 第二阶段（6～8 岁）是性别角色取向（orientation to sex role）阶段。在这个阶段中，儿童开始发展性别角色意识。这一阶段儿童的职业抱负主要反映在他们认为什么工作是与一个人的性别相符合的工作。

③ 第三阶段（9～13 岁）是社会评价取向（orientation to social value）阶段。在这一阶段中，儿童对社会评价非常敏感，无论这种评价来自同伴还是其他人。这一阶段儿童关心的职业问题已不再是男女的问题，而是社会地位的高低问题。他们开始建立更抽象的概念，更关心他人的看法和意见。

④ 第四阶段（14 岁以上）是内在的、独特的自我导向（orientation to the internal, unique self）阶段。这个时期的学生正处在自我认同发展阶段，因此，对自己的兴趣、能力、人格特征、价值观等的看法并不十分肯定，有时会出现自我认同混乱的情况。

（四）职业生涯发展形态

每个人的职业生涯看起来都是彼此不同的。虽然每个角色对我们而言都是重要的，但是其中工作者的角色将耗费我们最多的时间与心血。就个人而言，这种职业的转折与工作投入的状况，我们称之为职业形态，职场中人的职业生涯发展形态主要有以下几种类型。

1. 步步高升型

步步高升型职业生涯形态的人在工作中一直能得到上司的赏识，在组织内，他认真经营，即使工作地点或工作内容因公司（或组织）的需要而有所变动，他的工作业绩依然出色且颇受领导的肯定，因而步步高升。

2. 阅历丰富型

阅历丰富型职业生涯形态的人在不同的地点和公司（组织）工作过，工作内容差异性很大，勇于改变与创新，而且学习能力很强，能面对各种突发的情况。他们往往不清楚自己想要得到的是什么样的工作，但很清楚自己不要什么。转换的工作也未必比以前工作好，但对各行业的认识比其他人丰富，并且，他们将这种经历当成一种收获。

3. 稳扎稳打型

稳扎稳打型职业生涯形态的人在工作初期，处于探索阶段，工作的转换较为频繁。经过一连串的尝试与努力后，终于进入自己所向往的工作与机构。在此机构的升迁与发展有限，但是非常稳定，如学校、公务机关等。

4. 越战越勇型

越战越勇型职业生涯形态的人虽然在职业生涯规划上有明确的方向，但由于客观的原因，屡受打击而遭重创。受挫之后，凭自己的毅力与能力，积极追求进步，以更成熟的个性面对挑战，最后，工作业绩远远超过以前。

5. 得天独厚型

得天独厚型职业生涯形态的人，在自己的工作职业上并没有花太多时间探索与尝试，反而因为家庭的关系等因素，很早就确定了方向。经过刻意的栽培与巧妙的安排，进入工作机构的决策核心，并将组织发展与个人职业密切结合。许多企业家的第二代就是很明显的例子。

6. 因故中断型

因故中断型指连续的职业发展中由于某些因素而停顿，处于静止或衰退的状态。例如，身体有重病的人，花很多时间去治疗、恢复；经济上与情绪上处于脆弱与依赖的状态，很难开展职业生涯的规划。职业因故中断最明显的例子，是女性因为结婚生子而中断工作。职业因故中断的原因很多，在比例上女性高于男性。

7. 一心多用型

一心多用型职业生涯形态的人往往追求多样化的工作与生活方式。工作做久了，厌烦、倦怠、缺乏新鲜感，总是难免的。再喜欢的菜，吃多了都会腻，更何况是每天投入8小时甚至更长的工作。所以，有份稳定工作，同时在工作之余安排自己有兴趣的事，在稳定与创新之间，寻找平衡点，可以使生活更为丰富。这种职业生涯形态的人往往能为自己的事业添加艺术色彩，这样的职业生涯规划也似乎有无限发展的可能。

三、职业生涯规划

有一则关于三个工人砌墙的故事。

有人问："你们在干什么呢？"第一个人没好气地说："没看见吗？在砌墙。"第二个人抬头笑了笑说："我们在盖一座大楼。"第三个人边干边哼着歌曲，他的笑容很灿烂，很开心地说："我们在建设一座新的城市。"十年后，第一个人在另一个工地上砌墙；第二个人坐在办公室中绘图纸，他成了工程师；而第三个人却成了前两个人的老板。

可见，没有远大、明确的职业目标，就不会有后来事业的成功。"凡事预则立，不预则废"，古人的话已经给出了很好的总结。

职业生涯规划（简称"生涯规划"），又叫职业生涯设计，是指个人与组织相结合，在对个体的内在心理特征和外在环境条件进行测定、分析、总结研究的基础上，综合对自己的爱好、兴趣、能力、特点进行分析与权衡，并结合时代特点，根据自己的职业倾向，设定明确的长期职业奋斗目标，并为实现这一目标制订行之有效的发展步骤和具体活动计划。

职业生涯规划贯穿、涵盖了整个人生的发展期，它要解决的是个人将在怎样的职业领域得到发展、打算取得怎样的成就等问题。职业生涯规划不仅是为了帮助个体找到工作，也是引导个体真正了解自己，并结合社会环境等外部客观因素确定职业发展方向，制订可行的职业发展规划，以实现个体人生价值的最大化。

职业生涯规划是一个人主动的、有意识的行为。对于我们自身主观能做的就是制订计划，努力去实现。至于生命诸多不可预测的因素，比如天灾人祸、突如其来的机遇等，我们需要认真冷静面对。总而言之，职业生涯规划是一个灵魂，指引我们前进的方向。

我们在进行职业生涯规划的时候，必须首先客观分析自己，知道自己的价值取向，明确自己的人生目标，之后才能确定自己的职业方向。在职业方向确定后，我们才能进一步考虑通过何种学习和实践来获得职业生涯所需要的知识、技能和经验。

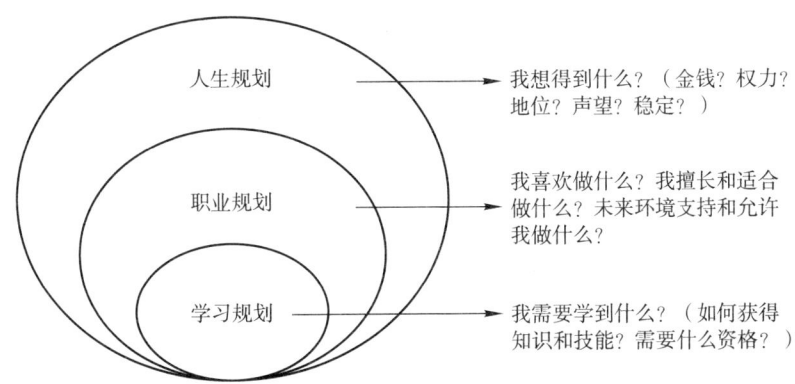

图 1-2　人生规划、职业规划与学习规划关系示意图

从图 1-2 中我们可以发现，要想事业成功或过上自己追求的幸福生活，必须要有自己的职业生涯规划，大学生阶段，恰恰是职业生涯规划中的一部分。

大学生的职业生涯规划一般可理解为大学生在大学期间通过对自身和外部环境的了解，为自己确立职业方向、职业目标，选择职业道路，确定教育计划（特别是大学阶段的学习计划）和发展计划，为实现职业生涯目标而确定行动时间和行为方案。

据调查，大学生很渴望能制订出针对自己的科学的职业生涯规划，但同时对它又感到模糊。有资料表明，目前，只有 56% 的大学生有明确的发展规划，3% 的大学生有一点思考，22% 的大学生没有生涯规划，而这种现状对国家、对大学生个人发展都存在很大的制约。

（一）职业生涯规划的分类

按照不同的分类依据，可以将职业生涯规划分成不同的类别。

1. 按照不同的规划主体进行分类

按照不同的规划主体，可以将职业生涯规划分为以下两大类。

（1）个人职业生涯规划

个人职业规划和个体所处的家庭、组织以及社会存在密切的关系。特别是对大学生而言，离开校园开始步入社会所面对的是一个崭新的世界，个人的言行对今后的发展甚至一生都可能产生不可估量的影响。

（2）员工职业生涯规划

员工职业生涯规划涉及企业未来的发展、组织机构的设置、培训机制、企业文化、考核机制和晋升机制等内容。而且，在不同时期，每个人的价值观、家庭环境、工作环境和社会环境都会发生改变，这将会导致职业期望也随之产生或大或小的变化。所以说，员工职业生涯规划是一项系统的、复杂的、动态变化的管理过程。

2. 按照时间维度进行分类

按照时间维度，可以将职业生涯规划分为以下几大类（表 1-1）。

（1）短期规划

短期规划是指 2 年以内的规划，主要是确定近期目标，规划近期应完成的任务。

（2）中期规划

中期规划一般涉及 2 ~ 5 年的职业目标和任务，它是最常用的一种职业生涯设计。

（3）长期规划

长期规划是指 5 ~ 10 年的规划设计，主要是设定较长远的目标。

（4）人生规划

人生规划是指整个职业生涯的设计，设定整个人生的发展目标和阶梯。

个人职业生涯设计从短期到中期，再到长期，直至整个人生规划，如同上台阶，一步步地发展。不过这并不适用于实际操作，因为时间跨度太短的规划没有多大意义，时间跨度太长的规划则会由于环境、个人的变化而难以把握；只有 2 ~ 5 年的中期计划既便于根据实际情况设定可行目标，又便于随时把握现实的反馈进行修正和调整，所以个人职业生涯规划掌握在 2 ~ 5 年比较好。

表 1-1　职业生涯规划表

姓名		性别	
年龄		学历	
所学专业		职业类别	
部门 / 学校		职位 / 职务	

短期规划（2 年内）

1. 人生目标：
2. 职业：
3. 岗位目标：
4. 收入目标：
5. 其他目标：
6. 主要任务：
7. 有利条件：
8. 主要障碍及对策：

中期规划（2～5 年）

1. 人生目标：
2. 职业：
3. 岗位目标：
4. 收入目标：
5. 其他目标：
6. 主要任务：
7. 有利条件：
8. 主要障碍及对策：

长期规划（5～10 年）

1. 人生目标：
2. 职业：
3. 岗位目标：
4. 收入目标：
5. 其他目标：
6. 主要任务：
7. 有利条件：
8. 主要障碍及对策：

人生规划

1. 人生目标：
2. 职业：
3. 岗位目标：
4. 收入目标：
5. 其他目标：
6. 主要任务：
7. 有利条件：
8. 主要障碍及对策：

规划人：

时间：

（二）职业生涯规划的要素

由于每个人的成长环境、文化背景、个性类型、价值观、职业生涯目标、对成功的标准等存在差异，个人职业生涯规划有着明显的个性化特征，不同的人在做职业生涯规划时，所考虑的因素也有所不同。中国著名职业生涯规划专家、人事科学研究者罗双平总结出了职业生涯规划的三大要素："知己""知彼""抉择"。图 1-3 形象地说明了"知己""知彼"和"抉择"三大要素间的关系与主体内容。

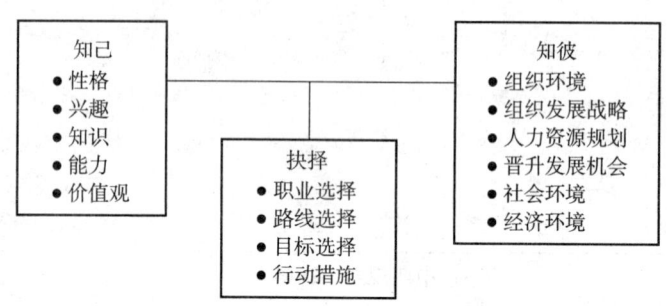

图 1-3　职业生涯规划三大要素的内容与关系

"知己"就是自我认识与自我了解，包括自己的梦想、兴趣、价值观、天赋等。

"知彼"就是熟悉周围的环境，特别是与职业生涯发展有关的社会环境和组织环境，包括就业形势、就业政策、组织发展战略、晋升机会等。

"抉择"是在知己与知彼的基础上，再来确定现实中能充分发挥个人特长，且自身兴趣、性格、气质特征与工作相匹配的职业目标。目的是作出正确的职业抉择，即选择适合自己发展需要、使自己受益最大的职业岗位。

（三）职业生涯规划的基本问题

简单地说，职业生涯规划就是要解决职业生涯设计中"在何处干""干什么""怎么干""以什么样的心态干"这 4 个最基本的问题。这 4 个问题可以高度概括为定点、定向、定心、定位"四定"。

（1）定点

确定职业发展的地点就是定点。地点也是现实环境的一个因素。就中国来说，各地的经济发展现状和前景都有不同，甚至差异很大。比如，中心城市和边远山区，沿海地区和西部地区。近几年的调查研究显示，绝大多数毕业生就业地点只选经济发达地区，但这些地区不但竞争激烈、人满为患，外地生源还要面临环境、语言、观念、文化等差异带来的困难，而且发展与晋升的空间与机会并不见得比去发展中地区更好。这些都是大学生就业时需要慎重考虑的要素。

（2）定向

确定自己的职业方向就是定向。方向是为实现目标而选择的一种路径。如果方向错误，则会偏离目标，即使修正也需要花费更多的时间和精力。对大学生来说，职业定向需要冷静的头脑和十足的勇气，要根据自己的理想、兴趣、专业去选择自己未来的职业方向。

（3）定心

稳定自己的心态就是定心。人的一生必然会有高低起伏，成功与挫折总是结伴而行，个人的职业生涯也不例外。在实现职业理想与人生目标的过程中，难免也会有磕磕碰碰和遇到预想不到的困难。对大学生来说，就是要保持一种平常心态，敢于直视就业过程中的困难与问题，始终坚定地按照自己的正确计划去实现人生的理想。

（4）定位

确定自己在职业人群中的位置就是定位。定位过高则容易因连遭挫折而对职业生涯丧失信心，过低会导致个人在职业生涯中无法实现自我价值的最大化。因此，大学生需要准确地标定自己的位置，既不能自卑也不要自傲，应根据自己的实际水平，在择业时对职位、薪资、工作内容等做好判断和把握。许多大学生往往因为定位的不准确，而出现"高不成低不就"的现象。

第二节　职业生涯规划的意义与原则

一、职业生涯规划的意义

职业生涯活动将伴随人们大半生，甚至更长远，拥有成功的职业生涯才可能实现完美人生。因此，职业生涯规划，只要开始，永远不晚。职业生涯规划对于实现自己的人生价值，对于一生的幸福和满足都具有特别重要的意义。这具体可以表现在以下几个方面。

1. 职业生涯规划是促进人全面发展的重要手段

随着生活水平的提高，人们的自我意识逐步增强，人们的要求已经不仅仅是停留在健康、财富的基础上了，而是渴望拥有丰富的知识、卓越的能力、幸福的家庭、良好的人际关系、多彩的休闲时光……要获得全面发展，我们就要对自己有一个全面的认识，要根据自身情况选择人生的发展路线，这就离不开职业生涯规划。

2. 职业生涯规划能够激发个人潜能

一个人的潜在能力几乎是无限的，需要我们充分地去挖掘，只有善于激发个人潜能，才会努力实现能力的提高。职业生涯规划能够帮助我们集中精力，为实现自己的职业目标尽可能发挥个人的潜能。没有职业生涯规划的人，很容易沉陷于繁杂事务。精力分散，就很难全神贯注地工作，也很难充分发挥自己的才干。比如，在大学期间，并不是每一个大学生都在组织协调、科研发明等方面有优势，但是相当一部分同学在这些方面有很大的潜能。所以，一旦赋予这些大学生以工作任务和目标，调动他们内在的激情，他们都会通过努力学习、专心实践，充分激发其潜能，最终将工作和学习完成得很好。

3. 职业生涯规划能够增强就业中的核心竞争力

好工作不是依靠运气得来的，它是多种因素共同作用的结果。对于大学生来说，影响其求职的因素包括学校培养质量、专业与社会需求和来自学生的变量，如个人综合素质、就业观念、性别、就业技巧、生源地与家庭背景，以及学校职业指导工作是否到位等。其中，属于大学生本人能够控制的主要是个人素质、就业能力与技巧。大学生的求职材料是大学期间学习、生活的真实写照。大学生如果及时做好了自己的职业生涯规划，就会努力学习科学文化知识，不断朝着自己的方向前进，就业中的核心竞争力就会潜移默化地增强。

4. 职业生涯规划能够加强个人努力工作的决心

任何人做任何事都必须要经过艰苦的个人努力方能获得成功。职业生涯规划给了个体一个明确的目标，也就等于给了个体不断督促自己努力向着目标前进的鞭策力。随着规划内容的逐步实现，一个个小目标的实现又累积了个体的成就感，增强了个体对实现大目标的信心。同时，随着时间的推移，一步一步地实现所制订的规划，自己的思想方式、工作方式以及生活方式又会不断地完善和提升，个体也就会产生加倍努力工作的决心。

5. 职业生涯规划能帮助个人树立高尚的人生目标

中国有句古训："志当存高远。"无论做什么事情，确立目标是第一步，有了目标才会有成功的可能。只有确立了目标，我们才清楚自己前进的方向，我们才知道自己是为了什么而奋斗；只有确立了目标，我们在做每件事、过每一天时才会有动力和热情。职业生涯规划首先要做的就是防止自己产生混沌度日的倾向，培养自己的危机意识，而且提醒你、启发你，让你自发地、迫切地感到："这是我走向成功必须具备的意识，而且有了这种意识，我在平时生活中可以看得比别人更远，想得比别人更深，做事更有毅力和决心。如果我想站在更高的起点，到达更辉煌的终点，我需要为自己进行职业生涯规划。"

6. 职业生涯规划能够激发个体自我实现的需要，培养积极上进的人生观

"自我实现"来源于美国心理学家马斯洛的人本主义心理学，其真正含义是当人们获得了生理、安全和情感需要的满足以后，就要追求自我实现的满足，即在与环境积极协调和适应的前提下，个人潜能得以充分发挥。为做到这一点，个人必须超越自我。在我国，自我实现有时可以被理解为"事业有成""功成名就"，而事业有成必须以正确的职业选择与发展为前提。因此，大学生应该以科学的方法来正确地、全面地认识自我，了解社会对人才的需要，找出自己在知识、能力等方面与社会需要的差距，确定自己的发展方向与目标。为了成就自我实现的人生目标，大学生有必要对大学生涯进行科学合理的规划，并通过规划采取实际的具体行动。所以说，职业生涯规划能够激发个体自我实现的需要，培养积极向上的人生观。

7. 职业生涯规划能够帮助个体提升自身的价值

美国学者 M.K. 巴达维在《开发科技人员的管理才能》一书中指出，据调查，在65岁以下的从业工程师中，从事管理工作的就占68%。在对工程技术人员进行职业目标的咨询中，大约有80%的人表示，要在5年内成为一名主管人员或经理。他们为实现个人职业生涯目标，往往在大学学习工程技术专业，工作几年后又进入研究生院读管理硕士，最后进入管理领域工作。有的工程技术人员虽然没有机会再脱产学习，但也有针对性地制订了业余自学计划来提高管理和学习的能力，以实现他们成为企业家、经理人才的事业目标。由此可见，职业生涯规划能够帮助个体认识自身的个性、特点和现有的潜在的资源优势，重新认识自身的价值并使其持续增值。

二、职业生涯规划的原则

原则既是行动的基本规范，也是行动取得预期效果的行动指南。正确的职业生涯发展规划能使一个人走向成功，而错误的职业生涯发展规划则有可能使人误入歧途。要做一份良好的职业生涯规划，就要充分考虑个人的特点，对影响职业生涯发展的因素进行总结和分析，确定个人的人生发展目标，选择实现这一目标的职业并做出具体的安排。在做职业生涯设计时，既要有挑战性，又要注意避免好高骛远，还要注意适时调整。一般来说，制订职业生涯规划应遵循以下几条基本原则。

1. 实际性和前瞻性原则

实现生涯目标的途径很多，在做职业生涯规划时必须要考虑自己的特质、社会环境、组织环境以及其他相关的因素，选择切实可行的途径。

前瞻性原则是贯穿于职业生涯规划中的一条重要原则。职业生涯规划是对人一生的职业生活进行的安排，是面向未来的生活设计。一份好的职业规划，应该有长远的眼光。另外，生命的周期性规律、社会的老龄化以及家庭规模的缩小等变化，也都会影响个人的职业规划。因此，在进行职业规划时，无论对自己还是对社会，都要把眼光放得远一点，立足于挖掘自己的潜力和潜能，对社会的发展变化趋势保持一种从容应对的态度。在这样的心态和视野下，制订出的职业生涯发展目标、方向、策略和办法，才会在可行性的同时具有一定的挑战性。为了能够使职业计划具有前瞻性，个人可以借助现代预测工具，对自身和社会的一些发展趋势进行科学预测。

2. 适宜性和持续性原则

每一个人的存在现状和其所期望要达到的目标之间总是会有差距的，目标越高远，差距就会越明显。只有扎根于现实，具有一定的挑战性，完成规划目标要付出一定努力，实现目标后有较大的成就感，对个人发展有促进作用的目标才是可取的目标，它对人现实的发展能产生激励作用，能激发人的潜能，充分发挥个人的聪明才智，实现自身的人生价值。因为目标的设立总是要以个人的实际状况为依据，同时也要考虑到今后的发展可能和发展空间。如果目标订立得过低或过于容易达到，规划也就失去了原本的意义，人的进取意识就会被磨灭，也无法激励自己。而如果目标订得太高，那么就会挫伤个体积极性，导致职业生涯规划效果大大降低。

人生的各个发展阶段应该持续连贯地衔接下来，做规划也应考虑到职业生涯发展的整个历程，作全程的考虑。各具体规划应能持续地连贯衔接，并与人生总规划要一致，不能摇摆不定，浪费各发展阶段的人力资本积累。

3. 客观性和针对性原则

职业生涯规划是由个人设计完成的，难免会带有主观色彩，但是，这份规划毕竟规划的是自己的未来，是给自己用的，因此在制订职业规划时，应该力求客观。一份好的职业生涯规划，应该综合考虑现实环境和个人条件的制约，既没有夸大也没有缩小客观存在的事实。任何脱离实际或难以实现的职业规划都是没有意义的。客观性原则，就是要求个人在自我评估时，对自己的智商、情商、专业特长、个性特点以及优缺点等实事求是地进行评价，不要隐瞒事实，使评估结果尽可能地接近真实的自我。同时，要抛开个人的喜恶，客观地评估所处的职业环境因素，正视职业现实矛盾和矛盾所孕育的发展机会，使评价结果建立在事实的基础上。只有这样，职业生涯规划才能符合实际，才切实可行。

实际上，每个人的发展历程和成长方式都不相同，每个人的生活习惯和性格爱好也不相同，所以，尽管他们中有许多人的专业和从事的职业工作是相同的，但他们并不能通用一份职业生涯规划。大多数情况下，个性化了的职业生涯规划，对使用者来说才是好的职业生涯规划。因为一份好的、充满个性和有针对性的职业生涯规划，其出发点是指向使用者本人的，是能够体现其个性、个人特质和其个别化的资源配置和利用的。所以，在拟定职业生涯规划时，一定要遵循针对性原则。

4. 明确性和挑战性原则

规划是预测未来的行动、确定将来的目标，规划中的各项措施与行动应该有清晰明确的时间表，各项主要行动何时实施、何时完成，应有明确的时间和顺序上的安排，以作为检查行动的依据，及时评估和修正。

目标或措施要具有一定的挑战性，而不是轻易能得到的；完成规划目标要付出一定努力，实现目标后有较大的成就感。

5. 发挥个人优势和收益最大化原则

发挥个人优势的原则体现了人尽其才的要求，运用这一原则需要满足以下两点基本要求。

第一，认识素质的内涵，培养自己良好的素质。素质的特征表现为社会性、内在性、整体性、基础性、稳定性和发展性几个方面。内容包括思想道德素质、心理素质、生理素质、科学文化素质和审美素质等几个方面。

第二，弄清楚所选岗位对从业者的特殊素质要求。不同职业对劳动者素质还有其特殊的行业要求，个体如果能适应某种职业的特殊要求，就说明他具有了从事该种职业的素质优势。

职业是个人谋生的手段，其目的在于追求个人幸福。所以，在进行职业选择时，个体首先考虑的是自己个人幸福的最大化，尽可能地在由收入、社会地位、成就感和工作付出等变量组成的函数中找出一个最大值。这就是选择职业生涯中的收益最大化原则。

6. 创新性和全面评价原则

职业选择不是在面临择业时才做的单一事件，而是一个发展过程，因而职业规划应是一个长期的、系统的工作。人的自我实现就是潜能充分发挥的过程，这一过程需要不断有创造性成果予以证明。大学阶段是职业生涯的预备期，大学生的职业规划应贯穿于大学生活的始终，大学生的职业规划应注重大学期间的准备工作。目标应该具有一定的创新性，而不是仅仅保持原来的状况，原地踏步不前只会令规划失去原本的意义；同时，也应提倡用新方法处理常规问题，解决新问题。

对一个人职业生涯的全过程和全方位评价就是全面评价。规划的设计应有明确的时间限制或标准，以便评量和检查，使自己随时掌握执行状况，并为规划的修正提供参考依据。按照人际关系范围，可以将职业生涯是否成功的评价分为自我评价、家庭评价、企业评价和社会评价4类评价体系（表1-2）。从表中我们可以看出，职业生涯自我评价是以个人的标准进行评价，评价者就是你自己。职业生涯自我评价根据个人的价值观念及个人知识能力的水平来进行。

表1-2　职业生涯的全面评价

评价方式	评价内容	评价标准
自我评价	1. 自己的才能是否充分施展 2. 是否对自己在企业发展、社会进步中的贡献满意 3. 是否对自己职称、职务、工资待遇的变化满意 4. 是否对处理职业生涯发展与其他人生活动的关系的结果满意	根据个人价值观念及个人知识能力水平
企业评价	1. 是否有下级、平级同事的赞赏 2. 是否有商家的肯定和表彰 3. 是否有职称、职务的提升或职务责、权、利范围的扩大 4. 是否提高其工资待遇	根据企业管理体系，企业文化及企业总体经营结果
家庭评价	1. 是否能够得到家庭成员的理解 2. 家庭成员是否能够给予支持和帮助	根据家庭文化
社会评价	1. 是否有社会舆论的支持和好评 2. 是否有社会组织的承认和奖励	根据社会文明程度，社会历史进程

7. 终身学习原则

随着社会的不断发展，各种职业都对个体提出越来越高的知识和技能要求。一些职业逐渐被淘汰，另一些新兴职业犹如雨后春笋般发展起来。现在社会的发展趋势是学习型的社会和学习型的企业，提倡全民终身学习。所以，在规划职业生涯时应该加入持续的教育和培训内容，要坚持终身学习的原则。

第三节　职业生涯规划的特征与影响因素

一、职业生涯规划的特征

职业生涯规划对于每一个人来说都至关重要，其具体特征主要包括以下几方面。

1. 发展性特征

职业生涯是一个连续不断的动态发展过程，它是个体在职业发展中不断调整和完善的产物。通过不断的职业经历积累，人们可以不断地转换职业和角色，以实现个体人生价值的最大化。因此，职业生涯规划应有弹性，随着外部环境和自身条件的变化，可以调整自己的职业发展目标。

2. 独特性特征

社会生活中的个体由于家庭条件、思维方式和行为方式、受教育程度、个人性格、身心素质等不同，所以追求的职业理想和职业目标也不相同，造成每一个人与其他人具有不同的职业生涯历程，形成自己独特的职业生涯。有的人选择了保安职业，有的人选择了警察职业，于是就形成了两种不同的职业生涯发展历程；即便是同时选择了工人这一职业的两个人，也有不同的发展历程。

3. 互动性特征

职业生涯虽然是个体的职业经历，但个体的职业生涯离不开家庭、学校、单位等各组织的相互影响，个体的职业发展是个人和他人、个人和组织以及个人与社会互动的结果。自己的职业生涯必须融入社会才能实现，否则就可能成为"空中楼阁"。

4. 不可逆转性特征

在职业发展过程中，虽然每个人都可以转换职业角色，但是每一个人的成长都是一个自然发展的过程，它必须经历从青春期到老年期的职业发展过程，必须遵循从生到衰的规律，这一过程任何人都无法逾越和逆转。所以，大学生应该充分认识到职业生涯的这一重要特征，把握住人生的黄金时机，科学地规划好自己的人生道路。

5. 可规划性特征

职业生涯的发展过程虽然充满了各种偶然因素，但从长远角度来看，职业生涯发展是可以规划的。每一个人都可以根据自己的实情，规划好自己的职业生涯，以期实现自己的职业梦想。由于职业生涯具有实用性和可操作性，所以许多高校都开设了职业生涯教育课程。每一个大学生都可以根据自身条件，勾画出丰富多彩的人生职业生涯道路，通过奋斗，去实现自己的职业理想。

二、职业生涯规划的影响因素

职业生涯是一个人职业发展的历程，涵盖了一个人的多半生，这是一个漫长的发展过程，职业生涯规划是个人发展的基础，又是个人发展的历程。这个过程不是一个封闭的过程，而是个体与他人、个体与社会相互作用的结果。每一个人的职业生涯规划都必然会受到各种因素的影响。通常来说，在制订职业生涯规划时需要考虑以下几方面的因素。

（一）自身因素

1. 身体因素

一个人职业生涯的发展与自己的身体状况密切相关，健康的身体是任何人职业生涯规划开始的首要条件。几乎所有的职业都需要有健康的身体。凡是积极追求健康的人，大多满意他们过去的职业经历。他们看重生命，关心健康。但是紧张忙碌的职业会导致压力增加。所以，采取一些技巧，保持适度的压力激励自己，但又不伤害身体是十分重要的。爱惜身体，实际上就是保护你自己的职业生涯发展的未来，没有好的身体，未来就可能是负数。另外，性别问题对事业的挑战别具意义。许多人都认为，卓著的事业是男人的幸福。男人觉得他们很难把时间充分分配到工作、家庭和休闲三个领域；而女性则在家务需求和工作需求的协调方面感到困扰。每个人都必须找出自己的愿望，以便充分发展自己的性别特色，并使自己能够扮演成功，这就与个人的职业生涯规划密切相关了。

2. 性格因素

性格对一个人职业生涯发展的影响是非常直接的，有什么样的性格就会有什么样的未来。人的性格千差万别，或热情外向、或沉着冷静、或羞怯内向、或火爆急躁。职业心理学的研究表明，不同的职业有不同的性格要求。虽然每个人的性格都不能百分之百地适合某项职业，但却可以根据自己的职业倾向来培养、发展相应的职业性格。不同性格特征的人员，对企业而言，影响每个员工的工作岗位和工作业绩；对个人而言，影响着自己的事业能否成功。有些人故意强调自己的个性，让人感到孤僻，不合群，难于与人共事，这便压缩了自己职业生涯发展的空间，使自己难以成为核心团队中的一员，最终自己不仅与人过不去，也常常与自己过不去，无可奈何地放弃职业生涯发展的努力。

性格是由各种特征所组成的有机统一体。许多工作对性格品质有着特定的要求，要选择某一职业就必须具备这一职业所要求的性格特征。如教师除了具备丰富的知识外，还应具备热爱学生、正直、有责任感等良好品质；企业家，除了具备这一职业所要求的气质、能力外，还应具有果断、勇于开拓创新的特征；医生要求具有救死扶伤的人道主义精神和一丝不苟的工作态度。实践证明，没有良好的与职业要求相适应的性格品质，就不能很好地适应工作。

3. 价值观因素

价值观是一种内心尺度。它凌驾于整个人性当中，支配着人的行为、态度、信念、理解等，支配着人认识世界、明白事物对自己的意义以及自我了解、自我定向、自我设计等；也为人自认为正当的行为提供充足的理由。生活在社会环境中的个体，必然会受到社会价值观念的影响，大多数人的价值取向，在很大程度上都是为社会主体价值取向所左右的。一个人的思想发展、成熟的过程，其实就是认可、接受社会主体价值观念的过程。社会价值观念正是通过影响个人价值观念而影响个人的职业发展。通常情况下，职业价值观包括以下几个方面：

① 审美主义。能不断地追求美的东西，得到美感的享受。

② 利他主义。总是为他人着想，把直接为大众的幸福和利益尽一份力作为自己的追求。

③ 成就动机。不断创新、不断取得成就、不断得到领导和同事的赞扬或不断实现自己想要做的事。

④ 智力刺激。不断进行智力开发，动脑思考、学习和探索新事物，解决新问题。

⑤ 社会地位。所从事的工作在人们的心目中有较高的社会地位，从而使自己得到他人的重视与尊敬。

⑥ 自主独立。能够充分发挥自己的独立性和主动性，按自己的方式、想法去做，不受他人干扰。

⑦ 安全稳定。希望不管自己能力怎样，在工作中要有一个安稳的局面，不会因为奖金、加薪、调动工作或领导训斥等而经常提心吊胆、心烦意乱。

⑧ 权力控制。获得对他人或某事的管理权，能指挥和调遣一定范围内的人或事物。

⑨ 社会交往。能和各种人交往，建立比较广泛的社会联系和关系，甚至能和知名人物结识。

⑩ 追求新意。希望工作的内容经常变换，使工作和生活显得丰富多彩，不单调枯燥。

⑪ 轻松舒适。希望将工作作为一种消遣、休息或享受的形式，追求比较舒适、轻松、自由、优越的工作条件和环境。

⑫ 经济报酬。获得优厚的报酬，使自己有足够的财力去获得自己想要的东西，使生活过得较为富足。

⑬ 人际关系。希望一起工作的大多数同事和领导人品好，相处在一起感到愉快、自然。

通常，一个人的职业生涯发展是在一定的群体条件下完成的，个人价值观是否与群体价值观相统一、相融合是影响一个人职业生涯发展是否顺利的重要因素。一个与群体价值观相冲突的人，他要想取得职业生涯的长足发展几乎是不可能的。

4. 心理因素

个体对职业的心理感觉非常重要，很多职业生涯发展中的问题都是心理因素造成的。有的人常有这样的感觉，新到一个单位，哪些方面都不错，就是心理感觉不舒服，到底是哪不舒服又说不上来，但总是高兴不起来，使自己进入不了状态，难以产生自己预期的效果，长此以往就会感到自己的努力没有价值，并懈怠于这种努力，职业生涯也将从此开始走下坡路。

5. 教育因素

教育不但赋予一个人知识、能力和才干，也塑造了一个人的人格，奠定了一个人的基本素质和能力。教育对一个人的职业生涯产生了巨大的影响。一般来说，一个人受教育程度越高，其思维和行为模式呈现多元化，知识结构和劳动生产能力越强，其职业生涯规划得也就越好，其职业生涯发展得也就不错。即便是同一个高校的学生，由于所学专业不同，接受教育的能力不同，其职业生涯规划也不同。

6. 能力因素

能力是职业生涯发展的根本因素，它的大小决定着一个人的职业生涯发展状态，正确评价自己的能力，就可以预知自己的职业生涯发展潜力到底有多大。人的能力可分为基础能力（如观察力、注意力、思维力、记忆力、想象力等）、专项能力（如领导能力、协调能力、管理能力、压力承受能力、人际交往能力、创造能力、语言表达能力、实践能力等）、特长能力（如文艺能力、体育能力等）。人的这些能力条件是其进行职业生涯规划最重要的影响因素，必须要注意以下几点：

（1）必须考虑到各种能力的组合

一种职业往往需要不止一种能力，而是需要以一种或几种能力为主的能力组团为基础，才能适应职业的需要。这就要求我们在进行职业生涯规划时，不仅要考虑自己特长的能力，还要围绕这种特长考虑多种能力的组合，以及这种能力组合与职业需要之间的吻合，这样才能收到良好的效果。

（2）要懂得扬长避短

特殊职业有特殊的能力要求，这是我们扬长避短的最佳途径。如语言表达能力差的人可以做保密工作，怕寂寞的人可以做推销工作等。

（3）要充分考虑到可能获得与可以提高的能力

我们这里所说的能力可分为两部分，一部分是现在已经具有的，另一部分是有可能通过以后的学习得到的。因此我们在进行职业生涯规划时，不仅要依据现有的能力条件，还可以将预计有可能获得与可以提高的能力也考虑在内，以便找到更适合的职业。

（4）要有良好的知识储备

这里的知识储备有两层含义，一是多少。通常来讲，知识面宽，基础知识扎实，对我们认识新问题、接受新事物很有帮助。二是知识结构。这里讲的知识结构主要是指人们知识体系的构成情况和结合方式。一般人们所具有的知识结构主要有以下几种：

① 幕帘型。这种知识结构的特点是强调个人知识结构与组织整体知识结构相结合，个人的知识结构是组织整体知识结构的一部分。这一点在我们进行职业生涯设计时的意义在于，我们不仅要注意所选择的职业类型从整体上对选择者知识结构上的要求，同时还要注意具体层次、具体岗位所要求的具体知识结构，这样我们的选择才更有针对性。

② 蜘蛛网型。这种知识结构的特点是，以某一专业知识为核心，周围其他相近的知识与其呈网状连接并相互作用。这种知识结构使知识的广度和深度有机统一，造就出复合型人才。

③ 宝塔型。这种知识结构的特点是基础知识、专业基础知识、专业知识、学科知识、学科前沿知识等层层递进，像宝塔一样，基础扎实，专业精深，可以直接抵达学科的最前沿。

（二）环境因素

1. 家庭环境

可以说，家庭是一个人的第一学校，每个人从出生伊始就受到家庭环境的影响。由于家庭的特殊作用和影响力，对一个人的职业生涯规划产生了很大的影响，形成一定的价值观和行为模式。具体说来，家庭影响主要有如下几种。

（1）家庭的支持力度

家庭对大学生选择较好职业的支持态度是勿庸置疑的，但支持的力度有很大差别。这主要是由于家庭成员的社会地位、经济条件、社会关系等不同造成的。如果没有家庭的支持，或家庭支持的力度太小，大学生在选择职业方向时，就会将自己的兴趣、爱好等打折扣，而转向较容易进入的职业和较顺利获得的职位。反之则会寻求更高更好的职业方向，职业规划也将能更好地实现。

（2）家庭需要

任何家庭都有正常的需要，这些需要对大学生选择职业方向也会有影响，但一些家庭还有特殊的需要，这些特殊的需要对大学生的影响更大。例如家庭成员中有患疑难病或慢性病的，大学生选择医药职业方向的概率就会比较高。

（3）家庭期望

家庭对大学生的期望大小不同、高低不同。期望值较低的，容易使大学生选择那些与自己爱好、能力等相匹配的职业方向。期望值高的，大学生选择的职业方向相对而言就倾向于社会上热门、社会地位和收入等都较高的职业。

2. 社会环境

每一个人都生活在特定的社会中，都要受到社会环境的影响。社会经济发展、政治秩序、就业政策和体制这些社会大环境都会影响职业岗位的数量和结构，人们的职业观念和职业理想，对一个人的职业规划和职业发展都会产生重大的影响。任何脱离社会实际环境而设计出来的职业生涯路线都是一种"臆想"。如通过考录成为公务员中的一员是一些大学生的职业梦想，但如果所有大学生都把自己的职业规划成为公务员，就成了脱离现实的梦想。

3. 行业环境

行业环境将直接影响着企业的发展状况，进而也影响到个人的职业生涯规划。这也有利于个人选择有发展的行业和职业，有助于个人职业目标的更好实现。行业环境主要包括以下几方面的内容。

（1）国际国内重大事件对该行业的影响

行业的发展容易受到国际国内重大事件的影响，进而影响到该行业能否提供较多的职业机会。比如 2008 年北京奥运会给建筑业、旅游业和服务业提供了较大的发展机会，所以，关注国际国内重大事件对该行业的影响具有重要意义。

（2）行业发展现状

对行业发展现状进行分析，首先应了解自己现在从事的是什么行业，这个行业目前是怎样一个发展趋势，是一个逐渐萎缩的行业还是一个朝阳产业。

（3）行业发展前景预测

行业发展前景预测可以从以下两个方面进行：

第一，行业自身的生命力，是否有技术、资金支持等。

第二，要考虑和研究国家对相关行业的政策。

4. 组织环境

社会组织，特别是那些较有代表性的社会组织，对大学生进行职业生涯规划的影响是很大的。具体说来，组织影响主要是通过如下几方面来实现的。

（1）组织在选人用人方面的要求

组织选人、用人的要求，特别是多家有代表性组织选人用人的相同或相近的要求，对大学生进行职业生涯规划的影响是巨大的。首先，他们会根据自己能力条件与这些组织要求的吻合度，加上自身的努力程度来选择自己的职业方向；其次，他们可能因此而改变自己的选择方向，影响自己的职业发展。

（2）组织成员的收入福利状况

收入福利状况好，人们就向往，反之人们就会犹豫。当然也有人会考虑其他方面的因素而放弃眼前利益的追求，毅然选择收入福利一般的组织，这只是事物复杂性的体现。

（3）组织的发展战略

组织的发展战略往往意味着个人的发展机会，如果两者的吻合度高，个人得到发展进步的概率就高，反之则个人的潜力很难得以发挥，抱负很难实现。如果只是一个组织的战略如此，我们还可以转向其他组织，但要是这一职业方向的组织战略大多如此，我们就只好转向其他职业方向了。

（4）组织的发展态势

组织发展的态势，尤其是行业的发展态势，对大学生选择职业方向有巨大的影响。组织或行业正处于朝阳时期，人们对其前景普遍看好，这种职业方向无疑是吸引人的。反之，人们便会对这一行业失去信心，从而转向其他行业。

5. 政治环境

政治环境主要是指政策、法律等政治因素。特别是在我国目前条件下，法律、法规在逐步建设完善过程中，政策、制度变化也很大，而这些方面的变化，不仅对企事业单位盛衰影响很大，而且可能影响到整个行业的兴衰。所以，大学生在进行职业生涯规划时一定要了解政策法规并注意它们的发展趋势，进而影响自己选择职业方向。

（三）职业因素

1. 职业声望和职业地位

职业声望是人们的一种主观感受，是指某种职业在人们心目中的声誉和地位。职业地位则是指职业在社会、在职业体系中的位置。两者密切相关，一般认为，职业地位高，职业声望也相应高。但也有着特殊情况存在，有的职业有较高的社会地位，但社会声望并不高；有的虽然有较高的声望，但实际社会地位并不高。因此，大学生在选择职业时，要对择业单位的社会地位和社会声望做具体分析。未来社会对职业的知识含量和技术含量的要求将不断增加，对职业劳动者的素质要求也越来越高，原有的人才结构类型已很难继续适应经济的进一步发展，社会分工的不断细化迫切需要数以万计的专门人才，这也增加了大学毕业生的就业机会。不过，现代职业的发展变化无疑会对大学毕业生择业产生巨大影响，是否具备获取知识、运用知识和创新知识的能力，是现代社会中每个人在激烈的国内、国际竞争环境中成败的关键。这就要求毕业生转变就业观念，以发展的眼光看待问题，正确看待初次就业，寻找那些有潜力、有发展机会的职业，在工作中丰富自己的知识，提高工作能力。

2. 职业岗位的数量

职业岗位的数量直接影响着大学生的职业选择。改革开放以来，随着经济的发展，我国在解决就业方面取得了世人瞩目的成绩，城镇安置就业人数一直在增加，但仍然不能缓解巨大的就业压力。我国的就业压力来自多方面的原因，尤其是我国的人口基数大，劳动力增长速度快。而一个国家或地区为求职者提供的职业岗位数量，从根本上取决于国家经济形势和区域经济发展的速度和水平，取决于技术设备的现代化水平。经济形势越好，经济发展越迅速，所提供的就业岗位就越多，经济发展落后或停滞，就难以为人们提供更多的可供选择的就业岗位。所以大部分毕业生都涌向一线城市，而边远地区却无人问津，致使一线城市劳动力供给总体上供大于求，进一步加大了就业压力。严峻的就业形势对大学生就业提出了挑战，不过，我国经济形势的发展也给大学生就业带来了机遇。

（1）就业机会将增多

就业岗位的增加数额应是需要顶替的工作岗位数与新增工作岗位数之和。我国未来就业机会最多的行业是未来需要顶替的岗位（如员工退休等）较多的行业和新增工作岗位多的行业。表1-3所列为美国1994—2005年间发展最迅速的职业。据分析，在某种程度上美国现在的经济发展状况代表我们将来的经济发展状况。

（2）职业岗位数量将增加

职业岗位数量的增加来源于经济全球化、西部大开发战略、产业结构调整这三大策略的实施。

① 经济全球化速度的加快，将地球连成一个"村落"，对外贸易活动频繁，境外业务往来增多，劳务输出、境外就业的数量将会大大增加。不过，国内一些产品陆续加入世界竞争，对产品质量、产业结构提出了更高的要求，职业岗位也随之对劳动者的素质

表 1-3 美国发展最迅速的职业（1994—2005 年）

职业类型	增长百分比
个人健康助手	119
家庭健康助手	102
系统分析员	92
计算机工程师	90
生理和矫正治疗助手	83
电气系统操作员	83
专业治疗助手	82
外科治疗专家	80
居民顾问	76
服务生	75
专业治疗师	72
指甲修饰师	69
医疗助理	59
律师助手	58
医疗情况记录技术人员	56
教师、特殊教育工作者	53
娱乐场所服务员	52
管教官员	51
研究分析员	50
保安人员	48

和技术提出了更高的要求。

② 我国西部地域宽广、资源丰富、人口密度较小、技术力量缺乏，西部大开发战略的实施，为有志于在西部一展宏图的青年提供了一个广阔的事业天地，增加了就业岗位。

③ 我国产业结构随着科学技术的迅速发展将进一步调整，产业结构变化对社会分工产生了革命性影响。随着产业中技术与知识含量的增高，社会分工的基础从体力为主逐步发展到以脑力（智力）为主。从产业发展的历程来看，每一次产业的更迭，新出现的产业对原有产业都会施以革命性的影响，既会使一些行业和职业消失，也会增加新的行业和职位。第三产业发展加快带来了农业技术革命和农工商一体化的农产品市场化，与之相应的社会服务行业也会相继出现一系列新兴职业。而信息产业的兴起给农业、工业带来的是高科技、国际化的前景，新的职位也随之增多，大学生的就业机会也将大大提高。

随着知识经济的到来，计算机软件编程、操作和维修及信息管理和咨询等新技术也会扩大和增加，这些都将为大学生提供更多的职业岗位。

第四节　国内外职业生涯规划发展状况

一、国外职业生涯规划发展状况

（一）国外职业生涯规划发展阶段

"职业生涯"的概念最早出现在美国生涯理论家舒伯 1957 年出版的《职业生涯心理学》中。在一些发达国家，如美国、英国、加拿大、日本等，职业生涯规划教育和辅导在各级学校中得到普遍认可和广泛开展。起源于 20 世纪初的职业指导在 100 多年中经历了三次思想转折和以此为标志划分的 4 个发展阶段，完成了从职业指导到生涯辅导的历史嬗变。

第一阶段（1908—1942 年）。职业指导理论提出和基本模式建立时期。这一时期是以帕森斯和威廉姆逊提出特质－因素理论为标志来界定和划分的。1909 年，美国帕森斯教授撰写了《职业的选择》，首次运用"职业指导"（vocational guidance）这一概念。因此又称"指导学派"。

第二阶段（1942—1951 年）。重视个人发展的时期。这一时期以罗杰斯提出来访者中心疗法为标志。1951 年，《来访者中心疗法》问世，标志着人本主义理论流派走向成熟，推动了职业指导的重点从开发职业素质测试的技术向提高职业咨询的方法与技术转变。该阶段也是职业指导观念向职业辅导观念转变的阶段。

第三阶段（1951—1971 年）。生涯辅导的形成时期。这一时期以金斯伯格和舒伯的生涯发展理论的建立为标志。金斯伯格于 1951 年出版《职业选择》一书，对青少年职业选择的过程与问题进行了深入研究，将职业发展分为幻想阶段、尝试阶段和实现阶段三个时期。舒伯经过大量研究于 1957 年出版了《职业生涯心理学》，首次使用"职业生涯"的概念，将职业生涯定义为一个人终身经历的所有职位的整个过程，系统阐述了职业生涯发展的 12 个基本命题和 5 个发展时期。

第四阶段（1971 年至今）。生涯辅导成熟、完善和国际化时期的确立。生涯辅导理论受到社会广泛认可，不同学派出现了"百花齐放，百家争鸣"的繁荣景象。虽然这些理论本身流派各异，传承不同，却具有明显的共同发展的默契，那就是将生涯辅导推向以注重个体生涯发展历程为重心的方向，使生涯发展走向正规。

（二）国外职业生涯规划发展现状

西方发达国家的职业生涯教育贯穿幼儿园到成人的整个教育过程，在各个阶段的学校教育中进行"职业生涯"观念和"职业生涯"准备的教育。它的要义是培养学生的劳动观、职业观，高度重视每个人天生具有的创造性，发展人的个性教育。旨在使学生具有相应的职业知识和技能的同时，培养学生了解自己，积极主动地选择人生道路的能力。要求从幼儿园至成人的整个教育过程中，都要将传授知识与学生将来的工作方式和生存方式相结合。

1. 美国

美国是较早在学校中进行职业生涯教育的国家。在20世纪，美国曾两次专门以政府法案的形式对职业生涯教育进行改革，一次是在70年代制订《生计教育法案》，一次是在90年代制订《学校到工作机会法案》。其中，《学校到工作机会法案》的目的是使所有的高中学生都能确定一条走向职业道路的计划，顺利实现从学校到工作的过渡。它意味着从职业认识到职业选择的完整职业指导体系的形成，使学生能够主动地进行自我选择和未来的人生规划。高中毕业后，无论是继续升学还是就业，学校都会安排他们到社会的各个部门参观，熟悉各种职业，了解自己的兴趣所在，以便进行正确的抉择。

1994年，美国教育部和劳工部共同发起了全国范围的教育改革运动——"从学校到工作"，其目的是使所有的高中学生都能确定一条走向职业道路的计划，能顺利实现从学校到工作的过渡。它把工作中的学习和在学校中的学习结合起来，把学术学习和职业学习结合起来，在中等教育和中等后教育之间建立起有效的联系，使学生清楚了解他们将要从事的职业，包括具有适当的工作经验。

2. 英国

1948年，英国政府通过《雇佣和训练法》，明确要求各所中学对所有在校学生实施职业指导。20世纪80年代以后，英国政府又颁布了一系列文件，强调职业教育和职业指导应成为学校课程的一部分，并规定设置固定教学时刻表的时间最迟在中学二年级起始阶段。普通中学的职业教育和职业指导主要由学校的指导教师和校外的职业官员协作负责。其中，指导教师的任务主要是实施职业教育计划，帮助职业官员安排学生咨询，并提供最新的职业信息。职业官员的主要职责是对学生进行个别和集体咨询，提供最新的职业信息，协助使用计算机辅助职业指导系统，参加家长会议，组织职业参观和职业演讲等活动。

英国普通中学的职业生涯教育内容包括：发展自我意识——帮助学生意识到个人在能力、兴趣、个人需要和价值方面的差异，评价个人的生理和心理特征，判断何种职业适合自己；增进职业机会意识——学校要向学生介绍他们可能的职业选择范围，以及获得职业的途径；发展决策技能——帮助学生发展一种自我做出职业决策的能力，引导他们评论性地评价和分析职业信息，意识到职业选择的重要性以及产生的后果；学会从学校到工作世界的转变——帮助学生适应工作世界，独立地走向社会，顺利地从事职业和适应职业生活。

英国教育部门在教育改革的实践中也注意到社会与教育的相互作用，注意利用各方力量。在一些相关法令中规定，社会各相关部门要为学生熟悉各种职业提供便利条件。大学、企业、事业单位要和学校建立广泛的合作关系，为学生提供参观和就地实习，以熟悉各专业、职业和工种，以利于学生作出正确的选择。同时，学校也注意赢得学生家长的支持。定期举办家长的培训，使他们注意从小对学生进行职业意识的灌输，锻炼他们的独立能力，不能只靠学校单方面完成，这些都保证了学校教育改革得以有序地进行。

3. 韩国

韩国学校职业指导的历史同西方国家相比是短暂的。1982年，韩国教育发展研究所在联合国儿童基金会（UNICEF）的支持下，首次发表了有关职业教育和职业指导的研究报告，使得该项工作开始引起全社会的关注。此后韩国学校职业指导工作有了长足发展。韩国高校职业指导的主要做法可概括为：

（1）强调学生的自我服务

韩国高校在推进职业指导过程中，始终注意发挥学生自我服务的作用。一些学校邀请校友座谈或举办报告；一些学校成立了完全由学生自我管理的"就业准备委员会"（Graduation Preparation Committee of Colleges and Universities），定期为毕业生举办工作交流会，提供有关的求职援助。目前，韩国各高校的"就业准备委员会"已初步形成了联盟，为在全国范围内整合职业指导资源，共享职业信息创造了条件。

（2）注重提高学生的就业能力

一些高校或开设生涯教育、人际关系等专门课程，或将生涯教育融入其他科目的教学，直接对学生实施职业指导。调查显示，2002年韩国有28.5%的四年制高校已为学生开设了职业教育模块课程，不少高校也纷纷计划为所有学生开设为时一个学期的职业指导课程。在专业课程内容上，不少高校引进实用性和职业性较高的教育内容，努力提高学生的就业能力。在2001—2004年，汉阳大学就邀请了144名企业顾问参与课程修改，在充分研究和吸纳了他们的意见后，学校对43%的课程进行了修订。

（3）着力改进就业环境

针对大学毕业生就业难的实际，21世纪初，韩国政府同全国经济人联合会等有关机构合作，在大学毕业生的雇用方面努力消除不同大学之间、男女之间的就业差别，树立并推广以能力、学历及适应能力为主要评价标准的雇用观念。政府也实施了多项为大学生创造就业机会、改进就业环境的举措，即集中培育高端服务业，在金融、物流、法律、会计、研发、咨询等部门大量提供优良就业岗位；在保证对国民服务质量的前提下，开放教育和医疗服务，以促进相互竞争；广泛培育文化、观光、休闲等服务产业并使之实现高级化；改变企业喜好雇用临时工、回避使用正式工的倾向，促进劳动市场变化，改善企业用工制度上的劳资对立状况。

（4）积极鼓励学生创业

在大学生就业难的情况下，不少学校鼓励学生自我创业。据不完全统计，韩国230多所大学中已建立创业支援中心215个，大学生会员达到1.1万余人，创业团体达500多个。创业支援中心不仅从资金投入上对大学生创业给予支持，而且还帮助大学生联系各专业的指导教授，协助大学生进行可行性调查分析，为大学生提供多方面服务。

4. 德国

德国不仅通过立法来保障职业生涯规划工作的有序进行，而且设立了联邦劳动局来专门负责各学校的就业指导课。为解决学生就业过程中的一些问题，政府还成立了专门机构，配备固定的编制和充足的经费，负责指导大学生对专业的选择和更换；开办各种培训班和研讨会，培养学生的应聘技巧及相关能力。

5. 日本

日本的职业指导从20世纪20年代至今，历经就业指导、进路指导、职业生涯教育三个发展阶段。在政府的积极引导和社会各界的大力推动下，其教育目的、教育设计理念更加明确，教育内容、教育方法日趋丰富，教育保障机制逐步完善，形成了一个完整的贯穿小学、中学、大学的职业生涯教育体系。

综合来说，国外职业生涯规划指导体系主要呈现这几个特点：发达国家基本上都成立了专门的机构负责指导学生开展生涯规划；对学生进行的职业生涯教育贯穿于其整个学习过程，而且根据年龄阶段、受教育程度的不同，侧重不同的教学内容，开设相关课程；国外从事职业生涯教育的人员呈现出高素质、职业化、专门化的特点；在发达国家的大学生职业生涯教育中，除对全体学生进行集体辅导外，还特别注重针对不同状况的学生进行个别咨询和辅导。

二、中国职业生涯规划发展状况

现代职业生涯规划的理论研究主要以发达国家尤其是美国为主。中国现代的职业生涯规划起源较早，但由于种种原因，中断时间较长，目前，该领域的研究还处于较落后地位。

中国职业生涯规划可以追溯到距今 2500 多年前的春秋时期，《论语·为政》中讲："吾十而有五而志于学，三十而立，四十而不惑，五十而知天命，六十而耳顺，七十而从心所欲不逾矩。"这是孔子对人生状态的自我评价，同样也是孔子对职业生涯状态的描述。

中国最早引进"生涯规划"的相关课程是在 1916 年，由清华大学周寄梅先生引入，开始着手和筹备高校就业辅导工作。1917 年，黄炎培、蔡元培、梁启超等人联合发起创立了"中华职业教育社"，并在 1918 年出版了《职业指南》；在 1919 年出版了"职业指导专号"；在 1923 年出版了《职业指导》；在 1924 年推动中小学建立"职业指导委员会"，建立"职业指导员"队伍；1927 年，中华职业教育社在上海、重庆、昆明、桂林等地先后举办职业指导所，帮助就业人员选择职业。后来由于国情和社会变动等因素，中国职业生涯规划的研究和发展几乎停滞。直到 20 世纪 80 年代，职业生涯规划逐渐在港台地区兴起，香港高校的生涯管理与辅导理念经历了家长式、服务式和发展式的演进过程。内地恢复生涯规划教育的时间较晚，直至 1985 年才开始恢复职业生涯规划的相关研究工作。1988 年，为指导高等学校毕业生就业，国家教育委员会创办《毕业生就业指导》，并成立毕业生就业指导中心。1993 年 12 月，成立中国职业技术教育学会职业指导专业委员会。

进入 21 世纪以后，职业生涯规划进入了大学校园，各个高校普遍对大学生进行职业生涯辅导。2005 年，清华大学开设的"职前教育网络学堂"，通过网络课程对各个年级的同学进行职业生涯指导，深受学生的欢迎。北京大学等高校开始为新生提供系统的职业规划服务，包括职业测评、职业咨询、大学生职业生涯规划课程、职业规划训练营、就业指导专家系列讲座、职业辅导工作坊等内容。实践证明，这些工作能帮助大学生及早了解和规划未来的职业发展道路，但整体来看，职业生涯辅导在中国高校的开展还存在很大的提升空间。

因而，根据中国学生的发展和社会需求，借鉴国外成功经验，构建适合中国国情的职业生涯发展教育体系尤为重要。细分的、个性化、比较成功的职业生涯规划实践还有待积累。

第五节 当代大学生职业生涯规划的常见问题与误区

一、职业生涯规划的常见问题

在职业生涯规划中，常常会由于各种原因而产生一些问题，这些问题需要引起足够的重视，现总结如下。

1. 自我认知中存在的问题

（1）自我认识的途径单一

仅仅通过职业生涯规划测评系统来认识自我是很不够的，我们还需要通过家人、现任教师、同学、亲戚等的评价以及通过周围熟悉自己的人对自己的评价来认识自我，只有这样，才能对自我有一个全面的认识。

（2）认识自我的内容不够全面

大多只分析了个人的兴趣、特长、爱好、性格、价值观、个人优缺点和个人健康的内容，缺乏了一项很重要的内容——情商因素。情商包括：认识自身的情绪；妥善管理自己的情绪；认知他人的情绪；人际关系的管理等。情商是根据个人的综合表现来判断的。

2. 环境分析中存在的问题

（1）行业发展趋势和职业能力关注不够

要明确未来职业的工作内容、工作环境、任职条件以及与之相适应的职业兴趣类型。

（2）环境分析只有普遍性，缺乏特殊性

应注意分析家族文化、学校的社会认可度、专业、校风、专业主干课程及成绩、适应本专业的领域和就业形势评估等。

（3）对行业、职业了解的途径单一

在职业规划的环境分析中，大多数人是通过互联网了解行业、职业，这是很不够的，还需通过报纸、专业协会、亲戚朋友等途径进行全面的了解。

3. 职业定位中存在的问题

（1）目标订立过于理想化

大学生应根据自己的专业或特长来做出职业规划，切记职业目标过于理想化，以保证职业生涯规划的顺利实施。

（2）定位分析不明确

在进行职业生涯规划时，应明确选择职业目标的原因、达到目标的途径以及所需的能力、训练和教育等。

（3）专业与职业关联度小

如果仅仅是靠个人喜好来规划自己的职业生涯往往是不可行的，还需要将自己所学专业与未来职业紧密结合起来，只有这样，制订出来的职业生涯规划才切实可行。

4. 规划实施中存在的问题

（1）规划的可操作性不强

规划除有总体规划外，还要有阶段规划（计划），阶段计划要包括采取什么措施来提高学习效率；计划学习哪些专业知识；提高哪些业务能力；掌握哪些职业技能；如何开发自己的潜能；如何提高自己的情商水平等。

（2）想当然的多，结合实际的少

大学生在制订职业生涯规划时，应多与职场人士沟通和交流，以获取足够的行业、企业和职位信息，使自己的规划能够实施。

（3）轻视实践

为了保证自己的职业生涯规划顺利实施，在学生时期应该多参加一些社会实践活动。

二、职业生涯规划的误区

由于对职业生涯规划的误解以及社会经验、社会阅历的相对缺乏，大学生对职业生涯规划的认识往往存在许多误区。

1. 觉得职业生涯规划毫无意义

有的大学生认为，自己尚处于学习阶段，未来有太多的不确定因素，所以现在为自己制订职业规划为时过早，根本没用。这种想法造成的后果是学习无目的性，荒废了宝贵的学习时光。其实，对于生命中一些个人无法掌握的因素，应以一颗平常心冷静地应对。大学生应该明白，拥有一个明确的职业目标方向是非常必要的。进行职业生涯规划，就是要对我们所能做到的事全力以赴。

2. 将职业生涯规划等于创业计划

创业计划不同于也不能替代职业生涯规划，创业是职业生涯的一部分。职业生涯规划更关注个体是否适合创业，是否选择了一条适合自己的创业道路，是否了解并准备迎接创业的艰辛与挑战。

3. 认为专业知识就是能力

能力是借助知识解决实际问题的一种智慧，通常表现为你会做什么，能做好什么。知识是一个社会分工的特定领域的系统集成的理论知识及方法，表现为你知道什么，理解什么。大学生通过学习掌握了一定的专业知识，也掌握了一些解决实际操作的方法，但并不能因此就说大学生具备了解决实际问题的能力。如果你所学专业并非是你要从事的，那无论你的专业知识学得多么好，它都不是你的能力，都不能减少你与岗位要求的差距，更不要指望用你的专业知识来打造你职业理想的核心竞争力。所以，大学生在进行职业生涯规划时，要先看看你所学的专业是不是你喜欢的，是不是对应你的职业目标，而不要泛泛地把自己所学的专业当作求职时的砝码。

4. 以兴趣作为职业

兴趣爱好是我们享受生活的方式，而职业则是我们赖以生存的方式。一个人对某种事物感兴趣，就会产生接近这种事物的倾向，并积极参与有关活动，表现出极大的热情，并使人的探究和认识活动染上强烈的、肯定的情绪色彩，从而使这种活动为人所接受和喜爱。选择职业是一种社会活动，必然受到一定的社会因素制约，任何人选择职业的自由都是相对的、有条件的，如果择业脱离社会需要，就很难为社会所接纳。在现实生活中，有些大学生喜欢将兴趣当作自己的职业目标。其实兴趣、爱好并不等于职业。在进行职业生涯规划时，我们的确应该将兴趣爱好作为选择职业的重要因素，但不是唯一因素。一个好的职业生涯规划要综合考虑专业特长、社会需要、兴趣和能力等多方面因素。大学生都有自己的专业，每个专业都有一定的培养方向和目标，这应该成为大学生职业生涯规划的依据。

5. 总感叹自己的命运掌握在别人手中

在职业生涯规划过程中，有的学生在关系到自己未来发展的问题上不能自己做主，总希望有人能替他作出最后的选择。然而，每个人的个性类型、职业生涯目标、价值观、父母的期望、对成功的评估标准，以及家庭经济条件、父母的文化背景与社会地位等都不尽相同，所以，不同的人对自己的职业生涯规划也必然不相同。个人职业生涯规划必须由自己主导，无论是老师、父母或朋友都无法替代，只能由自己根据实际情况来客观地进行规划，自己命运掌握在自己手中。

6. 职业生涯规划制订后不需要进行调整与修改

职业生涯规划是一个不断发展的过程，保持灵活性、适时地评估与调整是必要的。整个社会大环境在发生变化，职业本身在发生变化，应对这些变化的唯一方法就是做好规划和准备。有效的职业生涯规划必须处理好灵活性与稳定性之间的关系。当然，调整也应适度适时，绝不能朝令夕改。如果规划不断地修订与变化，也将很难发挥其引领作用。

7. 忽视个人的品德培养

在当今教育和资讯都比较发达的时代，企业的用人标准也发生了很大的变化，应聘者的人品成为企业选择员工的一个非常重要的条件。可是，许多大学生在规划自己的未来时，只注意了知识和能力，却忽视了个人道德修养和心理素质的培养，结果导致自己与一些好的机会失之交臂。因此，大学生在进行职业生涯规划时，一定要注意培养良好的道德修养和健康的心理素质，因为这些对自己的发展具有重要作用。

8. 觉得成功靠的就是幸运

许多人坚信成功者是由于有好的机会，因此，他们都被动地等待命运的安排，而不去主动地计划经营，努力把握自己的生活。这种把成功当幸运的行为导致的结果大多是一旦不成功便早早放弃，被拒绝和挫折打垮了信心。其实，能带来成功的往往是努力，而不单单是运气。如果大学生能够提前意识到一些可能遇到的问题，将有助于他们更好地处理问题。

9. 认为证书越多越好

许多学生都以为证书越多，竞争实力就越强，所以，他们投入了很多时间去各种考证书，结果影响了学业，甚至不能顺利毕业。这些问题的出现，就是因为部分学生不能将目标系统化，不能根据自身的生涯目标合理设计实现路径，结果造成主次不清、本末倒置的结果。

10. 将理想等同于目标

理想是我们追求的一个结果的最终表现，职业理想更多地表现为某个具体的职位。目标是我们在实现职业理想过程中的阶段划分。只有把宏大的职业理想转化为一个个可实现的具体目标，我们的职业理想才会最终得以实现，否则，宏大的职业理想只能是职业空想。因此，大学生在判定职业前程时，一定要从实际出发，职业生涯规划要切实可行，莫把理想当目标。

第二章 自我认知

每个人都希望自己的职业是自己喜欢的，是适合自己的，又是自己能力所及的，还能满足自己的物质和精神需要。可是，什么是我喜欢的呢？什么是适合自己的呢？我能做什么？我有哪些诉求呢？了解了这些问题之后，才能准确地进行职业定位，做到个人与职业的最佳匹配，从而在激烈的社会竞争中实现最大的人生价值。要解决这些疑问，就要进行自我认知。

日本保险业泰斗原一平在27岁时进入日本明治保险公司开始推销生涯。当时，他穷得连午餐都吃不起，并露宿公园。有一天，他向一位老和尚推销保险，等他详细地说明之后，老和尚平静地说："听完你的介绍之后，丝毫引不起我投保的意愿。"老和尚注视原一平良久，接着又说："人与人之间，像这样相对而坐，一定要具备一种强烈的吸引对方的魅力，如果你做不到这一点，将来就没什么前途可言了。"原一平哑口无言，冷汗直流。老和尚又说："年轻人，先努力改造自己吧！""改造自己？""是的，要改造自己，首先必须认识自己，你知不知道自己是一个什么样的人呢？"老和尚又说，"你在向别人推销保险之前，必须先考虑自己，认识自己。""考虑自己，认识自己？""是的！赤裸裸地注视自己，毫无保留地彻底反省自己，然后才能认识自己。"从此，原一平开始努力认识自己，改善自己，大彻大悟，终于成为一代推销大师。

当我们试图为自己规划一条人生的坦途时，最基本也是最重要的事情就是通过自我整理、自我认识等方法了解自己，借着对自己的兴趣、性格、能力、价值观的分析，了解自己的职业兴趣在哪些领域，自己的职业性格是什么样的，自己的行为风格如何，工作动机和需要有哪些，清楚自己的能力（有些能力是遗传的，有些是天赋，还有些是潜力）有哪些，自己的职业期望和价值观是什么，是不是存在一些职业认知的偏差，等等。明确当一个人不得不作出选择的时候，无论如何都不会放弃的职业中的那种至关重要的东西或价值观因素，即人们选择和发展自己的职业时所围绕的中心。这些都将影响到你的职业选择和未来的发展。这样，才能找到或开发适合自己的职业、工作、职位及生活形态，以享受生命的成就与尊严，并对社会有所贡献。

第一节 自我认知的内涵和方法

自古以来，人们对于自我的认识始终处于一个无尽的探索之中。"斯芬克斯之谜"

之所以难倒许多人，就是因为人在很多时候是看不清楚自己的。古希腊哲学家苏格拉底用其毕生精力的探索始终围绕着一个主题，那就是"我是谁"。早在两千多年前的战国时期，我国思想家庄周也通过"庄周梦蝶"的典故提出了"我是谁"的同样问题。认识自己是困难的，却又是必需的。对大学生来说，只有对自我有全面且积极的认知，才能提出符合自身需要的要求，从而制订出符合自身目标的发展方向和符合自身发展的职业生涯规划。

一、自我认知的内涵

那么究竟什么是自我认知呢？所谓自我认知，是自己对自己的看法，是通过对自身行为的观察，而对自己的形象和心理状态的认识，包括对自己的动机、意图的验证与评价。自我认知是对自我进行全面的分析，并通过自我分析，认识自我，评价自我，从而对职业作出正确的选择。自我认知包括对自身生理和心理因素的认知。从职业心理的角度来说，自我认知的内容应包括性格、兴趣、能力和价值观等。

有一个服装专业的学生，他的目标就是当一名世界知名设计师。毕业后，他找了一份工作，天天学习服装设计，并且积极参加大赛。这样过了5年，他却没有获得过一次奖项。他很苦恼，决定向知名设计师请教。设计师让他拿一份设计稿来看看，可看到后却目瞪口呆，这个年轻人虽执着，但服装设计却一塌糊涂。设计师无可奈何地告诉他："你现在的设计还不到获奖水平。"可这位学生却认为："我热爱服装，我用心工作，你却认为我设计得不好！"说罢，他气呼呼地走了。这个学生虽然有雄心壮志，但他对自己的目标与自身的能力没有一个准确的认识。因此，无论他多么努力，都很难成功。

自我认知，通常指三个层面的自我认识。第一层面是对自己身体状态的认识，如个人的外貌、体征等；第二个层面是对自己心理状态的认识，如个人的兴趣、态度、性格、情感、能力以及价值观等；第三个层面是对自己社会性状态的认识，如个人在社会上的地位、名誉、人际关系等。在职业生涯发展过程中，对自己心理状态的认识是最重要的，美国职业心理学家舒伯将这种心理状态称为职业自我。

职业自我认知，是指个体对与自己职业选择和职业发展有关因素的认识，包括自身因素、自己所处的职业环境以及社会资源因素。人们对职业自我认知理论的理解也可以分为两个方面。

一方面是个人心理上的，侧重于个人如何选择，以及如何调适其选择。可通过了解自己的价值取向，明确自己的优劣势，根据过去的经验、经历来选择未来可能的工作方向，从而解决一个人"我想干什么"以及"我能干什么"的问题。另一方面是社会性的，重点是个人对其社会经济环境及职业特点的评价。通过对自身所处职业环境或者职业需求的了解，根据内心理想与外在要求对自身行为与发展方向进行思考与尝试，进而明确"我需要做什么"以及"我如何做"的问题。

二、自我认知的过程

自我认知是一个复杂的过程。俗话说，知人难，知己更难。对于大学生而言，只有真正认识自我，才能更为准确地评价自己，为自己选择适合的发展目标，确定适合的发展方向。在自我认识的过程中，不要过高地估计自己，认为专业热门、成绩优秀、能力很强、荣誉证书一大堆就把自己的就业标准定得很高，非"大"（大企业、大城市）不去，非高工资不去。要知道天外有天，人外有人，千万不要自以为是。有些大学生在选择单位时期望值太高，导致求职失败。自我认知的过程包括：

自我认识。一个人只有在充分而且正确认识到自身条件及相关的环境状况时，才有可能做出正确的决策。

自我接纳。每个人的人生之路必然与我们所想象、所设计的有所偏差，坦然面对自己的长处和短处，并对自己的行为和将来负责，才能谋求更好的发展。

自我发展。个体要通过不断地自我认识、分析和接纳，不断修正自己，并据此提高能力，从而得到不断的成长与提高。

自我实现。是指自我价值的实现。选择合适的价值目标，通过具体的实施方案，把理想和蓝图变为现实。

三、自我认知的维度

人的心理状态包括"心理过程"与"个性心理"。其中，"心理过程"指的是人脑对客观现实的反映过程，包括认知、情感、意志和行为等活动过程；"个性心理"指的是个体在心理风格和精神面貌上存在的显著差异，主要表现在兴趣和爱好、需要与动机、信念、价值观、能力、气质、性格等方面。

人的心理对职业选择和职业发展具有重要影响。帕森斯教授在1909年版的《选择一个职业》一书中指出，只有在对个体的态度、能力、兴趣、智谋局限和其他特性做出综合评价的基础上进行的职业咨询，才能取得良好的咨询效果。另外，一些心理学家运用心理学的分析方法研究人的职业选择和职业发展，形成职业发展理论、心理动力理论和行为理论等成果，如众所周知的霍兰德人职匹配理论。

因此，自我认知的维度包括很多的内容，如健康状况、社会背景情况、人格、兴趣、能力、价值观等。与职业生涯规划相结合，这里主要介绍兴趣、能力、性格和价值观这几个维度。只有在明确了这些内容之后，才能够作出更符合自己的职业生涯规划。

四、自我认知的方法

随着人类文明的进步，人们不断总结认识自我内在素质的方法和手段。这里主要介绍以下几种自我认知的方法。

1. 自我总结法

人们可以通过尝试回答以下问题来进一步认识自己。

① 我究竟有什么才干和天赋？做什么我能做得最出色？与我所认识的人相比，我的长处、高人一筹的地方是什么？

② 我的经历有什么与众不同之处？能给我什么特别的洞察力、经验和能力？运用它，我能做出什么与众不同的事？

③ 我的激情在哪一方面？有什么工作特别使我内心激动向往，使我分外有冲劲去完成，而且干起来不仅不觉得累，反而感到其乐无穷？

④ 我所处的时代和环境（地理、历史、经济、文化背景等因素）有什么特别之处？这其中哪种环境能对我的机遇产生影响？

⑤ 我与哪些杰出或成功的人士有来往？他们有哪些杰出的才干、天赋与激情？与之合作（或跟随他们）能找到什么样的机遇？

⑥ 我最希望何种需要得到满足？

⑦ 我最明显的缺陷和劣势是什么？

对于以上问题认识得越深入、越准确，就越有助于确定合乎实际的职业理想。大学生也可通过对自己的过去进行总结分析，来找出自己的优势和劣势。

首先，大学生可以通过自己曾经做过什么、学习了什么以及最成功的是什么来分析自我优势。大学生根据人生经历和体验，如在学校期间担任的职务、获得过的奖励、曾参与或组织的实践活动等，从侧面反映出自己的素质。总结和反思在学校期间，从学习的专业课程中获得了什么。专业在一定程度上决定自己的职业方向，因而尽自己最大努力学好专业课程是生涯规划的前提之一。通过总结自己做过的最成功的事来发现自己优越的一面，例如坚强、勇敢、耐心、果断、创新能力强等，作为深层次内涵的闪光点，这是职业生涯规划的有力支撑。总之，大学生在自我分析时，要善于利用过去的经验和选择，推断未来的工作方向与机会。

其次，大学生可以通过对自身性格弱点、经验或经历中所欠缺的方面的总结进行自我劣势分析。并通过总结发现自己的性格弱点，尽量寻找弥补的办法，完善自己；通过总结自己欠缺的方面，避免讳疾忌医，努力创造机会历练自己。

2. 360 度评估法

（1）360 度评估的概念

360 度评估又称"全方位绩效考核法"或"多源绩效考核法"，最早由被誉为"美国力量象征"的典范企业英特尔首先提出并加以实施，运用于企业员工的自我认知，通过员工自己、上司、下属、同事乃至顾客等各个角度全方位地了解个人的绩效。通过这种理想的绩效评估，被评估者不仅可以获得多种角度的反馈，更可从这些不同的反馈中清楚地知道自己的不足、长处与发展需求，使以后的职业发展更为顺畅。

（2）360 度评估的过程

大学生在进行自我认知的时候，可以借鉴 360 度评估的思路，即除了自我评估外，还要通过周围人对自己的评估，帮助自己认识自己。具体包括父母家人的评估、老师领导的评估、同学朋友的评估或其他社会关系的评估。

① 360 度评估的第一阶段——评估准备阶段。一般包括评估项目的设计、内容的确定，还有参与评估人员的选择。评估人员的选择要坚持对被评估者有充分了解的原则。

② 360 度评估的第二阶段——评估前的宣导。评估前，必须要向所有参与者说明本次评估的目的，培养参与者进行评估的技能，对他们的疑问给予解答，这样，才能消除参与者的顾虑，提高评估的质量。

③ 360 度评估的第三阶段——评估阶段。评估阶段除了保证保密和公正的环境外，组织者要积极引导，保证评估者的参与率，这样，结果才能反映更加真实的情况。

④ 360 度评估的第四阶段——结果分析。结果分析是一个相对专业化的过程，它绝对不是简单的数据罗列，而是要找出被评估者的特点，并通过文字予以说明。

⑤ 360 度评估的第五阶段——反馈面谈。反馈过程中要注意沟通的技巧，使被评估者能够真诚地接受。

（3）360 度评估的优点

通过评估反馈，受评者可以获得来自多层面的人员对自己素质能力等的评估意见，较客观、较全面地了解有关自己优缺点的信息，并以此作为制订目标、改善计划，及未来职业生涯及能力发展的参考。同时，受评者也可以通过反馈信息与自评结果的比较来认识差距的所在。

3. 橱窗分析法

橱窗分析法通常也称为"乔哈利窗口理论"分析法。心理学家们曾把对个人的了解比作橱窗，可大可小。为便于理解，我们把橱窗放在直角坐标系中加以分析。坐标系的横轴正向表示别人知道，横轴负向表示别人不知道；纵轴正向表示自己知道，纵轴负向表示自己不知道。坐标橱窗如图 2-1 所示。

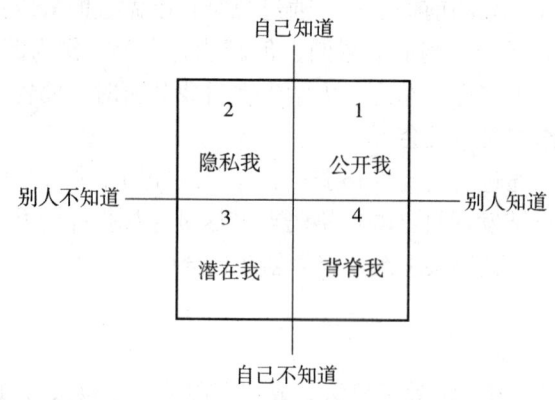

图 2-1 橱窗分析法

橱窗 1：为自己知道，别人知道的部分，也就是透明真实的自我，称为"公开我"，是"主观我"和"客观我"相统一的部分，属于个人展现在外，无所隐藏的部分。

橱窗 2：为自己知道，别人不知道的部分，也可能是自己可以隐藏的部分，称为"隐私我"，属于个人内在的私有秘密部分。

橱窗 3：为自己不知道，别人也不知道的部分，称为"潜在我"，是可以通过一些契机激发出来的特质。

橱窗 4：为自己不知道，别人知道的部分，称为"背脊我"，犹如一个人的背部，自己看不到，别人却看得很清楚。属于有待开发的部分。

每个人都有这 4 个自我的橱窗，但是这 4 块领域在每个人身上的各自比例却大不相同。不同的比例正是自我认知程度的体现。我们可以利用这一方法开展对自我的认知，对自己的性格特征、知识与能力等方面进行分析。

通过 4 个橱窗可知，须加强了解的是橱窗 3 和橱窗 4。橱窗 3 是"潜在我"。科学家研究发现，每个人都有巨大的潜能，人类平常只发挥了极小部分的大脑功能。赫赫有名的控制论奠基人维纳说："可以完全有把握地说，每个人即使他是做出了辉煌成就的人，在他的一生中利用他自己的大脑潜能还不到百亿分之一。"由此可见，认识、了解"潜在我"，是自我认识的重点之一，把个人潜能开发出来，也是职场新人的头等大事。橱窗4是"背脊我",是别人看得很清楚,自己却不了解的自我特质,大学生可以通过同自己的家人、朋友、同事等交流的方式,可以借助录音、录像设备等来进一步了解自己。

4. 职业测评法

职业测评法,即通过客观的测评技术或手段来认识自我,它的特点是能够在较短时间内测出一个人的某方面特点,并且这一特点是在与群体的比较中得出的,因而,其科学性强、准确性高。心理学家已编制出许多职业倾向与职业选拔的测查量表,这些测查工具可以帮助我们了解个性倾向性、个性心理特征,以帮助我们了解自我、完善自我、发展自我。职业测评法包括问卷测评、网络测评以及测评工具测评等。目前,国内外比较常用的几种测评方法在下面的章节中我们将陆续探讨。

5. 专家咨询

专家咨询是借助心理咨询师和职业咨询师来认识自我的一种方法,咨询人员会用他的学识、经验以及科学的咨询技术给个体提供帮助,在咨询过程中个体会获得大量的信息资料,获得对自我的重新认识。

五、自我认知的意义

古希腊德尔菲神庙里的石碑上刻着象征人类最高智慧的神谕:认识你自己。中国古代的老子也指出:"知人者智,自知者明";孙子说:"知己知彼,百战不殆。"《全唐文纪事》中有一段话,太宗谓侍臣曰:"夫以铜为镜,可以正衣冠;以古为镜,可以知兴替;以人为镜,可以明得失。朕常保此镜,以防己过。"先哲们不断教导我们认识自己的重要性。对于大学生来说自我认知是职业生涯的基础,对个人成长、工作定位以及社会价值实现等都具有极为重要的指导意义。

1. 自我认知的个人意义

大学生进行自我认知对自身身心和谐、自身职业发展都有着重要的意义。准确的自我认知,使自己更有可能获得机会从而获得成功。例如,一个人认识到自己遇事比较容易烦躁和冲动时,就可以在日常学习、工作实践中有意识地放松自己的情绪状态、要求自己三思而后行,这样不仅能让自己获得成长,而且能够收获他人的信任,从而赢得发展的机会。

2. 自我认知的社会意义

如上文所述,一个人的自我认知与自我调节结果是相辅相成的。积极的、正确的自我认知能够帮助个体树立正确的个人发展观,而个人的发展又是与国家社会的发展紧密联系在一起的,因此,个人正确的发展观能促进社会各方面的和谐发展。

第二节 兴趣与职业选择

兴趣是成功的重要推动力,美国曾对2000多位知名的科学家进行调查,发现他们大多是因为对某一领域的强烈爱好而孜孜以求,忘我地工作,他们的成功是和他们的爱好相联系着的。当有人请富豪巴菲特指示发展方向时,他总这么回答:"我和你没什么差别。如果你一定要找一个差别,那可能就是我每天有机会做我最爱的工作。如果你要我给你忠告,这是我能给你的最好忠告了。"

一、兴趣与职业兴趣

兴趣是一个人力求认识、掌握某种事物，并经常参与该种活动的心理倾向以及相应的能力，即一个人喜欢什么，不喜欢什么；愿意做什么，不愿意做什么。它是由人的需要而产生，并在其社会实践中逐渐培养和发展起来的，带有稳定、主动、持久的特征。那么兴趣的概念是什么呢？所谓兴趣是指人们力求认识某种事物和从事某项活动的心理倾向，以特定的事物、人或活动为对象，常常伴随着积极的情绪体验。例如，对音乐感兴趣的人，就会将注意力集中于与音乐有关的事物和活动，并且在其言谈举止中也会流露出心驰神往的情绪。再如，一个人对摄影感兴趣，他就会积极主动地去寻找学习的机会，发现拍摄的机会，而且在有关摄影的过程中感到愉悦、放松和乐趣，表现出积极性并自觉自愿。

而当这种兴趣直接指向与职业有关的活动时，就表现为职业兴趣。职业兴趣即对某类职业或工作的积极态度，是人们力图了解某种职业的认识倾向，或者说，职业兴趣是有关职业偏好的认识倾向。不同的人其职业兴趣不同，如果能够从事与自己的职业兴趣相符的职业，个体在工作中就能更加积极热情、全神贯注和富有创造力。例如，一项针对1 500名哈佛商学院毕业生的研究，追踪他们1960—1980年的事业发展。这些毕业生在一开始就被分成两组，第一组共有1 245人，占83%，他们说想先赚钱，然后才能做自己想做的事；第二组共有255人，占17%，他们则认为应该先追求自己真正的兴趣，而后财源自然也会滚滚而来。20年后，两组共有101名百万富翁，100人属于第二组，而只有1人属于第一组，如图2-2所示。

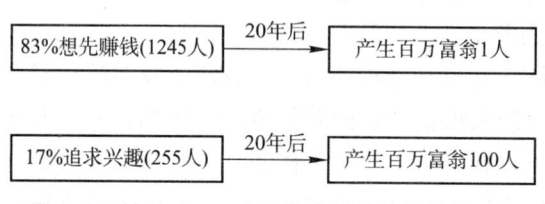

图2-2　针对1 500名哈佛商学院毕业生的研究

由此可见兴趣对职业选择的重要性。在择业之初，影响你选择的往往是薪水高低等因素，但慢慢你会发现，如果长期干自己所不喜欢的工作，就会备感厌倦，就会变成一个简单的赚钱机器。但如果你从事自己感兴趣的职业，则能发挥你的全部才能的很大部分，而且长时间保持高效率而不感到疲劳。当然任何人的职业兴趣都不是与生俱来的，它是在生活实践过程中逐步发生和发展起来的。一般来说，兴趣爱好广泛的人容易注意和接触多方面的事物，在选择职业时自由度就大一些，能为自己创造更多的有利条件。

谷歌大中华区前总裁李开复也是在大学二年级那年，从炙手可热的哥伦比亚大学法律系转入当时默默无闻、自己却疯狂喜欢的计算机系。当时很多人都认为很可惜，可李开复却认为没有激情的工作，会让他会出更大的代价。时至今日，他说："如果没有当初转系的决定，今天的我就不会在计算机领域取得成就，可能只是美国某个小镇上一名既不成功也不快乐的律师。"李开复还说："最好的寻找兴趣点的方法是开拓自己的视野，接触众多的领域。而大学正是这样一个可以让你接触并尝试多领域的独一无二的场所。大学生应当充分利用学校的资源，通过图书馆、旁听课程、搜索网络与论坛、听讲座、打工、参加社团活动、与朋友交流等不同方式，接触更多的领域、更多的工作类型和更多的专家学者。当年，如果我只是乖乖地到法律系上课，而不去尝试旁听计算机系的课程，我就不会去计算机中心打工，也不会去找计算机系的助教切磋，就更不会发现自己对计算机的浓厚兴趣。通过开阔视野和接触尝试，如果你发现了自己真正的兴趣爱好，就可以尝试转系、课外学习、选修或旁听相关课程；你也可以去找一些打工或假期实习的机会，进一步理解相关行业的工作性质；或者努力去考自己感兴趣专业的研究生，重新进行一次专业选择。"

兴趣的发展一般经历有趣、乐趣、志趣三个阶段。对于职业活动，个体往往从有趣的选择，逐渐产生工作乐趣，进而与奋斗目标和工作志向相结合，发展成为志趣，表现出方向性和意志性的特点，使人坚定地追求某种职业，并为之尽心尽力。

二、职业兴趣的影响因素

1. 职业兴趣的形成受个人需要与个性特征的影响

兴趣是以个人需要为前提和基础的，人们的需要不同，所产生的兴趣也就不同。由于人们的需要有物质需要与精神需要之分，因此人的兴趣也就有物质兴趣与精神兴趣之分。一般来说，人的物质需要是暂时的、容易满足。如人对某一种食物、衣服感兴趣，吃饱了、穿上了也就满足了。但是相对来说，人的精神需要或社会需要却是稳定的、持久的、不断增长的，如对文学、艺术的兴趣，对人际交往、对社会生活的参与则是长期的、终生的，而且是需要不断追求的。

2. 职业兴趣的形成受个人认识与情感的影响

兴趣的产生与个人的认识、情感有着密切联系。如果一个人对某项事物没有认识，也就不会产生情感，因此，也就不会对它产生兴趣。同样，如果一个人根本不了解这种职业，或者缺乏某种职业知识，他也就不可能对这种职业感兴趣。如有的人认为集邮根本就是一件无聊的事情，但有的人却对集邮非常入迷，认为邮票不仅有收藏价值，而且有观赏价值，它既能丰富知识，又能陶冶情操。而且收藏得越多、越丰富，就越投入，反过来越情感专注，也就越有兴趣，于是就会发展成为一种爱好，甚至可能成为他的职业。由此可见，个人认识与情感对职业兴趣有着重要影响。

3. 职业兴趣的形成受家庭环境的影响

家庭作为最基本的社会单元，对每个人的心理发展都产生重要的影响，因此家庭环境的熏陶对个人职业兴趣的形成具有十分明显的导向作用。一方面，兴趣有时也是受遗传的影响，父母的兴趣可能会对孩子有直接的影响。如父母是教师，可能会使子女从小就对教师这一职业感兴趣（当然也可能会因为父母经常抱怨教师这一职业的艰辛而使子女对教师职业无法产生兴趣）。另一方面，个人对家庭成员，尤其是父母亲或者比较亲近的长辈的职业比较熟悉，那么在职业选择与职业规划上就会产生一定的趋同性影响。另外，受家庭群体职业活动的影响，个人的生涯决策或多或少产生于家庭成员共同协商的基础上。因此，大多数人在职业选择的过程中，都不可避免地受到家庭环境的影响。

4. 职业兴趣的形成受教育程度的影响

受教育的程度决定着个人知识技能水平的高低，而知识技能水平正是社会职业从客观上对从业人员的要求。因此，个人自身接受教育的程度是影响其职业兴趣的另一重要因素。一般而言，个人学历层次越高，接受职业培训范围越广，其职业取向领域就越宽。

5. 职业兴趣的形成受职业需求的影响

从个人角度来说，职业需求是指一个人对某种职业的渴求与欲望。而这种渴求与欲望，正是成为一个人职业行为的积极性的源泉。但是我们这里所说的职业需求主要是指一定时期内用人单位可提供的不同职业岗位对从业人员的总需求量，这是影响个人职业兴趣的客观因素。

6. 职业兴趣的形成受各种社会因素的影响

影响个人职业兴趣形成的社会因素主要包括政府政策导向、社会时尚以及传统文化等。政府就业政策的宣传是个人职业兴趣形成的主导影响因素；社会时尚职业则始终是个人特别是青年人追求的目标。如当前旅游事业和计算机技术都得到了较大的发展，对这两个职业有兴趣的人也随着增加；传统的就业观念与就业模式也对个人职业兴趣的形成产生重要影响，它们也往往制约着个人的职业选择。

三、霍兰德的职业兴趣类型理论

🔗 **职业测评：你最想去的是哪个岛？** >>

自 20 世纪 70 年代以来，美国心理学家和职业指导专家霍兰德提出了一系列的研究假设，提出了职业兴趣理论。他指出职业选择是人格的一种表现，某一类型的职业通常会吸引具有相同人格特质的人，这种人格特质反映在职业上就是职业兴趣；大多数人的职业兴趣可以归纳为 6 种类型，即现实型（R）、研究型（I）、艺术型（A）、社会型（S）、企业型（E）和常规型（C）。相关的职业兴趣类型有与之相匹配的职业环境要求和典型职业，具体如表 2-1 所示。

另外，霍兰德还指出个人的职业兴趣往往是多方面的，很少只是集中在某一种类型上。大家或多或少地具备所有 6 种兴趣，只是偏好程度不同。

对于以上 6 种职业类型，霍兰德设计了一个平面六角图形（图 2-3）。这个六角形的 6 个角分别代表 6 种职业类型和 6 种劳动者类型。每种类型的劳动者（职业）与 6 种类型的职业（劳动者）相关联，在图形上以连线表示。霍兰德提出了六角形模型用来解释 6 种类型之间的关系。

表 2-1　霍兰德职业兴趣类型

类型	喜欢的活动	职业环境要求	典型职业
现实型（R）	用手、工具、机器制造或修理东西。愿意从事事务性的工作、体力活动。喜欢户外活动或操作机器，而不喜欢在办公室工作	要求具备机械方面才能、体力，对物体、机器、工具、植物、动物等进行操作，对事物工作的能力比与人打交道的能力更为重要	计算机硬件人员、摄影师、园艺师、木匠、厨师、兽医、修理工、维修工等

续表

类型	喜欢的活动	职业环境要求	典型职业
研究型（I）	喜欢探索和理解事物，喜欢学习研究那些需要分析、思考的抽象问题，喜欢阅读和讨论有关科学性的论题，喜欢独立工作，对未知问题的挑战充满兴趣	要求具备分析研究问题，运用复杂和抽象的思考创造性解决问题的能力，并将其用于观察、估测、衡量、形成理论，最终解决问题；一定的写作能力	科学研究和实验工作人员，如气象学者、天文学者、生物学家、化学家、物理学家、心理学家、工程设计师、大学教授等
艺术型（A）	喜欢自我表达，喜欢文学、音乐、艺术等创造性工作，乐于创造新颖、与众不同的成果，渴望表现自己的个性，实现自身的价值	要求具备艺术修养、创造力、表达能力和直觉，并将其用于语言、行为、声音、颜色和形式的审美、思索及感受	演员、导演、艺术设计师、雕刻家、建筑师、摄影家、广告制作人、歌唱家、作曲家、乐队指挥、小说家、诗人、剧作家等
社会型（S）	喜欢与人合作，热情关心他人的幸福，愿意帮助别人成长或解决困难、为他人提供服务	要求具备人际交往、教导、医治、帮助他人等方面的技能，对他人表现出精神上的关爱，愿意担负社会责任	教师、心理咨询师、牧师、社会工作者、护士等
企业型（E）	喜欢领导和支配别人，通过领导、劝说他人或推销自己的观念、产品而达到个人或组织的目标，希望成就一番事业	要求具备经营、管理、劝服、监督和领导才能，以实现机构、政治、社会及经济的目标	项目经理、销售人员、营销管理人员、政府官员、企业领导、法官、律师等
常规型（C）	喜欢固定的、有秩序的工作或活动，希望确切地知道工作的要求和标准，愿意在一个大的机构中处于从属地位，对文字、数据和事物进行细致有序的系统处理，以达到特定的标准	要求具备文书技巧，具备组织能力、听取并遵从指示的能力，能够按时完成工作并达到严格的标准，有组织、有计划	秘书、办公室人员、记事员、会计、行政助理、图书馆管理员、出纳员、打字员、投资分析员等

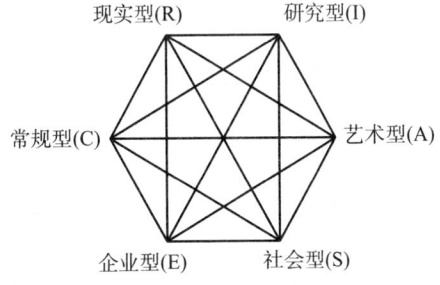

图 2-3　霍兰德职业类型图

从图中可以看出：每一种类型与其他类型之间存在不同程度的关系，大体可描述为三类：

（1）相邻关系，如 RI、IR、IA、AI、AS、SA、SE、ES、EC、CE、RC 及 CR。属于这种关系的两种类型的个体之间共同点较多，现实型 R、研究型 I 的人就都不太偏好人际交往，这两种职业环境中也都较少机会与人接触。

（2）相隔关系，如 RA、RE、IC、IS、AR、AE、SI、SC、EA、ER、CI 及 CS。属于这种关系的两种类型的个体之间共同点较相邻关系少。

（3）相对关系，在六边形上处于对角位置的类型之间即为相对关系，如 RS、IE、AC、SR、EI、CA。相对关系的人格类型共同点少，因此，一个人同时对处于相对关系的两种职业环境都兴趣很浓的情况较为少见。

在霍兰德六角形模型中，每种职业人格类型与其邻近的两种类型属于相近关系。与其处于次对角线上的两种类型属于中性关系。与其处于主对角线上的职业人格类型属于相斥关系。因此，霍兰德提出了职业选择时应遵循的几个原则：

（1）适宜原则。即每种职业人格类型的人适宜从事对应类型的职业。例如，S 型人格类型的人从事 S 型职业。

（2）相近原则。即每种职业人格类型的人选择从事与该种人格类型相近类型的职业，比较容易适应。例如，S 型人格类型的人从事与其相邻的 E 型或 A 型职业。

（3）中性原则。即人们选择从事与人格类型呈中性关系类型的职业，经过艰苦努力，也较容易适应。例如，S 型人格类型的人从事与其相隔一个类型的 C 型或 I 型职业。

（4）相斥原则。即人们如果选择与人格类型相斥关系类型的职业，则很难适应。例如，S 型人格类型的人从事与其相对立的 R 型职业。

霍兰德强调，同一类型的人与同一类型的职业互相结合，才能达到适应状态。而人的一生面临着许多职业的选择、工作的选择、职位的选择甚至具体项目的选择，这些选择是否能与其类型相匹配，自然也是影响其成功的重要因素。例如，倾向与"人"共事并且在该方面颇具技巧的人能在与他人的交往中获得乐趣，并且喜欢人际交往中的领导、劝说、教导或咨询等事务；对"数据王国"颇感兴趣并具备一定才能的人倾向于与通过词语和符号表达出来的数字和抽象概念打交道；喜欢使用机器、工具、器械的人则属于喜欢"事物"的人，他们喜欢在实际的物理环境中解决问题；喜欢观念的人可以从事抽象的、富有想象力的工作。

四、职业兴趣与职业生涯发展

1. 职业兴趣是职业生涯选择的重要依据

在日常生活中，人们喜欢从事自己感兴趣的活动。同样的道理，有某种兴趣（类型）的人更倾向于寻找与此有关的职业（类型），尤其是在外界环境限制较小时，更倾向于选择自己感兴趣的职业。因此，对自己的兴趣或兴趣类型有了正确的评估后，就可以预测或帮助进行职业生涯选择。

2. 职业兴趣是提高工作效率的重要保障，是职业生涯成功的重要因素

一个人对某一工作感兴趣时，枯燥的工作会变得丰富多彩、趣味无穷。兴趣使工作不再是一种负担，而是一种享受。兴趣可以调动身心的全部精力，以敏锐的观察力、高度集中的注意力、深刻的思维和丰富的想象力投入工作，从而有助于工作效率的提高。由此可见，职业兴趣对职业生涯的成功有着重要影响，甚至可以说，谁找到了自己最感兴趣的职业，谁就等于踏上了通向成功的道路。美国曾对 2 000 多位著名科学家进行调

查，发现很少有人是由于谋生的目的而工作，他们大多是出于个人对某一领域问题的强烈兴趣而孜孜以求，不计名利报酬，忘我地工作，他们的成功是与他们的兴趣相联系着的。

3. 职业兴趣影响工作的满意度和职业稳定

兴趣影响工作的满意感和稳定性，这是由兴趣的本质所决定的，在不考虑经济因素的情况下，这甚至起决定性作用。一般来说，从事自己不感兴趣的职业很难让人感到满意，并由此导致工作的不稳定。而对某一职业有浓厚的兴趣，是智力开发的"孵化器"。如果人们对某个领域充满激情，就有可能在该领域中发挥自己所有的潜力，学习就会成为一种享受。兴趣是工作动力的主要源泉之一。在其他条件相似的情况下，从事自己感兴趣的职业不但让个体感到满意，而且能够让个体的工作单位感到满意，并由此导致工作的长期性与稳定性。

🔗 职业测评：识别职业偏好（SDS） >>>

🔗 霍兰德职业代码： >>

第三节　性格与职业选择

通常，你会用什么词汇来形容自己？你在他人眼中是什么样子？"活泼""沉静""内向"还是"外向"？这些词汇都和一个人的性格有关。你适合什么样的职业，也和你的性格有着密不可分的关系。在你的职业生涯规划中，有没有把性格因素考虑进去？有的人能够成功，在职业的道路上一帆风顺，除了一些客观因素之外，性格在其中又起着怎样的作用呢？

小吴是某高校法律系一年级的学生，法学是他高考时的第一志愿第一专业。经过半个学期的学习，他发现自己对所学专业越来越感兴趣，而且成绩也不错。按说一切都尽如人意，但他依然有困惑。他觉得自己在性格上是个很感性的人，但法律这个行业要求更多的理性，自己的性格会不会不利于今后在专业上的发展？因此，小吴不知道自己是否适合继续在法学方面发展。

小林是个很聪明的学生，从小到大，学习对她都不是难事。上大学后，她也是成绩优异，每年都拿奖学金。对此，她却不以为然，因为让她为难的不是成绩，而是自己的性格。她已经读到大学三年级，对考研还是找工作一直犹豫不决。以自己的成绩考研应该不成问题，但是她希望早点踏入社会，投入更丰富的生活。如果找工作，自己的性格很内向，不善言辞，在人群中很难引起别人的注意。这样的性格在工作中是否很吃不开？是否应该再读几年书，趁这段时间把性格改变一下？不过，性格能改变吗？

小吴和小林的困惑在大学生中比较有代表性。一方面，他们不清楚从性格的角度考虑自己适合学什么专业、做什么工作；另一方面，他们也常常对自己的性格有这样或那样的不满，担心性格影响未来发展，又不知道性格能否改变。要解决这些困惑，需要更清晰地了解自己的性格，知道性格和职业的关系到底是什么。

一、性格的内涵

"性格"一词最初是由古希腊哲学家提奥夫拉斯塔（Theophrastus）提出的，它的希腊文的意思是"模型""特征""标志""痕迹"等，后来人们引申为标记、属性。在心理学中，性格是指一个人对客观现实的稳定态度和与之相适应的习惯化了的行为方式。它是个人在社会实践活动中通过个体和环境的相互作用而逐步形成的，一经形成，就具有一定的稳定性。性格在人的个性特征中占有重要地位，人与人的个性差异首先表现在性格上，通常我们提到一个人的个性时，主要就是指一个人的性格，所以性格是个性的主要组成部分。人与人的个性差别首先表现在性格上。

性格不是与生俱来的，而是在社会实践中逐渐形成的。性格的形成是一个长期、复杂的过程，不但受遗传因素的影响，更是一个人生活环境、生活经历的反映。个体的生理特征、家庭教养、学校教育、文化传统等都是影响性格的因素。性格主要通过以下几个方面表现出来：

（1）通过各种态度表现出来。如对待同学、班级、学校的态度，包括是否擅于人际交往、人际关系的亲疏、忠诚或虚伪、同情或冷酷等；又如对待学习、劳动、工作、任务的态度，包括勤劳或懒惰、认真或马虎、细致或粗心、富有首创精神或墨守成规、节约或浪费等；再如对待自己的态度，包括谦虚或骄傲、自信或自卑等。

（2）通过意志表现出来。如行为是否具有独立性、目的性、组织性、纪律性、冲动性、盲目性、散漫性等；又如是否具有独立性和自制力等；又如遇到困难时是否镇定、果断、勇敢、顽强等；再如工作是否有恒心、坚韧性等。

（3）通过情绪表现出来。如情绪感染和支配程度、情绪起伏和波动程度、情绪持久或短暂等；又如心境的稳定程度。

（4）通过认识心理特点表现出来。如认识是否易受环境干扰、是否注意细节、是否善于概括、能否进行持续性认识、判断是否敏锐而精细等；又如是否善于想象、善于提出问题或喜欢借用现成答案，爱好分析或爱好综合等。

二、性格的特征

1. 性格的认知特征

性格的认知特征主要表现为是主动观察型还是被动观察型，是独立型还是从众型，是幻想型还是现实型，是形象记忆型还是逻辑记忆型等。

2. 性格的态度特征

性格的态度特征表现在三个方面。一是对自己的态度特征：是积极进取还是碌碌无为，是自尊自信还是自暴自弃等；二是对学习、工作的态度特征：是勤奋还是懒惰，是主动还是被动，是敬业还是敷衍等；三是对社会、集体和他人的态度特征：是否关心自己所在的团队或组织，对他人是否富于同情心，为人是否诚信等。

3. 性格的情绪特征

有的人总是心情开朗、振奋快乐，有的人则多愁善感、郁郁寡欢；有的人情绪强烈、持久，有的人则微弱、短暂；有的人情绪平静易控制，有的人情绪则大起大落，不易控制。这些都是性格的情绪特征的表现。

4. 性格的意志特征

性格的意志特征主要表现为在长期的学习和工作中，是坚毅还是动摇，是持之以恒还是一曝十寒；人对自我行为的控制是有目的的还是盲目的，是善于自控还是易于冲动；在紧急和困难的时刻，是勇敢果断还是怯懦迟疑，是镇定自若还是惊慌失措等。

三、性格对职业选择的影响

有人说，一个人的职业选择是其人格在工作中的延伸。由此可见，性格是影响一个人的核心因素，它不仅是一个人的人格特征，而这种特征也影响了一个人将选择什么样的工作。自己的性格和职业需要的性格相反时，那么工作的时候会遇到很大的心理冲突，工作上成功的概率也会较小。所以，在选择职业之前，要认识自己的性格。

性格对职业选择的影响，可从如下几个方面来认识：

（1）性格是个体人格中具有核心意义的部分，几乎涉及一个人的心理过程及个性特征的各个方面，与职业息息相关。性格使一个人更加偏爱某种特定的环境。由于性格的不同，不同的人在对相同环境的认知过程中，也会表现出一定的差异。从事与自己的性格不匹配的工作，个人的才能会受到阻碍，会让你觉得整个工作状态都很"不对劲"。个人性格可能使你在某种职业中获得成功，也可能会让你在另一种职业中大受挫折。因此，在职业选择中，我们应尽可能充分考虑自己的个性特征是否与职业要求相适应，这样，在工作中就能够满足自身的独特欲望，能够发挥自身特有的能力，还能利用自身的个人资本，体验到更多的快乐。

（2）在职业发展上，性格十分重要。用人单位在选拔人才上逐渐认识到性格比能力重要。这种认识在国外已经相当普遍。如果能力不足，可通过培训提高和开发。但如果一个人的性格与职业或岗位不吻合，要改变起来，可就困难了。所以，公司在招聘新人时，将性格的测验放在首位，当性格与职业或岗位吻合了，才对其能力进行测验考察。如果性格与职业或岗位不吻合，再高的学历、再高的能力，一般也不予录用。

（3）性格无所谓好坏，关键看是否放对了地方，每一类性格都有与之相适应的职业范围。职业心理学的研究表明，不同的职业需要具有不同性格的从业者，某一类职业工作能够体现出某一类共同的职业性格。因此，在进行职业生涯规划时，性格通常是重点因素。

认识自己的性格有利于反省自己，提高自己的性格修养，使得自己更加适应职位，推动自己与周围的人际关系。因为每个人的性格都有积极和消极两个方面。根据木桶原理，一个木桶中水面的高低取决于木桶壁上最短一块木板的位置。所以，对人而言就是说每个人的短处也会限制他的发展，所以需要扬长避短。如果你想取得职业的成功，首先要理解、认清自己的性格偏好；其次是明确在哪种环境下工作你能最大限度地发挥自己的个性优势。

四、MBTI 性格理论

许多心理学家都对性格类型进行了大量研究，根据各自立场、观点和所观察到的事实，提出了自己的理论和相应的评估方法。其中 MBTI 性格测量量表有许多研究数据的支持，是现在职业测评中信度、效度都较高，使用最广泛的性格测量工具，被用于自我探索、职业发展、人才选拔、团队建设、管理培训、恋爱与婚姻咨询、教育（学业）咨询及多元文化培训中。

MBTI（Myers-Briggs type indicator）的理论基础来源于瑞典心理学家荣格（Carl Jung）有关知觉、判断和人格态度的观点，由布莱格斯（Katherine C. Briggs）和她的女儿迈尔斯（Isabel Briggs Myers）研究发展成为心理测评工具，因此称作 Myers-Briggs type indicator，简称 MBTI。

（一）MBTI 性格测量

MBTI 衡量的是个人的类型偏好，或称作倾向。所谓"偏好"，"是一种天生的倾向性，是一种特定的行为和思考方式"。这些偏好并无优劣之分，却形成了人与人之间的不同。

在 MBTI 测评结果中，一个人在每个维度上只能是一种偏好，如一个人是内倾的就不可能是外倾的，是知觉型的就不会是判断型的。但是，这并不代表一个人是内倾的就没有丝毫外倾的特征。内倾的人在绝大多数情况下其自然反应是内倾的，但是他也有外倾的时候。在特别的情境下，甚至可能主要表现为外倾。所以，测评结果的类型所指并不是"非此即彼"，而是"主要"表现。

MBTI 用四维度偏好二分法来评估一个人的类型偏好，每一个维度偏好二分法均由两极组成。MBTI 假设人的性格类型有 4 个维度：

能量的投注方向：外倾（E）– 内倾（I）;

信息的接受方式：感觉（S）– 直觉（N）;

决策的方式：思维（T）– 情感（F）;

行为的方式：判断（J）– 知觉（P）。

4 个维度如同 4 把标尺，每个人的性格都会落在标尺的某个点上，靠近哪个点，就意味着个体更偏好哪个方面，下面对这 4 个维度进行简要解析。

外倾（E）– 内倾（I）：以自身为界，可以将世界分为外部世界和内部世界。外倾的人倾向于将注意力和精力投注在外部世界，喜欢成为注意的焦点，喜欢大量的活动，具有易沟通、好交际的特点。容易适应环境，随环境变化随时调整。内倾的人则相反，将注意力和精力投注在内部世界，倾向于把知觉和判断集中于观念和思想上，喜欢独自度过时光，他们更多地依赖于持久的观念而不是暂时的外部事件。他们总是避免成为人们注意的中心，而且他们一般要比外倾者沉默一些。

多数人以为"外向"是"健谈"的意思，"内向"意味着"腼腆"，但在本系统中，"内向""外向"与"健谈""腼腆"并不具有完全相同的含义。

感觉（S）– 直觉（N）：面对同样的情景，感觉型和直觉型的人关注的中心不同，依赖的信息通道也不同。感觉型的人倾向于通过收集具体、特殊的信息了解外在世界，通常具有善于观察、注重细节、关注事物的现实性等特点。他们专注于看到、听到、感觉到、闻到及尝到的事物，并信赖自己的经验，关注此时此刻发生的事情。直觉型的人倾向于感知外界环境的全貌或整体，关注事物的现状及发展变化，通常具有反应敏捷、思维跳跃、追求变化等特点。他们注重"第六感"，注重暗示和推理，信赖自己的灵感和预感，注重将来，喜欢预测事物，并总想改变事物。

在这个维度上，极端典型的人是比较少的，大多数人兼有两种特质，只是其中一种会更突出，成为自己的特色。

思维（T）- 情感（F）：依据人们决策方式的不同而将人的性格分为这两种类型。思维型的人主要以逻辑推理为基础，通过理智思考进行活动和决策，分析问题的解决是否符合公认的标准。他们具有客观、理性、有条理等特点，而且不习惯根据人情因素变通。情感型的人主要是通过权衡问题的相对价值和利益进行决策，他们判断时依赖于对个人价值观或社会价值观的理解，在决策时往往照顾他人的感受，具有同情心，渴望和谐。

不同性别的个体在这个维度上的偏好有所差异。据研究，大约 2/3 的女性偏好情感型，2/3 的男性偏好思维型。

判断（J）- 知觉（P）：依据行为方式而分，判断型的人目的性较强，喜欢有计划、有条理的生活，判断型的人想方设法管理和控制生活，具有善于组织、有目的性、决断性等特点，通常在获得行动所必要的信息时就不再寻求新的信息而直接付诸行动。知觉型的人具有比较开放、适应性强、灵活多变、不拘小节等特点。他们通常喜欢随遇而安，思考多于行动，对规则和约束反感。

这一维度上的个体也不是一成不变的，在日常生活、工作中，总会有一些事情影响个体而使得他们不得不改变一贯的方式。

🔗 职业测评：识别职业性格（MBTI）>>

这 4 个维度中，每个维度各取一种倾向两两组合，可以形成 16 种人格类型。你可以根据表 2-2 对性格维度和类型的介绍，对自己的偏好及类型做些简单的分析。

表 2-2　16 种性格类型特征比较

ISTJ：从容地工作，并且做好	ISFJ：我以名誉担保，履行我的义务	INFJ：促进积极变化的催化剂	INTJ：能力 + 独立一完美
优势：沉静，认真；做事有条理，重视传统和忠诚 劣势：不喜欢变化，不能理解与自己不同的观点，对自己及自己对组织的贡献估计过低	优势：沉静、友善，有责任感，关心别人的感受，努力创造和谐有序的工作和家庭环境 劣势：对自己的需求不果断，经常因兼职过多而超负荷工作	优势：对别人有洞察力，尽责，有清晰的理念以谋取大众的最佳利益，能有条理果敢地实践自己的理念 劣势：不够灵活，思维单一，过于追求完美，过分独立	优势：有创意，能很快掌握事物的规律，有怀疑精神，独立自主，一旦承诺便有条理地工作，直至完成 劣势：可能过于独立而不适应合作环境，过于追求完美

ISTP：尽我所能，做到最好	ISFP：这是有价值的思想	INFP：外表淡漠，而内心深沉	INTP：有创造才能的问题解决者
优势：容忍，有弹性，重视效率，能从大量的资料中找到问题的关键 劣势：缺乏语言交际能力和兴趣，易疲劳和产生厌倦感，起伏不定且不切实际	优势：沉静，友善，喜欢有自己的空间，忠于自己所重视的人，不强迫别人接受自己的观点 劣势：轻易接纳别人的行为，对过多的规则不适应	优势：有好奇心，适应力强，能包容别人，外在生活与内心价值观配合 劣势：在竞争的环境工作会有困难，想控制工作，若失控可能会失去兴趣或丧气	优势：能有远见地分析问题，具有创造性，喜欢抽象的事物、学习新的知识 劣势：对琐碎的工作缺乏耐心，对别人的需求反应迟钝
ESTP：让我们忙起来	ESFP：不要焦虑，快乐起来	ENFP：一切皆有可能	ENTP：生命的倡导者
优势：有弹性，容忍，喜欢主动与别人交往，能够通过实践达到最佳学习效果 劣势：对理论和概念上的解释不耐烦，对规则容易感到被束缚，不能看到长远结果	优势：喜欢与别人共事，易接受新朋友，适应新环境，能使工作富有趣味性 劣势：不善于提前计划，易冲动和焦虑不安，可能对言外之意悟性不足	优势：富有想象力，能很快找到事物和资料间的关系，乐于欣赏和支持别人，即兴而富有弹性 劣势：不善分清主次，不喜欢重复或例行的事物，独自工作时效率较低	优势：思维敏捷，警惕心高，能激励别人，能灵活处理接二连三的新事物，善于洞察别人 劣势：对日常例行事物感到厌倦，不能贯彻始终，可能会不可靠、不负责任
ESTJ：关心你的事务	ESFJ：我能为你做些什么	ENFJ：公共关系专家	ENTJ：我负责掌握权力
优势：讲求实际，注重事实，果敢，能安排好计划和组织好人员 劣势：对当前不存在的可能性没有兴趣，不能容忍没有效率的工作，有时会无礼粗暴	优势：有爱心，尽责，合作，喜欢与人共事，忠诚，能关心别人，渴望别人的欣赏 劣势：对批判过于敏感，可能会固执己见，在紧张的工作环境下会感到压力，做决定过快	优势：反应敏捷，有责任感，关注别人的感受，积极协调组织、个人的成长，社交活跃 劣势：倾向于把人理想化，过快作决定，不善于处理冲突，不注意实际的精确性	优势：果断，乐于作为领导者，喜欢长远的计划和制订目标，有能力提出自己的主张 劣势：爱发号施令，严厉，不善鼓励和赞扬，可能不允许别人提供建议和帮助

（二）MBTI 性格与职业的匹配

通过对性格的了解，我们知道性格其实是没有好坏之分的，只有"适合与否"的问题。心理学家认为，人的性格与职业之间具有一定相关性。一方面，不同的性格类型适应不同的职业要求，如医生需要胆大心细、有爱心，对文员的要求是有条不紊、心思缜密等；另一方面，从事某种特定职业的人员，会按照职业的要求不断巩固或者调整原有的性格特征，甚至影响职业原有的一些特点。

由此可见，性格决定了我们应对工作的稳定的态度，决定了我们习惯化的工作方式，如果说能力解决了"可不可以做"这样的问题，那么性格就决定了"可不可以持续做"的问题。如果一个人的性格与所从事的职业很相符，就可能在事业上获得成功。反之，则会使从业者的心理健康受到损害，甚至会妨碍其事业的成功。

现实的工作世界中，工作名称千变万化，即使相同名称的职位也可能因工作要求的不同而相异。因此，大学生应该先了解自己的性格，判断出自己的性格类型，以便能够扬长避短，顺利择业。在前文的基础上，表2-3列举出 MBTI 16 种性格类型的职业倾向，供大学生根据自己的性格类型，选择适合自己的职业做参考。

 职业测评：一种判断职业性格的测试项目 >>>>>>>>>>>>>>>>>>>>>>>>>>>>>>>>>>>

职业测评：气质与职业选择 >>

表 2-3　MBTI 16 种性格类型的职业倾向

ISTJ	ISFJ	INFJ	INTJ
·管理者 ·行政管理 ·执法者 ·会计 或者其他能够让他们可能利用自己的经验和对细节的注意来完成任务的职业	·教育 ·健康护理（包括生理、心理） ·宗教服务 或者其他能够让他们运用自己的经验亲历亲为帮助别人的职业，这种帮助是协助性的	·宗教 ·咨询服务（包括个人、社会、心理等） ·教学／教导 ·艺术 或者其他能够促进他们情感或智力发展的职业	·科学或技术领域 ·计算机 ·法律 或者其他能够让他们运用智力创造和技术知识去构思、分析和完成任务的职业
ISTP	**ISFP**	**INFP**	**INTP**
·熟练工种 ·技术领域 ·农业 ·执法者 ·军人 或者其他能够让他们动手操作、分析数据或事物的职业	·健康护理（包括生理、心理） ·商业 ·执法者 或者其他能够让他们运用友善、专注于细节特点的相关服务性职业	·咨询服务（包括个人、社会、心理等） ·写作 ·艺术 或者其他能够让他们运用创造和集中于他们的价值观的职业	·科学或技术领域 或者其他能够让他们基于自己的专业技术知识独立、客观分析问题的职业
ESTP	**ESFP**	**ENFP**	**ENTP**
·市场 ·熟练工种 ·商业 ·执法者 ·应用技术 或者其他能够让他们利用行动关注必要细节的职业	·健康护理（包括生理、心理） ·教学／教导 ·教练 ·儿童保育 ·熟练工种 或者其他能够让他们利用外向的天性和热情去帮助那些有实际需要的人们的职业	·咨询服务（包括个人、社会、心理等） ·教学／教导 ·宗教 ·艺术 或者其他能够让他们利用创造和交流去帮助促进他人成长的职业	·科学 ·管理者 ·技术 ·艺术 或者其他能够让他们有机会不断承担新挑战的工作

续表

ESTJ	ESFJ	ENFJ	ENTJ
·管理者 ·行政管理 ·执法者 或者其他能够让他们运用对事实的逻辑和组织完成任务的职业	·教育 ·健康护理（包括生理、心理） ·宗教 或者其他能够让他们运用个人关怀为他人提供服务的职业	·宗教 ·艺术 ·教学／教导 或者其他能够让他们帮助别人在情感、智力和精神上成长的职业	·管理者 ·领导者 或者其他能够让他们运用实际分析、战略计划和组织完成任务的职业

第四节　能力与职业选择

一、能力的内涵

所谓能力，是指人们成功完成某种活动所必须具备的个性心理特征，是完成任务、达到目标的必备条件。这也就是说如果不具备一定的能力，相关的活动就无法进行。而人的能力也正是在活动中形成和发展起来的，离开了具体活动既不能表现人的能力，也不能发展人的能力。如公司经营的管理能力、组织能力、预测能力、交往能力就是在长期的经营管理实践中形成的。同时，从事某种活动又必须有一定的能力作为条件与保证，如从事公关职业，就必须要求从业者有较强的口头表达能力和人际交往能力；从事编辑工作要有较强的文字能力等。

二、能力的构成

（一）一般能力和特殊能力

与职业相关的能力可以分为两种：一般能力和特殊能力。

1. 一般能力

一般能力是完成各种活动都必须具备的基本能力，适用于广泛的职业活动范围，符合多种职业活动的要求，并保证人们比较容易和有效地掌握知识。一般能力以抽象概括能力为核心，它和认识活动紧密地联系着。主要包括记忆力、思维力、观察力、注意力以及想象力等，也就是通常所说的智力，是人认识世界的基础。

2. 特殊能力

心理学认为，特殊能力是指完成某种专门活动所必须具备的能力。它只在特殊职业活动领域内发生作用，是完成有关职业活动必不可少的能力。我们要从事特定的职业，仅凭一般能力是不够的，还必须具备一定的特殊能力。通常我们将特殊能力区分为一般言语能力、数理能力、空间判断能力、察觉细节能力、书写能力、运动协调能力、动手能力、社会交往能力、组织管理能力、机械操作能力、绘画能力、音乐能力以及数学能力等。人所具备的各种能力并不是简单地并列存在，它们相互联系、相互影响、相互融合。只有各种能力的最完备的结合，才能使人创造性地完成某种或多种活动。如飞行员、汽车驾驶员，他们不仅要具备记忆力、观察力、思维力以及想象力等一般能力，还要具有操作飞机、驾驶汽车的特殊能力。这些能力是完成某些特定职业活动必须具备的能力。

（二）能力与技能

能力和技能不是同一个概念。能力按照其获得的方式，可以分为"能力倾向"——即先天所具有的能力和后天培养获得的能力——即"技能"。

1. 能力倾向

能力倾向（aptitude），即人的天赋，传统的智力理论通常以语言能力和数理逻辑能力作为整体评判的标准，也就是人们常说的IQ。能力倾向，是指上天赋予每个人的特殊才能，如音乐、运动能力等。它是与生俱来的，不过也有可能因未被开发而荒废。因此，这是一种潜能。此种潜能予以训练后，容易使个人获得某种知识与技能。例如，在中国十多亿人口中，虽然不是每个人都能像刘翔一样跑得那么快，但一定有一些人同样具备像刘翔那么好的节奏感和身体的协调能力，只是他们没有机会去挖掘和发展自己这方面的天资。职业能力倾向即指经过适当学习或训练后被置于一定条件下时，能完成某种职业活动的可能性或潜力。具有不同能力倾向的人其适合的工作是不同的，不同的职业对能力的具体要求也有所不同（图2-4）。

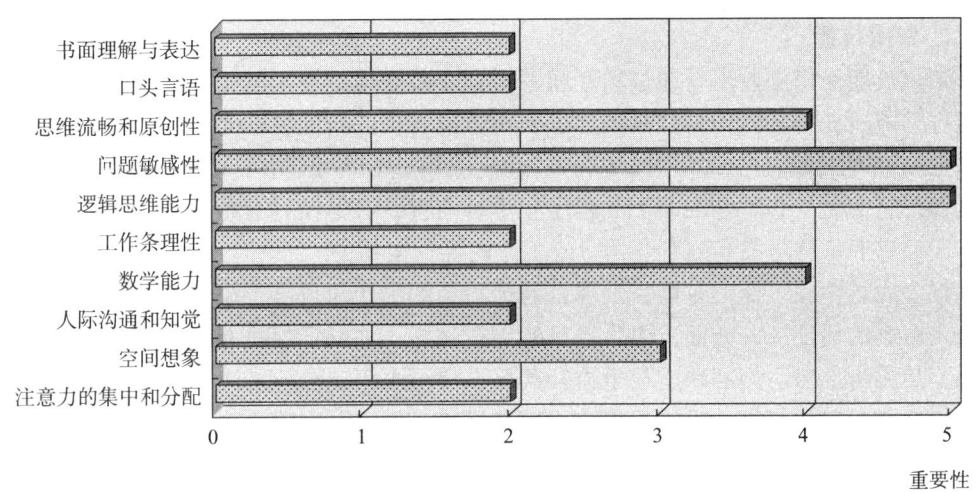

图2-4 互联网软件开发工程师职业能力倾向要素图

2. 技能

技能（skill）是指经过后天学习和练习培养而形成的能力，如阅读能力、人际交往能力、表达能力等。技能的学习和练习与个人的能力有关。在职业市场上我们以技能换取资酬。一个能够清晰地向潜在雇主描述自己技能的人，最有可能获取一份正好能发挥其特定技能的职位。

在现实生活中，个人的能力水平往往是能力倾向和技能两方面的结果。但我们要注意不要将两者混为一谈。事实上，像人际交往能力、沟通能力等，主要有赖于后天的练习，可以通过听讲座、看书、向人请教及至心理咨询等方式改善自己这些方面的技能。

与能力相关的还有一个重要概念，就是自我效能感（self-efficacy）。所谓自我效能感，是指个人对自己的能力以及运用该能力将得到何种结果所持的信心或把握程度。研究发现，在实际生活和工作中，对个人行为起决定作用的往往不是个人实际能力的高低，而是个人的自我效能感。有些人本来能力很不错，也得到了他人的很多肯定，却由于自卑的原因而束缚了自己，做事畏首畏尾，不能充分发挥自己的才能。所以，自我效能感对个人发展还是有重要影响的。

三、技能的分类

表达技能的词汇，也就是用来说服雇主给自己工作的词汇。无论是简历还是面试，其实要达到的目标都是试图向雇主证明：我有良好的能力，足以胜任这份工作。对个人技能的认识，建立在对技能分类的了解上。

美国职业心理学家辛迪·梵（Sidney Fine）和理查德·鲍尔斯（Richard Bolles）将技能分为三种类型，即知识技能、通用技能（可迁移技能）和自我管理技能。通常人们比较容易想到自己所具有的知识技能，但实际上后两种技能更为重要。它们使我们有可能不局限于自己所学的专业，可以在更广的范围内选择职业。它们对于我们在竞争中胜出具有关键性的作用，并且使我们能够在工作中得以更长久地发展。而雇主们对它们的重视程度，也往往超过了对单纯知识技能的重视。

1. 知识技能

知识技能是指那些需要通过教育或者培训才能获得的特别的知识或能力，也就是个人通过学习所获得的知识，常表现为个人所学的科目或所懂得的知识。例如外语、中国美术史、电脑编程或化学元素周期表等知识。知识技能一般用名词来表示。知识技能不可迁移，它们是一些特殊的语汇、程序和学科内容，必须经过有意识的、专门的培训才能掌握。它们常常与我们的专业学习或工作内容直接相关。

很多大学生在工作的时候，发现自己感兴趣的工作与自己专业不相关时，他们往往会陷入两难的境地，一方面，因为自身的兴趣爱好，他们不想找专业对口的工作，但自己又不是科班出身，担心缺乏竞争力，甚至觉得很难跨越专业的鸿沟；另一方面，如果他们找专业对口的工作，虽然可能会比较有优势，但这又不是自己想要的。因此，面临这样的情况时，很多大学生认为通过考研来改换专业似乎是唯一可行的方式。实际上，知识技能并非只有通过正式的专业教育才能获得。除了学校课程，课外培训、专业会议、讲座、研讨会、自学、资格认证考试等方式都可以帮助个人获得知识技能。此外，很多公司也为新员工提供相关的上岗培训，而且后者所占的比重要远远大于前者。因此，如果想从事本专业之外的工作而又不愿或不能重新选修一个专业的话，仍然有许多途径可以帮助我们获得相关的知识技能。在招聘中，专业知识技能绝对不是用人机构所唯一重视的。

2. 通用技能

通用技能也被称为可迁移技能，是主要在日常生活活动中获得和不断得到改善的技能，也就是说这种技能可以从生活中的方方面面，特别是工作之外得到发展，却可以迁移应用于不同的工作之中，可以用来完成许多类型工作，比如组织、管理、调整能力，与人交流的技巧等。通用技能常用动词表示。几乎在所有工作中，都或多或少地用到通用技能，因此通用技能也是个人最能持续运用和最能依靠的技能。

与知识技能相比，通用技能无所谓更新换代，而且无论你的需求和工作环境有什么样的变化，它们都可以得到应用。随着我们工作经验和生活阅历的增加，通用技能还会得到不断地发展。既然它们在许多工作中都会用到，它们的重要性不容忽视。索尼技术中心会计部经理曾说："我在聘用一个人时，最为看重的是他的人际沟通能力。这项能力极其重要，因为必须有能力与人交谈才能获得需要的信息。……我把80%的时间用在与索尼其他部门打交道上，我的员工也花费大量时间与本部门之外的人打交道。"

事实上，知识技能的运用都是在通用技能的基础之上的。要运用一种知识技能来解决问题的时候，必须要使用通用技能来表现它。比如市场营销学是一门知识技能，要运用市场营销学，就要实际从事相关的工作，要通过设计、经营、销售和管理这样的通用技能来表现出来。

3. 自我管理技能

自我管理技能经常被看作个性品质而非技能，因为它们常被用来描述或说明个体具有的某些特征，常用形容词或副词表示，如理性、高效等。它涉及个体在不同的环境下如何管理自己：是勇于创新还是循规蹈矩，是认真负责还是敷衍了事，能否在压力下保持镇定，是否对工作有热情，是否自信等。良好的自我管理技能能够帮助个体更好地适应周围的环境，应对工作中出现的问题，因此，它也被称为"适应性技能"。常见的自我管理技能有"理性""谨慎""坚强""宽容""诚实"等。一个人是如何使用自己的专业知识，以什么样的态度从事工作，甚至比工作内容本身更为重要。正是这样一些品质和态度，将一个人与许多其他具有相同知识技能的候选人区别开来，最终得到一份工作，并能够适应新的环境和规则，在工作中取得成就，获得加薪和晋升的机会。因此，有人认为自我管理技能是"成功所需要的品质、个人最有价值的资产"。

事实上，被解雇或离职，更多的时候是因为缺乏自我管理技能，而不是因为缺乏专业能力（比如，由于个性上的原因易与他人发生摩擦等）。在用人单位给大学生的意见中，常听到"缺少敬业精神、眼高手低、不认真不踏实、没有主动进取的精神"等，这些都与自我管理技能相关。很多大学生缺乏这方面的意识，在处理工作问题和人际关系上往往显得不成熟、以自我为中心。他们没有认识到：企业要求员工首先是一个成熟、能负责、能独立解决问题的成年人。因此，大学生在从校园人变成社会人前，培养良好的自我管理技能，学会处世之道，是至关重要的。

自我管理技能无论是一个人先天具有的还是后天习得的，都需要练习。它可以从非工作领域迁移转换到工作领域。也就是说，耐心、负责、热情、敏捷这些技能并不是通过专门的课程学习到的，而是在日常生活中随时随地培养的。一个大学四年级学生在回顾自己的实习经历时写道："大学四年级实习的这段经历，为我毕业后进入社会做了良好的准备。在这次实习中，我懂得了在工作中不仅要具备良好的知识技能，还要具备良好的社交能力，才能在工作中营造良好和谐的工作氛围。在工作中要积极主动，积极锻炼自己，虚心地向同事、前辈请教。在工作中要知难而上，不能遇到一点困难就放弃，也不能认为自己刚刚参加工作就为自己的失职找借口，要严格要求自己。平时要和同事多多交流，尽自己所能培养和谐的工作环境。"

四、职业能力与职业的适宜性

能力是指顺利完成某种活动所必须具备的一种心理特征，而人们从事某种职业活动所必须具备的本领就是职业能力，它是在该职业活动中表现出来的各种能力的综合。职业能力包括言语能力、知觉能力、学习能力、逻辑推理能力、抽象推理能力以及空间推理能力等。它是完成职业活动必须具备的能力，是了解自己能否胜任某种职业的依据，与职业选择具有更直接的联系。

不同的职业对人的能力有不同的要求，如画家、建筑师等职业，对形态知觉能力要求颇高；播音员、记者、教师等职业，要求较强的语言能力；会计、统计、测量等职业，则要求有较高的数理能力等。

不同的人其能力结构与能力倾向也不相同。人们的职业能力存在着个体差异，这是客观存在的，它制约着人们活动的领域与职业选择的范围。每个人拥有的技能是不同的，有优势能力也有弱势能力。一方面，我们不可能精通所有的技能，应学会挖掘自己的优势能力，培养它，发挥它，正所谓"一招鲜，吃遍天"。另一方面，"木桶理论"告诉我们：水桶的盛水量并不取决于桶壁上最高的那块木板，而取决于桶壁上最短的木板。可以说，"通才"与"全才"是少有的，大多数人都只是在某个或某些方面能力突出。在其他条件相同的情况下，职业能力强的人更能使工作顺利进行，更容易获得成功。一个人如果不能很好地评估自己的能力，错误地选择职业，将无法发挥出自己的潜力。表2-4列举了7种类型的职业能力及其对应的适宜性职业类型供大学生参考借鉴。

表2-4 职业能力类型与职业适宜性对照表

职业能力类型	特点	适宜的职业类型
操作型职业能力	以操作能力为主，是运用专业知识或经验，掌握特定技术或工艺，并形成相应的职业技能与技巧的能力	打字、驾驶汽车、种植、操纵机床、控制仪表等
艺术型职业能力	以想象能力为核心，是运用艺术手段来再现现实生活和塑造某种艺术形象的能力	写作、绘画、演艺、美工等
教育型职业能力	是运用各种教育手段传授知识和思想，或组织受教育者进行知识与态度学习的能力	教育、宣传、思想政治工作等
科研型职业能力	以创造性思维为核心，是通过实验研究、社会调查和资料检索等手段进行新的综合、发明与发现的能力	研究、技术革新与发明、理论研究等
服务型职业能力	以敏锐的社会知觉能力和人际关系的协调能力为主，是借助人际交往或直接沟通使顾客获得心理满足的能力	商业、旅游业、服务业等
经营型或管理型职业能力	以决策能力为核心，是能够广泛地获得信息，并以此独立地做出应变、决策或形成谋略的能力	经理、厂长等管理领域及各行业负责人
社交型职业能力	以人际关系协调能力为核心，是指深谙人情世故，能够掌握人际吸引规律，善于周旋、协调，且能使对方通力合作的能力	联络、洽谈、调解、采购等

五、职业能力与职业生涯发展

在职业生涯中，能力对职业生涯的重要性是不言而喻的。职业的成功不仅与个性特点、工作态度、人的知识技能、人际关系、物质条件以及健康状况等因素有关，而且与一个人的职业能力密切相关。心理学家罗圭斯特与戴维斯在对个体的工作适应问题进行多年研究以后，提出了明尼苏达工作适应论。他们认为：当个人能满足工作的要求时，个人能够达到"外在满意"，即令自己的雇主、同事满意，而"外在满意"主要可以通过衡量个人职业技能与工作技能要求之间的配合程度来进行评估。做自己能胜任的工作，发挥自己的潜能，常常是个人选择职业时希望能够得到满足的需求。由此可见，无论是对"内在满意"还是"外在满意"的指标衡量当中，能力都占有很重要的地位。职业能力是从事职业活动和推动职业发展的核心要素之一，也是大学生职业素质最关键的组成部分。

一方面，具有一定的职业能力是人们胜任某一职业岗位的必要条件。如果说职业兴趣可能会决定一个人的择业方向，并决定其在该方面所乐于付出努力的程度，那么职业能力则能说明一个人在既定的职业发展中各方面是否能够胜任，也能说明一个人在该职业生涯中取得成功的可能性。社会上任何一个职业岗位都有相应的岗位职责要求，因此一定的职业能力则是胜任某种职业岗位的必要条件。另一方面，职业能力是人的发展和创造的基础。这是因为职业能力也和职业发展、职业创造有着十分密切的关系。个体的职业能力越强，各种能力越是综合发展，就越能促进人在职业活动中的创造和发展，就越能取得较好的工作绩效，越能给个人带来职业成就感。

总之，职业能力是推动职业生涯发展的重要因素，大学生在求职择业的过程中，首先要明确自己的能力优势以及胜任某种工作的可能性。大学生可以根据自身的学历状况、职业资格、职业规划等来确定自己的职业能力，必要时可以通过职业测试作为参考，在基本确定自己的职业能力和发展的可能性的基础上进行职业生涯选择。当然，在条件允许的情况下，由专业职业指导人员帮助分析更好。

🔗 **职业测评：识别职业潜能** ＞＞＞＞＞＞＞＞＞＞＞＞＞＞＞＞＞＞＞＞＞＞＞＞＞＞＞＞＞＞＞＞

第五节　价值观与职业选择

通常我们谈到价值观的时候，总会觉得有太多的不可把握性，比较抽象，埋藏在未知中。其实人们的价值观也不像我们想象中那么神秘莫测。首先通过一个小故事来看看不同的价值观的差别是怎样的。

渔夫与商人的对话

一个美国商人坐在墨西哥海边一个小渔村的码头上，看着一个墨西哥渔夫划着一艘小船靠岸。小船上有好几尾鲔鱼，这个美国商人问渔夫要多少时间才能抓这么多，墨西哥渔夫说才一会儿功夫就抓到了。美国人接着问道："你为什么不待久一点，好多抓一些鱼？"墨西哥渔夫不以为然："这些鱼已经足够我一家人生活所需啦！"

美国人又问："那么你一天剩下那么多时间都在干什么？"墨西哥渔夫解释："我呀？我每天睡到自然醒，出海抓几条鱼，回来后跟孩子们玩一玩，再跟老婆睡个午觉，黄昏时晃到村子里喝点小酒，跟哥儿们玩玩吉他，我的日子可过得充实又忙碌呢！"

美国人不以为然，帮他出主意，他说："我是美国哈佛大学企业管理硕士，我倒是可以帮你忙！你应该每天多花一些时间去抓鱼，到时候你就有钱去买条大一点的船，再买更多渔船。然后你就可以拥有一个渔船队。然后你可以自己开一家罐头工厂。如此你就可以控制整个生产、加工处理和行销。然后你可以离开这个小渔村，搬到墨西哥城，再搬到洛杉矶，最后到纽约。在那里经营你不断扩充的企业。"

墨西哥渔夫问："这又花多少时间呢？"美国人回答："十五到二十年。"

"然后呢？"

美国人大笑着说："然后你就可以在家当皇帝啦！时机一到，你就可以宣布股票上市，把你的公司股份卖给投资大众。到时候你就发啦！你可以几亿几亿地赚！"

"然后呢？"

美国人说："到那个时候你就可以退休啦！你可以搬到海边的小渔村去住。每天睡到自然醒，出海随便抓几条鱼，跟孩子们玩一玩，再跟老婆睡个午觉，黄昏时，晃到村子里喝点小酒，跟哥儿们玩玩吉他喽！"

墨西哥渔夫疑惑地说："我现在不就是这样了吗？"

为什么美国商人跟墨西哥渔夫谈不拢呢？在美国商人看来非常重要的人生追求、奋斗历程、名誉地位等，在墨西哥渔夫眼中似乎毫无意义。这就是价值观的差别，他们所看重的东西完全不一样。

有关"工作"的三分钟联想

请写下"我希望做＿＿＿＿＿＿＿＿工作。在三分钟的时间内尽可能多地写下你联想到的任何短语。

请思考：你在工作中寻找的是什么？你判断工作"好""坏"的标准是什么？请将你所写的内容、你的思考与同学分享。

下面是一些大学生所写的例子：

——能激发我的灵感，具有创造性；有较大的成就感，不要总是重复、单调；可以发挥自己的才能、潜质；能够从中学习很多东西；受人尊重，有一定社会地位。

——能更多地与年青人接触，富有交流的乐趣；尽量贴近自然，而不是整天面对计算机或文件，健康的。

——在一个和谐的氛围内，没有人发号施令，人们之间相互尊重、相互欣赏，所有人平等，都自愿协作，结果或许不重要，主要是自己有价值。

——清闲，离家近，赚钱多，时间短，环境优越，单位领导正直，同事心地善良，工作稳定。

——我能以自己的方式来做事，不受太多牵绊，在工作中能独立思考，我能策划工作，管理属下。

——我的工作能增进他人的福利，让这个世界更美好，受到他人的推崇和尊敬。

请注意用下划线标出的词语。它们都反映了个人在工作中所寻找的是什么、需要什么、用什么样的标准来判断工作的"好"与"坏"。它们就是我们的工作价值观。

一、价值观的内涵和特性

所谓价值观，就是关于人生价值的各种观点和观念，具体来说是指个人对客观事物（包括人、物、事）及对自己的行为结果的意义、作用、效果和重要性的总体评价，也就是对诸事物的看法和评价，以及它们在自己心目中的主次、轻重的排列次序。价值观是推动并指引一个人采取决定和行动的原则、标准，是个性心理结构的核心因素之一。社会中存在个人价值与社会价值两个范畴。个人价值是指作为价值客体的社会，对于作为价值主体的个人所具有的价值；社会价值是指作为价值客体的个人对作为价值主体的社会所具有的价值。

从来源和基础方面看，任何人的价值观都不是凭空产生和改变的，归根到底它反映了人的社会存在，即实践经历、生活条件以及生存方式等特征。

从内容方面看，价值观就是关于价值的观念。事实上，价值就是我们平常说的"好坏"意义，包含善与恶、美与丑、利与弊、得与失、优与劣、有用无用以及应该不应该等。凡是需要用"好坏"判断的，就属于价值的问题。而价值观是关于价值、价值关系的整体的观点、态度和根本的看法，是人的一种自觉意识。价值观念是具体的，如人生、求学、求偶、自由、幸福、民主、权力以及就业价值观念等。价值观存在于价值观念之中，是价值观念的内核，是最基本的价值观念，并通过价值观念表现出来。

从形式方面看，价值观主要是指人们头脑中的信念、信仰、思想系统。它不同于知识、理论、科学系统，它主要是表明人们究竟"相信什么，想要什么、坚持追求和实现什么"，而不是表明人们"知道什么，懂得什么，会做什么"。价值观是人们在知识的基础上进行价值选择的内心定位、定向系统。

从功能方面看，价值观最重要的功能就是成为人们心目中的评价标准系统。人们经常用自己的价值观去称量、评判一切人和事物，从而得出自己的态度和选择，对于个人来说，价值观就是他们的理想、信念与精神支柱。另外，价值观是人生观和世界观的重要组成部分。人生观和世界观都包含价值观，人生观和世界观确立的同时就意味着确立起一种价值观。

价值观主要有以下三个特性。

首先，价值观是因人而异的。由于每个人的先天条件和后天环境不同，人生经历也不尽相同，每个人的价值观的形成会受到不同的影响，因此，每个人都有自己的价值观和价值观体系。在同样的客观条件下，持有不同价值观的人对待同一种事物会产生不同的态度和行为。

其次，价值观不是与生俱来的，它是随着人们认知能力的发展，在家庭和社会影响下逐渐形成的，价值观一旦形成，就会保持一定程度的持久性和稳定性，往往短时间内难以改变。因此，相对稳定的价值观是人们思想认识的深层基础，它形成了人们的世界观和人生观。

再次，价值观并不是一成不变的，在特定的环境下它又是可以改变的。由于环境的改变、经验的积累、知识的增长，人们的价值观有可能发生变化。

二、职业价值观与职业选择

职业价值观这一术语最早见于20世纪50年代萨柏的职业发展理论中。萨柏认为职业价值观就是一种工作目的表达，是个人对其工作赞同与尊重的渴望。而这里我们认为，职业价值观是指人生目标和人生态度在职业选择方面的具体表现，也就是一个人对职业的认识和态度以及他对职业目标的追求和向往。简单地说，价值观在职业选择上的体现就是职业价值观。

职业价值观，是价值观的重要组成部分，是个体对职业所持有的相对稳定的个性倾向，它的形成和发展是个人长期生活经验积淀的结果。在个人职业生涯发展中，职业价值观作为人们对待职业的一种信念和态度，体现了一个人真正想从工作中得到什么，它往往决定了人们的职业期望，影响着人们对职业方向和职业目标的选择。它是人们在考虑问题时所看重的原则和标准，是人们的内在驱动力。因此，职业价值观在人们的生涯发展中往往起到极其重要的、决定性的作用，甚至可能超过了兴趣和性格对个人的影响。

职业价值观对大学生的学习态度和就业能够产生较为明显的影响。一方面，受当前就业形势与就业观念的影响，很多大学生比较重视课程的实用性，对基础课程则缺乏兴趣，从而导致基础知识不扎实，给就业带来困难。另一方面，还有一些大学生受职业价值观的影响，对工作地点、工作环境等要求比较高，导致高不成、低不就的现象出现。因此，大学生有必要树立起正确的职业价值观，为就业与职场发展做好准备。

要澄清自己的价值观，首先要弄清楚职业价值观因子究竟包含哪些。金兹伯格等人将职业价值观因子分为三类，即有关工作活动本身的、有关工作报酬的和有关工作伙伴的。而萨柏的划分与之略有不同，萨柏认为职业价值观因子应包括内在职业价值、外在职业价值和外在报酬。其中，内在职业价值是指与职业本身有关的一些因子，如职业的创造性等；外在职业价值是指与职业本身性质无关的因子，如同事关系等。美国行为科学家弗雷德里克·赫兹伯格提出的双因素理论，又称激励保健理论，这一理论认为影响员工工作积极性的因素可分为两类，即激励因素和保健因素。前者包括工作本身、认可、成就等；后者包括薪水、工作条件等。弗雷德里克·赫兹伯格的双因素理论与马斯洛的需求层次理论有相似之处，其中激励因素相当于马斯洛提出的尊重、自我实现等较高级需要；保健因素相当于生理、安全等较低级需要，具体对应关系如图2-5所示。只有当低层次的需求得到基本满足后，个人才能关注并致力于满足下一层次的需求。这些需求是强大的内在驱动力，我们所作的事情正是为了满足这些需求。它们在我们的生活中反映出来，就体现为我们的价值观。

另外，我国学者凌文辁等人则认为职业价值因子包括声望地位因素、保健因素及发展因素三个因素。

从舒伯的生涯发展理论和马斯洛的需求层次理论可以看出，个人由于所处的生涯发展阶段、社会环境的不同，他的需求会发生改变，从而可能导致价值观的变化。比如，很多刚毕业的大学生，都希望进入外企做白领，把赚钱作为自己的首要目标。因为在这个阶段，他们面临买房、成家等需要经济支持的具体任务。而工作十余年、有了一定经济基础以后，不少人就会意识到，仅仅为了钱而从事自己不喜欢的工作是一件很痛苦的事情。所以，他们这个时候考虑职业选择，薪酬就不再是排在首位的价值观了。寻找一个适合自己兴趣爱好的、能够兼顾家庭的工作成为他们的目标。他们的需求发生了改变，他们在职业上所看重的东西（即职业价值观）也随之发生了变化。

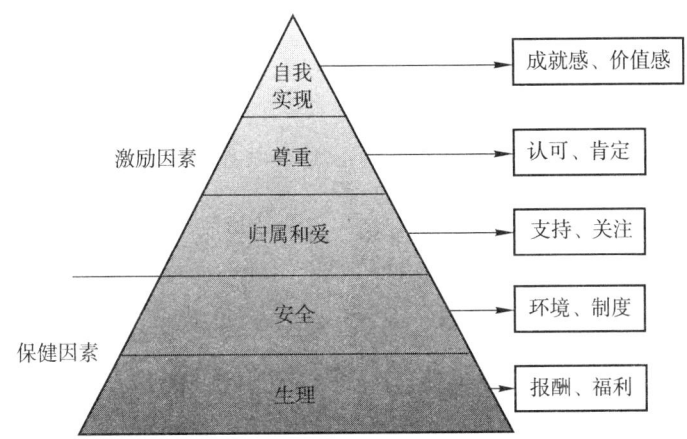

图 2-5 弗雷德里克·赫兹伯格的双因素理论

与以往大学生比较而言，就业动机鲜明地体现了当代大学生在人生价值观上发生的变化。大学生的择业倾向受就业意识支配，它是大学生价值观的重要组成部分。因此，了解自己的职业价值观类型，有利于自己做出职业选择。职业价值观不同，适合从事的职业或岗位也就不同。大学生在制订自己的职业生涯规划或择业时，应该选择那些和自己的职业价值观相近的工作。

当前，大学生的就业动机主要可以归纳为谋生型、创业型和贡献型三种类型。这三种类型的就业动机分别影响着大学生的职业定位。在社会经济背景下，劳动依然是人们谋生的重要手段，人们通过从事某种职业而获得维持生活的经济收入，这是最普通的就业动机。在这种就业动机支配下的大学生，在求职择业中考虑的第一因素就是经济收入水平与福利的高低；大学生希望获得事业的成功，在创业中展示才华，取得成就。在创业动机支配下的大学生，在求职择业中考虑的第一因素则是职业是否具备充分展示自己才华的各种条件。与前两种不同，还有一部分大学生的职业理想是做一个对社会、对人类有贡献的人。而在这种就业动机支配下的大学生，在求职择业中考虑的第一因素主要是社会的需要。而且当个人利益和社会需要与发生冲突时，他们会把社会的需要放在第一位。

三、职业价值观的探索

（一）价值观交换市场

以下是重要价值观的列表：

人际关系/归属感、团队合作、物质保障/高收入、稳定、安全、创造性、多样性和变化性、新鲜感、乐趣、自由独立（时间、工作任务）、平等、被认可、受尊重、能帮助他人、能发挥自己的才能、成就感、成功、名誉、地位、有意义、自主独立、有学习／发展／成长的机会、权力（领导／影响他人）、有益于社会、挑战性、冒险性、竞争、符合自己的道德观、工作环境、工作地点、工作与生活的平衡、健康、家庭、朋友、亲情、亲密关系、爱、信仰、自由、幸福、和谐……

1. 参照以上列表，挑选出对你来说最重要的 5 条价值观分别写在 5 张小纸条上。你也可以写出其他价值观。

2. 在每个纸条背面对你挑选的重要价值观进行描述，即要达到什么样的程度你才能满意。

3. 现在，如果你不得不放弃其中的一条，你会放弃哪一条？将你准备放弃的这一条与其他人交换。

4. 如果你不得不再次放弃剩下 4 条中的一条，你会放弃哪一条？请再次与其他人交换（保留刚才别人给你的，放在一边）。

5. 继续下去，直到剩下最后一条。这是否是你无论如何也不愿放弃的？

我的 5 种重要价值观及其释义（按重要程度排序）：

（1）＿＿＿＿＿＿＿＿＿＿＿＿＿＿＿＿＿＿＿＿＿＿＿＿＿＿＿＿＿＿＿＿＿
（2）＿＿＿＿＿＿＿＿＿＿＿＿＿＿＿＿＿＿＿＿＿＿＿＿＿＿＿＿＿＿＿＿＿
（3）＿＿＿＿＿＿＿＿＿＿＿＿＿＿＿＿＿＿＿＿＿＿＿＿＿＿＿＿＿＿＿＿＿
（4）＿＿＿＿＿＿＿＿＿＿＿＿＿＿＿＿＿＿＿＿＿＿＿＿＿＿＿＿＿＿＿＿＿
（5）＿＿＿＿＿＿＿＿＿＿＿＿＿＿＿＿＿＿＿＿＿＿＿＿＿＿＿＿＿＿＿＿＿

讨论：通过这个活动，你对于自己的价值观有什么样的了解？

你的价值观会对你的职业选择和人生产生什么样的影响？

影响你价值观形成的因素有哪些？

他人的价值观对你的生活造成什么样的影响？

（二）价值观拍卖

假设你正在参加一次有关工作、生活价值观的拍卖活动。所有拍卖物品的底价都是

500元，每次竞拍报价需要以至少100元、但不超过1 000元的幅度上升。每种物品只能由一个人购得。现在你手里有5 000元。请浏览以下拍卖品清单，然后决定你将如何参与竞拍。请好好把握这一生仅有的一次机会！

生活价值	为此项分配的金额	最高报价	成交价
家庭			
健康			
自由			
安全感			
成功			
有意义			
和谐			
探险			
自然			
创造价值			
信仰			

工作价值	为此项分配的金额	最高报价	成交价
物质保障			
成就			
名誉			
独立自主			
服务他人			
多样性			
创造性			
挑战性			
人际交流			
担负责任			
发展与成长			

请列出你最想购买的物品以及你愿意为之付出的最大金额：

价值	最高报价

总计：¥5 000.00

四、职业价值观的类型

对于职业价值观的类型，不同的学者根据不同的标准对其进行了不同的划分。美国的职业学家萨柏曾经概括过 15 种职业价值观类型，即助人、美学、创造、智力刺激、独立、成就感、声望、管理、经济报酬、安全、环境优美、与上级关系、社交、多样化和生活方式。

日本学者田崎仁，把人的职业价值观分为 9 种类型。

（1）独立经营型。独立经营型的人不愿受别人指挥，喜欢凭自己的能力拥有自己的工作和生活领地。

（2）经济型。经济型的人认为"钱可通神"，认为人与人之间的关系是金钱关系。

（3）支配型。支配型也称独断型。这种类型的人想当组织的领导，无视他人的想法。

（4）自尊型。自尊型的人渴望能有较高的社会地位和名誉，希望受到众人尊敬。

（5）自我实现型。自我实现型的人对世俗的观点、利益等并不关心，而是尽力挖掘自己的潜力，施展自己的本领。

（6）志愿型。志愿型的人富有同情心，在帮助别人的过程中获得个人心理上的满足与快乐。

（7）家庭中心型。家庭中心型的人过着十分平凡但又安定的生活，为人踏实，生活态度保守，对待职业选择也很慎重。

（8）才能型。才能型的人单纯活泼，重视个人才能的表现与被承认。

（9）自由型。自由型的人在工作时不容易确立目标，不喜欢麻烦他人，喜欢无拘无束，生活随意。

也有专家分为以下九大类，每种职业价值观和其特点及与之相匹配的职业类型见表 2-5。

表 2-5　职业价值观类型与职业适宜性对照表

职业价值观类型	特点	适宜的职业类型
自由型	不受别人指使，凭自己的能力拥有自己的小"城堡"，不愿受人干涉，想充分施展本领	室内装饰专家、图书管理专家、摄影师、音乐教师、作家、演员、记者、诗人、作曲家、编剧、雕刻家、漫画家等
经济型	断然认为世界上的各种关系都建立在金钱的基础上，包括人与人之间的关系，甚至父母与子女之间的爱也带有金钱的烙印。这种类型的人确信，金钱可以买到世界上所有的幸福	各种职业中都有这种类型的人，商人为甚
支配型	相当于组织的一把手，飞扬跋扈，无视他人的想法，为所欲为，且视此为无比快乐	进货员、商品批发员、旅馆经理、饭店经理、广告宣传员、调度员、律师、政治家、零售商等

职业价值观类型	特点	适宜的职业类型
小康型	追求虚荣，优越感也很强。很渴望能有社会地位和名誉，希望常常受到众人尊敬。欲望得不到满足时，由于过于强烈的自我意识，有时反而很自卑	记账员、会计、银行出纳、法庭速记员、成本估算员、税务员、核算员、打字员、办公室职员、统计员、计算机操作员等
自我实现型	不关心平常的幸福，一心一意想发挥个性，追求真理。不考虑收入、地位及他人对自己的看法，尽力挖掘自己的潜力，施展自己的本领，并视此为有意义的生活	气象学者、生物学家、天文学家、药剂师、化学家、科学报刊编辑、地质学家、物理学者、数学家、实验员、科研人员等
志愿型	富于同情心，把他人的痛苦视为自己的痛苦，不愿干哗众取宠的事，把默默地帮助不幸的人视为无比快乐	社会学者、导游、福利机构工作者、咨询人员、社会工作者、社会科学教师、护士等
技术型	性格沉稳，做事组织严密，井井有条，并且对未来充满平常心态	木匠、农民、工程师、飞机机械师、野生动物专家、自动化技师、机械工、电工、火车司机、公共汽车司机、机械制图员等
合作型	人际关系较好，认为朋友是最大的财富	公关人员、推销人员、秘书等
享受型	喜欢安逸的生活，不愿从事任何挑战性的工作	无固定职业类型

职业价值观的类型是多种多样的，美国心理学家洛克奇在他的著作《人类价值观的本质中》提出了 13 种价值观。

（1）成就感——提升社会地位，得到社会认同；希望工作能受到他人认可，对工作的完成和挑战成功感到满足。

（2）美感追求——能有机会多方面地欣赏周遭的人、事、物或任何自己觉得重要且有意义的事物。

（3）挑战——能有机会运用聪明才智来解决困难；舍弃传统的方法，而选择创新的方法处理事务。

（4）健康——包括身体和心理健康，工作能够免于焦虑、紧张和恐惧；希望能够心平气和地处理事务。

（5）收入与财富——工作能够明显、有效地改变自己的财务状况；希望能够得到金钱所能买到的东西。

（6）独立性——在工作中能有弹性，可以充分掌握自己的时间和行动，自由度高。

（7）爱、家庭、人际关系——关心他人，与别人分享，协助别人解决问题；体贴、关爱，对周围的人慷慨。

（8）道德观——能与组织的目标、价值观和工作使命不相冲突，紧密结合。

（9）欢乐——享受生命，结交新朋友，与别人共处，一同享受美好时光。

（10）权力——能够影响或控制他人，使他人按照自己的意思去行动。

（11）安全感——能够满足基本的需求，有安全感，远离突如其来的变动。

（12）自我成长——能够追求求知方面的刺激，寻求更圆融的人生，在智慧、知识、人生的体会上有所提升。

（13）协助别人——体会和认识到自己的付出对团队是有帮助的，别人为你的行动而受益颇多。

五、大学生职业选择中常见的不良价值追求

尽管从理论上来说，职业价值观是没有"好"和"坏"的区分的，而且通过职业价值观也无法预测事业能否成功。例如，以"社会促进"为主要价值追求的人，并不一定比"维护家庭"为主要价值追求的人更好，或更可能事业成功。但是，在当前的大学生群体中确实存在一些"不良"的职业价值追求，主要包括以下几方面。

首先，在市场经济的背景下，受当前社会一些价值观念的影响，很多大学生过分追求薪酬及其他福利，在求职时不仅将其放在首位，并且作为考虑取舍的唯一标准。大学生以这样的职业价值观为主导，忽略了职业合适与否的其他条件，这不利于大学生找到适合自己的职业以及职业的发展。

其次，期望从职业中获得乐趣，这是职业内在价值的体现。然而，如果过分追求工作对心理乐趣的满足，则容易走向极端。当前，很多大学生过分追求工作性质多样化、趣味化，在求职中会因为工作会涉及一些琐碎的内容，存在一些重复性的劳动就忽略了这份工作的其他意义。大学生应该清醒地认识到片面要求工作多变且乐趣无限是不现实的。

再次，当前很多大学生一味地希望通过工作提升技能，反复强调用人单位应给予培训、晋升。事实上，职业技能的提升是个循序渐进的过程，有时是在无形中发生的，并非一定要脱产培训才能达到，关键还是在于个人是否努力在日常工作中用心学习。因此，大学生在求职择业的过程中一定不要过于急功近利。

最后，在越来越看重个人表现的时代背景下，很多大学生在求职择业的过程中过分要求工作有充足的自由和自主性，并对那些需要从基础做起、从向他人学习做起、从按他人要求做起的工作不屑一顾。毫无疑问，这样的价值观有碍大学生职业生涯的发展和个体价值的实现。

第三章　职业社会认知

　　当前社会，传统的就业观念和流行的就业意识对大学生职业生涯规划和就业取向有很大的影响，加上现代社会发展速度较快，客观地了解和适应新的社会环境对当代大学生来说是一项必须完成的任务。因而，职业社会认知在职业生涯规划中是一个十分关键的部分。虽然职业并不是一个人生活的全部，但却是一个人生活与生命的重要组成部分。不同的职业，意味着不同的发展空间与机会，一个职业方向可能会决定了他的人生。职业对一个人的重要性不言而喻。而选择职业，做出个人职业生涯规划之前，要对职业有所认识，这一点对于任何求职者，尤其是在校大学生来说是非常重要的。

第一节　职业社会认知的内容及作用

一、职业社会认知的内涵

　　当前大学毕业生就业存在显著的"三不了解"现象。所谓"三不了解"即不了解自己想要进入行业的发展前景；不了解公司的发展前景、人力资源管理制度、企业文化等；对自己的职业目标和规划概念模糊，甚至根本没有目标。由此可见，大学毕业生应加强对职业的认识，深入开展职业探索，合理调整职业期望，从而对具有倾向性的职业做出正确的职业评价，为择业入职做好准备。只有这样，才能在就业竞争中赢得机遇，而这一过程就是我们所说的职业社会认知。

　　职业社会认知，简单来说就是对职业的认识，它并不局限于职前的职业准备期，而是存在于整个职业生涯。职业社会认知的结果在于对特定职业做出评价。职业评价主要是对职业的社会地位、经济报酬、入职条件、发展预期、劳动强度以及社会意义等因素的综合认识与价值评价。因此，职业认知需要大学生对所倾向的职业进行深入的了解。

　　一般来说，人们对某个职业的认知仅仅停留在表层，由于理不出其中的头绪，而造成了认知上的片面性。比如对于医生，大家只看到其地位的高尚与收入的可观，却不知医生所承受的身心压力；对于演员，大家看到的是其在舞台上的风光，却不知其"台上一分钟，台下十年功"的艰苦付出。因此，大学生在进入某一职业前，应该全面了解职业的相关具体内容。正确到位的职业认知对于大学生就业来说，是十分必要和有益的。

二、职业社会认知的内容

　　职业社会认知的主要内容包括以下几个方面：

（1）职业名称：职业的符号特征，它一般是由社会通用称谓来命名。

（2）职业定义：对使用工具、从事的工作活动的说明。

（3）受教育程度：从业者接受正规教育的年限。

（4）职业能力特征：从业者需要具备的能力要素。

（5）职业人格特征：从业者需要具备的人格要素。

（6）职业技术：从业者所必备的知识、技能等基本要求，需要掌握的基本操作技术。

（7）职业资格等级：反映职业胜任程度。职业资格分5个等级，每个职业又有所不同。

（8）职业报酬：工资。

（9）职业环境：工作场所的条件。

对某一个特定职业来说，大学生如果能够了解这些职业描述内容，就能够有目的地选择职业目标、实现就业、选择培训以及发展职业生涯。

除此之外，职业社会认知还包括对职业环境的认知，主要包括社会环境、行业环境、企业环境、岗位环境、地理环境、组织内部环境、家庭环境、朋友及其他相关人员的圈子环境等。其中，社会环境分析包括对经济形势、劳动市场供求情况、收入水平、经济发展水平等经济环境的分析，对政治环境、法律环境因素等政治法律环境的分析，对文化环境、价值观念以及人口规模、年龄结构、劳动力质量和专业结构、人口的城市化、人口老龄化、人口流动等人口环境的分析；行业环境包括对行业的定义分析、行业对生活和社会的作用及发展前景、趋势、行业的细分领域、国内外著名的业内公司及介绍、行业的人力资源需求状况及趋势、从事行业需要具有的通用素质和从业资格证书等内容的分析；岗位环境分析包括岗位描述、岗位晋升通路、岗位要求、个人与岗位的差距等。

三、职业社会认知的作用

俗语说"知己知彼，百战不殆"，如果说自我认知是"知己"，那么职业认知则是"知彼"。然而当前我国大学生的"职业认知"状况却令人担忧。一方面，由于高校专业设置缺乏与社会需求的对接机制，教学内容陈旧，理论与实践脱节，导致学生职业认知的意识和能力不到位。另一方面，面对竞争激烈的就业形势，很多大学生受到先就业后择业观念的影响，不愿花费更多的时间和精力了解职业世界，而是消极等待，随波逐流，最后迷失在求职大军中。

在社会主义市场经济的背景下，大学生只有积极开展职业认知实践，努力提高自身职业能力素质，结合自己的实际，确定适当的就业期望，做出合理的生涯决策，才能尽快找到适合自己的职业。

职业认知属于职业生涯规划的认知阶段，是大学生进行职业生涯规划的先决条件，是生涯决策与规划的基础。职业认知是对影响职业发展的众多因素的分析与认识。大到国家与社会，小到学校与家庭，都是职业认知需要解决的问题。职业认知可以使学生更好地了解和认识相关职业，从而获得理想的求职结果。因此，对于大学生来说，职业认知是十分必要的，有着重大意义和深远的影响。

1. 促进正确的生涯决策

不同大学生眼中的职业社会是有很大差别的。有的学生觉得职业社会中存在着人山人海的竞争，有的学生则觉得职业社会充满了机会和希望。这与个人能否全面地了解职业社会有着很大关系。只了解和看到负面信息的学生常常会陷入绝望，怀着"反正也找不到好工作，那就不找工作了，直接考研吧"的想法，就作出错误的生涯决策。但是如果学生能够清晰、全面地了解职业社会，知道尽管毕业生众多，竞争激烈，只要自己仔细了解企业用人要求和工作发展的普遍规律等，就能够结合自己的特点在社会中找到属于自己的工作，从而做出合理的生涯决策，而不是盲目跟风追逐所谓"好工作"，最后却迷失在求职大军中。

2. 进一步认识和了解自己

在探索职业社会的过程中，人们常常会陷入两难的境地。比如：留在大城市找一份不稳定、目前也不很理想的工作，但是未来的学习、发展机会可能很多；回到家乡小城镇有个待遇不错、稳定的工作，但是自己将来的发展前景非常有限，缺乏挑战性。世间的事没有完美的，外部条件总给我们设立这样或那样的限制，看上去似乎很难，但是深入地思考，就会发现我们正是在这种两难的选择当中，越来越知道什么是对自己真正重要的，也越来越了解自己是谁，从而调整自己的行动，走出属于自己的生涯道路。

3. 培养和提升大学生的能力

很多大学生寄希望于学校、职业辅导教师或其他专业的职业辅导工作人员能够告诉他们职业社会是什么样子，但因为每个人（包括专业的职业辅导人士）由于个人知识、经验的局限不可能完全掌握所有职业社会的信息，所以职业社会的探索更多地需要大学生自己来完成。在这个探索的过程中，大学生可以培养和提升自己的很多能力，比如自我管理能力中的为自己负责任，通用技能中的沟通、搜集、观察等能力。

4. 预测未来发展

职业社会信息可以帮助学生预测未来可能发生的情况，以便预先作出准备，但也要知道预测的风险所在，并为此作好心理准备。

第二节　中国社会的职业设置

一、中国的职业分类

当前，中国职业的分类主要有以下几种类型。

1. 按照产业进行职业分类

产业是国民经济中最基本的分类。一般来说，产业的划分是以劳动性质、作用和内容的同一性为标志，反映社会分工的发展水平。按照国际上通行的原则，一个国家的国民经济都可以划分为三大产业。

（1）第一产业——农业，包括种植业、林业、畜牧业、渔业等。农业是国民经济的基础，是人类粮食和其他生活资料的来源，也是许多工业原料的提供者。

（2）第二产业——工业、建筑业。工业包括机械、电子、纺织、煤炭、石油、冶金、化工、食品等，是采掘自然资源和对原材料进行加工的物质生产部门；建筑业则是从事建筑与安装工程施工的社会生产部门。第二产业是国民经济的支柱，其中工业在许多国家的国民经济中都起着主导作用。

（3）第三产业——除了第一、二产业以外的流通和服务类产业部门。具体可分为4个部门，即包括商业、邮电通信业、交通运输业、物资供销、饮食业和仓储业等的流通部门；包括金融、房地产、保险、旅游、居民服务、公共事业、咨询信息服务业以及各类技术服务业等的为生产和生活服务的部门；包括教育、科学研究事业、文化、广播电视业、体育和社会福利事业、卫生等的为提高科学文化水平和居民素质服务的部门；包括国家机关、党政机关、军队和警察、社会团体等的为社会公共需要服务的部门。

2. 按照行业进行职业分类

中国于2002年颁布了《国民经济行业分类》的国家标准。根据中国的具体国情，这一标准将国民经济行业划分为门类、大类、中类和小类四级，共有20个行业门类，95个大类，396个中类，913个小类。其中20个行业门类如下：

（1）农林牧渔业。

（2）采矿业。

（3）制造业。

（4）电力、燃气及水的生产和供应业。

（5）建筑业。

（6）交通运输、仓储和邮政业。

（7）信息传输、计算机服务和软件业。

（8）批发和零售业。

（9）住宿和餐饮业。

（10）金融业。

（11）房地产业。

（12）租赁和商务服务业。

（13）科学研究、技术服务和地质勘探业。

（14）水利环境和公共设施管理业。

（15）环境管理业。

（16）居民服务和其他服务业。

（17）教育。

（18）卫生、社会保障和社会福利业。

（19）文化、体育和娱乐业。

（20）公共管理和社会组织。

3. 按照工作性质进行职业分类

根据《中华人民共和国职业分类大典》，按工作性质，中国社会职业归为8个大类、66个中类、413个小类、1 838个细类（职业）。其中8个大类如下：

（1）国家机关、党群组织、企业、事业单位负责人，其中包括5个中类、16个小类、25个细类。

（2）专业技术人员，其中包括14个中类、115个小类、379个细类。

（3）办事人员和有关人员，其中包括4个中类、12个小类、45个细类。

（4）商业、服务业人员，其中包括8个中类、43个小类、147个细类。

（5）农、林、牧、渔、水利业生产人员，其中包括6个中类、30个小类、121个细类。

（6）生产、运输设备操作人员及有关人员，其中包括 27 个中类、195 个小类、1 119 个细类。

（7）军人。

（8）不便分类的其他从业人员，其中包括 1 个中类、1 个小类、1 个细类。

二、中国现行的职业制度

不同的用人单位根据岗位情况对求职者提出各种要求，根据不同岗位的需要，国家也规定了不同的职业标准与准入制度。

（一）职业资格制度

职业资格是对从事某一职业必须具备的职业劳动知识、操作技术和其他能力的基本要求。职业资格可以分为从业资格和执业资格两类。

1. 从业资格

从业资格是政府规定专业技术人员从事某种专业技术性工作的学识、技术和能力的起点标准。从业资格必须通过学历认定或考试取得。具备下列条件之一者，可确认从业资格：

（1）具有本专业中专以上学历，见习一年期满，经单位考核合格者；

（2）按国家有关规定已担任本专业初级专业技术职务或通过专业技术资格考试取得初级资格，经单位考核合格者；

（3）在本专业岗位工作，经过国家或国家授权部门组织的从业资格考试合格者。

2. 执业资格

执业资格是政府对某些责任较大、社会通用性强、关系公共利益的专业技术工作实行的准入控制，是专业技术人员依法独立开业或独立从事某种专业技术工作学识、技术和能力的必备标准。

执业资格要通过考试方法取得。执业资格考试由国家定期举行，考试实行全国统一大纲、统一命题、统一组织、统一时间，所取得的执业资格经注册后，全国范围有效。

职业资格证书是由政府的劳动和社会保障部门、人事部门和其他部门（如财政部、司法部、教育部）等，或由其委托的相关部门和机构，通过政府认定的考核鉴定机构，对劳动者的技能水平或职业资格进行客观公正、科学规范的评价和鉴定，对合格者授予的相应证书。

根据国家有关规定，办理职业资格证书的程序为：职业技能鉴定所（站）将考核合格人员名单报经当地职业技能鉴定指导中心审核，再报经同级劳动保障行政部门或行业部门劳动保障工作机构批准后，由职业技能鉴定指导中心按照国家规定的证书编码方案和填写格式要求统一办理证书，加盖职业技能鉴定机构专用印章，经同级劳动保障行政部门或行业部门劳动保障工作机构验印后，由职业技能鉴定所（站）送交本人。

职业资格证书是表明劳动者具有从事某一职业所必备的学识和技能的证明，是劳动者求职、任职、开业的资格凭证，是用人单位招聘、录用劳动者的主要依据，也是境外就业、对外劳务合作人员办理技能水平公证的有效证件。职业资格证书与职业劳动活动密切相关，反映特定职业的实际工作标准和规范。

我国职业资格通常分为 5 个等级，即五级（初级）、四级（中级）、三级（高级）、二级（技师）和一级（高级技师），各级都有其相应的技术能力的要求标准。

（1）国家职业资格五级

初级技能：能够运用基本技能独立完成本职业的常规工作。

（2）国家职业资格四级

中级技能：能够熟练运用基本技能独立完成本职业的常规工作，并在特定情况下，能够运用专门技能完成较为复杂的工作；能够与他人进行合作。

（3）国家职业资格三级

高级技能：能够熟练运用基本技能和专门技能完成较为复杂的工作；包括完成部分非常规性工作；能够独立处理工作中出现的问题；能指导他人进行工作或协助培训一般操作人员。

（4）国家职业资格二级（技师）

能够熟练运用基本技能和专门技能完成较为复杂的、非常规性的工作；掌握本职业的关键操作技能技术；能够独立处理和解决技术或工艺问题；在操作技能技术方面有创新；能组织指导他人进行工作；能培训一般操作人员；具有一定的管理能力。

（5）国家职业资格一级（高级技师）

能够熟练运用基本技能和特殊技能在本职业的各个领域完成复杂的、非常规性的工作；熟练掌握本职业的关键操作技能技术；能够独立处理和解决高难度的技术或工艺问题；在技术攻关、工艺革新和技术改革方面有创新；能组织开展技术改造、技术革新和进行专业技术培训；具有管理能力。

如果从事特殊工种岗位还需取得职业资格。如根据国务院法制办公布的《职业技能培训和鉴定条例（征求意见稿）》，用人单位招用劳动者从事 7 类特殊工种的工作，必须从取得相应职业资格证书的劳动者中挑选。这 7 类工作是：

（1）矿产资源开采、危险化学品和其他危险物品生产岗位的特殊工种。

（2）食品、自来水、电、燃气等供应与服务岗位的特殊工种。

（3）交通运输与保障、公共设施建设与维护岗位的特殊工种。

（4）公共安全维护、公共财产安全保障岗位的特殊工种。

（5）特种装备制造、操作与维修岗位的特殊工种。

（6）人身健康服务岗位的特殊工种。

（7）法律、行政法规和国务院规定的其他涉及公共安全、人身健康、生命财产安全的特殊工种。

我国已经实行职业资格证书制度的职业主要有注册税务师、注册资产评估师、价格鉴证师、建筑监理工程师、注册城市规划师、职业药师、执业医师、统计师、审计师、经济师、计算机软件人员、国际商务人员、注册会计师、律师、心理咨询师、人力资源管理师，等等。

职业资格证书制度是我国对劳动者上岗进行严格的资格认定，实行持证上岗的管理制度。现代社会，各行各业几千种职业，如果没有科学的分类和严格的任职资格与能力要求，就无法合理地组织社会劳动。所以完善职业资格证书制度，是一个现代国家科学管理职业制度必不可少的工具。

（二）就业准入制度

就业准入是根据《劳动法》和《职业教育法》的有关规定，对从事技术复杂、通用性广、涉及国家财产、人民生命安全和消费者利益职业（工种）的劳动者，必须经过培训，并在取得职业资格证书后方可上岗的制度。实行就业准入的职业范围由原劳动和社会保障部确定并向社会发布。

2000 年 3 月 16 日，劳动和社会保障部发布的《招用技术工种从业人员规定》标志着我国就业准入制度的形成。制定该规定的基本出发点和落脚点是为了加快提高劳动者素质，增强企业竞争力，同时也是为了适应促进企业安全生产、提高效益、保护消费者利益等方面的迫切需要。

国力的强弱在很大程度上取决于劳动者的素质，取决于各类人才的质量和数量。随着经济全球化时代的到来和各国间综合国力的竞争日趋激烈，我国也越来越重视对高素质人才的培养。而国家实行先培训后上岗的就业培训制度，特别是对技术工种从业人员实行就业准入制度，其目的就是要促进劳动者改善素质结构，提高素质水平，从而促进劳动者就业和再就业能力的提高。另外，通过实行就业准入控制，推行职业资格证书制度，还可以实现劳动力资源的合理开发和配置，并使其纳入良性发展轨道；可以规范劳动力市场建设，为劳动者就业创造平等竞争的环境；可以促进劳动者主动提高自身的技术业务素质，使我国的就业从安置型就业转为依靠素质就业，达到使劳动者尽快就业和稳定就业的目的。

当前，国家对实行就业准入进行了具体规定。

用人单位招用技术工种从业人员，必须从取得相应职业资格证书的人员中录用。

职业介绍机构要在显著位置公告实行就业准入的职业范围；各地印制的求职登记表中要有登记职业资格证书的栏目；用人单位招聘广告栏中也应有相应的职业资格要求。职业介绍机构的工作人员在工作过程中，对国家规定实行就业准入的职业，应要求求职者出示职业资格证书并进行查验，凭证推荐就业；用人单位要凭证招聘用工。

从事就业准入职业的新生劳动力，就业前必须经过一到三年的职业培训，并取得职业资格证书；用人单位招用未取得相应职业资格证书的劳动者从事技术工种工作的，由劳动保障部门给予警告，责令用人单位限期对有关人员进行相关培训，取得职业资格证书后再上岗，并可处以 1 000 元以下罚款；对从事个体工商经营的人员，要取得职业资格证书后工商部门方可办理开业手续。

此外，我国现行的职业制度还包括劳动合同制、专业技术人员执业制度和国家公务员职业制度。

（三）人事代理制度

人事代理是指由政府人事部门和毕业生就业工作主管部门所属的人才指导服务机构，按照国家有关人事政策法规要求，接受用人单位或个人委托，在其服务项目范围内，为多种所有制经济尤其是非公有制经济单位及各类人才提供系列的、全方位的人事管理服务，是实现人员使用与人事关系管理分离的一项人事改革新举措。人事代理赋予了个人与用人单位更多的灵活选择权，促进了人才的合理流动，有利于人才资源的合理配置，是与社会主义市场经济体制相配套的新型人事管理方式，也是当前毕业生在择业和就业中的一个选择。

人事代理可由单位委托，也可由个人委托；可单项委托，如只委托人才服务机构管理人事档案或代为招聘，也可多项委托，如可将人事关系、工资关系、人事档案、养老保险、社会统筹等多项事务一起委托人才服务机构管理。

人事代理的对象分为两类，即用人单位和劳动者个人。不管用人单位是何种性质，只要有需求并和人才服务机构签订了代理协议就可成为人事代理的对象。人事代理可提供服务的个人对象主要包括下列人员：

（1）三资、乡镇、街道、民营、私营企业聘用的专业技术和管理人员。

（2）到非公有制单位工作、自谋职业和到外地应聘的大学毕业生。

（3）整体改制为非国有单位的原国有企业事业单位的员工。

（4）党政机关、企事业单位辞职、辞退、解聘人员。

（5）事业单位改革实行聘用制人员。

（6）灵活就业和自由职业者。

（7）外国驻当地机构的中方雇员和外地驻当地办事机构工作人员。

（8）出国留学及学成回国工作的人员。

（9）自谋职业的专业、退伍军人。

（10）其他各类流动人员。

（四）社会保险制度

社会保险是国家通过立法强制实行的，由劳动者、企业（业主）或社区以及国家三方共同筹资，建立保险基金，对劳动者因年老、工伤、疾病、生育、残废、失业、死亡等原因丧失劳动能力或暂时失去工作时，给予劳动者本人或供养的直系亲属物质帮助的一种社会保障制度。它既是保证劳动力再生产的必要条件，也是提高劳动生产率、均衡企业负担的有利因素；同时它也为企业改善经营管理和搞好劳动保护工作提出了统一的规范，为解决一系列社会问题创造了条件。社会保险是社会保障体系中最重要的项目，是社会保障的核心，社会保险具有强制性、保障性、福利性和互济性。

目前，中国的社会保险制度主要包括养老保险制度、医疗保险制度、失业保险制度、工伤保险制度和生育保险制度5个方面的具体制度。社会保险费征缴制度是规范包括基本养老保险费、基本医疗保险费以及失业保险费在内的社会保险费的征收、缴纳，加强社会保险费的管理和保障社会保险费的发放而专门建立起来的一项制度。该制度与具体的社会保险险种结合，同时又独立于这些具体的制度。社会保险费征缴制度的建立，是我国社会保险制度的基础建设，对于培育和促进各种社会保险制度的建立和发展具有十分重要的意义。

（1）养老保险制度：基本养老保险制度，是为了保障城镇职工退休后的基本生活而建立起来的一项社会保障制度。该制度主要包括养老保险费的征集、基本养老保险个人账户、养老保险待遇、养老保险基金的使用和监督管理等内容。

（2）医疗保险制度：医疗保险制度是指为保障城镇职工的基本医疗，合理利用医疗资源而建立起来的一种社会保险制度。该制度主要包括覆盖范围和缴费办法、基本医疗保险统筹基金和个人账户、基本医疗保险基金的管理和监督机制、医疗服务机构的管理等内容。

（3）失业保险制度：失业保险制度是为了保障失业人员失业期间的基本生活，促进失业人员再就业而建立起来的一种社会保障制度。该制度主要涉及失业保险基金的建立和管理以及失业保险待遇等内容。

（4）工伤保险制度：工伤保险制度是保障劳动者在工作中遭受事故伤害和患职业病后获得医疗救治、经济补偿和职业康复的权利以及分散工伤风险，促进工伤预防的一项社会保障制度。包括工伤的范围及其认定、劳动鉴定和工伤评残、工伤保险待遇、工伤保险基金建立和管理、工伤预防和职业康复等内容。

（5）生育保险制度：生育保险制度是为了维护女职工的合法权益，保障女职工在生育期间得到必要的经济补偿和医疗保健而建立起来的一种社会保障制度。

第三节　知识经济时代的职业发展形势

知识经济时代背景下，职业发展呈现出了新趋势。而职业发展的演变并不是杂乱无章，而是有一定的规律性。从总体上来看，职业发展的根本原因是生产力发展水平的提高。生产力是决定和推动职业演变的根本原因。劳动对象、生产工具以及掌握生产技术的劳动者都是生产力的组成部分，人们通过不断开发劳动对象、改进生产工具、提高生产技术与组织管理水平，推动了生产力的发展、推动了社会分工的变化，从而对职业演变产生重要影响。

引起职业发展变化的重要原因是科学技术的发明与广泛应用。科学技术是第一生产力，放眼古今中外，人类社会的每一项进步，都伴随着科学技术的进步。尤其是现代科技的突飞猛进，为社会生产力发展和人类的文明开辟了更为广阔的空间，有力地推动了经济和社会的发展。当一个新的科技发明直接应用于生产或为人民生活服务时，必须与新材料、新工艺、新的经营管理相联系，同时也必然开发出相应的新职业。

另外，社会制度和管理制度的变革，也促进了一些职业的演变，如有的职业新生，有的职业消失，有的职业由衰转盛，有的职业由盛转衰；人们物质文化生活水平的提高，也会促进直接为其服务的职业的产生与发展。

一、社会职业发展总体趋势

随着科学技术的快速发展与经济的持续增长，社会分工越来越细、专业化程度不断提高、新的职业种类迅速增加。跨入新的时期，社会分工和职业分化的势头进一步加快，从总体上讲，职业呈现出以下几种发展趋势。

1. 职业的更新速度不断加快

随着科学技术和社会分工发展的加速，新职业种类不断涌现，职业种类在数量上由少到多，职业的专业化越来越强，呈现出综合化和多元化的发展趋势。

在农业社会里，社会分工发展极为缓慢，一种新职业的产生要经历相当长的时期，所以，在农业社会里，职业的种类较少，而且某种职业一旦形成，就会在很长一段时间内比较稳定。据有关统计，我国封建社会初期，职业与行业是同义词，只被分为王公

（发号施令的统治者）、士大夫（负责执行的官吏）、百工（各种手工业工匠）、商旅（商人）、农夫（种田人）和妇工（纺织、编制的妇女）6大类。其中的百工就是技艺匠人的总称，当时木工7种、金工6种、染色工5种，还有其他各工种，加起来也不过三四十种，十分简单。到了隋代，增加到100个行业，这比初期增加了一倍多；到了宋代达220个，又比隋代多了一倍多；到了明代增至300多个，当时人们把职业分工统称为三百六十行。

进入工业社会后，随着社会生产力的快速发展，社会分工的发展速度也在加快，新职业种类逐年增加。新中国成立后，全国各种工种岗位的总和已发展到10 000种左右。在国外，同样也存在着类似的情况。在发达国家，生产技术每年的淘汰率高达20%，技术寿命平均只有5年。在美国，近15年来已淘汰了近8 000种职业，同时又诞生了6 000多种新职业。1850年美国进行了专门的职业普查，涉及商业、农业、林牧业、制造业、手工业、机械采矿业、法律、医务、神学、教育、政府文职、家庭佣仆、军界、河海航行以及其他行业15大行业，共列出232种职业。1860年职业增加到584种，1965年职业统计为21 714种，1980年职业统计为25 000种。当今社会，新社会分工的发展速度更快，新职业种类不断涌现，使得许多国家发行的职业分类词典等出版物每隔一段时期就需要修改，有时甚至需要每年都修订。

2. 第三产业中的职业数量不断增加

目前，我国国民经济划分为三个产业，即第一产业、第二产业和第三产业。第三产业包括邮电通讯业、交通运输业、商业、金融保险业、服务业、教育、卫生、体育和文化艺术等。以往人们认为第三产业是服务性行业，不太重视，许多经济学家认为第一产业和第二产业创造财富，第三产业不创造财富。因此，一些国家和地区在制定经济发展战略时优先发展第一产业和第二产业，忽视了发展第三产业。近20年来，随着改革开放的不断深入，我国第一、二产业发展的内外部环境发生了深刻的变化，使得第一、二产业得到空前的发展，而第一、二产业的发展必然会引起和促进第三产业的发展。由于第三产业与第一、二产业有着相互作用、相互影响的关系，人们也越来越重视第三产业对第一、二产业的促进作用，发展第三产业，以拉动和支持第一、二产业的进一步发展，已成为我国产业结构调整的一个重要方面。第三产业的发展可以为社会提供更多的空缺职位，为求职者提供更多的就业机会。

3. 体力劳动脑力化

任何一种职业都需要劳动者付出一定的体力和脑力劳动，世界上没有绝对的脑力劳动或体力劳动职业，只是人们常把付出体力劳动为主的职业称为体力劳动职业，把付出脑力劳动为主的职业称为脑力劳动职业。随着科技的不断发展，机械化和自动化的普及，劳动的体力消耗越来越少，脑力劳动的消耗相对增加，出现了体力劳动脑力化的趋势。

4. 职业对就业者的要求不断提高

体力劳动脑力化和专门职业化不仅使得相应职业或职位的工作职责、工作行为、绩效标准、工作流程、工作条件和工作环境发生改变，也对任职者的自身条件（如知识、技能或其他个人特征）提出了更高的要求。随着科学技术的发展，职业的专业化程度越来越高，若不具备一定的专业能力就无法胜任工作。同时，职业还开始向综合化、多元化方面发展，打破了以往每种职业都有相对固定范围的界限，职业与职业之间相互交叉延伸、界限模糊，对从业者素质的要求也越来越高。如以前的研究人员只管科学理论的研究和科研成果的鉴定，而现在很多研究人员，既是研究者又是市场开拓者和经营者，有的还是管理者；现在的会计师职位，不但要求其任职者会打算盘，还要求他们会操作电脑；企业的产品推销员一般都需要做公关工作，其任职者必须具有一定的公关知识和技巧。另外，职业的教育性更加突出。各种就业岗位，需要更多的受过良好教育的掌握最新技术的技术工人，单纯的体力劳动或机械操作职业将明显减少。

5. 转换工作成为一种惯例

近年来，职业变化增加，跳槽现象大量出现，因市场经济竞争的激烈性导致企业的破产和建立成为普遍的现象，也要求人在一生中可能要进行多次职业转换。同时人们的职业选择自由度也提高了，社会制度环境不断宽松、社会结构弹性与开放性日益增强，个人可以自由选择职业，而且，社会能提供的可供选择的机会也大大增加了。

此外，职业发展还呈现出永久性职业减少，不同类别职业数量比例不断变化的趋势等。

二、知识经济时代职业发展的新趋势

人类经历了工具经济时代、信息经济时代，当今，知识经济作为一种新的经济形态正在悄然兴起，带来了知识经济时代。在知识经济时代，人类的智力与知识成为这个时代具有决定性的力量。

知识经济是建立在知识和信息的产生、分配及使用上的经济，以知识资源的拥有、配置、产生和使用为重要生产要素所形成的经济形态。尽管对大多数国家来说，知识经济还只是一种萌芽，然而，现代经济中知识正成为一种相对独立的重要资源，知识的产生、传播和应用成为当今经济发展的最主要的因素，知识经济与工业经济的对比如表3-1所示。

表 3-1 工业经济与知识经济对比

类别	工业经济	知识经济
推动力量	蒸汽机、电气革命	电子、信息革命
核心要素	资本 + 天然资源	知识（科技为主）
经营系统	机械化、自动化	信息化、智能化
产业结构	制造业为主体	知识产业为主体
人力结构	直接生产工人占 80%	知识生产工人占 80%
生产方式	大量化、标准化	小量化、个性化
生产力	劳动生产力	知识生产力（新指针）
资产要素	有形资产为主	无形资产为主
管理对象	物流、资金流	信息流、知识流
报酬方式	工资制	业绩分红制
经济成长模式	循环周期性	长期持续成长性
基础建设	公路、铁路、航空网	高速信息网、知识网

因而，知识经济对传统就业方式的挑战也不言而喻，主要表现在以下几个方面。

1. 劳动力供求状况发生变化

农业经济时代和工业经济时代都是以物质生产物质为主体，都是以物质资本、货币资本为主导劳动要素。知识经济是"以知识为基础的经济"的简称，这种经济不再依托稀缺资源，不是直接取决于资源、资本、硬件技术的数量、规模和增量，而是直接依赖于知识或有效信息的积累和利用。在知识经济时代，一切都以知识为基础，知识可以减少对资源、劳动、时间、场地、资本的需要，成为先进经济的最重要资源和所有财富的核心。可见，知识经济时代以制造信息化和生产非物质化为主导，知识经济属于知识和技术密集型的产业模式。

劳动力供给方面，2012年以来中国劳动年龄人口总量就逐步趋于下降，同时就业参与率也在逐年下滑，除个别细分市场外，劳动力供给紧缺局面将逐步显现，从而推动劳动力成本进一步上升。总体而言，中国劳动力市场上劳动力的供给大于需求。但经济学家蔡昉（2007）提出中国劳动力无限供给的时代正在结束，预计从2009年开始，全国劳动年龄人口的比例也停止增加，稳定若干年后则呈现降低的趋势。这意味着在未来几年中整体就业趋势将逐渐好转，人力成本将逐渐提升。

2. 结构性失业问题日益显现

知识经济时代，大批新兴的知识密集型产业的兴起和部分传统产业的衰落，使依靠智能从事知识生产和传播的劳动力越来越多，从而导致一场日益引人关注的劳动危机，其特点是大量传统劳动"消亡"，知识结构性失业人口不断增加。经合组织的报告表明，知识经济时代，依靠智能从事知识生产和传播的就业者越来越占据有利地位，并取得80%以上的份额。劳动力从知识含量低的主导产业部门向知识含量高的高科技产业和以知识为基础的服务业大规模流动，从根本上实现了就业结构的升级。

进入"十三五"期间，就业形势更加复杂，就业总量压力和结构性矛盾并存，高校毕业生等重点群体就业问题依然十分突出。结构性失业是经济、产业结构变化以及生产形式、规模变化促使劳动力结构进行相应调整而导致的失业。由于国家正在对经济结构进行重大调整，与之相应地，劳动力结构必然要进行同步调整，这不可避免地会造成结构性失业。这就意味着"劳动供给过剩和短缺并存"，失业不是因为缺乏就业机会，而是合格的劳动力不足。其中高级技术人才和高级管理人才尤为短缺。

3. 就业机会由间接减少向直接创造转变

在知识经济时代，一方面，直接在车间从事生产的工人逐步被机器取代，占劳动力的比例不到20%，就业形势恶化；另一方面劳动力市场对有高度熟练技能的知识型劳动力的需求日益增加，高技术产业提供了大量就业机会。

美国是知识经济的先锋，仅1997年美国高科技行业就创造了24万个高薪就业机会，印度软件业已在国内外为印度人提供了26万个就业机会，加上辅助人员不少于50万。中国的国家级和地方高科技产业开发区已提供了200万个以上就业机会。当然，高技术产业提供的就业机会仍然有限，对人员素质要求也很高，对于解决大量失业问题的直接帮助不是很明显。不过，正如马克思所指出的："虽然机器在应用它的劳动部门必然排挤工人，但是它能引起其他部门就业的增加。"技术进步是一把双刃剑，它既毁掉原来的工作，也创造新的工作岗位，乃至新的行业。

4. 就业导向由传统劳动向知识与技术替代劳动转变

知识经济时代，知识与技术成为一种革命性的力量，对劳动和资本的力量发起挑战，并给传统意义上的劳动和资本增添了新的内容。劳动的性质和职能发生根本改变，人的劳动更富有智力性和创造性，资本也不再只是单纯的物质形态的经济资本，还可以是非物质形式的智力资本和社会资本，知识、技术提高了资本的力量，人力资本成为资本最重要的部分。与此同时，具有知识和技术的劳动者既受资本的雇用，又具有支配资本的力量，劳动者自身发生重大变化，其根源在于劳动力市场。

劳动力供给与需求是劳动力就业市场的两大基本要素和导向信号。在知识经济时代，劳动力供给与需求的变动形成不同性质的劳动力市场。由掌握新知识、新技术的劳动者构成知识型劳动力市场，由非知识与技术型劳动力构成传统意义的劳动力市场，这两个不同层次劳动力市场同时并存，并因供需关系而呈现出不同的就业状况。在知识型的劳动力市场，具有资本和技术的劳动者供不应求，收入丰厚，对经济资本具有支配力量，无失业之忧心。而大量传统意义上的劳动者则供大于求，收入较低，难以进入知识型劳动力市场，导致大批非知识和技术型劳动力失业或不充分就业。

知识型劳动排挤、淘汰大量体力劳动、非技术化与智能化劳动，根源在于知识与技术替代传统劳动，而知识型劳动力排挤、剥夺大量非知识与技术型劳动力，不仅在于剩余价值的追求，还在于知识型劳动力对劳动岗位强有力的占据。知识经济是经济增长和增加就业的最重要因素，它要求就业机会不断向竞争力较强的知识群体倾斜，从而对劳动者的素质提出了更高的要求。

5. 信息化、全球化时代带来国际化人才竞争

当我们身边的计算机技术从 PC 发展到互联网，再到 web3.0，手机终端功能的日益强大，我们确信托夫勒所预言的信息时代到来了。信息技术的高度发展缩短了全球各个国家的距离，使经济资源在全球范围内进行重新组合和配置。20 世纪 90 年代以来，越来越多的跨国企业进入中国，如宝洁、IBM、家乐福等；同时，中国的企业也开始向国外发展，如联想、华为等，中国的建筑公司开始在国外兴建工程，中国的石油公司开始尝试在国外开采石油。另一方面，中国也成为世界的代工中心，从世界工厂到中国制造，企业的国际化势必要求具有国际化视角与素质的员工。此外，使用外籍员工也会带来更加激烈的人才竞争压力。就目前的状况看，外资企业比国内企业在员工待遇上要高出很多，而外资企业中外籍员工的薪酬和他们在某一职业上的竞争力又显著地高于本地员工。

因此大学生进行职业生涯规划时，也应当具有一定的国际化视角，将自己放到更广阔的平台上，这样才有利于长久的发展。对宏观工作世界的了解可以帮助学生在求职时比较从容地承受激烈的竞争，提前做好技能、心理等方面的准备，以积极姿态应对所面临的各种情况。

6. 就业观念由重岗位和时空、重体力劳动向重自主发展、重知识工作转变

与传统的刚性就业观相比，知识经济时代新的自主就业观具有以下特点：

（1）岗位就业的模糊性。传统的就业观主张的是一种刚性而狭义的岗位就业，而新就业观主张的是一种弹性而广泛的社会就业，两者相比，新就业观具有更大的可容性、可变性和流动性。知识经济时代，人们纷纷从工厂和办公室走出来，工作家庭化成为现

实。工作家庭化带来了就业方式的革命。

（2）就业市场选择的自主性。劳动者可以自由地寻找能够发挥自己的能力、专长、志趣的有发展前途的劳动岗位；企业可以自由地挑选适合工作需要、技术要求、专业知识对口和身体合格的劳动者。在双向选择中，任何一方都不能把自己的意志强加在另一方的头上。知识经济时代，劳动和闲暇在经历了长时期的分离以后，又朝着一体化的方向发展，闲暇中会有某种劳动，劳动中也会产生闲暇，闲暇和劳动常常和谐地融合在一起，致使现代人的闲暇时间大量增加，工作和生活质量得以真正提高。

（3）就业主体的适应性。知识经济时代，"蓝领"减少，"白领"增加，以新型"金领"与"粉领"为代表的知识阶层将独领风骚，成为社会的时尚阶层，科学家的创造性、探索性智力劳动越来越重要，企业家的开拓性、经营性脑力劳动越来越可贵，从而对劳动者的素质和能力的适应性提出了严峻的挑战。面对挑战，一方面，劳动者要根据有关劳动岗位的需要不断学习或补充相关的知识，完善自己的知识结构；另一方面，劳动者也要不断提高自己的认知品性和掌握最新知识的能力，还要磨砺和完善自己的情感品性，使自己的创造能力发挥至最佳状态。这样，才能成为知识经济时代所需要的那种具有随时掌握新技术、新知识的能力和素质的劳动者。

由此可见，传统的就业观恪守一次就业为主，并且"从一而终"，劳动者的劳动仍然主要是谋取物质生活条件的手段，而不是自主活动的积极实践，从而在一定程度上限制了劳动者主体性的发挥。知识经济时代的自主就业使劳动者能够根据社会的需要和自己的爱好，选择认为可以发挥自己才能的职业，在从业活动中，"一方面，任何人都不能把自己在生产劳动这个人生存的自然条件中所应参加的部分推到别人身上，另一方面，生产劳动给每一个人提供全面发展和表现自己全部的即体力的和脑力的能力的机会，这样，生产劳动就不再是奴役人的手段，而成了解放人的手段，因此，生产劳动就从一种负担变成一种快乐。"

三、新时期职业模式发展新趋势

知识经济背景下的新时期，职业模式呈现出以下趋势。

1. 就业自主化

随着经济全球化的进一步发展，人的就业自由选择权利越来越得到承认和落实。我国早就提出了"劳动者自主就业、市场调节就业、政府促进就业"的就业方针，这一方针将在21世纪全面落实。自主就业，一方面，政府通过法律、就业服务、失业救济以及保险对人们自由择业的基本权利加以保障；另一方面，劳动者也要依靠自己的努力提高就业能力，积极寻找职业或自行创业。

2. 知识资本化

新时期的社会是人才社会，而新时期的经济是知识经济，知识产业成为龙头产业，知识经济成为新时期的人类社会经济增长方式与发展模式。知识经济背景下，职业劳动的知识含量大大增加，这就要求人们具有相当高的知识水平。

3. 工作灵活化

新的时代背景下，社会经济组织数量繁多、形式多样，其劳动关系、劳动内容、劳动形式也随之多样化与灵活化：既有拥有"铁饭碗"以及股份的"核心员工"，又有流动性强的一些员工；既有离开工作单位地点仍然在工作的"网络工人"，又有临时工、业务承包、工作任务契约；既有大量参加到经济组织中就业的各类员工，又有大量自己创业、自我雇佣和合作经营的劳动者等劳动形式。

4. 劳动人本化

随着经济社会的不断发展，职业劳动越来越人本化。这主要表现在职业劳动条件日益改善；职业劳动的内容越来越丰富而逐渐成为"人的第一需要"；劳动生产率不断提高和单位劳动投入所产生的成果越来越多；劳动组织也越来越考虑员工的利益等方面。

5. 流动加速化

在社会主义市场经济的背景下，个人寻求自身发展的动机与行为大大强化，高度竞争条件下的用人单位人力资源优化配置也进一步加强，这从统计和需求两个方面都使得社会职业的流动加速。

6. 国际接轨化

全球化的时代，经济全球化是不可逆转的趋势。西方发达国家的职业种类、职业劳动技能、职业工具手段、职业管理模式等都会大量渗透，并影响到我国，从而在我们的社会职业领域产生巨大的示范与导向作用。国际经济的全球化，尤其是跨国公司、合资企业大量进入我国，为我们直接提供了许多国际规范的职业岗位。当然，世界在影响中国的同时，中国也在影响世界。

7. 工作形式选择多样化

最常见的是全职工作，即连续为同一雇主工作，每周工作 40 或 40 个小时以上的工作。学生在求职时都是希望能够找到一份全职工作，因为具有相对的保障和稳定性。很多人认为组织有责任照顾他们，不过，他们把自己的将来交到别人手上的做法也会增加自身的风险。

兼职工作是近些年增长很快的工作形式之一。兼职工作者每周为同一雇主工作的时间不足 40 小时，他们通常没有将工作报酬作为生活费的主要来源，不是为了赚取额外的收入而考虑工作。兼职工作虽然收入不一定高，也不够稳定，但对学生尤其是那些希望继续读书，但又受限于经济条件的学生来说，是很好的增长社会经验的途径。

另一种和兼职工作有些类似的工作形式是多重工作，是指一个人同时兼有两个或两个以上独立的工作角色。有时，他们也被称为"兼职者"，因为他们经常除了做"有规律的"全职工作外，还有一份兼职的工作。多重工作者的角色包括：为两个或两个以上雇主工作；为一个雇主工作的同时自己也经营企业；经营两家独立的企业。他们喜欢在具有多样性、灵活性和变化性的环境中工作，愿意不断地更新技能，从而为自己提供保障。

自由职业，或称 SOHO［small office（and）home office］，是目前社会中比较受追捧的一种自雇的工作形式，是一个人的经营模式。随着信息技术的发展，这种工作形式已经越来越成为可能。因为这种工作形式具有自由、开放的性质，所以近年来越来越多的人加入到了这个行列。自由职业的风险性相对较大，因此选择此种工作形式的人通常具有良好的心理安全感、自我管理能力和自信心。

自我创业，做一个企业家，也是一种工作形式，其风险最高。企业家既是企业主也是运营官，特点是要雇用其他人经营企业，具有高风险、高回报的性质。企业家重视独立、刺激和成功。他们很容忍不确定的状态，具有控制内在因素的特质。为了取得成功，他们的信仰必须与他们成功的目标保持一致。与众不同的是，企业家会把毕生的资产作为企业成功的抵押。

以上提到的只是目前社会中比较常见的几种工作形式，其实还有很多种其他的工作形式，在此不一一列举。随着社会的进步和发展，提供给个人的机会越来越多，我们在进行生涯规划时要注意到这些可能性，给自己更大的选择空间。只有在看到更多的可能性时，我们才会有更多办法走上自己的理想道路，并将经历的过程看作是锻炼和提升的机会。

四、行业发展新趋势

结合我国当前的实际情况看，未来将会迅速发展的行业主要有以下几种。

（1）教育产业：包括学前教育、正规学校教育、职业资格教育、继续教育、远程教育、就业技能培训、在职培训、网上学校、老年大学等。

（2）金融业：包括银行、证券与保险三大行业，并进一步扩展到风险投资、资本运作领域。

（3）现代生活产品制造业：包括汽车、时装服饰、家用电器、工艺美术与艺术收藏等各种现代生活用品的制造业。

（4）环境科学行业：包括环境保护行业、节能行业、资源再利用行业、新材料与新能源业（例如太阳能、"绿色"材料、替代资源的人造材料）等。

（5）社会服务业：包括各种社会生活与民事服务、社区服务业、法律服务、物业管理、老年服务业等。

（6）文化与休闲业：包括出版业、旅游业、大众传播业、宾馆业、娱乐业、餐饮业等。

（7）生物工程业：包括相关的知识业与保健品生产业。

（8）咨询业：为企业提供管理咨询、业务流程重组及规划等。

（9）社会管理业：主要指政府机构以及相关的公共服务和社会工作的公务人员。

（10）信息产业：包括计算机硬件和软件业、通讯服务业、信息设备生产业、网络服务业及其他信息技术等。

（11）建设事业：包括大型设施建筑业、房产开发业、居民住宅业、装饰业、绿化园林事业等。

（12）科学技术业：包括自然科学、人文社会科学的各学科领域的基础理论研究，航天技术、海洋工程、信息技术、生物技术、核利用技术等各种技术领域的研究开发。高新技术产业是科学技术业发展的支柱。

（13）健康产业：包括体育业、医疗卫生业、保健行业，以及心理咨询行业。

（14）经贸行业：包括国内贸易业、对外贸易业、物流业、广告业，以及经济服务业。

（15）知识产业：除了上述教育、信息、文化科技业外，专门从事知识的生产、收集和管理的部门，以及进行专门知识的训练和对知识、信息进行加工的部门，构成需求旺盛的知识产业。

五、热门职业发展趋势

根据多家机构对职场新趋势的预测显示，今后需求最旺盛的十大行业介绍如下。

（1）IT业：近几年，各大运营商的通信服务不断推陈出新，推动市场需求热度不断升温。鉴于我国相关人才的培养相对较晚，人才门槛高，培养周期较长，造成了此类人才奇缺。而随着国内游戏产业的不断完善，尤其是网游的兴起，游戏开发者、策划者以及销售环节的市场推广等人才都异常抢手。

（2）金融业：投资分析师要时刻面对市场上纵横交错的大量信息，并向证券市场不同层次的投资群体提供有价值的投资策略或建议。随着新兴的期货市场不断升温，更多的投资分析师需求正在不断显现。在未来几年内，投资分析师的缺口会不断加大，相对地，职业素养要求也很高。注册会计师一直是国内急缺的人才，尤其是被国际所认可的注册会计师更是稀缺。

（3）房地产人才：房地产从2009年底的巅峰逐渐转入常态，但巨大的市场需求使其依然是最稳健发展的行业之一。其中，房地产策划师扮演着极其重要的角色，策划团队的创意对项目的推进作用很大。另外，目前一、二线城市对房地产的需求依旧会表现出强大的势头，而对地产推销员的需求也会随着整个行业的发展得以稳步上升。

（4）酒店旅游业：随着经济的转暖，酒店、旅游、娱乐等服务市场再度活跃，从而造就了较大的就业空间。餐饮、娱乐、酒店、旅游等行业的需求一直盘踞榜上前十位。而随着竞争的激烈和危机公关事件的出现，企业对市场品牌的树立和维护越来越重视，因此，经验丰富的策划师将是急需人才。

（5）对外交流／翻译：随着近些年来国际交流的不断增多，"会务商机"随之成为又一个新兴的商业拓展契机，同声传译已经成为会务运作不可或缺的重要角色。

（6）保险业：随着国际保险巨头在中国市场的开拓及国内企业对保险业的需求提升，保险精算师是几年后保险业最炙手可热的人才，也是高级复合型人才的代表。当前，由于保险精算师的认证门槛很高，我国被世界保险界认可的精算师很少，"准精算师"也不多，在当今的国内人才市场上，精算师可谓凤毛麟角。

（7）制药保健：随着人们对身体健康的日益关注，制药保健类的企业需求量逐渐增大。据《广州日报》求职广场的全年求职指数显示：2009年医药类的需求名列第四位。除了相应的医药保健品研发人员以外，销售类人才的需求度也很高，而且职业生涯期长，其人才价值越来越高。

（8）汽车业：2009年，中国汽车销量已经成为世界的龙头老大，这将为中国汽车业相关的各个衍生行业带来新契机。汽车修理行业需要相对特定的人才储备，汽车修理有望在未来几年发展为更具规模化、正规化的行业。同样，巨大的市场需求量催生更多的汽车推销员岗位，其薪酬会和销售直接挂钩，和销售季节等诸多因素有关。

（9）环境工程：随着宜居型社会的不断推进，环境工程逐渐成为房地产行业衍生的又一热门职业。其中，景观设计师、园林设计师等都将成为今后颇具前景的行业。相关资料显示，目前我国环保产业的从业人员仅有13万余人，其中技术人员8万余人。

（10）物流业：随着"物联网"概念的提出和近两年来的发展，物流行业逐渐成为就业市场的新一片"蓝海"。此外，网上购物的流行也为物流行业提供了更多的机会。

在西方一些经济发达国家，未来的"大热门"职业已经初露端倪。据《美国新闻与世界报道》的调查，"热门行业"中的"热门职业"包括管理顾问师、企业系统分析师、连锁支持服务人员、知识产权律师、电脑技术人员、化学工程师、医疗资料分析师、犯罪分析师等，这对我们把握未来热门职业也有着很大的借鉴意义。

通过对 21 世纪社会职业发展的新趋势、21 世纪职业模式发展新趋势、21 世纪行业发展新趋势、21 世纪热门职业发展新趋势等的分析，我们可以发现，21 世纪主要需要职能型劳动者、复合型劳动者、社会型劳动者以及创业型劳动者这 4 种类型的劳动者。职能型劳动者是掌握相当专业知识，具有熟练工作技能、从事以知识和智力为基础工作的劳动者；复合型劳动者是拥有多种技能的劳动者，不仅体现在掌握多种通用技能、单项技能方面，而且还体现在掌握一类职业共同的专业理论方面，并能在这些专业理论的基础上，把已掌握的技能迁移到新的职业岗位所需要的技能中去；社会型劳动者是除了掌握相当的专业知识、具有熟练的工作技能外，还具有一定的协调、组织、公关、人际交往、职业道德、环境意识等社会活动能力的劳动者；创业型劳动者则是指既有创业意识和精神，又具有相应的创业能力的劳动者。

第四节　探索职业社会的方法

职业社会认知的关键在于搜集、分析职业信息和职业体验。一般来说，搜集和分析职业信息的方法有很多种，如运用工作世界地图、资料法、观察法、问卷法、生涯人物访谈、讨论法、体验法等。

一、工作世界地图

普里蒂奇（Prediger，1993）在霍兰德六角形模型的基础上作了一些调整，增加了"人 – 事物""资料 – 概念"两个维度。"人 – 事物"维度表示与人相关的工作（例如为人们提供服务、帮助他们等）和与具体物体相关的工作（例如机械、生物、材料等）。"资料 – 概念"维度表示与具体事实、数字、计算等打交道的工作和用理论、文字、音乐等新方式表达或运作的工作。

美国大学考试中心（ACT）把普里蒂奇的研究进一步发展，他们在兴趣的两维基础上，将职业群体的具体位置标定在坐标图上，从而得到工作世界图。该图共分 12 个区域，共有 20 个职业群被标定在图 3–1 中。我们可以根据自己的兴趣类型在该图中的位置，通过与不同职业群的远近位置比较，进一步扩展与自己职业兴趣相关的工作搜寻范围。

金树人等对普里蒂奇 6 种类型与"人 – 事物""资料 – 概念"之间的关系进行了研究，研究对象为台湾高中生、大学生和成人，结果发现霍兰德的六角形模型与其潜在结构发生了一个新的对应关系，如图 3–2 所示，由于职业分类图并没有经过本土化的研究，所以在使用该图时可借鉴金树人的研究结果。

二、资料法

1. 资料法的概念

资料法是通过搜集并分析研究资料，实现了解职业方向（或职业群）目的的方法，它是最基础和使用最广泛的职业认知方法。

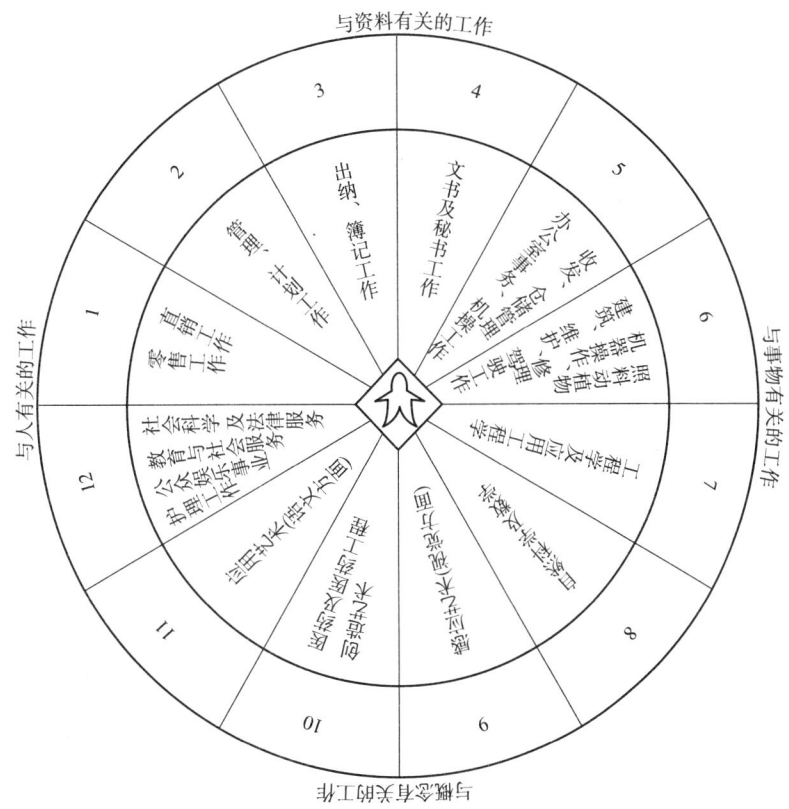

图 3-1　职业分类图（美国 ACT）

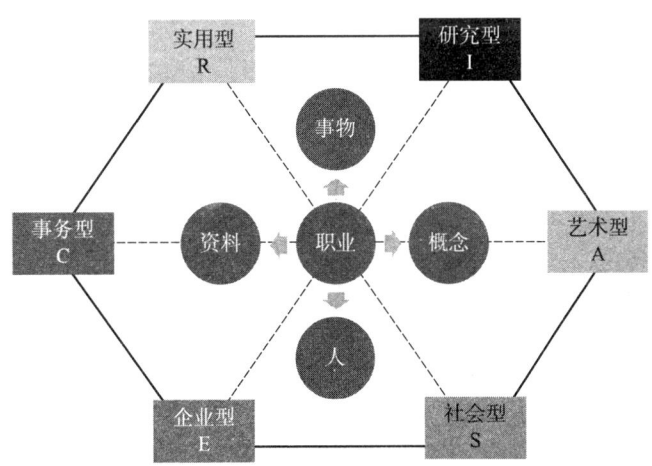

图 3-2　改良式六角形的潜在二元向度模式图

2. 资料法的对象

资料法的对象主要是文字资料。

3. 资料法的具体方法

资料法包括资料搜集、信息摘要以及资料分析三个环节，这些环节缺一不可。资料搜集，通过网络、书籍、期刊及有关声像资料，进行初步查阅、搜集；信息摘要，选定各种典型职业，进一步对其入门所需的基本条件如学历、资格证书、身体条件等进行查阅；资料分析，通过查阅使自己对做好职业工作所需要的知识、技能、生理条件及个性特征有一个初步的认识，对该职业的生存环境及发展前途以及个人循此发展可能取得的职业成就等形成初步印象。

当前，网络资讯已经成为大学生获取职业信息的主要途径，相关网站有中国高校毕业生就业服务信息网、中国国家人才网、中国劳动力市场网、中青在线人才频道、智联招聘网、中华英才网、前程无忧网、搜狐网招聘频道、新浪网求职频道、各行业网站及高校职业指导网站等。网络资讯查阅具有方便、快捷、成本低、信息量大的优点，通过查阅可以初步形成自己预期的职业信息库，然后再根据自己的情况从中选择 5 ~ 10 个职业进行调查。当然了，互联网上的信息也具有一定的局限性。如网上的职业信息大多是通过岗位招聘广告的形式呈现，而这种呈现往往会淡化职业的许多信息，从而导致大学生对职业信息的了解依然停留在片面化的状态。

4. 资料法的优点与不足

资料法的优点主要包括资料收集过程客观、方便；信息量大；费用较低，效率却较高；不受时间和区域的限制等。资料法的不足则表现在资料信息的价值难以判断，质量不易把握；对于某一专门的职业认知，既有的文字资料往往不够系统、全面；部分相关资料难以获得等。

三、观察法

1. 观察法的概念

观察法就是在不影响被观察人员正常工作的条件下，通过观察将有关工作的内容、程序、设备、方法以及工作环境等信息记录下来，最后将取得的信息归纳整理为适合使用的结果的过程。

2. 观察法的对象

观察法的对象主要是职业生涯中的个人及群体。

3. 观察法的具体方法

到相关职业现场短时间地观察与了解。通过参观，可以了解相应工作的性质、内容、职业环境、职业氛围，获得实实在在的职业感受。应用观察法要求所观察的工作应具有代表性；在观察时尽量不要引起被观察者注意；观察前应确定观察计划，计划中应含有观察提纲、观察内容、观察时刻以及观察位置等；观察时思考的问题应结构简单，并反映工作有关内容，避免机械记录。

观察法具体又分为直接观察法和阶段观察法。直接观察法是直接对工作过程进行观察，适用于工作周期很短的岗位，如保洁员，他的工作基本上是以一天为一个周期，可以一整天跟随着进行直接工作观察。而有些职业的工作具有较长的周期性，为了能完整地观察到员工的所有工作，就必须分阶段进行观察。

4. 观察法的优点与不足

观察法的优点是结果比较客观、准确，但需要具备较高的素质；观察法的不足则表现为不适用工作循环周期很长的工作，且难以收集到与脑力劳动有关的信息。

5. 使用观察法需要注意的问题

利用观察法进行职业认知时，应力求观察的结构化，根据岗位分析的目的和组织现有的条件，事先确定观察的时间、观察的位置、观察的内容以及观察所需的记录等，以便做到省时省力高效。

四、问卷法

1. 问卷法的概念

问卷法是根据职业分析的目的、内容等，事先设计一套问卷，由被调查者填写，再将问卷加以汇总，从中找出有代表性的回答，形成对岗位分析的描述信息。

问卷设计是问卷法的关键，设计问卷时提问要准确；问卷表格要精练；语言通俗易懂，问题不可模棱两可；问卷表前面要有指导语；引起被调查人兴趣的问题放在前面，问题排列要有逻辑。

2. 问卷法的对象

问卷法的对象主要是目的性明确的问卷。

3. 问卷法的具体方法

首先拟订一套切实可行、内容丰富的问卷，然后由从事相关职业的人员进行填写。具体步骤为，问卷发放、填答期间、问卷回收及整理和分析成果。

在进行职业分析问卷发放时，先进行简单说明，说明内容有工作分析目的、工作分析问卷填答及问题解答；虽然在职业分析问卷填答前有过说明，但是仍是有许多问题产生，因此，在问卷填答期间必须注意各人的填写状况，并予以解释；对于回收之资料，首先必须检查是否填写完整，并仔细查看是否有不清楚、重叠或冲突之处；最后依据分析目的进行分析所获得的成果即为职业说明书。

4. 问卷法的优点与不足

问卷法在岗位分析中应用最为广泛，其优点主要是费用低、速度快、调查范围广，尤其适合对大量工作人员进行岗位分析，调查结果可实现数量化，进行计算机处理。它免去了长时间观察和访谈的麻烦，也克服了进行职业分析的工作人员水平不一的弱点。而问卷法的不足之处则在于其对问卷设计要求较高，设计比较费工，也不像访谈那样可以面对面地交流信息。因此，不容易了解被调查对象的态度和动机等较深层次的信息。另外，问卷法的不足之处还包括不易唤起被调查对象的兴趣；除非问卷很长，否则就不能获得足够详细的信息；须经说明，否则会理解不同，产生信息误差等。

5. 使用问卷法需要注意的问题

一般来说，问卷法适用于对工作进行量化排序，以及与工作报酬相联系的职业分析。

五、生涯人物访谈

生涯人物访谈是指我们对身居自己感兴趣职位的人进行采访。就目标职业与访谈对象按事先拟订好的访谈提纲进行交流和讨论，通过和相关的从业人员特别是成功的人或失败的人交流，了解相关职业的知识、技能需求、待遇和发展前景。接受访谈者应该是我们称之为"生涯人物"的人，主要是目标职位的任职者，对工作较为熟悉的直接主管人员，与该职位工作联系比较密切的工作人员。他们从事这个职业三至五年甚至更长时间。由于访谈对象的不同，结果可能差异很大，有的人对职业比较积极，赞誉较多；有的人对职业比较消极，可能评价较低。为防止访谈中的主观影响，应至少访谈两人以上，既与成绩卓然者谈，也与默默无闻者谈，这样得到的结果更趋近客观真实。

访谈时，要明确访谈的目的是收集供职业生涯决策的信息，而不是利用生涯人物来找工作，以免引起双方的尴尬。所以在访谈过程中要坚持明确面谈的意义，建立融洽的气氛，建议在正式进行访谈前，首先为自己准备一个"30秒小广告"，因为在访谈过程中，对方可能会问到你的职业兴趣和目标。另外，还需要对要提出的问题做一些准备，做出完整的问题表格，按工作重要性程度排列，这样有助于访谈的深入进行，能够取得较高的效率。在访谈中经常用到的问题主要包括：

（1）在这个工作岗位上，每天都做些什么？

（2）你是如何找到这份工作的？

（3）你是如何看待该领域工作将来的变化趋势的？

（4）你的工作是如何为实现组织的总体目标或使命贡献力量的？

（5）你所在领域有"职业生涯道路"吗？

（6）该工作需要什么样的人？

（7）就你的工作而言，你最喜欢什么？最不喜欢什么？

（8）什么样的初级工作最有益于学到尽可能多的知识？

（9）本领域初级职位和略高级别职位的薪资水平怎么样？

（10）工作中采取行动和解决问题的自由度如何？

（11）本领域有发展机会吗？

（12）该工作的哪部分让你最满意，哪部分最有挑战性？

（13）你认为将来本工作领域潜在的不利因素是什么？

（14）做此工作需要何种教育程度或培训背景？

（15）开始这个工作需要多少年有关的工作经验？

（16）工作中需要独立决策吗？决策的范围和性质如何？

（17）工作需要哪一方面的才能、创意或进取精神？

（18）依你所见，你在本领域工作遇到了什么样的问题？

（19）对于一个即将进入该工作领域的人，您愿意提出特别建议吗？

（20）该工作的必备知识、必备技巧、必备能力、体能要求、环境条件有哪些？有需要的特别的知识、技能和经验吗？

（21）公司对刚进入该工作领域的员工提供哪些培训？

（22）还有哪些方法能帮助我深入了解该工作领域？

（23）您的熟人中有谁能作我下次的采访对象吗？

（24）根据你对我的教育背景、技能和工作经验的了解，你认为我在作出最终决定之前还应在哪个领域、什么样的工作上进行深入的调查研究呢？

最后，不要忘记感谢受访人接受访谈，最好在访谈结束当天发一份电子邮件或手机短信表示谢意。

可能很多大学生会困惑，如何寻找到生涯人物呢？即使有这样的人，他们愿意接受访谈吗？不过，要知道生涯人物访谈的另一个有益之处就是能拓展自己的人际关系网。一方面，你可以通过老师、家人、校友等推荐找到这些被访谈者，或者按照自己的意愿去确定和主动联系他们；另一方面，大多数有多年工作经验的人都非常愿意帮助学生认识各种工作的特点，所以尽管大胆开口，毕竟这关系到你未来的发展。其实自己身边有多年工作经验的专业教师和那么多已经毕业的师哥师姐，不都是很好的访谈资源吗？

生涯人物访谈可以帮助我们得到标准和非标准的、体力和脑力工作的以及其他不易观察到的多方面信息，但确实有时候被访谈者对访谈的动机往往持怀疑态度，回答问题时有所保留，而且面谈者易从自身利益考虑而导致信息失真。另外，有些问题问得含糊不清，会影响信息收集，分析者的观点有时也会影响信息的正确判断。所以生涯人物访谈适合于不可能实际去做某项工作，或者不可能去现场观察以及难以观察的工作时使用，不仅适用于短时间的生理特征的分析和长时间的心理特征的分析，而且适用于对文字理解有困难的人。同时，也适合于脑力职位者，如高层管理人员、设计人员以及开发人员等。生涯人物访谈一般都会和其他方法配合使用，很少单独使用。

六、讨论法

1. 讨论法的概念

讨论意味着和别人共享对职业的探索结果。讨论法能使参加的讨论人员彼此启迪，深化认识。

2. 讨论法的对象

讨论法的对象主要是有相同或相近职业认知需求的人。

3. 讨论法的具体方法

（1）选择讨论的主题。在这一过程中要注意两个问题。一是效度，即讨论要与职业分析相关，切合主题；二是深度，即讨论的主题要深浅合适，要让参加讨论的人都有话说。

（2）把握好讨论的时机。通常说来，讨论的时机出现在参加讨论的人员都对要讨论的内容作了充分的准备，有一定的自我认识，并能通过讨论彼此互补。

（3）选好讨论人。可采取讨论小组的方式，小组一般为4~6人，这些人应该对同一职业或岗位有较为强烈的认知欲望或个人意见。据相关研究表明，在进行小组划分时，按人际关系结组最好。

（4）安排好讨论的程序。一般来说，讨论的程序主要是观点交流—观点改进—观点总结。

（5）使用讨论的结果。

4. 讨论法的优点与不足

个人的探索总有局限性，而与别人一起讨论感兴趣的职业问题，共享职业探索成果，则会互相打消一些不现实或者前景暗淡的东西，从而共同发现一些更好的东西、更多的前进道路。讨论法的不足之处则在于受参加讨论人员自身的素质和对讨论内容的个人认识程度影响较大，不适宜于技术性、专业性较强的职业分析。

5. 使用讨论法需要注意的问题

在使用讨论法时不要把个人已经拿定主意、不会改变的事情进行讨论，也不要把自鸣得意的结果拿出来炫耀；而是要把正在探索或者已有结果但仍需进一步证实、充实提高的东西拿出来讨论。

七、体验法

1. 体验法的概念

体验法是一种比较全面地了解职业的方法，是指直接参与某一岗位的工作，到职业场所进行一定时间的打工、义务劳动或实习、实践，从而细致、全面地体验、了解和分析岗位特征及岗位要求的方法。

2. 体验法的对象

体验法的对象主要是目标职业。

3. 体验法的具体方法

通过实地参与工作、参加实习等体验活动，深入、真实地对该职业的工作任务、工作要求、工作环境及个人的适应情况进行了解、判断，进而了解工作的程序、管理、升迁发展、报酬以及奖罚等各种信息，还可以通过与工作人员的实地接触，感受职业对人的影响及人职和谐情况。

对于大学生来说，通过直接渠道接触社会职业是了解职业信息的最有效途径。大学生社会实践的方式主要包括课余兼职、实地参观、专业实习以及就业见习等。

（1）课余兼职。大学生课余兼职应与所学专业相结合，以了解自己将来可能从事的职业，同时这样的兼职经历还可以作为工作经历、经验在毕业生求职择业时提及。当前，很多高校都设立了勤工助学中心，免费为学生提供校内外各种兼职岗位，并给予培训，当然，这一活动主要是以家庭困难学生为主。另外，很多大学生也通过社会上专门为大学生提供兼职岗位的中介公司寻找兼职工作，但这样的公司良莠不齐，常有损害学生权益的事情发生。因此，大学生一定要提高警惕。

（2）实地参观。实地参观主要是大学生通过学校的安排或是亲朋好友的介绍，到专业对口或者自己感兴趣的单位现场做短时间观摩，以此了解相应职业的工作性质、工作内容、职业环境等，从而获得实实在在的职业感受。

（3）专业实习。专业实习是指学生出于学习需要到专业对口的定点实习场所、实训基地进行专业实践教学的行为。专业学习可以促进学生将自己所学的专业知识和技能在实践工作中巩固和加深，以便更真实、更深入地了解和体验职业的工作性质、工作内容、工作要求、工作环境、个人的适应情况等，从而为就业奠定基础。

（4）就业见习。就业见习是指由政府有关部门组织对离校后未就业的毕业生到企事业单位实践训练的就业扶持措施。大学毕业生在同一单位的见习时间一般为3~12个月。需要指出的是，见习不等于就业，不签劳动合同，见习单位不会支付像在职员工一样的工资报酬，只有生活补助，并由地方政府和见习单位共同支付。见习期满而没有被见习单位录用的大学毕业生，可以继续享受政府提供的免费就业信息以及各类就业服务。

4. 体验法的优点与不足

体验法的优势主要是可获得岗位要求的第一手真实、可靠的数据资料，获得的信息更加准确；但是由于参与者自身的知识与技术的局限性，体验法的运用范围有限，只适用于较为简单的工作岗位分析。

5. 使用体验法需要注意的问题

体验法适用于分析了解短期内可掌握的工作，专业性不是很强的职位，不适于需进行大量的训练或者有危险性工作的分析。

第五节　当前中国大学生职业环境分析①

一、近几年大学生就业相关数据

1. 近年来大学毕业生就业率总体稳定

近年来大学毕业生就业率总体情况见表 3-2。

表 3-2　2014—2016 届大学生毕业半年后的就业率（单位：%）

	全国总体	本科	高职高专
2016 届	91.6	91.8	91.5
2015 届	91.7	92.2	91.2
2014 届	92.1	92.6	91.5

2. 大学毕业生毕业半年后就业率稳定

2016 届大学生毕业半年后"受雇全职工作"的比例（77.3%）与 2015 届（77.4%）基本持平，与 2014 届（79.2%）相比有所下降；"自主创业"的比例（3.0%）与 2015 届、2014 届（分别为 3.0%、2.9%）基本持平；"正在读研/读本"的比例（10.3%）略高于 2015 届、2014 届（10.1%、8.9%）；"无工作，继续寻找工作"的比例（4.0%）略高于 2015 届、2014 届（分别为 3.9%、3.7%）（表 3-3）。升学深造和自主创业是就业稳定的两个因素。

表 3-3　2014—2016 届大学毕业生半年后去向分布（单位：%）

	受雇全职工作	自主创业	正在读研/读本	无工作，继续寻找工作
2016 届	77.3	3.0	10.3	4.0
2015 届	77.4	3.0	10.1	3.9
2014 届	79.2	2.9	8.9	3.7

注：本表仅展示部分去向选项，更多内容请参见《2017 年中国大学生就业报告》

3. 未就业人群中半数以上仍在求职

在 2016 届大学毕业生的未就业人群（7.5%）中，半数以上还在继续找工作（4.0%）。其中，处于未就业状态的本科毕业生（6.9%）中"还在找工作"的为 3.0%，

---

① 本节数据来源：麦可思研究微信公众号

"待定族"为 1.6%（不求学不求职）；处于未就业状态的高职高专毕业生（8.1%）中"还在找工作"的为 5.0%，"待定族"为 3.1%。

4. 大学毕业生就业满意度持续上升

2016 届大学毕业生毕业半年后的就业满意度为：全国总体为 65%，本科为 66%，高职高专为 63%。

近 5 届大学毕业生就业满意度持续上升，平均每届增加 2 个百分点。

5. 大学毕业生月收入显著高于城镇居民平均水平，且高等教育在毕业三年内回报明显

2016 届大学毕业生月平均收入为 3 988 元。其中，本科院校 2016 届毕业生月平均收入为 4 376 元，高职高专院校 2016 届毕业生月平均收入为 3 599 元，均高于城镇居民 2016 年月均可支配收入（2 801 元）。

2012—2016 届本科毕业生的平均月收入从 3 366 元增长到 4 376 元，增幅为 30%。考虑到通货膨胀，在根据 CPI（即居民消费价格指数，衡量通货膨胀程度的重要指标之一）进行调整后，2012—2016 届本科毕业生的平均月收入从 3 366 元增长到 4 043 元，增幅为 20%。

2012—2016 届高职高专毕业生的平均月收入从 2 731 元增长到 3 599 元，增幅为 32%。在根据 CPI 进行调整后，2012—2016 届高职高专毕业生的平均月收入从 2 731 元增长到 3 325 元，增幅为 22%。

2013 届大学生毕业三年后平均月收入与其毕业时相比涨幅情况为：全国总体增长 84%，本科增长 87%，高职高专增长 81%。

6. 大学毕业生在各种类型企业就业的比例

表 3-4 的数据变化反映出外企、国企招聘放缓对大学生就业产生影响，民营企业对大学生就业的支撑凸显重要。

表 3-4　2016 届大学毕业生在民营、国有、中外合资 / 外商独资企业就业的比例（与 2012 届相比）

	民营企业	国有企业	中外合资 / 外商独资企业
2016 届	60%	19%	8%
2012 届	53%	25%	12%

7. 大学毕业生在不同规模用人单位就业的比例

2016 届大学毕业生在 3000 人以上大型用人单位就业的比例从 2012 届的 26% 下降到 21%，下降了 5 个百分点；2016 届大学毕业生在 300 人以下中小微用人单位就业的比例从 2012 届的 48% 上升到 55%，上升了 7 个百分点。中小微企业雇用了超过一半的大学毕业生且比例持续上升。大学毕业生在地级市及以下地区就业比例从 2012 届的 54% 上升为 2016 届的 56%。

8. 大学生毕业自主创业情况

三年内超过一半创业人群退出创业，创业失败风险不容忽视。更多毕业生在毕业三年内选择了自主创业，毕业生的创业效果应从长评价，不能只局限于毕业时的创业人数（表 3-5，表 3-6）。

表 3-5 2012 届、2013 届大学生毕业半年后自主创业且三年后继续创业的比例（单位：%）

	2012 届	2013 届
本科	48.6	46.2
高职高专	47.5	46.8

表 3-6 2012 届、2013 届大学生毕业半年后创业比例及同届三年后创业比例（单位：%）

	半年后	三年后
全国总体	2.3	5.9
本科	1.2	3.8
高职高专	3.3	8.0

权威调研机构麦可思研究院最新发布的《2017 年中国大学生就业报告》中的数据还显示，在 2016 届本科毕业生所从事的职业里，"计算机与数据处理"类职业薪酬最高，毕业生毕业半年后的平均月收入达 5 039 元，"互联网开发及应用"类职业以平均月收入 5 017 元紧跟其后。麦可思分析发现，从事这两大类职业的毕业生主要就读专业为"软件工程"和"计算机科学与技术"。

此外，"经营管理"（4 738 元）、"房地产经营"（4 673 元）、"金融（银行/基金/证券/期货/理财）"（4 663 元）也是本科毕业生从事的薪资较高的职业类。

而在 2016 届高职高专毕业生从事的职业类中，"经营管理"类职业（4 148 元）月收入较高，从事该类职业的 3 个主要专业分别为"物流管理""市场营销""工程造价"。"金融（银行/基金/证券/期货/理财）"（4 141 元）和"互联网开发及应用"（4 101元）分列第二和第三。

结合本科和高职高专高薪职业类榜单，结果显示，本科、高职高专的前 5 名高薪职业类完全一致。分析认为，这与近年来相关行业的发展密切相关。

除了高薪职业类，涨薪最快的职业类也受到求职者关注。数据显示，2012 届本科毕业生从事的 3 年后月收入涨幅最大的职业类是"美术/设计/创意"，从半年后的 3 117元涨至 3 年后的 6 703 元，涨幅达 115%。"建筑工程"和"销售"类职业分别以 106%、103% 的月收入涨幅，位列第二、第三位。

在 2012 届高职高专毕业生从事的职业类中，"计算机与数据处理"3 年后月收入涨幅最大，从半年后的 2 859 元涨至 3 年后的 6 358 元，涨幅为 122%。从事"美术/设计/创意"类职业的高职高专毕业生月收入增长也较快，从半年后的 2 478 元涨至 3 年后的 5 445 元，涨幅为 120%，位列第二。

薪资数据仅作为选专业、择业的一项参考。各行各业的薪酬水平受到宏观经济形势的影响，会有一定的波动，求职者也不应只着眼于某一年的薪酬数据。

二、影响大学生就业的因素

大学生就业难已成为一种严重的社会综合征，其形成原因是相当复杂的，既有深层次的经济结构带来的隐患，又有浅表性的就业市场供需矛盾；既有高校教育的痼疾，也有学生素质的欠缺；既有用人选才的偏见，更有择业求职的误区。

（一）外贸依存过高的隐忧

改革开放以来，我国经济连年保持高速增长，已经成为名副其实的"世界工厂"、"MADE IN CHINA"遍布全球。加入世界贸易组织以后，中国经济已全盘进入国际分工体系，中国现在的经济体制是一个高度对外依赖的加工型经济，对外贸易依存达到惊人的程度。据统计，1980—2007 年，我国外贸依存度从 12.5% 上升到 66.2%，大大高于美、日 20% 左右的水平。2008 年由于人民币升值等因素，我国外贸依存度才下降了约 6 个百分点。

众所周知，任何一个经济体系都由资金、技术、服务等方面的因素组成，而每一个因素都有大量的事务和就业需求。如果是一个自力更生、自主性很高的经济体系（如 1976 年时的中国工业体系），那么在这个体系中，因为资金、技术、服务等因素都以自力更生为主，所以完成这些方面的各种任务，也以自身消化为主，因而就产生了对内的大量人才需要，且对人才的需求呈现橄榄形特征。大头集中在大学生这一中间层，而中学教育和研究生教育则位于两端，对大学生起补充作用。

作为一个对外依赖程度过高的经济体系，资金、技术、服务等因素主要以对外依赖为主。资金主要由外部注入，技术服务由外部提供。本国所提供的，主要集中在资源、加工用劳动力以及空间等基础层面上。对人才的需要，主要集中在初级的普通劳动者以及少数高级尖端实用型的管理人才，即所谓的社会"精英"，而对理论知识和实践经验协调统一的中高层人才的需求量则因为这方面的需求主要由外部输入而大大缩减，从而呈现"沙漏形"而非"橄榄形"模型的人才需求。大学生工作难找，但初中生、高中生却能轻松地找到工作，专科、高职毕业生也比本科生就业率高，就是因为对外依赖型的经济体系，对基层劳动者有巨大的甚至是无限的需求。

从另一个方面看，因为我国经济对外贸依存过高，也使我国国际分工地位处于国际分工的底部，虽然我国经济已经取得了可喜的成果，但同时也造成了我国产业结构的严重失衡。具体表现在，制造业（尤其是劳动密集型产业）发展过快，而服务业（尤其是知识性服务业）则相对落后。这种失衡反映在劳动力的需求结构上，就是知识型服务业岗位（基本上属于我们所说的白领岗位）需求相对不足，而对蓝领型甚至技术含量很低的纯操作型岗位却出现了异常火爆的需求，因此社会上才会出现了大量大学生工资不如中专生甚至不如农民工的新"脑体倒挂"现象。

除了在国际分工中处于不利地位外，我国企业还普遍存在自主产权意识薄弱，热衷于引进国外先进生产线和生产技术，而忽视自主知识产权的研发，核心技术缺失。由于缺乏自主品牌和核心技术，廉价劳动力便成为企业唯一可以利用的资源，于是走上了加工贸易的依附性道路，大量的低技术操作工便成为就业市场上的"香饽饽"。大量依附型企业没有资源进行技术研发，很大程度上遏制了社会对大学生的需求数量。

（二）就业市场供需的矛盾

1. 高校扩招增加了就业压力

我国从 1999 年开始了大规模的高校扩招，大学教育由"精英教育"向"大众教育"

转变，大学毕业生人数急剧增加。2001 年全国普通高校毕业生已达到 115 万人，而到 2009 年高校毕业生猛增到 611 万人，8 年增幅高达 431.3％，预计今后 3 年内毕业生还将以每年 50 万人的速度增长。由于解决国有企业下岗失业人员等历史遗留问题的任务仍然很重，新成长的劳动力也已进入高峰期，特别是近年高校毕业生数量猛增，就业压力大，整个就业市场需求岗位的总体情况相对趋紧。

2. 金融危机紧缩了就业需求

随着金融危机影响的日益扩散，首先是跨国公司业务萎缩，减少了用人数量；其次是国内为国外多种产业提供零部件、原材料、半成品的制造业、出口型企业也受到影响；再次是影响到能源工业。我国金融、地产、外贸类企业以及位于珠三角、长三角的加工制造类企业的招聘岗位锐减，保险、汽车、航空、旅游、广告等行业也遭遇"寒流"，用人需求明显减少。受金融危机的影响，一方面使失业人员数量大大增加；另一方面使企业招聘岗位减少甚至取消，使高校毕业生就业形势更加严峻。

3. 传统渠道降低了吸纳能力

政府机关和国有企事业单位长期以来是接收大学毕业生的主渠道，但近年来，政府机构大幅度精简，因此不可能大量吸收毕业生；同时，从中央到地方的历次机构调整中，分流人员基本上是在事业单位任职，且事业单位由于经费紧张等原因本身也面临着精简问题。另一方面，国有企业由于企业改制和产业结构调整，本身需要分流出大量下岗人员，招聘岗位也是逐年递减，吸纳大学生数量有限。

（三）用人单位选才的误区

1. 过分看重经验

网络上流传着这样一句语录："诸葛亮出山前也没带过兵，你们凭啥要求我有工作经验！"这句话引起了很多大学生的共鸣，被奉为经典，这也从一个侧面反映出当今用人单位在招聘时过于看重工作经验。随便拿一份报纸看招聘广告，随处可见就业单位提出"数年工作经验"这样不合理的要求。一个常识是，一个理工科毕业的大学生，要成长为一个合格的工程师，需要在毕业后的工作岗位上经过一段时间的继续学习，才能完成这一转变。但是，现在由于供求关系发生变化，大学生在择业方面的谈判地位急剧下降，许多用人单位有条件拒绝承担大学生就业后的"在岗培训"费用，并提出不承担大学生社会保障费用、任意延长试用期、不签订规范的就业合同等不合理要求，严重妨碍了大学生就业。

2. 过分关注文凭

不少用人机构认为，学历越高越好，选人学历化，造成受聘人员水平和能力与岗位不相适应，或人才浪费。有些单位招聘计算机研究生仅用于本单位的打字等简单文字处理，有些中小学招聘教师也要求研究生学历。实际上，如果不是专业性很强的理论研究工作，不少本科生或是大专生的职业水平并不比研究生的职业水平低。

3. 存在性别歧视

由于女性的生理特征，使得单位在聘用女职员时要付出更高的劳动成本，因而造成很多用人单位不愿意聘用女大学生：第一，从劳动时间来说，女性有一个男性所没有的断裂带，即生育哺乳期，而这一阶段的工资、福利仍需由单位负担；第二，从退休金的负担来看，女性要比男性早退休 5~10 年，而且由于期望寿命的性别差异，女性雇员一般会比男性雇员领取更多更长时间的退休金。由于用人机构的性别观念，一般来说，女大学生就业机会比男生客观上要少，而且很多单位在相貌上对女生的要求更为苛刻，甚至在招聘时注明应聘女性的身高、体重、年龄，只录用年轻貌美的女性，这也是一种变相的性别歧视。

4. 生源地域歧视

很多民营中小企业考虑到本单位的业务情况与当地联系紧密，希望招聘的大学生熟悉当地方言及风俗习惯，甚至有一定的人际关系网，只选用本地人才。有些单位和部门从自身利益出发，在社会上毕业生需求日益下降的情况下，明令只接收本地区生源，对外地生源严格控制。有的行业（尤其是效益好的行业）也只接收本系统、本行业院校的毕业生以及属于本系统职工子女的毕业生，把外系统的毕业生，尤其是一般院校的毕业生拒之门外。

有些事业单位甚至是一些地方政府招聘公务员时也存在生源地域歧视，实行地区保护主义。这些都不利于大学生公平竞争和就业。

（四）高校教育潜在的问题

1. 专业课程设置错位

在大学生就业已经市场化的情况下，大学的专业设置和调整却显得十分滞后，致使毕业生专业结构与市场供求出现了错位。由于没有能够以市场需求为导向及时调整课程设置，以及专业设置的盲目性，造成供求结构失衡。不少院校专业划分过细，难以跟上市场变化；一些高职、专科教育专业缺乏特色，培养出的学生没有竞争优势。有些学校的专业设置和专业调整不是以市场为导向，而是单纯立足于自身师资条件等，造成学校无特色、学生无特长，结构性矛盾更突出。

2. 教学知识更新缓慢

在知识经济时代，知识的时效性在快速缩短。据统计，20 世纪 50 年代大学生的知识能用 30 年；90 年代大学生的知识能用 10 年；2003 年，大学生所学的知识能用 3 年。我国加入世界贸易组织后，这种趋势更加明显。调查中，很多学生反映，学校教材内容陈旧，教学方法落后，很多教师的知识结构也非常陈旧，授课内容空洞化，在校学习的知识比较陈旧，要想掌握本专业的前沿知识，还得通过自己上网、买书、进图书馆、听讲座来补充。

3. 社会实践重视不够

由于高校没有投入足够的资源为学生提供充分的实际操作的机会，并且高校和企业联系也不紧密，数量最多的工科毕业生实际上去企业实习的经历也很少，因此，现阶段我国高校培养的大学生都掌握了一定的理论，但是实践能力相对缺乏。

大量的理论课程让学生在专业技能的提升上是有限的，缺乏实践能力的大学生只能是纸上谈兵的高手。譬如，金融专业毕业生不懂金融租赁、担保的具体流程，物流专业的毕业生不知道怎么跟单、怎么报关，学生毕业后，不能直接从事具体工作。但现实是企业尤其是吸纳力强的民营中小型企业，是追求利润最大化的经济实体，需要的人是能够给企业带来业绩的人，而擅长理论的大学生并不能马上给企业带来效益，还需要老员工的辅导，影响了企业的整体绩效，因而很多企业明确拒绝没有实践经验的毕业生。

4. 就业指导存在硬伤

在调查中，有13.2%的毕业生将"学校就业指导不够（包括就业信息不足）"列为"在求职过程中最困扰你的问题"，有63.2%的学生认为"学校提供的就业指导对自己的就业帮助不大或者没有帮助"。由于我国高校真正意义上的就业指导工作尚处于起步和摸索阶段，与发达国家相比，还存在一定的差距，因此效果很不理想。具体表现在以下三个方面：

（1）缺乏针对性。大多数高校的就业指导工作内容常常限定于介绍就业形势，传授求职技巧、面试技巧、联系用人单位和推荐学生，以及完成就业率指标。由于缺乏对就业指导工作的全局考虑和总体安排，就业指导工作功能单一，内容狭窄，在对大学生就业观念和价值取向的引导，在职业判断和选择能力的培养以及职业道德教育方面着力较少，难以适应变化多端的就业形势。甚至有的高校的大学生就业指导工作存在应付上级检查，指导内容空洞、肤浅、缺乏针对性的情况，指导效用差。

（2）缺乏专业性。一方面，我国的大学生就业指导机构专业人员配备不足，专职指导人员数量较少，不少指导人员自身分管高校的其他学生工作。由于缺乏长期系统的业务培训，就业指导人员的素质参差不齐。另一方面，缺乏相应的专业机构。尽管目前我国的大学组织体制中分设了管理毕业生工作的机构，但是这些机构很难代替就业指导的职能。在实际工作中，由于高校毕业生工作机构忙于应付大量与毕业有关的事务性工作，难以有固定的时间和精力开展针对性的就业指导工作，无论是在知识储备方面，还是在信息占有方面，均难以达到就业指导的要求。在调查中我们发现，很多学生甚至是毕业生不清楚本校的就业指导机构的职能和办公地点，从中可以看到高校就业指导工作的缺失。面对一个专业化程度较高的劳动力市场，与市场不相匹配的非专业化指导的效果可想而知。

（3）缺乏系统性。就业指导工作应该是一个系统化的职业指导、培训、咨询与信息反馈的一体化流程，但是我国高校的就业指导机构没有与公共就业机构建立必要的信息交流制度，高校和不同地区招聘会的组织机构也未能建立起紧密联系。另外，高校也未能建立起与用人单位之间的学生求职材料证明机制，在一定程度上引发了信任危机。有些职业学校在与用人单位之间建立供需基地的深度和广度上还有所欠缺，没能很好地发挥作用。

（五）学生自身求职的差距

如前所述，当前大学生的就业理念仍存在一些偏差，如"宁要东部一张床，不要西部一套房""就业难不如再考研"等。近几年还涌现出很多考公务员的"专业户"，即毕业后不积极就业，而是全心全意以考上公务员为目标，一年失败来年再考，"不抛弃不放弃"，认为考上公务员才有出路。就学生个体而言，影响大学生顺利就业的因素主要还在于以下几个方面。

1. 就业能力不强

这里所说的就业能力包括大学生进入人才市场的社会实践能力、自我表达能力、求职技巧等。在调查中，60.3%的大学生将缺乏工作经验视为求职过程中最大的困扰。针对用人单位的访谈也表明，缺乏工作经验是大学生与其他就业群体相比一个明显的劣势。大学生对自身劣势的认识与用人单位的评价契合，也反映了大学生的自我认识越来越理性、客观。

此外，认为个人能力不足和缺乏求职技巧是最大困扰的人也分别占29.4%和19.1%。在回答求职过程中遇到的与自身能力相关的主要问题时，答案分别有专业能力（43.4%）、自我表达能力（44.9%）、外语能力（24.3%）、人际交往能力（33.8%）和环境适应能力（15.4%）。

2. 人际关系不畅

在我国，人际关系在就业过程中往往发挥着极为重要的作用。尽管特定的社会关系网络影响了社会用人环境的公正、公平，但就个体而言，它仍不失为进入就业市场、寻找就业机会的有效途径。调查中，32.4%的大学生表示"缺乏社会关系"是求职过程中最大的困扰，有57.4%的学生认为"通过家庭和个人社会关系、托熟人"是最有效的求职途径。但是，有家庭关系背景的学生毕竟是少数，而大多数学生在大学期间也不注重人脉关系的拓展，从而在人际关系和社会关系方面处于不利地位。

3. 求职途径单调

目前大学生的就业渠道无非是学校推荐、熟人介绍、校园和社会的招聘会、人才或就业网站、报考公务员等。但是，学校推荐一般是学生干部或是成绩突出者才有机会，比例很小；而报考公务员受专业、志趣、地域、特长、工作经验，甚至是否为党员等限制。更为严峻的是，随着报考大军的日益壮大，公务员考试已成为竞争最为激烈的考试之一。对于大多数人来说，网站和招聘会才是最主要的就业渠道，但远不能满足毕业生的需求。不少大学生参加各种各样的人才交流会"广泛撒网"，但是没有针对自己的实际优势推销自己，也没有重点了解用人单位的实际需求情况。

4. 职业规划缺乏

很多大学生在校期间对于以后的就业只有模糊打算，甚至有一部分人没有任何打算，真正有明确规划的人只占很少的一部分。大多数学生并不了解自己想要进入单位的发展前景、用人制度、企业文化、人际关系等。有一部分学生对自己以后将在一个什么样的平台迈出人生的第一步只有模糊的概念，甚至根本没有目标。

5. 家庭压力影响

现在大学生上学的成本很高，许多父母将积蓄投入到子女的教育之中，希冀子女能在毕业后找到一份好点儿的工作。特别是很多贫困地区的农家子弟，举家借贷供出一个大学生，这些大学生往往被视为村庄年青一代的榜样，"跳出农门"的典范，不但有债务需要其将来偿还，在感情上也背负着沉重的包袱。在家庭为之做出很大牺牲的情况下，大学生就业后的条件如果比不上没有接受高等教育的同龄人，甚至只能跟农民工抢饭碗，不但在经济上大学生及其家人难以承受，在感情上对他们也是一个巨大的伤害。因此，在没有适合的工作时，部分学生宁愿选择在家待业。

三、新时期解决大学生就业的对策和建议

（一）政府：注重加强宏观调控

1. 加大高等教育投入

中国需要人才，人才需要教育，虽然现阶段我国高校毕业生出现就业困难局面，但是大学生占总人口的比例仅为8%，大大低于世界中低收入国家24%和发达国家35%的水平。十年树木，百年树人。从战略的高度看，国家仍需大力发展高等教育，提高国民教育水平，为社会发展积蓄人才力量。应该加大教育投入，控制教育成本，让每一个高中生都有上大学的选择权，让每一个家庭都能支付起子女上大学的费用。要进一步加大对家庭贫困学生的帮扶力度，建立完善对贫困大学生的援助制度。譬如，完善助学贷款政策，简化助学贷款申办手续，在大学生就业困难的情况下延长还贷期限等。

2. 合理调控外贸政策

"中国需要世界，世界也需要中国"，我国应在继续深化对外开放的基础上，用科学发展观指导外贸，理性调控外贸依存度过高带来的产业结构失衡，从根源上解决我国大学生就业难的问题。目前，我国外贸增长存在依靠廉价劳动力资源、以生产要素的低成本为依托、以"高耗能、高污染"为特征、以牺牲生态环境为代价等问题，很多行业和企业技术和管理粗放、低端、落后，很大程度上使我国沦为世界的"打工仔"，虽然外贸额逐年增长，但是利益微薄，甚至弊大于利，得不偿失。中资企业的出口，应按照市场经济公平竞争和世贸组织国民待遇的原则，逐步取消各种税收优惠（所得税减免、出口退税等）和银行贷款优惠，以改善中国出口商品的结构，提高出口商品的档次和价格，增加企业的利润，改变大量出口资源消耗型和劳动密集型商品的旧格局。

应制定科学评判外贸政策和政策实施效果的质量指标体系，将"以质取胜"确立为整个外贸政策的核心，追求效益的最大化和能源资源使用的最小化，以利于提升经济运行质量和外贸核心竞争力，推动我国从贸易大国走向贸易强国。通过大幅提升我国外贸产品在世界市场的档次，切实增加其科技含量，吸引一大批高素质人才，从而彻底改变我国劳动力市场向低端劳动力严重倾斜的局面，大大改善大学毕业生的就业状况。

3. 大力发展第三产业

大学生就业的主渠道在第三产业，第三产业发展空间广阔。当下，政府应在政策引导方面大力扶持第三产业，因地制宜，出台配套政策，鼓励第三产业，尤其是金融、信息咨询、计算机软件、科研教育等现代服务业的发展，打破行业垄断，激发企业的创新动力，促进行业的良性竞争，推动第三产业的发展，为大学生就业谋出路。

同时，我国应开放服务业市场，大力发展服务贸易。服务贸易是现代经济中最具增长潜力的领域。从世界上开放型经济大国经济发展的轨迹分析，服务贸易的整体增长既优化了一国的产业结构，扩展了GDP的经济规模，也降低了外贸依存度，同时服务贸易产品的出口又提升了贸易的国际竞争力。要加强政策协调和指导，加快服务贸易国际化进程，支持国内有实力的企业"走出去"，特别是鼓励中国有优势的服务贸易出口，在更高层次上参与国际分工和竞争。

另外，政府要出台配套措施鼓励和扶持高新技术产业的建立和发展，在政策上为高

新技术产业提供"绿色通道"，提高产业水平，以此增加社会对高校毕业生的吸纳能力，使高校的人才培养和社会的人才使用衔接好。

4. 积极创造就业环境

（1）创造良好的宏观环境。各级政府要在大力推进经济发展、提供就业机会的基础上，继续重视和推进社会就业，进一步理顺毕业生就业体制，坚持市场取向，提高劳动力的流动性。针对不少地方和部门存在的地方保护主义，按市场化的要求加快高校毕业生就业制度的改革，促进大学生自主流动；相关部门要加强管制，严肃查处高校毕业生就业市场上的不规范行为。

（2）建立完善大学生就业市场信息系统。建立公信度高的就业信息发布平台，为毕业生提供就业信息。应出台配套措施淡化户口对劳动力市场供需双方自主选择的约束，在户口、档案管理和劳动保险方面给予相应配套的社会保障。

（3）鼓励企业招聘应届毕业生。针对用人单位普遍存在招聘有工作经验的员工的现象，政府可以通过政策调整改善这种现象，譬如对招聘应届毕业生达到一定比例的企业给以相应的税收优惠或是费用减免等，鼓励企业吸纳高校毕业生。

（4）鼓励大学生到西部地区、农村基层就业和自主创业。通过助学贷款代偿、考研考公务员加分、发放生活补贴等优惠政策鼓励毕业生去基层、西部就业，解决好就业人员户籍档案、职称评定、社会保险等实际问题，使西部、基层真正成为吸纳高校毕业生就业的广阔天地。高校毕业生不应该仅仅是社会现有岗位的竞争者，更应该是新岗位的开拓者，为社会创造就业机会。政府应出台鼓励各种资本对毕业生新创高科技实体进行投资的倾斜政策；设立大学生创业基地，并为创业大学生提供专业指导、法律咨询、市场分析、创业失败生活保障等服务；对自主创业的大学生在审批手续、金融贷款、工商登记、税收等方面予以特殊优惠。

（5）组建高校毕业生见习基地。为增加高校毕业生的就业培训和实践机会，提高其工作技能和对实际工作的适应能力，同时降低用人单位开发和培养人才的成本，增强用人单位接收高校毕业生的积极性，可以由政府部门牵头组建高校毕业生见习基地。见习期一般设定为 6 个月，最长不超过一年，月工资可按目前高校毕业生试用期工资标准设定为每月 800～1 000 元。为调动见习单位的积极性，可以由政府给予企业适当补助，并根据其接收毕业生的人数在财政、税收等方面给予相应的政策扶持。

（二）学校：不断深化教学改革

1. 科学调整专业设置

虽然高等教育本身在教育目标上与职业教育有所不同，侧重于教育对象全面素质的提升，但是就目前来说，只有成功就业，才能保障个体生存，学校一味灌输"学院派"知识，使学生只会"纸上谈兵"，甚至空学一身"屠龙之技"，是行不通的。学校应该建立高校生源报考录取比预警系统、高校毕业生就业率反馈系统，通过实际考察后根据不同专业科学地制定扩招规模；在完成资料收集、通过理论论证的基础上适量加大社会急需专业的招生数量，控制长线专业的发展规模；对于教学质量不高、专业设置不合理的专业要减少招生数量甚至停止招生。同时，学校应该应对瞬息万变的就业市场需求，对现有专业进行大胆的调整、改革。以英语专业为例，非常多的学校都开设了英语专业，使得本专业毕业生泛滥。

可是，英语高端人才仍然稀缺（比如同声翻译、专业性英语人才），于是出现了一边是英语专业毕业生就业难，一边是企业招不到外语"精英"的"东边日出西边雨"的怪现象。

2. 加大社会实践力度

高校毕业生缺乏实践经验已成为社会共识，在积极引导、充分发展校内实践活动的基础上，高校要积极引导学生走向社会实践，实现教育教学、课外活动、岗位实践的有机结合，从而切实突破专业培养方案和学生实践课程各自为战，甚至忽略实践的传统格局。针对当代大学生渴望在社会上兼职的想法，学校应予以支持，并重视实习制度，有条件的学校可以与用人单位建立长期的供需伙伴关系。

3. 完善就业服务体系

面对专业化日益增强的劳动力市场，高校也必须跟上时代的步伐。使自己的就业服务体系也专业化。首先，学校要做好企业和毕业生之间的就业信息提供和传递工作。尽管高校学生可以通过人才交流会、网络等途径获得各种就业信息，但涉世未深的大学生面对形形色色的社会信息缺乏甄别能力，上当受骗的新闻屡见不鲜。所以，对个人而言，学校依然是提供用人单位和推荐学生的重要渠道。其次，学校应该着力进行大学生求职技巧的培训。刚走出校门的学生除了动手能力弱，表达沟通能力也普遍存在问题。学校应增设职业培训机构或增加职业素质教育课程，包括商务礼仪、心理健康、与人沟通、融入团队等内容，将职业素质培训与实习有效结合，弥合学校教育与市场需求的断层。此外，学校要充当好就业协议达成过程中的桥梁作用，既包括沟通学校和社会的联系，为毕业生与用人单位的各种交往提供服务（如组织各种招聘会和供需见面会等），也包括建立毕业生和用人单位之间的信任关系（如学历学位的证明、就业协议的签署等）。

（三）学生：努力提升综合素质

（1）注重专业学习。专业强、基础实、理论深、技能佳是每个用人单位渴望的人才标准。大学期间的专业学习是学生走上工作岗位，实现人生价值的重要基础，大学生在校期间必须注重加强专业知识的系统学习，苦练内功，提升素质，培养能力，掌握技巧，为顺利就业打基础、创条件、做准备。

（2）加强实践锻炼。从进入大学起就要有意识地进行就业规划，通过各种途径寻求实践机会，为将来的就业竞争增加砝码。要在加强专业学习的基础上，重视校内和校外的社会活动，这些活动特别是社会兼职可以引导大学生走向社会，加强实践学习，熟悉工作流程，丰富社会经验，拓宽人际关系，是大学生进行能力锻炼、施展个人才华的重要舞台。

（3）调整就业心态。对于大学生自身来说，首先要有一个健康的心理直面压力和挑战。"物竞天择，适者生存"是亘古不变的真理，特别是我国现阶段，社会的转型和转变都不可能一蹴而就，在不能改变社会的情况下，要逐步调整自己的心态，适应社会的要求。改变过去那种"一步到位"的就业心理，放弃"宁为玉碎，不为瓦全"的偏激心理，不把考研、考公务员当成"救命稻草"，可以考虑"先就业，再择业"，先争取工作岗位，为社会和家庭"减负"，再在工作中磨炼自己，寻找机会进行突破。

（四）单位：切实纠正用人偏见

用人单位一方面要与学校加强互动交流，多了解学校里各专业的特色，还可以借鉴大学生见习制度的思路，为在校大学生提供寒暑假实习基地，既锻炼学生的实际工作能力，也有助于企业考察人才。另一方面，用人单位要进一步转变思想，牢固树立科学的人才观，切实纠正用人选才的偏见。一个单位要想得到可持续发展，既要使用好人才，也要注重人才的培养和储备。从调查情况来看，多数学生充满激情、有闯劲，富有创新精神，而且理论功底扎实，接受新鲜事物快，可塑性强，如果对他们适当加以培训，一定能为企业带来更好更长远的发展。所以，企业不能只图眼前的短期利益，过分看重工作经验，而要有长远的人才战略眼光，要改变唯经验论、唯文凭论的做法，还要纠正性别上和地域上的用人偏见，切实做到不拘一格招揽人才，实现企业与人才的双赢。

第四章　职业生涯决策理论

我们经常会发现，有些同学在大学期间认真学习了专业课程，积累了多方面的知识，拥有了充分的知识储备，也很清楚自己所面临的各种选择，但是他们在做出最终决策时，却遇到很多困境。由此可见，掌握决策知识是非常重要的。

第一节　职业生涯决策理论概要

一、职业生涯决策的含义

1974 年，杰帕森（Jepsen）和吉列特（Gelatt）提出了职业生涯决策模型，在这一模型中，首次使用了职业生涯决策这一概念。杰帕森认为职业生涯决策是一个复杂的认知过程，通过此过程，决策者组织有关自我和职业环境的信息，仔细考虑各种可供选择职业的前景，做出职业行为的公开承诺。我国学者沈之菲在其《生涯心理辅导》一书中提出，生涯决策就是个人在多项选择之间权衡利弊，以达成最大价值的历程。在《教育大辞典》中职业生涯决策被定义为：人们根据自身特点和社会需求做出合理的职业方向抉择，内容包括个人价值的探讨和澄清，关于自我和环境的使用、谋划和决定。总的来说，职业生涯决策是人的一生必须要面临的重大决策，是个人对自己将要从事的职业做出的选择。需要强调的是，职业生涯决策是一个过程，而不单单是一个结果。职业生涯决策主要包括以下几方面的含义。

1. 职业生涯决策是人生的一种决策

职业生涯决策是个人针对自己的个性因素对职业类别进行的一种选择和确定。对于大学生来说，进行职业生涯决策是使自己从"学生"转变为"职业人"的关键环节，是实现人生价值的开端。

2. 职业生涯决策是个人因素与职业因素优化统一的过程

不同的人有不同的职业目标，不同的社会岗位将对不同的劳动者进行选拔。在做出职业生涯决策时，必须要考虑到自己的兴趣、性格、气质、技能和价值观等相关信息，同时还要面临职业、教育和休闲的各种选择。在综合自我信息和职业信息的基础上，利用职业生涯知识与技能，对自身个性因素和职业因素进行优化统一，才能制订出有效的个人职业生涯发展决策。

3. 职业生涯决策是个人向客观现实妥协及对"我与职业"关系调适的过程

每个人都有自己的理想职业，然而理想和现实之间往往存在差距，在做选择的时候，必然要在理想职业和客观现实之间做出一定的妥协，在理想和现实之间进行科学合理的分析与调适，解决好"我与职业"的关系，让自己高度认同自己的职业选择，也让自己的职业选择为自身的将来发展搭建平台。

二、职业生涯决策的要素

职业生涯决策的过程涉及复杂的个性心理和各种各样的行为，面对的情景也不尽相同，但通过分析现有的决策理论、类型和模式，我们发现职业目标、职业生涯决策的选择过程、职业生涯决策的结果以及对职业生涯结果的评价4个要素是每一次决策过程中都不可缺少的。

1. 职业目标

职业目标是决策者的决策动机和所要达到的期望，决策目标的产生是建立在对职业的认识和对个人的认知基础上的，当决策者通过各种渠道获得职业信息并对自身性格能力有充分了解时，才能够准确把握决策方向。

2. 职业生涯决策的选择过程

选择是指决策者可以做出的若干行为选择、决策策略或模式、类型。决策者因为决策风格和决策技术掌握程度的不同，在选择决策方法的时候可能会偏重于其中的某种方法。严格地说，每种决策都有其利弊，决策者在选择方法时应充分考虑这种方法的局限性，培养综合使用决策方法的能力。

3. 职业生涯决策的结果

结果是指决策者最后做出职业生涯选择的结论。结果是建立在前两种要素的基础上的。同时，选择结果并不意味着决策过程的终结，决策者还应对决策过程及结果进行评价，在职业发展的道路上不断地修正决策结果。

4. 职业生涯决策结果的评价

评价是指决策者对已经选择的生涯决策结果进行全面的评价，及时发现决策过程中的问题，快速修正结果或者重新进行决策。

三、职业生涯决策的原则

职业生涯决策作为人生的重大决策，要遵循特定的准则，体现其本身的特点。具体说来，职业生涯决策要遵循以下几点原则。

1. 积极主动原则

大学生在面临职业生涯决策时，要积极准备，主动出击。要掌握职业选择和职业生涯决策理论，认真进行自我探索，通过多种途径了解职业世界。积极参加各种职业技能培训，为成功就业创造职业素质条件。

2. 利益最大化原则

在进行职业生涯决策时，决策者都会考虑自己将来的预期收益，因为职业对一个人来说，是一种谋生的手段和获得幸福的途径。理性而明智的人都会权衡利弊，以利益最大化为原则，从一个社会人的角度出发，在一个由个人发展、社会声望、收入等变量组成的函数中找到最大值。

3. 客观现实原则

在进行职业生涯决策时，要充分考虑个人的素质条件和社会需求的可能性，做出基于现实的选择。当原来的就业意愿暂时不能得到满足时，要根据社会需要做出新的选择，可能是走另一条职业道路；可能是先到容易获取的职业岗位上去工作，再根据自己在这一职业岗位的工作情况，决定是否进行职业流动；也可能是选择一种与自己的"理想职业"相接近的职业，继续接受教育培训，积累相关经验。

4. 比较分析原则

在进行职业生涯决策的过程中，要积极进行职业间的比较分析，看看职业对自身的要求和自身对职业的适应能力是否协调一致，哪个职业发展方案更适合自己。在比较分析时，要积极地寻求家人、老师、朋友的帮助，一起分析比对，以保证决策的准确性。

5. 符合社会需求原则

在做职业生涯决策时，决策者一定要分析社会需求，择世之所需，否则就可能事与愿违。社会的需求在不断变化着，旧的需求不断消灭，同时新的需求不断产生。昨天是抢手货今天可能就会变得无人问津，生活处于不断地变化之中。

6. 特长最优化原则

任何职业都要求从业者掌握一定的技能，具备一定的能力。一个人不可能将所有技能都全部掌握。在进行职业生涯决策时，决策者要清楚地认识到自己的特长所在，尽量选择最能发挥自己特长的职业，即择己所长，只有这样才能在特定的职业岗位上发挥自身的特长和优势。

四、职业生涯决策的意义

将来职业的选择将会影响你的半生甚至是一生。选择正确，你的人生可能将一帆风顺，充满阳光；选择错误，则可能挫折不断，荆棘密布。现实的生活也表明，许多选错职业的人往往无法取得最终的成功。职业生涯决策具有重大意义。

1. 理性的职业生涯决策有利于促进人的全面发展

职业生涯决策的过程固然辛苦，但通过职业生涯决策可以使决策者树立积极的人生态度，准确分析就业形势，了解社会需求，及时提高自身的文化水平、专业技能，从而引导决策者通过自身的学习和劳动获得成功。

2. 科学的职业生涯决策有助于决策者理性地去选择未来的职业和工作岗位

现实中经常会遇到一些人，对自己的个性因素分析得非常透彻、合理，也了解了大量相关的职业信息，却不知道如何做出决策，有的即使做了决策，也做得不令人满意。究其原因，主要是对获得的信息没有很好地进行整理加工，缺乏必要的职业生涯决策的知识和技能，不能进行科学决策。

3. 正确的职业生涯决策有利于决策者把握机遇

机遇往往稍纵即逝，一旦错过，将不再重来，所以，在进行职业生涯决策时，要迅速、科学地做出选择，准确定位，及时掌握适合自己个性特征的相关职业信息，以促进职业生涯发展。

4. 良好的职业生涯决策有利于个人和职业的双向优化配置

在制订职业生涯决策时，人职匹配是关键。人们选择职业，同时职业也在选择人。

职业选择得当，既能使劳动者的利益得到最大限度的实现，同时也能使用人组织或单位获得正常的经济效益、社会效益，同时也有利于社会的稳定。

五、职业生涯决策的影响因素

职业决策在大学生职业选择和人生发展中起着至关重要的作用。大学生在进行职业决策时，往往会受到一些因素的影响。总结起来，主要有以下几个方面。

（一）个人因素

1. 个人背景因素

职业生涯决策的形成有其自身的过程，每个人的人生都是独一无二的，个人所经历的职业生涯事件的差异，会对职业决策产生影响，体现在不同性别、年龄和教育背景等方面。

2. 心理特征因素

个人对自我评估、职业评估和环境评估的内容及结果直接影响着职业生涯决策，其中自我评估主要是对个体心理特征的评估，对决策起着定向作用。个体的心理特征是一种稳定的特性和倾向，包括兴趣、能力、价值观和性格等。

3. 进行决策时的即时状态

要做出有效的决策，就必须保证在决策中身体、情绪和精神都处在最佳状态。在决策过程中会面临诸多障碍，这些障碍都会影响即时决策。

4. 职业兴趣

与职业选择有关的兴趣称之为职业兴趣。不同职业兴趣要求对应的职业不同。如喜欢具体工作的，相应的职业有室内装饰、园林、美容、机械维修等；而喜欢抽象和创造性工作的，相应的职业有经济分析师、新产品开发、社会调查、各类科研工作等。

（二）家庭和成长环境因素

每个个体所成长的环境，对他们的就业机会都大有影响。首先，教育方式的不同，造成他们认知世界的方法不同。其次，父母职业是孩子最早观察模仿的角色，孩子必然会得到父母职业技能的熏陶。再次，父母的价值观、态度、行为、人际关系等对个人的职业选择起到直接和间接的深刻影响。因而，我们常常看到艺术世家、教育世家、商贾世家等。

朋友和同龄人对个人的职业决策的影响也是很大的，他们的职业价值观、职业态度、行为特点等不可避免地会影响到个人对职业的偏好、选择从事某一类职业的机会和变换职业的可能性等。

（三）社会环境因素

社会环境中流行的职业价值观、政治经济形势、产业结构变动等因素，无疑都会在个人职业选择上留下深深的烙印。不同的社会环境给予个人的职业信息是不同的。宏观上，社会的、经济的、历史的和文化的力量都能够干扰个人有效决策的形成。现阶段，我们面临的是一个知识经济社会。对相关职业信息的搜集，对日新月异的职业环境的了解，都会影响大学生对未来职业世界的看法和认识。同时，用人单位对大学毕业生的需求、技能要求、专业在社会中的具体发展状况等，也都是影响大学生职业生涯决策的因素。大学生需要在用人单位的需求和自己的具体情况之间不断地评估、预测以及调整。

六、职业生涯决策阻碍与应对

职业生涯决策非常重要，将会持续影响决策者未来的生活和发展，但是其决策过程对某些人而言非常困难，尤其是在一些特定情况下，职业生涯决策会受到很多限制。究竟哪些因素会阻碍我们进行有效决策呢？采取哪些措施能够有效地应对这些阻碍因素的影响？以下我们就这些问题进行说明。

（一）职业生涯决策的阻碍因素

1. 个人和职业相关信息匮乏或信息膨胀

信息是决策的基础条件。职业生涯决策过程所需的信息包括决策者的职业价值观、天赋、兴趣、个性等自身情况，还包括决策者所倾向的职业相关信息，如行业目前的发展形势、对其中具体的工作人员的专业素质和知识结构要求、如何获得满意的工作岗位、进入该行业需要注意的内容等。如果决策者缺乏信息基础，那么决策多是盲目的、不切实际的，可能影响生涯决策的有效性。同时，决策者在决策过程中还要有一定的甄别能力，当前社会信息网络技术的飞速发展，导致信息过多或者过于复杂，决策者可能因为客观环境的影响而获得了错误的信息，这些信息可能对决策结果产生负面影响，如有的同学盲目地完成了一些职业能力测试，常常出现矛盾结果，使其在决策过程中更加困惑。

2. 心理亚健康情绪

心理因素是职业生涯决策的影响因素之一，即使对性格开朗、自信心较强的学生在进行职业生涯决策时也较为重要。如决策者在决策过程中因为性格内向而产生的抵触情绪，或者在与竞争者的比较过程中，感觉自己竞争优势不足，从而产生的自卑情绪，这都可能做出错误或者存在偏差的职业生涯决策。心理亚健康状态还包括焦虑、缺乏自我胜任感以及动机冲突等，还有的同学过高地估计了自己的能力，产生了自傲情绪，如认为自己就应该找到高层管理者职务，不屑于到基层中工作，这种情绪可能使决策结果偏离客观事实，不具有实现性。

3. 缺乏职业生涯决策经验和决策知识技能

有的学生在决策前已具备很好的自我知识，对自己的各种选择也很了解，但却做出了糟糕的职业生涯决策；也有的同学曾经做了大量的职业测试来了解自己的职业兴趣、天赋等个人特质却依然做不出决策，这都是因为他们缺乏决策的必要知识技能。决策的知识技能是决策者可以将信息转化成最终决策结果的关键，决策者也常常由于决策经验有限或者对自身决策能力缺乏自信而做出错误的决定。

4. 家庭干预

家庭和人际关系面临困境势必会影响职业生涯决策者的决策过程。有些家长能够客观评价学生的决策结果并给予一定得指导，鼓励学生完成职业生涯规划。但是也有的学生家长根据自己的经验（有时候是对某种客观事物的偏见）否定学生的决策结果，比如说一些家长认为做营销策划的人要长期出差，与各种商家打交道，非常不适合女孩子。甚至还有的家长对学生的职业生涯决策强制干预，不考虑学生的兴趣性格特征，只是按照自己的想法为学生规划未来，使学生的潜能不能得到有效发挥。

职业生涯规划专家通过研究家庭系统和职业生涯决策发现，那些与家庭其他成员高度融洽或密切相连的人，往往在决策中很难保持自己情绪和心理上的独立；另外，家庭成员之间无法就义务、经济、责任、价值观等达成共识，也会使个人决策出现问题。

5. 社会观念的偏差

社会普遍价值观念和生活习惯能够深刻影响个人生涯决策的有效性。当前就业环境中，年龄、地区、性别方面的社会意识偏差，使很多企业在招聘的过程中明确提出性别要求，或者对应聘者户口所在地的要求等，对于应聘者职业生涯决策的实际有效性产生了很大影响，阻碍了学生的教育或就业选择，从而使职业生涯决策变得更复杂。

（二）决策障碍的应对

以上五方面因素都可能使职业生涯决策受到阻碍，面对多个方面的阻碍影响，大学生在进行职业决策时，应当采取措施应对阻碍因素，同时还要结合大学生活规划，使大学生活的布局规划与职业生涯决策结果相匹配。

1. 从内部决策者个人角度

（1）应注重激发大学生自我职业生涯决策意识，学习决策方法

大学生作为职业生涯决策的主体，应注重自我职业生涯决策意识的激发。只有当个人自觉意识到职业生涯决策的重要意义，才不会人云亦云，并且这种意识的培养必须从大学低年级开始。这是因为处于低年级的同学对于职业发展前景的思考常常存在一定的盲目性和不完备性。这就要求大学生能根据自身特点，尽早确定职业方向。同时还要注重参加学校组织的相关课程指导，通过课堂教学、职业生涯人物访谈、信息面谈等方法帮助自己加深对所学专业的了解；通过与专业教师的交流来了解本专业的职业定位，使自己所学与社会职业相联系，并通过社会实践、教学实习，真实地参与相应的职业活动，获得更多的工作经验，从而激发自我主动思考职业的意识，提高职业决策意识和决策能力。

（2）培养健康的心理素质

除了提高自身的专业技能素质外，在校大学生还应加强自身心理素质的培养，培养乐观开朗、积极向上的生活态度。在学习生活中，应注意自身压力的排解。积极参加集体活动，加强同学之间的交流；自己生活中不能解决的问题或矛盾应及时与家长或老师沟通。尤其是在职业生涯规划的过程中，大学生应敢于发现自己的问题，并向学校、家长寻求帮助。

（3）职业生涯决策结果应不断调整

大学生必须意识到职业生涯决策是一个循环的过程，要贯穿整个大学期间，对于已经做出的职业生涯决策要通过信息收集、自我评估以及实际规划制定过程来不断检验，对于决策结果做出及时调整，从而在大学期间做出较为全面且可行的职业生涯规划。

2. 从外部决策影响因素角度

从家长的角度来说，家长应是学生进行职业生涯规划的支持者。家长应努力建立平

等沟通的环境，倾听子女的真实想法，并尊重子女的决策结果。在为子女指导职业生涯规划的过程中，应结合其性格和兴趣特点进行引导，而不是过分地干涉决策结果，可以结合自身职业生涯发展经验为其指出决策过程中的不足。

从学校的角度来说，要通过专业课程尽早使学生明确职业生涯决策的重要性，并向学生传授科学的职业生涯决策方法。同时，学校作为学生接触社会的桥梁应积极向学生提供各个行业的发展趋势和就业的相关信息，使学生能够根据社会的需求调整自己的知识结构，为职业生涯决策做好准备。另外，学校还可以组织相关的讲座活动，邀请优秀的社会工作者为学生讲解企业或政府工作的相关情况，使学生能够了解到全面的职业信息；还可以通过短期的实习工作，使学生能够亲自参加工作来了解工作环境，找出自身的不足，并通过学习补足差距。

从社会的角度来说，经济形势很大程度上影响了大学生的就业状况，国家稳定经济政策，实现社会经济稳定发展，是大学生进行职业生涯决策的保障；同时，媒体的价值导向也对大学生职业生涯决策起到了引导作用；国家法律也逐渐完善，保障大学生的就业权利，为大学生职业规划决策创造良好的环境。

第二节　职业生涯决策的步骤

职业生涯决策的步骤是人们长期进行决策实践的理论和经验的科学总结，它使决策过程更加结构化、系统化、合理化，为进行科学、理性决策提供了重要保证。一个完整的职业生涯决策大致包括以下几个步骤。

一、认识决策问题

通常情况下，决策问题的形成有以下两种途径。

第一种途径是在被动情况下出现的问题，这是一种人们事先没有预料到而在客观事物本身发展过程中暴露出的迫使人们加以承认的问题。

第二种途径是人们对现实状态主动检查发现的与期望状态之间存在的差距。

对于职业生涯决策而言，具有明确的问题意识意义重大。职场竞争日益激烈，生涯发展机会来之不易，如果没有明确的问题意识，可能会因"人无远虑"而贻误决策时机。反之，如果具有明确的问题意识，也许就能预先发现问题，并预测其严重性，以便抓住问题的本质去解决问题。由唐纳德·托希发明的 ABCD 问题分析法可以为我们识别决策问题起到参考与借鉴作用，如图 4-1 所示。

	感情影响最弱的	感情影响最强的
A.诱发事件		
B.我的想法		
C.我的感觉		
D.我的行动		

图 4-1　ABCD 问题分析法

职业生涯决策的过程包括从早期探讨到承担义务再到最后采取行动的一系列步骤，其中每一步都可能成为导致非理性决策的诱发因素。你可以在图 4-1 的"A.诱发事件"一栏内，写下给你带来困扰的情况，并按对你困扰的程度顺序排列。例如，大学毕业后面临的就业与升学的选择，工作之后是留在国内深造还是到国外留学等。大量的非理性信念引起职业生涯决策中的不必要行为。选出当你作出决策时存在于"诱发事件"和"我的感觉"之间的非理性信念，将它们填入表格"B.我的想法"一栏中。例如，犹豫不决并不妥当，因为它是不成熟的表现；别人知道你最适合干什么等。你可以在留出的空白处增加或修改这张表格的内容。你作出决策时常常会流露出某些积极或消极的情绪。尝试分析某一诱发事件出现时你所体验到的消极情绪，并将其填入图 4-1 中的"C.我的感觉"一栏内。例如，你觉得愤怒或烦躁，你觉得焦虑或担忧，你觉得孤单等。某些行为对作出有效的职业生涯决策是有害或不当的，特别是当它们频繁出现时更是如此。选出当某一诱发事件出现时可能采取的行动，并把它们记录在表格"D.我的行动"一栏内。例如，我力图避免对选择负责，我推迟选择，我选择放弃自己的职业等。

以上内容顺利完成后，你会认识到自己在职业生涯决策中存在的问题，从而改进职业生涯决策，对职业生涯决策作合理的调整，以保证职业生涯决策的准确性。

二、确定决策目标

1. 确定决策目标的原则

确定职业生涯决策目标，应遵循 SMART 原则。SMART 原则的具体要求包括以下几方面。

（1）可度量性

可度量性是指目标必须有量化标准，这样才能对目标是否实现以及目标实现的程度等做出衡量、比较与评定。例如，一个英语成绩不好的学生想要改变学习落后的状况，他给自己设立的目标是"我一定要在英语学习方面取得好成绩"，这样的目标就是不具体的，无法对其进行量化评估。如果将此目标修正为"我一定要通过下学期的大学英语四级考试"，这样的目标就清楚、明了。

（2）明确性

明确性是指目标表述必须具体，要用清晰、明白、确定的语言表述所要实现的目标，切忌目标描述宽泛、笼统、模棱两可。例如，确定目标为"搞好学习"，这种对目标的描述就很不明确，因为"搞好学习"可以有许多具体方面，如搞好英语和计算机学习等，这里所谓"搞好学习"究竟是指哪方面，就很不明确。不明确，就没有办法进行衡量和评判。

（3）可实现性

可实现性是指制订目标必须是可以达到的。如果原定目标不能实现，就需要评估实现目标所需资源和主客观条件等，对原定目标做出调整。例如，原定目标是两年后环游世界，但搜集相关信息后发现旅游费用偏高，这时就可能要延长筹备时间或者改变经费筹措的方式，以保证自己的目标能够顺利实现。

（4）时效性

时效性是指目标的实现必须有时间限制。例如，将在某年某月某日前完成某事，这其中某年某月某日就是一个确定的时间限制。没有时间限制的目标是没有办法进行评价和考核的。

（5）结果导向性

结果导向性是指目标应该基于结果，而并不是基于行动或过程。如一位餐厅经理定的目标是早餐时段的销售在上月早餐销售额的基础上提高15%。通过计算知道，这带来的餐厅利润是一个相当低的数字，但为实现这个目标所花费的投入却比利润要多。因此，从增加餐厅赢利的角度来看，这个目标就不是好目标。但如果这样做的目的是打败竞争对手，那么尽管赢利不多，也是好目标，可以收到自己想要的结果。

2. 确定决策目标的类型

施恩将职业生涯区分为内职业生涯和外职业生涯两种类型。外职业生涯强调职业的过程，具体包括招聘、培训、晋升、解雇和退休等阶段，内职业生涯注重职业过程中个人取得成功以及情感和工作、家庭、休闲等需求的平衡。与职业生涯分类相联系，职业生涯决策目标也可以分为外职业生涯决策目标和内职业生涯决策目标。外职业生涯决策目标包括职位、工作内容、工作环境、收入和工作地点等具体内容，如图4-2所示，侧重于职业过程的外在标记；内职业生涯决策目标侧重于职业生涯过程中的内心感受，

图4-2 外职业生涯决策目标

包括更新观念、掌握新知识、提高心理素质和工作能力以及妥善处理与他人的关系等目标。人们在确定职业生涯决策目标时对于内职业生涯决策目标和外职业生涯决策目标的不同关注偏向，可以反映其职业生涯价值观所存在的差别。

3. 确定决策目标的方法

在确定职业生涯决策目标时，应从一生的发展写起，首先明确生涯发展的总目标，然后将总目标逐层加以分解、细化、落实，分别制定长期目标、中期目标、短期目标等，直至明确现在该做什么。

三、拟订备选方案

（一）发现可能的选择

作为制订职业生涯决策的前提，我们首先要对先期进行的职业探索和职业自我认知结果进行确认与整合，经历由职业世界再认知、职业自我再认知到职业机会分析的过程，从而尽可能多地找出你认为值得关注或者探索的职业，发现更多的选择。

1. 职业世界再认知

职业世界再认知的主要内容包括以下几方面：

（1）在宏观层面对社会经济、政治、文化、科技、法律、教育和劳动力市场的发展现状、趋势以及就业形势、就业政策和职业制度等的总体认识与把握。

（2）在中观层面对某类职业所属产业、所在行业、典型企业、社会声望以及就业形势、就业政策和职业制度等的现状及发展趋势的总体认识与把握。

（3）在微观层面对职业分类、职业分层、工作单位、职位、用人单位招聘需求和组

织生涯管理等的总体认识与把握。

对职业世界的宏观认识和中观把握，有助于我们寻求意向性的职业发展领域和发展方向；对职业世界的微观探索，则有助于做出具体的职业选择和职业生涯发展规划。

职业选择应予关注的首要问题就是注重现实。通过职业世界再认知，确认和整合先期进行的职业探索结果，对于提高自己的职业兴趣，进而展望美好的职业前景，具有积极作用。尤其是在正确认识和处理所学专业与职业的关系问题上，既要立足所学专业，根据专业的职业指向性特点进行职业探索，而不在缺乏专业和职业认知的基础上轻言放弃所学专业，同时又要注意去发现和探索各种专业与职业之间的内在联系，实现专业兴趣与胜任职业的整合与协调。

2. 职业自我再认知

职业自我再认知的核心内容主要包括以下几方面：

（1）您究竟想做什么？——职业自我的需要、兴趣类型和价值观再认知。

（2）您究竟适合做什么？——职业自我的气质、性格类型再认知。

（3）您究竟能做什么？——职业自我的能力优势和弱势再认知。

在整合职业自我的再认知结果时，我们要认识到"想做的未必是适合做的""适合做的未必是能做的"。因此，需要在职业心理自我的动力系统、风格系统和效能系统之间寻求平衡与协调，并做出抉择。需要特别提醒的是，每个人的职业自我，尤其是大学生的心理自我和社会自我都会经历成长、发展的过程，因此对于目前"想做、适合做却不能做"的事情，可以寻求发展职业自我的能力系统；对于目前"能做、想做却不适合做"的事情，可以寻求发展职业自我的风格系统；对于目前"能做、适合做却不想做"的事情，可以寻求发展职业自我的动力系统，这些都构成职业生涯规划的重要内容。

3. 职业机会分析

评估各种环境因素对自己职业生涯发展的影响就是职业机会分析。我们每个人都处在一定的环境中，离开这个环境便无法生存与发展，因此在制订职业生涯规划时，要分析环境条件的特点、环境的发展变化情况、自己与环境的关系、自己在这个环境中的地位、环境对自己提出的要求以及环境对自己有利的条件和不利条件等。只有对这些环境因素充分了解，才能做到在复杂环境中趋利避害，使你的职业生涯规划具有实际意义，从而能够顺利实施。

（二）将职业生涯目标转化为生涯发展行动计划

由于计划总是以预测工作为基础，而预测所覆盖的时间跨度越大，计划的精确性和可靠性就越低，因此在制订计划时，需要我们科学认识生涯发展规律，准确把握生涯发展趋势和各阶段任务，从而对实现生涯发展各阶段目标所进行的活动做出合理筹划与安排。从大学生生涯发展的阶段性特点和面临发展任务来看，只有科学认识与把握学涯（大学生涯）、职涯（职业生涯）以及整个人生生涯发展规律，才能科学制订人生发展规划（人生计划）、大学学涯规划（短期或中期计划）和职业生涯发展规划（中期或长期计划），实现对学涯、职涯以及整个人生生涯发展的系统规划与优化设计。

制订计划的程序、步骤和内容：首先，分析差距。既要仔细分析现状与目标之间的差距，明确存在问题、不足和努力方向。其次，找对方法。弥补现状与目标之间的差距，也许可以用多种方法完成。在决定选择何种方法前，应先将所有可能的方法全部列出，然后依据实际情形选择最适合的方法。在此过程中，要多请教，多尝试。再次，制订方案。方案应包括阶段化的各个目标、具体的步骤与进度表。

从不同类型的生涯发展行动计划所具有的内在联系看，较远计划的实施和远景目标的实现，总是以近期计划的实施和近期目标的实现为前提和基础的。近期计划的完整内容可用"5W1H"表示：第一，做什么（what to do）。明确所要进行的活动内容和要求。第二，为什么做（why to do it）。明确计划活动的原因和目的，并论证可行性。第三，何时做（when to do it）。规定计划中各项活动的开始和完成时间，以便进行有效控制，对能力和资源进行平衡。第四，何地做（where to do it）。规定计划实施地点或场所，知晓计划实施的环境条件和限制，从而合理安排计划实施的空间。第五，谁去做（who to do it）。规定自己如何去实施计划活动内容，需要哪些组织和人员的协助，如何对实现目标进行鉴定和审核等。第六，怎样做（how to do it）。制订实施计划的策略、措施，对资源合理有效利用，以便计划目标的顺利实现。

四、分析备选方案

（一）分析备选方案的依据

分析备选方案的依据主要包括以下几方面。

1. 职业声望与职业期望

职业声望是指人们对职业社会地位高低的主观评价，其影响因素主要有职业环境（自然环境与社会环境）、职业功能（责任）和任职者的素质要求等。人们往往参考职业声望调查来确定职业倾向。职业期望也称职业意向，是人们希望从事某项职业的态度倾向和对某项职业的向往。职业期望往往与职业声望相联系，人们所追求和希望从事的职业多是社会声望高的职业。但从本质上讲，职业期望属个性倾向性范畴，是职业价值观的外化，也是个体人生观、世界观的折射。人们的职业期望常常由几种价值取向所左右，居主导地位的价值取向对职业期望起决定作用。

2. 薪酬福利

通过职业活动获取的货币或实物报酬就是薪酬福利。从利益最大化原则看，影响薪酬福利的因素主要有业务的难易程度、熟练程度和人员稀缺程度，以及教育背景、工作效率和经验等。

3. 职业层次

以职业角色为依据，按照职业的社会地位和社会对职业的价值取向所做的职业等级层次的排序就是职业层次。按对技能和责任心的要求，职业通常可分为6个层次。

（1）非技能性工作，这一层次的工作简单、普通，不要求有独立决策能力和创造力。

（2）半技能性工作，要求在有限的工作范围内具有一些最低程度的技能和知识。

（3）技能性工作，要求具备熟练的技能、专门知识和判断力，能完成所分配的工作。

（4）半专业性和管理性的工作，要求具有一定的专门知识或判断力，对他人有低程度的责任。

（5）专业性工作，要求大量的知识和判断力，具有一定的责任和自主权。

（6）高级专业性和管理性工作，要求具有高水平的知识、智力和自主性，承担更多的决策和监督他人的责任。

不同层次的工作要求不同的受教育水平或培训水平，一般来说，第一层次和第二层次的工作只需进行适当培训，第三层次和第四层次的工作需要受过大学教育或中等程度的培训，第五层次和第六层次的工作要求大学或研究生学历。人们确定了自己的工作领域后，还需进一步探索在所选领域的哪个层次上工作，并确定今后想要达到的层次目标。

（二）分析备选方案的内容

1. 职业要素和职业概率分析

职业要素分析的内容通常包括以下几方面：

（1）职位或职务（position），包括该职位的经常性任务、担负责任和工作层次等。

（2）工作地点（location），包括地理位置、环境状况、工作地点的变化和安全性等。

（3）升迁状况（advancement），包括升迁机会、升迁速度、工作稳定性和工作保障等。

（4）雇佣条件（condition of employment），包括薪水、福利、进修机会、工作时间、休假情况和特殊雇佣规定等。

（5）入门要求（entry requirements），包括所需教育程度、培训经历和经验、能力、人格特质等条件。

凡此分析内容统称 P.L.A.C.E. 模型，其分析步骤和方法如表 4-1 示。

表 4-1　P.L.A.C.E. 模型表[①]

职业名称：		
职业特点（客观描述）	评价（主观看法）	评分 （完全没有吸引力—有绝对吸引力）
P. 职位（position）		0　1　2　3　4　5
L. 地点（location）		0　1　2　3　4　5
A. 升迁（advancement）		0　1　2　3　4　5
C. 雇佣条件（condition of employment）		0　1　2　3　4　5
E. 入门要求（entry requirements）		0　1　2　3　4　5
总得分＿＿＿＿＿＿		

除了对职业要素进行分析外，我们还要对职业概率进行分析。对个人而言，可能得到某类职业的概率可用公式表示为：职业概率 = 职业需求量 × 竞争系数 × 职业能力水平 × 其他因素。其他因素包括：此类职业机会出现的时间、地点，家庭对个人的帮助，个人寻求职业的努力，以及社会职业中介机构的帮助等。由于各类职业的需求数量（职业岗位数量）、谋求人数、人们所具备的不同职业的能力水平以及其他因素各不相同，

---

① 周明星.现代职业生涯设计.北京：清华大学出版社，2007.

所以对于一个人来说，得到不同职业的概率也各不相同。通常来讲，获取概率极大的职业往往是现实的但比较差的职业，获取概率最小的职业往往是人们理想中最好的职业。我们可以依据人们对不同职业的期望值大小来对职业概率进行排序，如表4-2所示。

表4-2 不同职业期望值（即职业概率）排序表[①]

职业	职业概率	职业	职业概率
A. 作家	0.001	F. 秘书	0.30
B. 大学教师	0.01	G. 中小学教师	0.50
C. 记者	0.05	H. 技术工人	0.70
D. 编辑	0.10	I. 一般工人	1.00
E. 银行职员	0.20	J. 服务员	1.00

2. 方案价值与方案风险分析

在这里，价值包含经济价值和其他社会价值。在学校学习期间，经济价值的评估可以转化为成本估算，即做同样的工作、完成同样的任务，哪个方案经济投入最少，哪个方案就越有价值，效果就越好。其他社会价值，如科研价值、公益性、独创性、受欢迎程度和影响范围等，都可以作为价值评判的依据。需要指出的是，有些价值，尤其是其他社会价值，有时不能立即表现出来，而且在经济价值和其他社会价值之间也存在着转化关系，因此对这些价值进行评估存在很大难度。在价值分析时要防止"急功近利"，要具备发展的眼光和预测的本领。

在进行方案风险分析应注意掌握以下几方面的策略。

（1）安全策略。该策略通过分析自己在各种选择中成功的可能，挑选出最可能达成的方案。

（2）期望策略。即某方案的实施可能带给你最期望获得的结果，然而在你选择最合乎心意的结果时，你忽略了风险和实现方案的可能。

（3）逃避策略。即通过预测各种选择的后果并判断最坏的结果是什么，选取能避免最坏结果的方案。

（4）综合策略。要求将期望策略和安全策略综合起来，挑选出一种最能满足个人期望、同时又最有可能实现的方案。实行综合策略，往往需要决策者冒中等程度的风险，并对最初目标有所改动。该策略最合乎风险分析的理性逻辑，也最有希望做出有效的选择，但也是最难实行的一种策略。

五、选择最佳方案

实践证明，十全十美的最佳方案几乎是不存在的，所谓最佳方案不过是利最大、弊最小的方案。因此，在选择最佳方案时要两利取其大，两弊取其小，并且要注意把被淘汰方案中的可取部分补充到选定方案中来。有时还需要多选一个或两个方案作备用，决不能只选一个方案而放弃其他所有方案。

---

① 姚裕群. 职业生涯规划与发展. 北京：首都经济贸易大学出版社，2005.

（一）职业目标选择的流程

首先，整合职业自我的特点和外部环境资源，使我们对职业进行了不同的划分，即适合的职业、喜欢的职业、能干的职业和可干的职业，我们通常将此称为职业定向，即对职业有了相对个性化的判断，明确了职业目标选择的大致方向。

其次，分析评估阶段，这个阶段包括个体职业选择策略的明确和优势整合两个步骤。在面对众多职业选择时个体所采取的选择方针和选择方法就是职业选择策略。从利益最大化原则来看，每个人在选择职业时一般总希望选择那些适合自身特点并有发展前途的职业。也就是说，选择的职业应该既是适合自己的，又是自己喜欢、能干和可干的。这样的职业目标可能对于某些人来说不止一个，那么他就必须从多个目标中选择；而对另一些人来讲，也许这样的理想目标一个也没有，因此就必须退而求其次。

再次，选择者会进入目标确立阶段。在此阶段，选择者既要考虑个人实现目标的资源和精力，又要考虑可能面临的风险，因而目标保留的最终数量一般不超过三个，但至少应该有一个。

（二）选择职业生涯路径

确立了职业目标后，必须选择职业生涯路径，即确定向哪一路径发展。由于发展路径不同，对职业发展的要求也不同，因此需要做出选择，以便使自己的各项行动沿着预定路线前进。从组织的角度看，员工的职业发展路径通常有以下几种。

1. 技术发展道路

技术发展道路要求人们比较多地考虑自身因素，尤其是自身的创新意识和创新能力，同时要考虑单位产品结构调整的方向、技术发展走向以及单位关于技术管理的政策与硬件设施条件等。走技术发展道路的优点是可以较少考虑竞争对手的因素。

2. 管理道路

走管理道路对组织中的员工来讲受到岗位数量的限制、竞争和单位组织变革因素的限制，岗位机会相对较少。管理者和技术专家的区别如表4-3所示。

表4-3 管理者和技术专家区别表

管理者的特点和任务	技术专家的特点和任务
劝导、指导、指挥他人	好为人师
对情感和态度很敏感	富有直觉和创造性
评价他人的工作	评价数据系统或方法
预算、分析和控制成本费用	技术工作不惜代价
有很好的表达能力	有高超的分析能力
传达上级意图，实施组织政策	善于逻辑推理，不喜欢照搬照抄
指出使用什么方法	确定具体方法
根据不充足的材料制定决策	搜集的数据多多益善
承认组织机构的等级制	承认客观事实的层次性

3. 双重职业发展道路

双重职业发展道路实际是给技术员工在组织中的职业生涯发展提供了更大空间。在此基础上，一些组织还采取"三通道""四通道"等做法，给员工更多的职业发展路径。如我国的高技术企业中兴通信公司就实行了技术、管理、业务和市场销售 4 个系统、四条道路并存发展的做法。

4. 从技术到管理的转行

从技术到管理转行的具体步骤如表 4-4 所示。

表 4-4　从技术到管理的职业计划表

阶段	目标	职业计划制订方法	与改行搞管理的关系
1. 终身计划和职业意识	探讨职业目标和终身目标	正规的和非正规的职业计划方法	进一步认清终身目标和职业方向
2. 职业选择分析和抉择	斟酌可供选择的职业途径，评价每一种选择	职业评价准则和有关的职业信息	更好地了解职业选择，了解技术专业的任务和技术管理的任务
3. 自我评价和风险分析	设法使自己的兴趣与职业要求相吻合	自我评价方法	加深自我认识并了解职业行为和动机
4. 为从事管理工作做准备	探讨通向管理职位的途径	评价可选择的管理职业途径，记录优秀工作成绩	量体裁衣，使自己的资历和能力与可选择的管理职业的要求相匹配
5. 使自己成为一名有效的管理者	培养自己的管理能力，提高技能	各种管理技能评价法	分析自己作为一名管理者的优势和劣势，制订提高管理能力的计划
6. 职业发展战略	明确职业发展途径，制订坐稳管理职位的计划	使自己成为管理者的技巧，坐稳管理职位及与上司打交道的技巧	提高把握命运的能力和策划职业发展的能力
7. 循环往复及对管理职业再评价	评价职业绩效和终身目标	评价内部的职业意向和外部的职业实况	得到反馈，至此事业周期告一段落或周而复始

六、决策方案实施过程的管理

（一）决策方案实施过程中的目标管理

美国管理学大师彼得·德鲁克提出了目标管理这一概念。德鲁克认为，每一项工作都必须为达到一定的目标展开，评价一个员工或管理者是否称职，就要看其对目标的贡献或实现程度。在职业生涯决策中，同样需要采用目标管理法对职业生涯目标进行管理，以确保自己的行动朝着目标方向努力并实现目标。目标管理可以最大限度地提高个人实现目标所必需的两项基本素质。这两个基本要素分别是：自我超越，即始终保持主动达成目标甚至超越目标的自我要求；能够创造一种环境，促使自己和身边的人追求卓越并积极寻求解决问题的途径和方法。所以，职业生涯发展的目标管理具有明显的激励作用，能够启发自觉。

职业生涯决策方案实施过程中的目标管理，主要包括以下两项内容。

1. 定期进行进展总结

要定期对目标实施状况进行检查，分析现状与预期目标的差距，找到弥补差距、实现目标的具体措施。当出现意外，严重影响目标实现时，也可以通过一定方式修改原定的目标方案。

2. 进行总体性的职业生涯发展绩效评估

在目标任务终止时，进行总体性的职业生涯发展绩效评估。如果超出预期，或者达成了当初看上去难以完成的目标，就要分析成功的原因，并与别人分享经验（分享成功经验是激励自己和帮助他人的一种有效方式），在此基础上讨论下一阶段目标，开始新的循环。如果没有达成目标，要分析原因，总结教训。

（二）决策方案实施过程中的自我管理

1. 自我控制

对决策方案进行过程的有效控制，必须遵循以下几方面要求。

（1）自我控制的标准和方式应当符合实际情况，避免主观臆断、弄虚作假、自欺欺人。

（2）既要在偏差发生前就能准确预见、制定对策，防患于未然，又要在产生偏差时较快发现、及时纠正，不至于积重难返。

（3）要确保自我控制在计划失常或出现预见不到的变动情况时依然有效。

在方案进行过程中出现偏差时，要在确认原有计划和控制标准科学、合理的前提下，想办法改进态度、方法和手段，以减少或消除偏差。

2. 自我评价

我们每个人都要自觉进行经常、及时的自我评价，对自己的进步和不足始终保持清醒的认识，使自己沿着既定的职业生涯目标不断前进。在自我评价时，要考虑4个方面的问题。

（1）与同样条件的其他人相比，进步是慢还是快，有何优势和劣势。

（2）这一阶段的职业生涯目标是否得到实现，实现的程度如何，哪些实现了，哪些没有实现，取得了哪些进步。

（3）与客观现实相比，满足了社会发展的哪些需要，对自己有哪些新的认识。

（4）既要看到成绩，又要看到不足，既不要骄傲自满，也不要自卑。

3. 自我激励

（1）在增强自信心方面，要确立"我能行、我可以这样"的信念，重视发展自我潜能，增强对自我价值的认识，不断进行自我奖励。

（2）在自我激励与调动自我方面，要恪守个人承诺，保持追求目标的满腔热情，即便在遇到困难和挫折时依然满怀信心、不懈努力，不断发掘和创造新的机会；要学会处理个人情绪和工作压力，在遇到艰难和不明朗的情况时保持一贯、稳定的表现。要学会主动控制局面，对所发生的事情勇于承担责任，坦然面对难题。

4. 意志自我管理

意志自我管理既反映在人们在制订行动计划的准备阶段对行为动机的取舍处理方面，也表现在人们在计划实施阶段需要克服内外困难、冲破重重阻力执行决定方面。如大学毕业了，是继续求学深造，还是外出就业挣钱。正确动机选定后，要确定正确的行动目标。决定上学了，上哪个学校，考什么专业？确定目标时有双趋（清华大学、北京大学都想上）、双避（自己只能在两个学校或专业中选择，而这两个都不是自己所向往的）和趋避（自己喜欢的学校却无自己所爱的专业，或对专业满意而学校却不如意）三种形式的冲突。既然决定考研，就要坚定不移地排除诸如竞争激烈和良好就业单位的诱惑等干扰。如果遇到挫折，就要不断总结经验教训，根据新出现的情况调整计划，坚持行动，最后实现计划。

第三节　职业生涯决策的方法

一、职业生涯决策模型及其应用

（一）PIC 模型及其应用

方面排除理论是 PIC 模型的理论基础。盖特（Gati）等认为，职业生涯决策过程的本质是找到与个体的偏好和能力最兼容的可选职业。在多数情况下，个体广泛尝试所有的可选职业是不现实的。他们将职业生涯决策过程划分为具有不同目标、过程和结果的三个阶段，即"前期筛选"（prescreening）、"深度考察"（in-depth exploration）和"选择"（choice）。一个简洁的生涯决策模型——PIC 模型。依此模型，职业生涯决策过程可以划分为以下几个主要阶段。

1. 前期筛选阶段

前期筛选阶段就是依据个人的职业偏好，通过结构化的搜寻模式对众多职业进行筛选，提炼出针对性较强、数量相对较少的待选职业。"特征排除"（或"依次排除"）策略是"前期筛选"采取的主要策略，其基本思路是通过排除与个人职业偏好不符合的职业，将决策对象缩减到较小范畴。在检验两者符合程度过程时，依据个人的偏好将职业的不同方面特征（如工作环境、工作时间、培训周期、人际关系等）按重要程度进行排序，按此顺序每次同时评估各个职业某一方面的特征。"前期筛选"可以使个人较容易、较系统地在含大量职业的"原始职业列表"中进行搜寻，主要分为 5 个步骤（图 4-3）。

（1）选择有意义的职业特征

待选职业的筛选是以个人对职业特征的偏好为依据的（如工作环境、培训时间、工作时间、人际关系等）。由于人的认知能力及相关资源的有限性，要对所有的职业特征进行分析并不现实。因此，个人应根据自己的生活经验和期望，从中选择有意义的相关职业特征。

（2）根据重要性对职业特征进行排序

对从上一步骤选择出的少量职业特征，根据其重要性进行排序，以确保后面的筛选工作顺利进行。

（3）定义各职业特征的不同可接受水平

对于筛选过程中涉及的每个职业特征，个人应先根据自己的职业偏好选出最理想的水平，然后是相对来说不十分理想，但也可接受的（一个或多个）水平。

（4）将职业特征的水平与个人（职业偏好）的可接受范围进行比较

"排除"工作首先要针对最重要的职业特征，将各个职业的相关特征与个人职业偏好进行对照，不符合个人职业偏好（职业特征未与个人的可接受范围相交）的职业将被排除。

（5）敏感性分析

敏感性分析实际上是对前面各步骤的复核，以提高筛选的准确性。该步骤包括以下几方面的要点：

回到前面的步骤，查看已有的个人职业偏好（对职业特征的可接受范围）是否稳定（是否是可变的）；

对那些由于在某单一职业特征上与个人偏好存在较小差异但被排除的职业给予特别关注，并检验该职业特征相关信息的有效性；

对于某些职业，个人凭直觉会对其做出选择，但在筛选过程中却被排除，应对其中原因进行进一步分析。

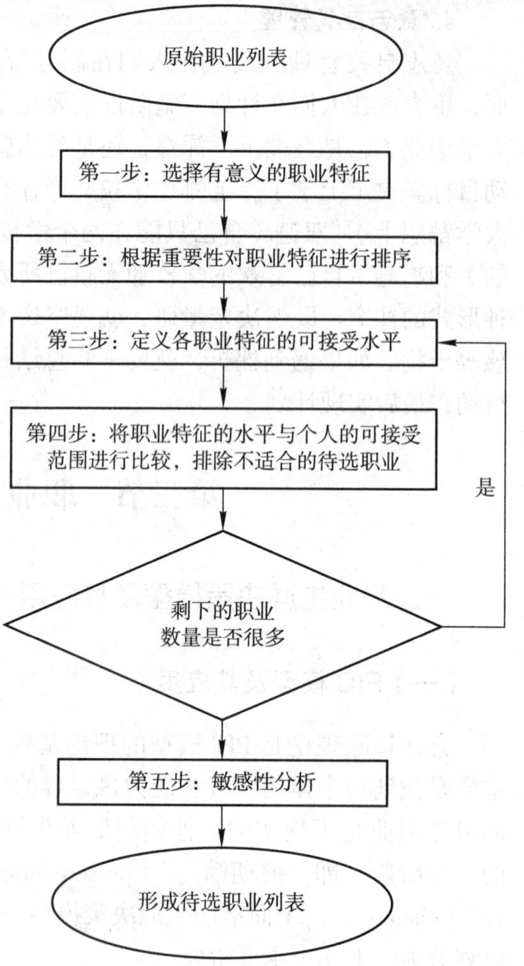

图 4-3 "前期筛选"的 5 个步骤

2. 深度考察阶段

深度考察阶段的目的是通过深度考察第一阶段筛选出的待选职业，提炼出只包含少数几个比较有针对性，且适合于决策者的职业列表。该职业列表需要满足以下两方面的要求。

第一，列表中的职业能够符合个人的职业偏好。

第二，个人的特征能够符合列表中职业的要求。

决策者在深度考察阶段应针对上一阶段所筛选出的职业，选择一些额外的相关信息作为前一阶段的补充。由于待选职业不仅仅是它们各方面特征的简单叠加，所以补充信息对于其本质（核心特征）的理解是至关重要的。某个职业的核心特征能够决定个人是否能够真正适合于该职业，因此，这也是决策者的"自我考察"。在"深度考察"阶段，每个待选职业都要经过"该职业适合我吗"和"我适合从事该职业吗"两方面的评估（图 4-4）。经过两个方面、四个维度的评估，待选职业的数量会进一步得到精减。在对某个职业的评估过程中，只要不符合其中一个维度，就会被排除。和前一阶段一样，对

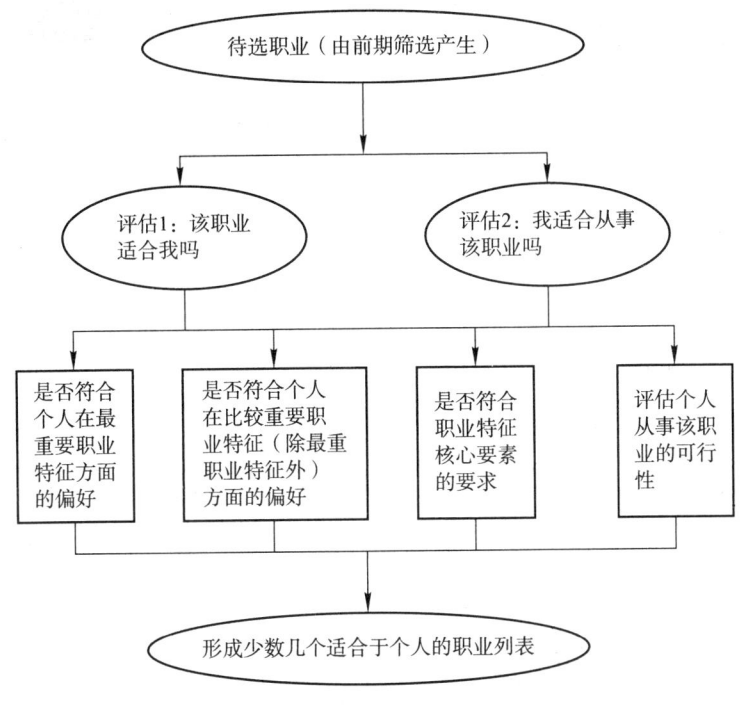

图 4-4 深度考察阶段的评估流程

其评估过程也要进行复核,以避免评估中的"误判"。

3. 选择阶段

根据个人的职业偏好和能力特征,从深度考察阶段所提炼出的少数职业中选出最合适的职业是选择阶段的目的。这一阶段将进一步处理在前面阶段所收集的相关职业信息。经过两个阶段的筛选,职业列表中的职业数量已经比较少了,这使我们可以分别对每个职业进行全面的评估和横向比较。选择阶段的评估流程如图 4-5 所示。在前面深度考察阶段的筛选过程中,相当一部分人会倾向于只保留一个职业并产生偏向。在这种情况下,选择阶段的"职业比较"程序就不必进行了。但如果经过深度考察阶段的筛选后保留了多个职业,个人还是要实施"职业比较"的,根据关键性的职业特征从中选择出最适合的一个。首先列出自己认为重要的职业特征并以此对各个职业分别做出评价(可以用"+"表示符合、"—"表示不符合,然后再对各职业核算总分),然后依据对各自优、缺点的比较进行排序,从而选择出最适合的职业。具体评价过程如表 4-5 所示。

表 4-5 "职业比较"程序的评价示例

职业特征	职业		
	职业 1	职业 2	职业 3
特征 1	+	−	+
特征 2	−	−	+
特征 3	+	+	−
特征 4	+	−	−

续表

职业特征	职业		
	职业 1	职业 2	职业 3
特征 5	+	+	+
特征 6	–	–	+
特征 7	–	–	+
分数合计	+1	– 3	+3

计分说明：在核算各职业分数时，"+" 为 "+1 分"，"–" 为 "-1 分"。

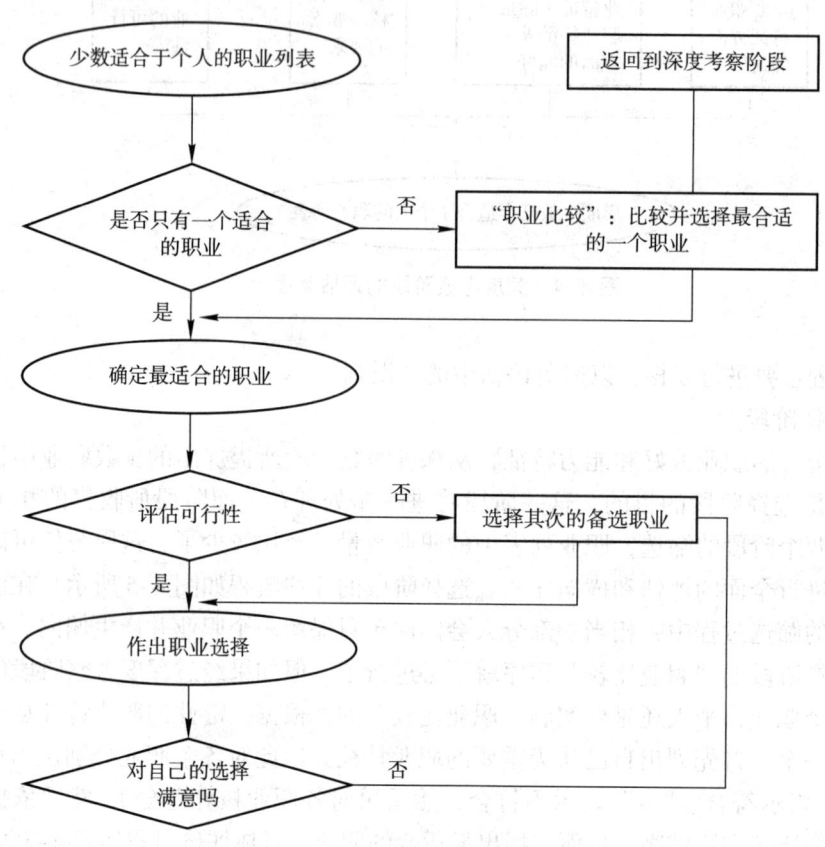

图 4-5　选择阶段的评估流程

（二）CIP 模型及其应用

盖瑞·彼得森（Gary Peterson）、詹姆斯·桑普森（James Sampson）和罗伯特·里尔登（Robert Reardon）1991 年在其著作《生涯发展和服务：一种认知的方法》（*Career Development and Services：A Cognitive Approach*）中详细阐述了职业生涯发展的新方法——认知信息加工（cognitive information processing，CIP）方法。认知信息加工理论主要关注解决职业生涯问题和做职业生涯决策的思维和记忆过程，强调职业生涯问题解决是一个认知的过程。这一理论在大学生职业生涯规划中具有很强的实践和借鉴作用。该理论用信息加工金字塔来说明个体职业生涯决策中的信息加工过程，认为个体的信息加工包括知识领域、决策技能领域和执行加工领域三个部分，它们的关系如图 4-6 所示。

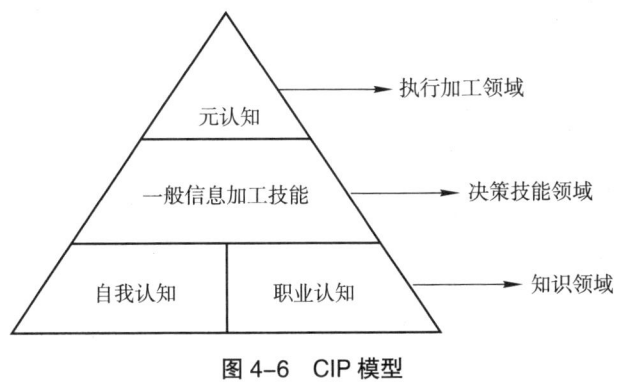

图 4-6　CIP 模型

彼得森等在决策技能领域提出了 5 个职业生涯决策技巧：沟通（communication）、分析（analysis）、综合（synthesis）、评估（valuing）和执行（execution），并缩写为 CASVE，用此来表述个体如何做出决策，也就是职业生涯决策是 5 个要素之间的往返循环过程（图 4-7）。

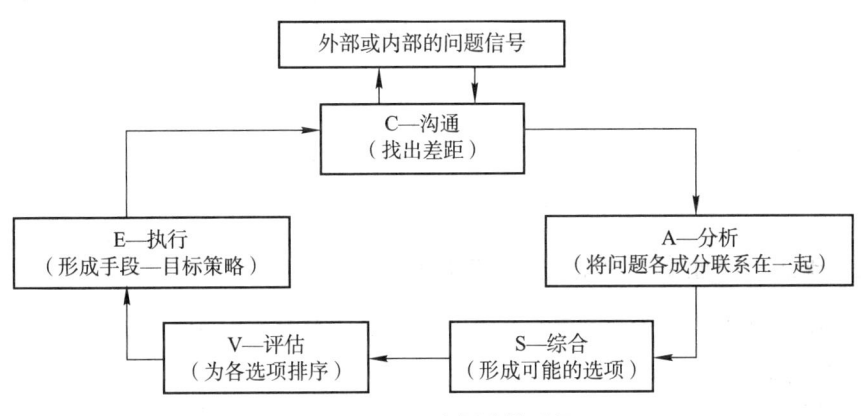

图 4-7　职业生涯决策过程

1. 沟通

通过沟通可以发现问题信号，发现理想情境与现实情况之间的差距，启动一个 CASVE 循环。通过内部和外部信号表现出来，意识到"我需要做出一个选择"，且问题不容忽视。比如，大学生毕业后要选择从事什么工作？大学生可以充分回忆过去自己所做的重要决策，如果有机会或条件也可与已经做出重大决策的师兄师姐们，或者与发生重大生涯转变的人交谈，了解他们当时的感受，以便自己做出正确的决策。

2. 分析

分析就是澄清或获得关于自我、职业、决策及元认知的知识，包括获得需要信息的各个步骤，思考、观察、研究，更加具体地提出问题。在这一阶段，大学生可以到就业指导服务中心、心理咨询中心测评自己的职业价值观、兴趣和技能，以确定了解自己，确保对各种选择的信息不存在偏见。在条件允许的情况下，大学生可以按照心理分析报告的要求，写一篇自我成长的报告，描述自己的生命历程及生活中重大事件对自己的影响，找出各种选择的正式信息和非正式信息之间的差异，寻找帮助自己把个性与可能的各种选择联系起来的主题。

3. 综合

精心搜索和综合选择就是所谓的综合。综合阶段是一个"扩大并缩减我的选择清单"的过程。精心搜索各种可能性以发现尽可能多的解决问题的方法。要综合细化，积极采用"头脑风暴法""全面撒网法"，尽可能扩展问题解决的选择清单；要综合具体化，将选择清单缩减到 3~5 项，各选项都要有助于问题的解决。

4. 评估

评估就是找出最优选择并做出临时选择，指在研究了什么选择最合适自己，环境以及那些与自己的生活关系密切的人之后，选择可能性最大的情况。在这一阶段，大学生要积极明确自己的价值观，检查你的最重要价值观与其他价值观是如何匹配或冲突的，回顾以前在什么时间做过哪些重要的决策以及你的价值观是如何参与决策的，当时哪些重要因素影响了你的决策，哪些重要的人影响了你的决策，同时识别与你每个最偏好选项相关的重要价值观。

5. 执行

执行就是设计一项计划来实施某一临时选择，包括培训准备、实践检验与求职。要积极以第一选择为目标重新构建计划，包括时间表、预算、里程碑、流程、压力与风险等。

在经过了以上几个阶段后，还要进行 CASVE 循环检验：问题信号是否消失？问题解决过程是否成功？是否需要启动新的 CASVE 循环等。大学生在职业生涯决策时可以根据自身情况，决定 CASVE 循环的次数和频率，直至最后做出正确的决策。

（三）卡茨的职业生涯决策理论及其应用

在卡茨的职业生涯决策理论中，职业生涯决策主要包括以下 4 个重要环节。

1. 选择目标

选择目标是决策的开始，对整个过程起着定向作用。职业目标是决策者的职业期望，是决策者对某项职业的追求和向往。职业生涯决策的任务就在于选定一个实现职业目标最有利的方案。

2. 收集和分析信息

正确的决策要以全面而可靠的信息为依据，否则决策就是无本之木，无源之水，就难以保证决策的准确性。

3. 决策分析

决策分析是职业生涯决策的核心，卡茨理论认为它包括预测系统、价值分析系统、确定标准三个阶段。预测系统就是列出方案并进行方案的可能性评价，同时也要认识到不成功或失败的风险；价值分析系统就是分析可能的方案中与自己的职业目标或需要是否相符，形成对各种不同方案的选择倾向；确定标准，客观分析各种职业的差异，正确评价社会舆论，努力把符合社会需要的价值标准内化为自己的价值标准，指导自己的选择，澄清个人的价值观念和价值层次，确定自己最主要或优先考虑的价值标准。

决策分析步骤包括以下几个方面。第一步是选择供决策的 2～3 个职业。第二步是针对每个职业的回报进行优良中差的评价，这决定了每个职业在"决策方块"纵轴上的位置，主要根据三个方面来判断，包括价值满足程度、兴趣一致程度、擅长技能的施展空间。第三步是对每个职业的成功机会进行优良中差的衡量，这决定了每个职业在"决策方块"横轴上的位置，主要根据工作能力、必需的准备和职业展望这三个方面来判断。第四步是将每个职业在"回报"和"机会"两个维度的结果呈现在"决策方块"上（图 4-8）。回报与机会乘积最大的职业，期望价值就最大。

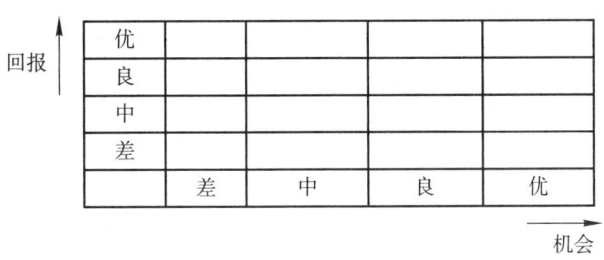

图 4-8　决策分析的"决策方块"图

4. 决策实施

决定和实施方案阶段，是决策的结果和执行。终结性决定和调查性决定是这一阶段出现的两种决策结果。终结性决定是决策者通过分析、比较、优选，选择了某一方案，作为自己的职业目标；调查性决定是一种探索性的决定，即在几个方案中已经有比较明确的选择倾向，但还希望进一步收集新的资料，并征求别人的意见，再做出最终选择。

职业生涯决策的各个决策阶段是一个相互交叉、相互渗透、重叠地反复展开的有机联系的整体。只有将这些阶段有机联系起来才能保证决策成功。

二、职业决策的一种具体方法——决策平衡表分析法

平衡表技术是一种卓有成效的职业生涯决策方法。人们在进行职业生涯决策的时候总是面临着许多这样那样的困难和干扰，使得原本就很棘手的决策变得更加复杂而难以操作。而平衡表技术恰好给人们提供了一面镜子，帮助人们把复杂的问题条理化、模糊的信息清晰化、错误的观念正确化，尽可能具体地从各个角度评价分析各个可供选择的方案，预先对各个方案实施以后可能带来的后果进行利弊得失的分析，还要对于其结果的可接受性进行检验，最终做出成熟的决策。

平衡表技术运用有两个基本条件，首先是决策者要具备事业成熟的相关条件，其次是决策者已经有了可供选择的多个职业发展方案。

平衡表需要包括 4 个方面的内容，自我物质方面的得失、他人物质方面的得失、自我赞许与否（自我精神方面的得失）以及社会赞许与否（他人精神方面的得失）。运用平衡表技术进行职业生涯决策的具体步骤包括以下几个方面：

（1）针对某一个可供选择的职业发展方案，整理自己所有重要想法，从对自己、对其他重要者、对社会这三个不同角度，分析选择后会带来怎样的得益，要付出什么代

价，并分析这些得益和代价是否可以接受，原因何在；然后对应职业生涯细目表，按重要程度为每个细目赋值，一般采用从 +10 到 –10 的数值。

（2）同样将其他可供选择的方案一一按照上述步骤进行思考分析。

（3）依分数累计，得出每一选择的总分。

（4）比较各个方案的得益大小和代价大小，分析得益与代价的可接受性，进而形成自己对最终决策的考虑。

需要注意的是，不同的评价细目对决策的意义不同，可以在进行上述评价时，对每个项目加权计分。表 4-6 显示了一次决策平衡表分析过程。

表 4-6　决策平衡表分析过程

选项	生涯选项：教书		生涯选项：读研	
考虑因素	+	–	+	–
一、个人物质得失				
个人收入（×4）	8（+32）			–6（–24）
健康状况（×2）		–6（–12）	3（+6）	
休闲时间（×3）		–1（–3）		–2（–6）
未来发展（×2）	2（+4）		6（+12）	
升迁状况（×1）	1（+1）		4（+4）	
社交范围（×3）	3（+9）			–1（–3）
二、他人物质得失				
家庭收入（×5）	3（+15）			–2（–10）
三、个人精神得失				
所学应用（×2）	5（+10）		5（+10）	
进修需要（×3）	1（+3）			–1（–3）
改变生活方式（×3）		–4（–12）	6（+18）	
富挑战性（×4）	2（+8）		3（+12）	
成就感（×5）	3（+15）		3（+15）	
四、他人精神得失				
父母支持（×4）	6（+24）		3（+12）	
好友、老师的认可（×3）	5（+15）		5（+15）	
男/女朋友支持（×2）		–8（–16）	2（+4）	
总分	93		62	

从表 4-6 中可以看出，经过决策平衡表的分析过程，教书生涯选项的总分为 93，而读研生涯选项的总分为 62，因此依照该决策平衡表的结果做出教书的生涯决策。在实际的平衡表技术使用过程中，我们应争取较为全面地提出生涯选项相关的考虑因素，并且应谨慎地考虑赋予每个选项的权重系数，因为权重的大小对最终结果将有直接影响。

第四节 改进职业生涯决策

一、职业生涯决策风格的类型

个体在长期决策过程中形成的比较稳定的决策倾向就是决策风格。根据美国学者丁克里奇的研究，人们通常采用的决策风格类型主要有以下几种。

1. 直觉型

直觉型是指决策者将自己的直觉感受作为决策的基础，他们对自己的决定通常说不出什么理由。这种类型的决策在人们无法获取充分信息的情况下可能比较有效，但通常会因先入为主而造成与事实不符。

2. 宿命型

宿命型是指遇事不由自己决定，而将决定权交给所谓的命运。"该怎么样就怎么样""顺其自然"这些词语是这种风格的人常挂在嘴边的口头禅，看似洒脱，其实可能是借以掩盖内心的无助。

3. 从众型

从众型也称顺从型。决策者倾向于顺从别人的计划而不是独立地作出决定，比如很多大学生一窝蜂地争取出国、进外企或参加各种培训班，只因为大家都这样做。从众的人固然在追随群体过程中获得了一种虚拟的安全感，但忽略了自身的独特性，这造成他们的选择在很大程度上并不适合自己。

4. 痛苦挣扎型

痛苦挣扎型也称苦闷型。决策者花很多时间和精力来搜集信息、反复比较，却难以做出决定，他们常爱说的一句话是"我就是拿不定主意"。在此情境下，需要弄清是否为情绪或非理性信念所困，阻碍了决策者的决策能力，如是否有完美主义倾向或害怕自己做出错误决定等。

5. 拖延型

拖延型是指决策者习惯将对问题的思考和行动往后推迟。拖延型的人心中暗暗抱有这样的希望，也许事情过几天就自动解决了，然而问题并不会自动解决，有时甚至越拖越严重。想逃避现实责任可能是拖延的真实原因。

6. 计划型

计划型是指决策者在作决策时能倾听自己内心的声音，并考虑外在环境的要求，以做出适当且明智的选择。即使面对纷繁复杂的现实决策环境，也能妥善规划，做出的决策往往满意程度高且具有可行性。

7. 瘫痪型

瘫痪型也称麻痹型。决策者可能过度焦虑或压力过大，往往在理智上接受了应当自己作决定的观念，却无法开始决策过程。他们无法真正为决策和决策的后果承担责任。

8. 冲动型

冲动型的决策者往往会抓住遇到的第一个选择，而不再考虑其他选择，这种决策方式可能是为了回避困难，不愿意花时间、精力去探索，其问题在于决策方式过于草率、决策后果风险较大，如以后有更好的选择时自然追悔莫及。

根据对"自己"和"环境"认知的多少，我们可以对以上决策风格类型进行分类，如表4-7所示。

表4-7　决策风格类型四分法表

对环境	对自己	
	未知	已知
未知	痛苦挣扎型 拖延型 瘫痪型	冲动型 直觉型
已知	从众型 宿命型	计划型

二、职业生涯决策风格的自我认知

（一）分析自己所属的决策风格

在了解不同决策风格的特征后，如何发挥好各种决策风格的优点，是大学生在进行生涯决策前的主要任务之一。进行决策风格测验也有一定的方法，通常主要采用通过对自己先前所做的事情的决策过程来分析我们所属的决策风格类型。

首先，考虑我们成长过程中已经经历过的重大决定，对其进行描述并记录下来，包括以下几个方面：

——当时的目标是什么。

——当时你所拥有可能的选择，拥有怎样的资源条件。

——你作出了怎样的选择以及作出选择的依据是什么，现在对于当时选择的评价。

其次，为了使检测的结果更加准确，一般选择三个以上的决策性事件进行分析。在完成事件描述后，需要对上述事件的决策过程进行综合性分析，与之前决策风格的描述相对比，对每项决策的风格进行判断。大学生决策风格可能正处于形成阶段，因此其检验出的决策风格结果可能差异性较大，此时则需要尽量选取近阶段的决策事件，同时尽可能地多考虑，以使决策风格检验的结果正确。

最后，当决策风格检验结果正确后，生涯决策者应当根据自己所属的决策风格重新进行决策策划，突出自身特点的同时尽量避其缺点，从而获得最终决策结果。

可以按表4-8的内容，进行自己的决策风格描述。

下表是小张同学在老师的指导下填写的个人决策风格判定表（表4-9）

通过对三个决策事件的回顾及个人决策风格判定工具表的填写，小张意识到自己最常用的决策模式是顺从父母和老师的意见，有时也凭自己的直觉行事。顺从型决策很大程度上忽略了自己的个人特质，使得决策有可能不适合自己，而直觉型决策虽然一定程度上考虑了自己的感受，但有可能不符合事实，有时会产生偏见，因此不能仅仅将直觉作为决策的参考。

小张通过学习，明白自己可以也应当为自己的职业生涯做出决策，当然这种决策应建立在对自己及环境充分了解的基础上，使自己的决策风格由顺从型和冲动型向计划型

转变。此外，小张还应掌握好决策方法和技能，为自己的职业发展上进行计划型决策做
准备。

表 4-8 个人决策风格判定工具

		事件一	事件二	事件三
风格描述	目标或当时情境			
	你所有的选择（2 个以上）			
	你做出的选择			
	做出选择的主要依据			
	运用的决策方法			
	自己对决策结果进行评价			
	其他人对决策结果的评价			
	其他人对于你决策风格的判定			
个人决策风格判定				

表 4-9 个人决策风格判定表

		事件一	事件二	事件三
风格描述	目标或当时情境	初三时成绩不理想，尤其是理科成绩不理想，将来可能考不上大学。因此妈妈主张考中专，但爸爸坚持考高中	高一时学校通讯社招聘记者，渴望实现自己的作家梦，但父母怕影响自己的学习，不同意	高考前填报志愿，自己喜欢学中文或英语，父母觉得没有优势，不容易找工作，老师建议学国际贸易专业
	你所有的选择（2 个以上）	考高中；考中专	参加通讯社；不参加通讯社	中文专业；英语专业；国贸专业
	你做出的选择	考高中	参加通讯社	国贸专业
	做出选择的主要依据	父亲的坚持	自己的梦想	父母意见，老师建议
	运用的决策方法	仅凭父亲的主观意识	SWOT 分析法	SWOT 分析和 CASVE 循环结合
	自己对决策结果进行评价	这一决策是正确的，让做自己接触了更广阔的世界	充分分析了自己的劣势，并对自己当时的勇气和决心感到自豪，是自己在追逐梦想过程中的重要经历	自身优势分析准确，对自己的兴趣爱好有充分的了解，同时决策是考虑了多方面的因素。学习国贸专业后，觉得比单纯学外语好
	其他人对决策结果的评价	成功考上大学，接触更广阔的世界，决策比较成功	没有影响学习，也实现了自己的梦想，决策较为成功	国贸专业比较热门，对语言要求高，英语是主要学习任务之一，决策较为成功。
	其他人对于你决策风格的判定	顺从型	直觉型	顺从型
个人决策风格判定		顺从型	直觉型	顺从型

（二）职业生涯决策风格类型测试

可以通过表4–10对职业生涯决策的风格类型进行测试。计分方法为：将同一题组的得分（选择"符合"得1分，"不符"不得分）记入测试结果表4–11中，哪种类型得分最高，您可能就属于哪种决策风格类型。

表4–10　职业生涯决策风格类型测试表

序号	情景陈述	符合	不符
1	我常匆促、草率地判断情况		
2	我常凭一时冲动做事		
3	我经常改变我的决定		
4	作决定之前，我从未做任何准备，也未分析可能的结果		
5	我常不经慎重思考就作决定		
6	我喜欢凭直觉做事		
7	我做事时不喜欢自己出主意		
8	做事时我喜欢有人在旁边，以随时商量		
9	发现别人的看法与我不同，我便不知该怎么办		
10	我很容易受到别人意见的影响		
11	在父母、师长或亲友催促我作决定之前，我并不打算作任何决定		
12	我常让父母、师长或亲友来为我作决定		
13	碰到难作决定的事情，我就把它摆在一边		
14	需要作决定时，我就紧张不安		
15	我做事总是东想西想，下不了决心		
16	我觉得作决定是一件痛苦的事情		
17	为了避免作决定的痛苦，我现在并不想作决定		
18	我处理事情经常犹豫不决		
19	我会多方收集作决定所必需的一些个人及环境的资料		
20	我会将收集到的资料加以比较分析，列出选择的方案		
21	我会衡量各项可行方案的利益得失，判断出此时此地最好的选择		
22	我会参考其他人的意见，再斟酌自己的情况来作出最适合自己的决定		
23	经过深思熟虑之后，我会明确决定一项最佳的方案		
24	确定所选择的方案后，我会做必要的准备并全力以赴做好		

表4–11　职业生涯决策风格类型测试结果表

题组	1~6题组	7~12题组	13~18题组	19~24题组
得分				
决策类型	冲动直觉型	依赖型	逃避犹豫型	理性型

三、验证职业决策

验证职业决策，是改进决策的必经过程，通过分析自身现状、自我反省、寻求帮助等步骤来监控自身职业决策过程。

（一）分析自己的角色

1. 自我优势分析（知己）

（1）你曾经做过什么：即你已有的人生经历和体验，如在学校期间担当的职务，曾经参与或组织的实践活动，获得过的奖励等。这些可以从侧面反映出一个人的素质状况。在自我分析时，要善于利用过去的经验选择、推断未来的工作方向和机会。

（2）你学习了什么：在学校期间，你从学习的专业课程中获得了什么。专业也许在未来的工作中并不起多大的作用，但在一定程度上决定你的职业方向，因而尽自己最大努力学好专业课程是职业生涯规划的前提条件之一。

（3）最成功的是什么：你可能做过很多，但最成功的是什么？为何成功？是偶然还是必然？通过分析，可以发现自我性格优越的一面，譬如坚强、果断，以此作为个人深层次挖掘的动力之源和魅力闪光点，这也是职业生涯规划的有力支撑。

2. 自我劣势分析（知己）

（1）性格弱点：一个独立坚强的人会很难和他人默契合作，而一个优柔寡断的人绝难担当企业管理者的重任。卡耐基曾说，人性的弱点并不可怕，关键是要有正确的认识，认真对待，尽量寻找弥补、克服的办法，使自我趋向完善。

（2）经验或经历中所欠缺的方面：也许你曾多次失败，就是找不到成功的捷径；需要你做某项工作，而之前从未接触过，这都说明经历的欠缺。欠缺并不可怕，怕的是自己还没认识到，却一味地不懂装懂。

3. 环境分析（知彼）

（1）对社会大环境的认识与分析：当前社会政治、经济发展趋势；社会热门职业门类分布与需求状况；自己所选择职业在当前和未来社会中的地位情况；社会发展趋势对自己职业的影响。

（2）对自己所选企业的组织环境分析：所从事行业的发展状况和前景；本行业中的地位和发展趋势；所面对的市场状况，包括行业环境分析和企业环境分析。

4. 人际关系分析（知彼）

个人职业过程中将同哪些人交往，其中哪些人将对自身发展起重要作用，是何种作用。这种作用会持续多久，如何与他们保持联系，可采用什么方法予以实现；工作中遇到什么样的同事或竞争者，如何相处、对待。外因是变化的条件，内因是变化的依据。既知己又知彼，职业决策就有了成功的基础。

（二）适当的反省

确切地说，写下阻碍你达到目标的自己的缺点、所处环境的劣势。这些缺点一定是和你的目标有联系的，而不是分析自己所有的缺点。它们可能是你素质方面、知识方面、能力方面、创造力方面、财力方面或者行为习惯方面的不足。当你发现自己不足时，就下决心改正它，这能使你不断进步。

（三）寻求帮助

能分析出自己行为习惯中的缺点并不难，但要去改变它们却很难。请你的父母、老师、朋友、职业咨询顾问帮助你。有外力的协助和监督会帮你更有效地完成这一步骤。

第五章　大学生职业生涯规划的制订

　　大学虽然是大学生人生中不长的几年，但因在自然生命上汇聚了青春最炽热的年华而影响深远。当代大学生群体与时代同频共振，眼光开阔，思维敏锐，是我们国家与民族的希望所在。他们的培养，除了国家、社会、学校创造各种必备条件外，个人的努力是更重要的因素，科学合理地进行大学生职业生涯规划又是其中的关键环节。

第一节　职业生涯规划概要

一、大学生职业生涯规划的内涵

（一）大学生职业生涯规划的定义

　　大学生在大学期间对决定自己职业生涯的主客观因素进行分析、总结和测定，结合个人自身情况和环境状况，为实现人生的职业理想而确定的行动方向、时间和方案，并选择实现这一事业目标的职业，采取一系列的行动计划并加以实施的过程，称为大学生职业生涯规划，大学生职业生涯规划为大学生未来的就业、择业和创业奠定良好的基础。

（二）大学生职业生涯规划的特征

　　职业生涯规划要求大学生根据自身的兴趣、特点，将自己定位在一个最能发挥自己长处、最大限度地实现自我价值的位置，大学生职业生涯规划实质上是追求最佳职业生涯的过程。因此大学生的职业生涯规划具有以下特征：

　　（1）可行性特征。规划要有事实依据，要根据个人特点、组织发展需要和社会发展需要来制定，不能存有不着边际的梦想。

　　（2）清晰性特征。规划一定要清晰、明确，能够把它转化成为一个个可以实施的行动，人生各个阶段的路线与安排一定要具体、清晰。

　　（3）长期性特征。规划一定要从长远来考虑，只有这样才能给人生设定一个大方向，使你集中力量紧紧围绕这个方向做出努力，最终取得成功。

　　（4）持续性特征。大学生每个发展阶段应连贯衔接，确保阶段的具体设计与人生总体规划一致，不能摇摆偏离而浪费各发展阶段的人力资本。

　　（5）适时性特征。规划是预测未来的行动，确保将来的目标，因此各项主要活动，何时实施、何时完成，都应有时间上的要求，因时制宜，与时俱进。

（三）大学生职业生涯规划的基本理念

1. 职业生涯规划不一定都成功，但没有规划很难成功

以前我们父辈们的职业生涯都由组织来"安排"，他们被社会环境所左右，在这种情况下，个人有再好的职业生涯规划也是无济于事的。而现在环境的因素已经弱化了，想干什么、怎么发展基本取决于每个人自己。在这种环境下，如果没有清晰的职业生涯规划，就会像大海里迷失方向的小船一样，它是不可能到达一个理想的终点的。大学生的事业能否成功取决于太多的因素，个人的素质、机遇和环境都起着重要的作用。大学生的职业生涯规划不一定能保证成功，但是没有规划的生涯是很难成功的。可以说，大学生对自己的发展有规划肯定优于不规划，多规划一定胜于少规划。

2. 职业生涯规划不要起因于对现实工作的不满

大学生在进行职业生涯规划之前，必须先要有一颗平常心，有条理地分析自己的各项因素——评估自己、解析环境、了解企业。然后以客观、合理的态度来决定自己将何去何从。如果对职业生涯规划的这一问题缺乏理性的认识，那对职业生涯规划这件事情来说，很有可能是得不偿失的。因为大学生职业生涯规划绝对不是情绪化或者不满的代名词，更不是因为是在对生活已经产生情绪化或不满时，才来做职业生涯规划，希望通过对生涯的规划来消除或减轻自己的情绪化与不满。虽然职业生涯规划有时确实能解决生活与工作上的情绪化与不满，但是不要混淆"手段"与"目的"。

3. 了解自己的特色

所谓的特色就是你个人所拥有的，与别人不同的地方。每一个人的职业生涯都要依据个人的特色来设计，才比较容易成功。当然除了特色之外，还有一些习惯、身体状况等，都和职业生涯规划有密不可分的关系。根据个人的不同特色将可被规划的人生区分为七大类型，如表5–1。

表 5–1　人生的七大类型

类型	特色
技术专家型	他们所提供的服务与产品是帮助人们解决问题和克服困难的，从事诸如电脑、建筑、医师、雕刻之类的工作，属于应用技术、专业工作的人，对专业不仅必须了解、熟记于脑海中，并且还必须熟练操作，随时可以展现专业技巧
知识专家型	他们用知识和专业来谋生，从事诸如教学、研究开发、写作、律师、会计之类的工作，给人类社会的进步创造了很多价值，受到人们的尊重
一马当先型	他们做事果敢，意气风发，凡事一马当先，身先士卒，只进不退
天纵英才型	天生机智，学习比别人快，吸收比别人多，似乎什么事情都不是难事，容易养成一些骄纵的性格
取长补短型	能结合与自己专长、能力相辅的人，共同工作与生活，不但创造了自己的，也创造了朋友和同事的灿烂人生
随遇而安型	不是说没有了志气，而是已经被生活同化吞没了，只要今天过得去，就过了今天再说，明天的事情明天再说
海市蜃楼型	好大喜功，凡事讲究排场、气派，没有的事情，在他来说就可以弄成琼楼玉宇、美不胜收

二、大学生职业生涯规划的意义

职业生涯规划，是近几年企业人力资源开发和个人自我发展的重要内容之一，也是21世纪组织人力资源管理的又一个格外引人注目的课题。简单地说，大学生进行职业生涯规划有以下意义。

1. 大学生职业生涯规划是实现大学生终身学习机制的需要

终身教育是一个更加主动、积极的接受教育的发展过程。关心未来的学习能力和发展的可能性，是终身教育体系的重要特点，而大学生职业生涯的发展特点即是要实现未来社会所需求人才的发展目标，并围绕学会学习、学会合作、学会发展、学会做事4个方面的目标而努力。

（1）学会学习

在大学生职业生涯规划中，学会学习是学习能力的发展目标。在这里，学习是大学生为了提高生活质量，实现自己价值追求的途径。大学生在这一学习的过程中，既要重视书本知识的学习和积累，更要重视现实生活能力的发展；既要重视接受性学习，更要重视独立的、创造性性格的养成；既要关心目前的学习状况，更要关心把知识和行为联系起来的能力形成。

（2）学会合作

合作是人类和平共处，实现共同发展目标的心理基础和行为活动能力。学会合作是职业生涯规划中，大学生合作精神的发展目标。因此，齐心协力、相互配合、互相促进、互相帮助、互相支持、互相补充、互相影响、互相依赖、真诚合作、和谐相处，相容、相通、谅解、支持、宽容、沟通、友好、融洽……就成了未来社会职业生活中人类合群性特征的具体表现。合作，能以互相补偿的方式促使大学生和用人单位的需要、利益、兴趣得到最大的满足。

（3）学会发展

在职业生涯规划中，学会发展是大学生学会适应和改变自己生存、生活的发展目标。大学生要使自己的职业生涯获得成功，就必须充分重视发掘自己的发展潜能，强调和尊重个性，在提高各项能力和素质的基础上，使自己能够把握各种有利的发展机会，并时刻准备能够肩负起时代和历史赋予的责任和义务，迈向卓越的人生。

（4）学会做事

在职业生涯规划中，学会做事是大学生适应社会各种岗位工作的能力发展目标。由于知识和信息对生产系统的支配作用日趋增加，传统的职业资格概念将逐渐被个人的能力概念所取代。因此，要求大学生在人生的各种社会经历的范围内学会做事，学会应付各种问题，并发展各种能力。

2. 大学生职业生涯规划是顺应社会发展的需要

顺应社会发展，即要从社会发展的角度来看待自己的职业生涯；要能使自己了解社会职业变化的方向以便适应快速变化的社会，从而在飞速发展的社会中更快地成长；要清楚知道，社会发展的需要还可以决定自己生涯发展的目标、方向。对大学生来说，它有以下实际的作用。

（1）促使大学生更快地成长

科技的加速发展，必然引发社会经济的变革，以知识为基础的形态正在逐步形成。如果说工业经济时代是以能源材料创造财富的话，那么知识经济时代则是依靠知识来创造财富。人的知识正在构建新的生产力体系，社会财富及经济效益的增加越来越依赖于知识的创新。大学生职业生涯规划立足变革时代，重视和强调人对未来发展的适应性，这就能促使大学生更快地成长。

（2）增强大学生接受社会挑战的勇气

21世纪人类面临科学技术加速发展和社会急剧变化的挑战。21世纪是科技创新与不同领域融合的时代，知识增加的数量将变得难以用时间来估算。因此，对人才的合理开发与计划利用就成为这快速变化的社会格外重要的课题，职业生涯规划将增强大学生接受社会挑战的勇气。

（3）激励大学生对职业技能的追求

知识经济改变社会的产业结构，促使人们的工作世界发生根本变化。社会职业的内涵和大学生从事职业的方式也将有所变化。大学生职业生涯规划可以有效地激励大学生对职业技能永不松懈的追求。

（4）实现大学生职业生涯发展目标

由于大学生职业生涯计划是从未来和发展的角度来看待自己的一生的，因此它力求使大学生能够尽力适应社会的快速变迁，适应社会职业变化的方向，更好地规划和实现自己的职业生涯发展目标。

3. 大学生职业生涯规划是大学生全面做好应对职业挑战的迫切需要

当前我国的学生就业指导工作，一般还停留于讲讲就业政策，收集和发布一些社会用人信息，学校出面主办人才招聘会，为学生就业牵线搭桥，用开设讲座的方式给学生传授一些求职技巧，要求学生调整心态，主动适应社会环境，传授学生一些创业基本知识等。这种低起点、浅层次的就业指导，远远无法满足就业市场对大学生的要求。所以，大学生在有关专家和专业书籍的指导下有意识地自主进行职业生涯规划就显得非常迫切。高校要根据我国大学生的实际情况，确定职业生涯辅导的逻辑起点，从认知阶段起步，将职业指导贯穿于高等教育的全过程，力求使大学生们在走向职业生活之前，从观念、心态、知识、技能等方面做好应对职业挑战的全面准备。同时，要针对当前高校生涯辅导、职业指导课程随意性大、规范性差的实际问题，尽快形成适应现阶段大学生实际需要的、与市场经济体制接轨的指导教材，使大学生就业指导逐步规范化、系统化。

4. 大学生职业生涯规划是促进大学生事业成功的需要

成就一番事业是每一位大学生的人生理想，然而现实生活中并非人人都能如愿以偿。对此，职业生涯规划可以为每位渴望获得成功的大学生提供明确有效的技术与方法。

第一，职业生涯规划可以使大学生充分认识自我。在社会快速变迁、经济竞争不断加强的时代，认识自我，可以更好并及早地设计自己的职业生涯，在自我内在的潜能上不断开发，创造成功的人生。

第二，职业生涯规划可以帮助大学生客观地分析社会环境，体察各种变异的条件，并帮助大学生克服因环境的变迁而导致的心理失衡，克服职业生涯发展困阻，勇敢地面对社会的竞争和环境的挑战。

第三，职业生涯规划可以及早地对自己的职业发展进行定位，更快地获得升迁和发展的机会，沿着一条正确的自我发展的职业道路，到达成功的彼岸。

第四，职业生涯规划可以帮助大学生树立明确的发展目标。树立了明确的目标，才能向着目标方向努力，才能有意识地为他的目标收集积累素材、创造条件，并使自我的行为符合自己制定的目标。

第五，职业生涯规划可以加速大学生的自我完善。个体要与社会相适应，就必须在人生态度、情感方式、思维方式、行为模式、价值取向和知识结构等诸方面完成向现代文明素质的转化，才能使大学生的主体意识、平等意识、效益意识、创新意识等得到充分的发挥和展示，并走向成功。

5. 大学生职业生涯规划是组织开发人才资源的需要

现代企业职业生涯管理的主要特点是让员工得到适时性发展。个体想成为什么样的人才，组织就创造条件让其获得成功。大学生职业生涯规划是组织开发人才资源的需要。市场经济条件下的市场竞争，其实就是人才的竞争。一个企业要想在未来竞争日趋激烈的经济环境中立于不败之地，就必须重视人才资源的合理使用和人才资源的科学开发。而职业生涯规划遵循的是人的个性发展观，企业员工的使用与配置、发展与培训等，都要考虑员工的个性特征，合理安置在适宜的工作岗位上，就能最大限度地保证能力与职业的匹配，因而可以充分地激发个体的积极性和创造性，实现人的价值。

在人的心理发展历程中，教育培训将始终是伴随其健康成长的主要活动，也贯穿于员工整个职业生涯中。职业生涯规划，可以满足组织与个体的培训的需要。有计划地给员工提供各种培训，以提高员工的各种能力和素质，给员工成长提供必要的帮助与指导。而且，职业生涯规划，充分地考虑到了企业未来的发展目标和个体未来的人生目标，因而它必须以实现组织与个人的双赢为前提，让员工的发展与组织的发展目标相一致，让个体职业生涯目标与组织的发展战略相吻合。

另外，通过对职业生涯进行科学的设计，对人才进行具体的评估，如评估自己的能力、性格、智力、现有知识结构等，就可以发现自己的兴趣、优势与差距，才能准确地把握自己，使自己得到适时的发展。组织则可以利用评估结果，安排出符合员工个体发展的生涯通路，从而有效避免个体利益的恶性膨胀和人才的流失。

三、大学生职业生涯规划的依据

大学生职业生涯规划的依据可以从大学生个性特征的多样性和职业选择的多样性两个方面来考虑。

1. 个性心理特征的多样性

人的个性心理特征多种多样，互不相同。正是这种不同，为我们每个大学生设计不同的职业生涯提供了重要依据。

每个大学生都有其自身的独特特点，价值观是不同的，动机也是多种多样的，这也就导致了人与人之间对待生活和工作的态度的差异，正是无数个千差万别的个体构成了我们丰富多彩的社会。每个大学生都具有独特性，他们的兴趣模式是多种多样的，行为方式也是多种多样的，所以才有必要根据每个人的特点设计适合自己的发展之路。

2. 职业选择的多样性

个性心理特征的多样性使大学生的职业生涯规划有了必要性，职业选择的多样性则使大学生的职业生涯规划有了现实性，大学生可以根据自主性、行业性质、机构性质、地域性、自由度来进行职业生涯规划选择。

随着社会的发展，职业的自主性在不断地提高，各行各业都需要发挥工作者的聪明才智。但从大学生的角度来说，不同的选择，职业自主性是不同的。选择自己办公司单干自主性是最大的，而选择各项制度已很完备的国有企业或外企自主性就比较小些。所以，从工作自主性方面来说，每个人可以根据自己的能力、所占有的资源等方面的因素进行选择。

不同的行业性质区别是很大的，这就要求大学生尽量向有前景的行业上去发展，因为这些行业不仅发展机遇和待遇更好，而且这些行业的就业机会也更多。当然，每个人的专业、兴趣爱好和特长不同，应充分考虑自己的这些现实情况，否则也是得不偿失的。

不同职业的机构性质也是各不相同的。相对来说，小单位人员关系简单，锻炼机会多；大公司、大机关则有比较开阔的眼界，能够建立起庞大的人际关系网。两类单位各有千秋，每个大学生应该根据自己的情况来选择。

地域也是职业生涯选择的一个考虑因素，不同地域的经济发达程度、职业发展机会都是有很大的差异的。现在许多大学毕业生总是千方百计地想留在东部沿海发达地区工作，特别是京、沪、粤等大城市工作，不过，西部地区现在也有很多发展机会，也许有的大学生更适合去西部发展自己的事业。

自由度也是职业的一个特性，多数职业每天都需要有七八个小时的固定上班时间，但也有些职业无此项要求，如大学老师、记者、推销员等。这样，每个人可以根据自己的特点和爱好来选择相应自由度的职业。

四、大学生职业生涯规划的原则

大学生职业生涯规划是对自身发展前景、发展任务、实现步骤等未来事物的计划，要使计划得以实现，也要遵循一定的原则。

1. 实事求是原则

实事求是的原则是我们在制订整个规划中必须始终坚持的一条基本原则，是我们合理制订、成功实现职业生涯规划的基本前提。实事求是就是要根据实际情况，做到既不夸大，又不缩小，如实反映客观事物本来面貌来制订自己的职业生涯规划。尤其体现在进行职业倾向、职业能力、职业素质、职业前景预测分析等方面，都一定要如实客观地准确地认识自我，正确评价自我，确切定位自我，不能随大流，想当然。

2. 因人而异的原则

在职业生涯规划中，大学生要根据个人差异，诸如性格特质差异、职业兴趣的差异、专业差异、个人综合素质、能力的差异以及环境差异，诸如市场对人才的需求、就业政策方针等具体情况来设计自己的职业生涯，以便充分体现计划的个性化、针对性和差异性特质。

3. 循序渐进性原则

循序渐进性原则就是按照一定的步骤和计划逐渐进行和开展。

大学生在进行职业生涯规划时，要充分考虑企业和个体的不同发展阶段，有目的、有步骤、有计划地调整和安排各个不同阶段的职业生涯计划，以便成功实现目标。因为作为大学生职业生涯规划而言，它本身也是一个有机的、逐渐剥离的系统过程，它要求有一定的方案、方法和方式，我们不能指望一蹴而就地实现理想中的某个目标，这也是一个循序渐进的过程。而且，大学生在计划中所设定的理想的职业工作，它的获得必须是要以一定的素质、能力和知识作为基础，而这些因素的具备是一个循序渐进的过程。

五、大学生职业生涯规划的影响因素

从职业生涯发展的规律看，每个人都有不同的发展阶段与历程，职业生涯规划的重点也就有所不同，不同的人在其做职业生涯规划时，所考虑的因素也有所不同。因此，大学生在进行职业生涯规划时，要仔细考虑影响自己职业生涯的每一个因素。

1. 性别

虽然男女平等观念已普遍被现代社会所接受，但"性别因素"仍然扮演着重要的角色。事实上，很少有人能完全漠视性别问题。男生与女生生理上的差别，在择业和适应职业上会形成自然差别，男生与女生在择业价值观上也会根据生理条件而形成差别。因此，由于性别的原因，在职业生涯规划上也会形成不同的特点。

2. 身心状况

身心状况即个人的身体和心理状况与职业对其要求的特点是否适当的问题。身心健康对于职业选择特别重要，几乎所有的职业都需要健康的身心。不仅如此，职业适应也与身心有着很大的内在的关系，有的职业要求视力、身高、体重；有的职业要求耐心、细心；有的职业需要不断创新等。

3. 家庭负担

家庭负担是对别人（多为家人或朋友）、对社会及对财务状况所承担的义务。任何年满 18 周岁的成年人必定会受各种义务的束缚。事实上，有些毕业生由于家庭负担过重，而不得不考虑现实利益，放弃了自己的理想职业期望，而从事较为现实的职业，但也有的会待条件成熟再选择理想的职业。

4. 机遇

机遇是随机出现的、具有偶然性因素的事物，它包括社会各种职业对一个人展示的随机性的岗位，或者说是一个能够就业和流动的各种职业岗位，也包括能够给个人提供发展的职业境遇。机遇是影响职业生涯的偶然因素，但是对个人的职业生涯而言，有时又具有决定性的作用。机遇本身是客观存在的，机遇只垂青那些有准备的人。个人的能动性会导致寻求到新的发展机会，或者自己创造机会。许多事业上成功的人，不是靠家庭、亲友的帮助，也不依赖社会给予的现成机会，而是靠自己的努力奋斗和开拓进取。

在仔细分析了影响自己职业生涯的各种因素之后，就可以较好地解决职业生涯规划中"干什么""何处干""怎样干"这三个最基本的问题。这三个问题解决好了，职业生涯发展就会比较顺利。

第二节 制订大学生职业生涯规划的方法与步骤

职业生涯规划是人一生的发展中具有前瞻性的系统工程，无论是对个体的职业生涯的发展还是组织的职业生涯的开发，都具有战略意义。

一、大学生职业生涯规划设计的主要方法

科学、可行的职业生涯规划方法，可以让组织和个体顺利地实现各自的目标。受大学生个体差异因素的影响，在大学生职业生涯规划方法的选择上，难以找到一种通用的范式。对当代大学生来说，主要有以下几种。

（一）自我规划"五步法"

"五步法"也是职业规划的一种简单易行的方法。"五步法"依托于有关 5 个"WHAT"的归零思考模式，这 5 个问题是：

1. What are you?（你是谁？）

这个问题是对自己进行一次深刻的反思，想想自己到底是怎样的一个人，有一个比较清醒的认识，优点和缺点，都应该一一列出来。分析的内容包括个人的兴趣爱好、性格倾向、身体状况、教育背景、专长、过往经历和思维能力。

2. What do you want?（你想做什么？）

这个问题是对自己职业发展的一个心理趋向的检查。每个人在不同阶段的兴趣和目标并不完全一致，有时甚至是完全对立的。特别要注意的是学习目标的不断确立。只有不断确立学习目标，才能不被激烈的竞争淘汰，才能不断超越自我，登上更高的职业高峰。但随着年龄和经历的增长而逐渐固定，并最终锁定自己的终生理想。

3. What can you do?（你会做什么？）

这个问题是对自己能力与潜力的全面总结，一个人职业的定位最根本的还要归结于他的能力，而他职业发展空间的大小则取决于自己的潜力。对于一个人潜力的了解应该从几个方面着手，如对事的兴趣、做事的韧力、临事的判断力以及知识结构是否全面、是否及时更新等。把能确定的能力和自己认为能够开发出来的潜力一一列举出来，并进行认真的排序，使自己能够清晰地了解自己的能力所在，判断自己能够做什么。最好能学以致用，发挥自己的专长，在学习过程中积累自己的专业相关知识技能。同时个人工作经历也是一个重要的经验积累。

4. What can support you?（环境支持或允许你做什么？）

这个问题是要考虑环境对个人发展的影响。每个人都处在一定的社会环境之中，离开了这个环境，便无法生存与成长。只有对这些环境因素充分了解，才能做到在复杂的环境中避害趋利，使你的职业生涯规划具有实际意义。这种环境支持在客观方面包括本地的各种状态，比如经济发展、人事政策、企业制度、职业空间等；人为主观方面包括同事关系、领导态度、亲戚关系等，两方面的因素应该综合起来看。有时我们在做职业选择时常常忽视主观方面的东西，没有将一切有利于自己发展的因素调动起来，从而影响了自己的职业切入点。在国外，通过同事、熟人的引荐找到工作是最正常也是最容易的。

5. What can you be in the end?（你的职业与生活规划是什么？）

明晰了前面 4 个问题，就会从各个问题中找到对实现有关职业目标有利和不利的条件，列出不利条件最少的、自己想做而且又能够做的职业目标，那么第五个问题"你的职业与生活规划是什么"自然就有了一个清楚明了的框架。机会总是偏爱有准备的人，如果一个人做好了职业生涯规划，为将来的职业做好了充分的准备，在就业市场中，就自然比没有做准备的人机会更多。

职业生涯规划最基础的工作首先是要知己，即要客观全面认清自我，充分了解自己的职业兴趣、能力结构、职业价值观、行事风格、自己的优势与劣势等。正确认识自我越来越受到各界的关注。只有正确认识自己，才能进行准确的职业定位并对自己的职业发展目标做出正确的选择，才能选定适合自己的职业生涯路线，才能对自己的职业生涯目标做出最佳选择。所以，综合回答这 5 个问题，找到它们的共同点，你就可以设计出自己的职业生涯规划。

（二）SWOT 分析法

SWOT 分析法最早是由哈佛商学院的 K.J. 安德鲁斯教授于 1971 年在其《公司战略概念》一书中提出的。安德鲁斯教授把面临竞争的企业所处的环境分为内环境和外环境，其中内环境分析包括企业的优势分析和劣势分析，而外环境分析包括企业面临的机会分析和威胁分析。这种综合分析企业的内外环境，从而为企业中长期发展制定战略的方法就是 SWOT 分析法。SWOT 是英文单词 Strengths（优势）、Weaknesses（劣势）、Opportunities（机会）、Threats（威胁）的缩写。一般来说，S、W 从属于个人自身因素，O、T 从属于外部环境因素。

SWOT 分析法就是通过调查分析将研究对象的这四方面因素罗列出来，并依照一定的次序排列成矩阵形式，然后将各种因素相互匹配起来进行全面、系统准确的分析，根据得出的结论制定相应的策略。SWOT 分析法具体包括以下四方面。

1. 优势分析

通过优势分析，可以发现自我性格优势，如坚强、果断，以此作为个人深层次挖掘的动力的闪光点，也是职业规划的有力支撑。优势分析可以从自己的经历、自己学到的知识和成功点三个方面去分析。

首先，分析自己的人生经历和体验。如在学校期间，曾经参与或组织的实践活动、获得过的奖励等，这反映出一个人的素质状况。在自我分析时，要善于总结经验，确定未来的工作方向和机会。

其次，分析自己学到的知识。如在学校期间，从专业学习中获得了哪方面的知识？接受过什么培训？自学过什么？有什么独到的想法和专长？

再次，分析自己的成功点。可能做过很多事情，但最成功的是什么？是偶然还是必然？

2. 劣势分析

劣势分析是分析自己的性格缺点或经历中所欠缺的方面。找到自己所欠缺的方面之后，认真对待，善于发现，努力克服和提高，可以打出"给我时间，我可以做得更好"的旗号。劣势分析主要可以从两个方面来入手：

第一，分析自己经验或经历中所欠缺的方面，如学管理专业却没有管理经验；学中文或新闻专业，却没有到报社实习，缺乏实践经验；学市场营销专业却没有营销策划经历，等等。

第二，分析自己的性格弱点，如不善交际、感情用事等。人无法避免与生俱来的弱点，这就意味着，自己在某些方面存在着先天不足，是力不能及的。多安下心来，跟别人好好聊聊，看看别人眼中的自己是什么样子，与预想是否一致，找出其中的偏差并弥补，这将有助于自我提高。

3. 机会分析

机会分析是对社会大环境的认识和分析，即对当前社会政治、经济、科技的趋势是否有利于所选职业的发展。机会分析包括对所处环境和以后所选择的单位的外部环境分析和人际关系分析两个方面：外部环境分析主要分析哪些因素对自己有利，将来所选的单位在本行业中的地位和发展趋势及市场竞争力如何；人际关系分析主要分析哪些人对自己的职业发展有帮助，作用会持续多久，如何与他们保持联系。

4. 威胁分析

威胁分析是对所处环境和以后所选择的单位内部危机进行分析。如行业是否萎缩？单位是否重组或改制？有无空缺职位？竞争该职位的具体条件是什么？有多少人和自己争这个职位？目前有哪些因素对自己不利，等等。

表 5-2 是 SWOT 分析表，大家可以逐一对照自我分析，然后填上自己的分析结果。

表 5-2 个体职业决策中的 SWOT 矩阵

	优势	劣势
内部因素	指个体可控并可利用的内在积极因素： ·工作经验 ·教育背景 ·丰富的专业知识和技能 ·特定的可转移技巧（如沟通、职业道德、团队合作、领导能力等） ·人格特性（如职业道德、自我约束、承受工作压力的能力、创造性、乐观等） ·广泛的个人关系网络 ·在专业组织中的影响力	指个体可控并努力改善的内在消极因素： ·缺乏工作经验 ·学习成绩差或一般 ·缺乏目标，且对自我的认识不足 ·较差的领导能力、人际交往能力、沟通能力和团队合作能力 ·较差的寻找工作的能力 ·负面的人格特性（如职业道德较差、缺乏自律、缺少工作动机、害羞、性格暴躁等）
	机会	威胁
外部因素	指个体不可控但可以利用的外部积极因素： ·就业机会增加 ·专业领域急需人才 ·专业晋升的机会 ·职业道路选择带来的独特机会 ·地理位置的优势 ·强大的关系网络	指个体不可控但可以使其弱化的外部消极因素： ·就业机会减少 ·由同专业的大学毕业生带来的竞争 ·具有丰富技能、经验、知识的竞争者 ·名校毕业的竞争者 ·专业领域发展有限

在完成环境因素分析和构造 SWOT 矩阵后，可以制订出相应的行动计划。制订计划的基本思路是：发挥优势因素，克服劣势因素；利用机会因素，化解威胁因素。原则是考虑过去，立足当前，着眼未来。运用 SWOT 分析法，将排列与考虑的各种环境因素相互匹配起来加以组合，得出可选择的对策。这些对策包括：最小与最小对策（WT 对策），即考虑劣势因素和威胁因素，目的是努力使这些因素都趋于最小；最大与最大对策（SO 对策），即考虑优势因素和机会因素，目的是努力使这些因素都趋于最大；最小与最大对策（WO 对策），即考虑劣势因素和机会因素，目的是努力使弱点趋于最小，机会趋于最大；最大与最小对策（ST 对策），即考虑优势因素和威胁因素，目的是努力使优势因素趋于最大，威胁因素趋于最小。

职业方向直接决定着一个人的职业发展，因而需要慎重，选错了行业，可能会毁掉自己本该有所作为的人生。SWOT 分析法可以解决"我选择干什么"的问题。除了要正确客观地认识自我，还必须更多地了解各种职业机会，尤其是一些热门行业、热门职位对人才素质与能力的要求。深入地了解这些行业与职位的需求状况，结合自身特点评估外部事业机会，才能选择可以终身从事的理想职业。而通过 SWOT 分析法，个体能够更准确地进行自我评估，可以综合自身的优势和劣势，更清晰地认识自己的职业机会，分析周围职业环境的机会和威胁，从而能根据就业市场的状况和个人的情况设计出最佳的职业生涯规划。

（三）思考圈法

"思考圈法"是中国香港高校学生设计职业生涯规划常用的一种理论方法。该理论以循环思考来表述职业生涯规划，是下面六个要素之间的往返循环过程，如图 5-1 所示。

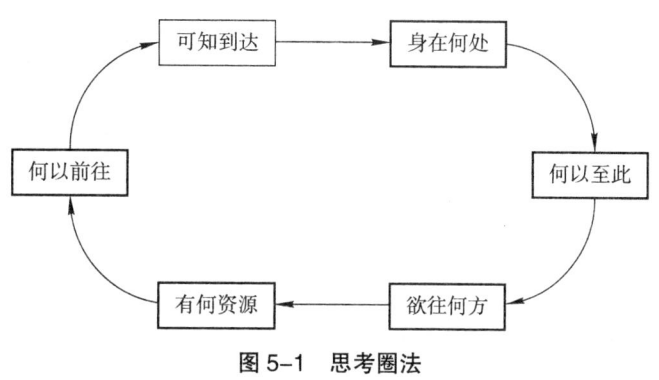

图 5-1　思考圈法

"身在何处"即了解目前情况、存在差距，这是问题解决开始时需要的信息。

"何以至此"即分析原因，这些原因可能是客观方面的，如就业形势、金融危机等；也可能是主观方面的，如就业观念、领导重视、政策支持等。

"欲往何方"即找出最优选择并做出临时决策，选择可能性最大的情况，思考并明确学校的就业目标是什么。

"有何资源"即精心搜索和综合选择。精心搜索是指查看各种资源以发现尽可能多的有利资源；综合选择是把与目标一致的有效资源整合。

"何以前往"即设计一项计划来实施某一临时选择，包括学校就业指导措施、计划、内容等。

"可知到达"即通过结果和结论与选择和目标对比，分析和检验与目标的差距，总结结论，为下一循环打好基础。

（四）"三定"法

1. "定向"

大学生职业生涯规划首先要"定向"，方向定错了，则南辕北辙，距离目标会越来越远，还要重新走回头路，付出较大的代价。因此大学生在进行职业生涯规划时，绝不能犯"方向性错误"。

通常情况下，大学生的职业生涯规划方向由本人所学的专业确定。但很多人毕业后，并不能完全按照自己所学的专业来选择工作，"学非所用""用非所学""专业不对口"的现象比比皆是。在这种情况下，大学生的职业生涯规划就需要进行适当调整，根据社会需求来选择适合自己的职业岗位，有时甚至要强制自己去从事并不喜欢的但社会紧缺的、急需的或有发展前景的岗位。

2. "定点"

"定点"就是定职业生涯发展的地点。大学生在进行职业生涯规划时，应该综合多方面因素，不可一时冲动，心血来潮，感情用事。如果一开始就选准了地点，就可以在一个地方，围绕一个职业长期稳定发展，对自己的资历和经验都有裨益。如果没有选准地点，一味地往发达地区挤，那么虽然经济发达，薪水丰厚，但忽略了竞争激烈、观念差异、心理承受能力，甚至于气候、水土等因素，结果时间不长又跳槽离开，对自己的前途影响极大。

3. "定位"

大学生在进行职业生涯规划前要对自己的水平、能力、薪资期望、心理承受度等进行全面分析，做出较准确的定位。不可把自己定位过低，更不要高估自己，导致期望值过高。一旦不能如愿，失望也就越大。确立从基层做起、从基础做起，逐步积累经验，循序渐进，谋求发展的思想理念，可能对你的一生都有好处。

二、大学生职业生涯规划的步骤

大学生职业生涯规划一般经过树立生涯志向，进行自我评估与定位，评估职业生涯机会，确定职业生涯目标，选择职业生涯路线，制订职业生涯策略并实施，对职业生涯规划进行评估、反馈与修正。具体的流程如图5-2所示。

（一）生涯志向的树立

志向是事业成功的基本前提，没有志向，事业的成功也就无从谈起。俗话说："志不立，天下无可成之事。"综观古今中外，各行各业佼佼者都有一个共同的特点，就是有远大志向。立志是人生的起跑点，反映着大学生的理想、胸怀、情趣和价值观，影响着一个人的奋斗目标及成就。所以，大学生在制订职业生涯规划时，首先要确立志向，这是制订职业生涯规划的关键，也是职业生涯中最重要的一点。

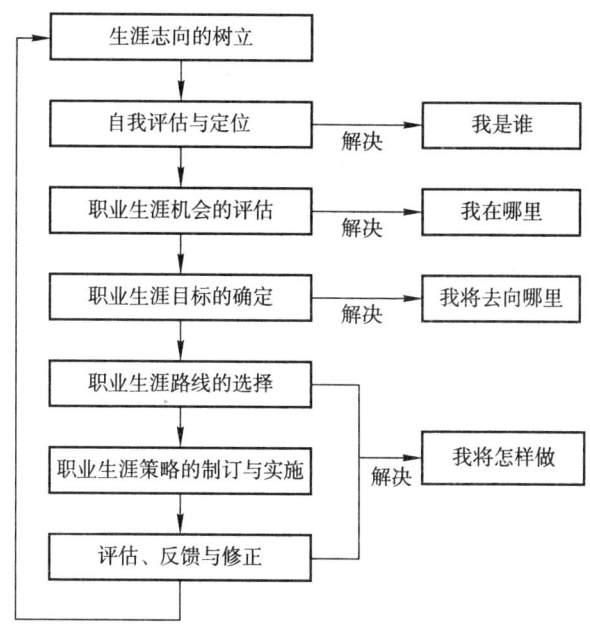

图 5-2　大学生职业生涯规划流程图

（二）自我评估与定位

自我评估就是要通过科学认知的方法和手段，对自己的职业兴趣、气质、性格、能力等进行全面认识，清楚自己的优势与特长、劣势与不足。自我评估是职业生涯规划的基础，同时也是能否获得可行的规划方案的前提。一个有效的职业生涯规划必须是在充分且正确认识自身条件与相关环境的基础上进行的。只有深刻地认识自我和了解自我，做好自我评估，才能对自己未来的职业生涯做出准确的把握和合理的规划。自我评估的主要内容是与个人相关的所有因素，包括个性、兴趣、能力、身体状况、特长、价值观、学识水平、思维方式、情商以及潜能等。即要弄清我想干什么、我能干什么、我应该干什么、在众多的职业面前我会选择什么等问题，以确定什么样的职业比较适合自己和自己具备哪些能力。自我评估要客观、冷静，不能以点代面，既要看到自己的优点，又要面对自己的缺点。只有这样，才能避免设计中的盲目性，达到设计高度适宜。

通常，自我认知的维度包括生理我、心理我、社会我三个维度。生理我一般是对自身身高、体重以及身体的各个机能、健康状况等的认知，主要通过医学体检而获得。身体状况是我们选择职业的基础。对心理我的认知一般包括自己的兴趣、特长、性格、学识、技能、智商、思维方式等心理指标。而社会我包括对自身的道德水准以及组织管理、协调、活动能力等的认知。

大学生可以通过三种常用的方法准确地了解自我。

第一种是经验积累法，大学生活丰富多彩，大学生经常参加学校组织的活动以及社会实践，通过自己的亲身体验与感受不但可以从中发现与培养自己的兴趣、特长，挖掘自己的潜力；"君子博学而日参省乎己"，大学生要经常回顾过去所走过的历程，从而总结经验，找出不足。

第二种是他人评价法，主要是通过与亲人、同学、老师、用人单位交流认识自己，了解别人对自己的评价，从而找出自己的优点与缺点，为做好职业生涯规划提供依据。这种方法具有较强的主观性。

第三种是测试法，主要是通过心理测试来了解自己的职业兴趣、性格或能力，其科学性、客观性较强，最常用的有霍兰德的职业兴趣理论、MBTI人格理论等（见表2-1，表2-2，表2-3）。

（三）职业生涯机会的评估

环境因素对个人职业生涯发展有极大的影响，人是社会的人，任何一个人都不可能离群索居，都必须生活在一定的环境之中，特别是要生活在一个特定的组织环境之中。作为社会生活中的一个个体，如果缺乏对外部环境的了解和分析，个人的职业生涯规划便只能流于空泛，成为水中月、镜中花。只有顺应外部环境的需要，才能最大限度地发挥个人的优势，实现职业生涯的目标。特别是近年来，社会的快速变迁，科技的高速发展，市场的竞争加剧，对大学生的发展产生了很大的影响。大学生如果能很好地利用外部环境，就有助于事业的成功。因此在进行职业生涯规划时，要分析环境的特点、环境对大学生提出的要求以及环境对自己有利与不利的因素等。

对环境的认知主要有：①对家庭环境的分析。家庭是社会的细胞，同时也是每个人成长的第一环境，因此家庭环境对一个人的影响是十分重要的，对家庭环境的分析主要包括父母的榜样作用或指示作用、家庭教育、家族文化、家庭的社会关系、家庭经济情况、父母与亲友的希望等。②对学校环境的分析。学校是我们受教育的地方，各方面的环境对学生影响全面而深刻，因此，要对学校的环境进行客观的分析，分析的内容主要包括学校的定位、专业与职业关系、社会实践与能力培养等。③对社会环境的分析。大学生要重点分析信息社会对职业生涯发展的影响，分析信息社会对人才成长的要求与挑战，还要注意人的价值观念的变化。同时，大学生还要分析哪些事情可以做，哪些事情不能做。不仅要分析现在，而且要预测未来。另外，科学技术日新月异，知识更新的周期日趋缩短。因此，在职业生涯规划中要充分考虑到知识的补充、理论的更新、观念的转变、思维的变革等。

（四）职业生涯目标的确定

职业生涯规划的核心是确定自己的职业目标和选择职业发展路径。职业目标的选择正确与否，直接关系到人生事业的成功与失败。大学生职业生涯规划中所确立的目标，应该是可预想到的、有一定实现可能的最长远目标。目标确立的方法通常是先结合自身条件和现实环境选择长期目标，然后通过目标分解，分化为符合阶段目标要求的中期目标和短期目标。

（五）职业生涯路线的选择

职业目标确定后，首先要选择一条发展路线，并具体情况具体分析。此时，大学生必须使自己的学习、工作以及社会实践活动均沿着选定的职业生涯路线努力。

职业生涯路线指一个人是确定向专业技术方向还是行政管理方向发展。发展路线的不同，对个人的要求也不一样，即使同一职业，也分不同岗位。有的人适合搞行政，可以向这个方向发展，从而成为一名优秀的管理者；有的人适合搞研究，专心钻研的话可以在技术或学术上有重大突破；有的人适合搞经营，可以遨游商海。如果一个人错误地选择了与自身不相符的职业生涯路线，那么他在职业生涯中必定遭遇很多坎坷，能否成功也是一个很大的问题。因此在做发展路线抉择时，首先要问自己三个问题：第一，我想往哪条路线发展；第二，我适合哪条路线；第三，我可以走哪条路线。

纵向的职业发展路线包括一个个职业阶梯，可以由低阶向高阶步步上升。例如大学教师的职业发展路线通常是：助教—讲师—副教授—教授。个人的素质不同、志向不同，适合的路线也不同。除了纵向的职业生涯路线，组织中还存在着双重职业路线、横向技术路线和自主创业的职业路线。

1. 专业技术发展路线

一般是指教育、工程、财会、销售、生产、法律等职能型专业方向。共同特点是：都要求一定的专业技术知识和能力，需要较好的分析能力。典型的专业技术职业发展路线通常是：见习工程师—初级工程师—中级工程师—高级工程师—副总工程师—总工程师。

2. 行政管理发展路线

喜欢与人打交道，处理人际关系得心应手，并热衷于管理工作，比较理智，善于从宏观角度考虑问题，并善于影响、控制他人。追求权力的人适合选择行政管理发展路线。这条路线对个人素质、人际关系技巧要求较高。典型的行政管理发展路线通常是：初级管理人员—业务主管—部门副经理—部门经理—副总经理—总经理。

3. 公务员职业发展路线

通常是：科员—副科长（副主任科员）—科长（主任科员）—副处长（副处级调研员）—处长（处级调研员）—副厅长（副厅级巡视员）—厅长（厅级巡视员）……

4. 双重职业发展路线

双重职业路线最初被开发出来是用来解决受到技术培训，而又不期望在组织中通过正常升迁程序调到管理部门的员工的问题，如工程人员、技术开发和研究人员等。通过双重职业路线，他们能够增加自己的专业知识，可以为企业做出更大贡献，得到与各个水平的管理者相当的报酬而不进入管理层。事实证明，对部分专业技术人员来说，这是很有效的开发和激励方法。在如今的高科技世界里，专业知识和管理技能同样很重要，双重职业路线不是从合格的技术专家中培养出拙劣的管理者，而是允许组织既可聘用高技能的管理者，又可雇用高技能的技术人员。

5. 横向技术路线

即通过横向调动来使员工学习新的技术，迎接新的挑战，其地位和报酬与原来工作大致相同。但是由于这种方法使员工承担新的责任，扩展了他的技能，故对发掘员工潜力也有较大作用。

6. 自主创业路线

目前，自主创业路线正在兴起，这是大学生逐步看中的一条职业发展道路。要自主创业就要考虑客观实际。主观上，创业者要有强烈的创造和成就愿望，而且心理素质良好，能够承担风险，善于发现开拓新领域、新产品、新思维。客观上，要有良好的机会和适宜的土壤，即创业外部环境要成熟。当前，国家和地方政府为大学生创业给予了很多优惠政策和鼓励政策，大学生可以充分利用良好的政策环境在创业的道路上大胆尝试。

（六）职业生涯策略的制订与实施

职业生涯策略指的是为实现职业生涯目标而制订的行动计划。当确定了职业生涯目标后，就要制订相应的具体实施方案，以实现这一目标。没有行动，职业目标只能是一种梦想。策略实施的内容包括职业生涯发展路线设计、教育培训安排、实践计划等。要制订周详的行动方案，更要注意去落实这一行动方案。这一过程中比较重要的行动方案有职业生涯发展路线的选择、职业的选择，以及相应的教育和培训计划的制订。

大学阶段处于职业生涯的早期阶段，这一阶段的主要任务是知识能力储备和职业抉择规划。因此，这一阶段的规划策略方案应当围绕学习这个主题来进行，具体分解到以何种形式学习，参加什么培训项目，学习哪些方面的知识，达到什么样的标准，能力积累提高的具体途径等。个人的具体情况不同，行动方案也因人而异。所以，在制订方案时，要结合自己的实际情况，突出个人行动方案的事实性和个性化特征。行动方案制订后，要按方案不折不扣地实施，方可达到目标，如表5-3。

表5-3　大学生职业生涯规划策略方案

时间	阶段	目标	具体的方法行动
大一	试探期	逐步了解职业，特别是自己未来想从事的职业或与自己所学专业对口的职业	与高年级同学交流，询问就业情况；参加班级和学校开展的各种活动，增加交流技巧；通过网络辅助自己的学习，为未来做好准备
大二	定向期	考虑清楚未来是否深造或就业，确定参加哪些活动来提高自身的基本素质	可以参加社团组织，锻炼自己的各种能力；可以开始尝试兼职，检验自己的技能；参加英语口语和计算机应用能力培训，取得相关的等级证书，并开始辅修其他专业的知识充实自己
大三	冲刺期	目标应锁定在提高求职技能、收集公司信息，并确定自己是否要报考研究生	加强学术论文写作锻炼，培养自己独立解决问题的能力和创造型思维能力；参加和专业有关的暑期工作；学习写简历、求职信，了解就业渠道，了解往年的求职情况
大四	分化期	确定升学还是就业	检验自己确立的职业目标是否明确，准备是否充分；开始毕业后工作的申请，积极参加招聘活动，在实践中检验自己的积累和准备；预习或模拟面试

（七）评估、反馈与修正

职业生涯评估是指在实现职业目标的过程中有意识地收集相关信息和评价，不断地总结经验和教训，自觉地修正对自我的认知，适时地调整职业目标。职业生涯规划的评估与反馈过程是个人对自己的不断认识过程，也是对社会的不断认识过程，是使职业生涯规划更加有效的有力手段。计划赶不上变化，由于影响职业生涯规划的因素很多，再好的职业生涯规划也会有不完善之处，现实社会中种种不确定因素的存在，都会使原定职业生涯目标在策略实施过程中出现偏差，整个职业生涯规划要在实施中去检验，看效果如何。要使职业生涯规划行之有效，就须不断地对职业生涯规划进行评估，诊断生涯规划各个环节出现的问题，及时找出相应对策，修正职业生涯目标，调整职业生涯策略，对规划进行调整与完善，这样才能在激烈的择业竞争中，赢得成功，走向辉煌。评估时要抓住要点：第一，对核心目标和主要实施策略进行评估；第二，分离出最新的需求；第三，寻找突破方向；第四，关注最弱点；第五，制订相应的对策。调整内容包括：职业的再选择、职业生涯路线的重新确定、人生目标的修正，实施措施与计划的变更等。

　　以上几个步骤环环相扣，缺一不可，制订者一定要按照顺序脚踏实地地一步步完成，否则就会使职业生涯规划流于形式，起不到应有的作用。

第三节　大学生职业生涯规划的目标设计

　　在职业生涯规划中，一个非常重要的步骤是目标的抉择。所谓目标抉择，就是明确自己想成为一个什么样的人，比如在行政管理职务上什么时候达到哪一级别，担任什么社会角色，在专业技术职务上何时成为哪一领域、哪一个层级的专家。所以，目标是职业生涯发展的方向，没有目标就没有成功。

一、大学生职业生涯规划目标设计的影响因素

　　影响人们职业生涯目标选择和设计的因素有很多，从总体上看，可以分为社会因素和个人因素。

1. 社会因素

　　社会因素不是个人所能决定的。社会大环境对于同一时期的人来说，都是相同的；对同一单位的不同人来说，条件也是相同的。而其他社会条件的差异则可能较大。除了政治、经济、科技发展形势和用人单位的培养外，还包括个人的亲戚朋友等人际关系网络、在职业发展过程中可能获得的帮助、提高素质所需的学习机会和图书资料、成才的社会舆论、与职业生涯发展有关的制度和政策（如岗位培训制度、培训、考核与待遇相结合制度）等。发掘这方面的潜力，吸收、借鉴成功者的经验，寻求他们的帮助是积极地、理性地设计职业生涯的具体体现。

2. 个人因素

　　个人因素包括能力因素和非能力因素两方面。

　　能力是一个人能否从事某种职业、能否在生涯旅程中顺利成长和获得成功的重要条件。如果一个人在某一方面的特殊才能得到发挥又符合社会需要，就会取得巨大成就，就会达到职业生涯的最终目标。因此，在设计职业生涯目标和选择生涯道路时，要从客观实际出发，要以"人职匹配"为基本原则，要考虑性格与职业的匹配、兴趣与职业的匹配、特长与职业的匹配、专业与职业的匹配等，同时要注意搜寻自身能力的强项。

　　在个人生涯道路上，能力因素与非能力因素相辅相成，缺一不可。非能力因素对职业生涯也有着巨大的影响，对于能力因素有着激励、补偿或者约束、限制的作用。一个人除了需要具备和培养一定的能力条件外，还应具备和培养良好的非能力因素，即良好的个性心理品质，这样才能顺利发展并取得成功。因此，在设计职业生涯目标时，要坚持"有能力说，又不唯能力说"，以取得自身能力因素与非能力因素的最佳综合效应。

二、大学生职业生涯规划目标的分解与组合

1. 大学生职业生涯规划目标的分解

对于大学生来说，很多人都有自己的目标，可是总觉得目标很遥远，无法达到。实际上，很多时候并不是目标遥不可及，而是由于我们没有进行目标分解。为此，我们可以运用时间梯度法则，订出十年计划—订出五年计划—订出三年计划—订出一年计划—订出本学期计划。把长期性的任务分解为阶段性的任务，制订具体、可行的行动方案，有利于长期目标的实现。

以大学阶段为例，大学生职业生涯目标可以按时间和性质分解，如图 5-3。

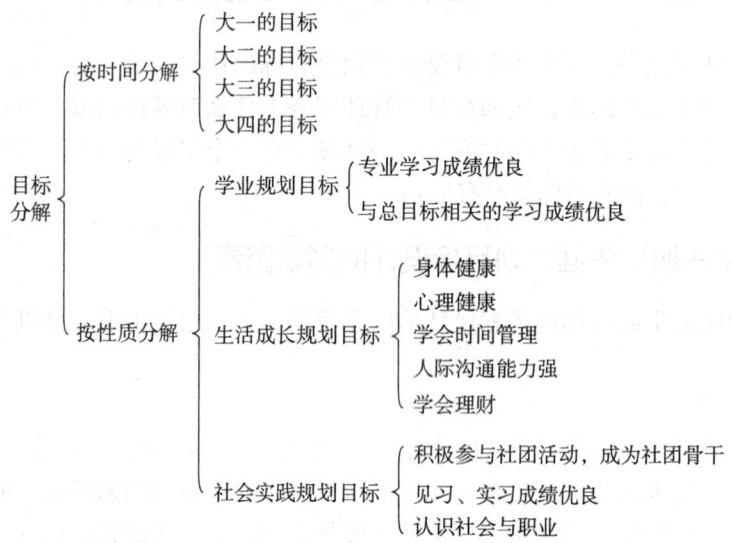

图 5-3 大学生职业生涯规划目标的分解

2. 大学生职业生涯规划目标的组合

目标的组合是处理不同目标相互之间关系的有效措施。目标的组合有三种方法：功能组合、时间组合和全方位组合。

职业生涯目标在功能上存在因果关系或互补关系。一般说来，获得工商管理学位与成为一名经理就存在因果关系。获得工商管理学位是因，而成为一名经理则是果。而从事企业管理工作与读 MBA 则存在互补关系。从事企业管理工作积累了管理经验，有助于学习 MBA 课程。反过来，学习 MBA 课程又增强了理论水平，促进了企业管理工作。

时间组合有两种方式，即并进和连续。目标的并进是指同时实现两个以上的目标，如上大学时参加社会实践，教书又搞科研等。目标的连续是指实现一个目标再进行下一个目标，如通过了大学英语四级再过六级，攻读硕士学位后再攻读博士学位等。

全方位组合是指个人的职业生涯目标与家庭生活、个人其他事务均衡发展，相互促进，它涵盖了人生的全部活动。一边工作，一边照顾家庭，还要攻读博士学位，是具有长远眼光的，它有助于个人未来的发展，但是处理不当就会发生冲突。因此，当你在处理工作、家庭和个人其他事务的关系时不仅要具有长远眼光，而且要具有全局意识。

三、大学生职业生涯规划目标设计的方法

大学生职业生涯的目标设计应从一生的发展写起，然后分别订出十年计划，五年、四年、一年计划，以及订出一月、一周、一日的计划。计划订好之后，再从一日、一周、一月计划实行下去，直至实现一年目标、四年目标、五年目标、十年目标。

（1）订出未来发展目标。这一生，你想干什么？想成为什么样的人？想做哪一件或几件大事，想取得什么成就？想发挥自己哪一方面的优势与特长？想成为哪一专业的佼佼者？把这些问题确定后，人生目标也就确定了。

（2）订出今后十年的大计。今后十年，你希望自己成为什么样子？找到一份什么样的工作？有什么样的事业？将有多少收入，要过上什么样的生活？你的家庭与健康水平如何？你将获得什么样的社会地位？把它们仔细地想清楚，一条一条地计划好，记录在案。二十年太长，容易令人泄气，十年正合适，足够干成一件大事。

（3）订出五年计划。将十年大计分阶段实施并将计划进一步具体、详细，将目标进一步分解。

（4）订出四年计划。四年计划主要是对大学期间的学习生活做出合理的安排。

（5）订出明年计划。订出明年的计划以及实现计划的步骤、方法与时间表，务必具体、切实可行。

（6）订出下月计划。下月计划应包括下月应完成的学习任务、质和量方面的要求、计划开展的活动等。

（7）订出下周计划。内容与月度计划相同，不过应更加具体、详细、数字化，切实可行。

（8）订出明日计划。把明天的事情列出来，取最重要的三至五件事，按事情轻重缓急，排出先后顺序，明日按计划去做，避免"捡了芝麻，丢了西瓜"。

四、大学生职业生涯规划目标设计的原则和误区

（一）职业生涯规划目标设计的原则

职业目标和生涯路线的确定一定要建立在自我认知和职业认知的基础之上，并且符合 SMART 原则。SMART 是 specific（明确）、measurable（可衡量）、attainable（可行）、realistic（切实），以及 time-based（时间限制）的缩写。

第一，specific（明确）。明确就是要用具体的语言清楚地说明要达到的生涯目标的标准。目标要尽量提得具体，要有标准可以衡量。我们做任何事情都应有一个明确的目标，并以之为航船前行的风向标，这样就可更好地排除一些干扰因素，使我们更快更好地到达目的地。

第二，measurable（可衡量）。可衡量就是指目标应该是明确的，而不是模糊的。制订的目标一定是可以衡量的。而要可衡量，往往需要有数字，把目标定量化。应该有一组明确的数据，作为衡量是否达成规划目标的依据。例如，我们为自己制订了一个计划，不应仅仅是说要进一步加强或提高，而应明确提出要在什么时间内加强、提高多少。这样可以帮助我们更明白自己的目标，而且可以更客观地实施。

第三，attainable（可行）。可行就是指目标必须具有实现的可能性。目标定得太高，会打击人的积极性。一个目标必须是可以实现的。或者说经过努力是可以实现的。确保你的要求在可以实现的范围内。一切目标都要符合我们自身的条件，要考虑到当时的环境与诸多客观因素，当然还要是利益相关者都接受的一个有意义、可行的目标。

第四，realistic（切实）。一项目标，如果实现的可能性等于零，那么不管是谁，都会觉得没劲；反过来，它的实现可能性是 100%，那它就不再是目标。它既要符合现实，又是建立在分析实现的基础上。目标应该是结果导向型的，即一切努力都是为了一个结果，而不是为了行动。设定与工作相关的目标，不要受其他因素干扰。

第五，time-based（时间限制）。目标是有时效性的，即一个目标只有在一定的时间段内才有意义。实现职业规划目标也应当有时间限制，要在规定的时间内完成，时间一到，就要查看结果。很多事情当它失去了时限性，走到了人生尽头还没完，那样只能成为空想，它也就失去了它的实效性，所以，我们做任何事情都应注重时限、效率和效果。

无论是制订班级的四年发展目标还是大学生个人的绩效目标都必须符合上述原则，5 个原则缺一不可。制订职业目标的过程也是自身能力不断增长的过程。

（二）职业生涯规划目标设计的误区

职业目标的质量取决于你要达成职业目标是否与你个人所偏好的工作环境相一致，以及你所设定的目标是否切实可行。以下是在设立职业目标中常见的问题以及克服的方法。

1. 设立了一个并不属于你的目标

有些大学生在做职业决策时，常常为了取悦他人——父母、导师、男 / 女朋友等。他们让别人来判断什么适合他们。有人常常说：我并不重要，我不知道什么适合我自己。这些人不是根据自己的能力、兴趣来选择自己的工作或职业。从长远来看，即使实现了这样的职业目标，它所带来的常常是挫折而不是成长。

如果职业目标不能满足你的需要，或与你的价值观不一致，如果你对工作不感兴趣，如果你不具备这项工作所要求的才能，那么你所达成的职业目标对你就没有任何意义。因为这是你的工作、你的职业、你的生活。所以，首先，必须认清自己的价值观、兴趣、才能以及自己所偏爱的生活方式。其次，必须意识到职业目标与个人的个性特征相协调的重要性。

2. 职业目标与人生的其他目标不相关

人们往往只注意工作的挑战、奖赏、声誉而忽略了家庭、休闲和社区等角色。很多大学生在追求职业生涯目标时，往往忽略了它对人生其他方面的影响，常常是经过了生活的挫折，才意识到工作和生活之间的联系。很多人在职业生涯的中期，有意识地进行工作、家庭及休闲的角色互换。然而，工作与非工作角色的相互作用贯穿于人生的每一个阶段。

所以，大学生要有意识地努力，在制订职业目标时一定要将其作为生活的一部分，所设定的职业目标和自己所渴望的生活方式是一致的。职业生涯规划本身就包含对生活方式、生活风格的考虑。

3. 职业目标与目前从事的工作相分离

很多时候，大学生们狭隘地寻找另外一种工作，忽略了眼前所从事的工作。具体的工作仅仅是实现职业目标的一个媒介、一种工具。成功的职业生涯管理基于了解概念性的职业目标，拥有以现在的工作实现目标的能力。

4. 太过模糊的目标

很多时候，大学生们为自己设定的目标太过模糊。概念性的长期目标比较宽泛，但即使是概念性的职业目标也应该有一系列比较具体的要素构成，以便于转化成可操作性的目标。因为与模糊的目标相比，具体目标可以指明奋斗的方向，可以更好地衡量努力的结果。

5. 过分关注工具性目标要素

有些大学生过分关注具体目标，只注重完成具体的目标，只为一系列的目标奋斗，忽略了此时此刻的乐趣，忽略了人生的终极目标，人生成了没有乐趣的苦旅。

尽管具体的职业目标有许多优点，但过分关注具体目标会导致目光短浅，成为井底之蛙。如果只注重完成具体的目标，人们就会忘记他们为什么要追求这样的目标。他们可能变成只会行动而不会思考，拒绝接受任何与其职业目标价值不同的新信息。过分关注工具性目标会降低内在的满意度，一切都要适度。

6. 太容易或太难的目标

有些大学生设定的目标不是太难就是太过简单，太容易或太难的目标都不能带来成就感，目标必须有足够的挑战性。太难的目标会造成挫折感。如果你选择了一个困难的目标，你就要有承受风险和失败的心理准备。

因此，大学生应该设立合理的目标。合理的目标既有挑战性，又有实现的可能性。要设置这样的目标，要求你具有独特的能力和深刻的洞察力，了解工作环境中的机会和障碍。

7. 不灵活的职业生涯目标

有些大学生设定目标比较死板，不会变通。由于几乎所有公司雇用的不确定性，个人会发现在职业生涯目标设定和变化中采取灵活的方式是更恰当的。灵活的目标对于有效职业生涯管理是必不可少的，因为工作环境和人都会不可避免地随时间变化，过去的目标在目前或将来不一定有效。人们需要了解他们的工作和生活经历以使职业生涯目标能够保持相关和可以实现。

第四节　大学生职业生涯发展规划书的制订

职业生涯发展规划书是指运用职业生涯规划的相关理论，在全面认识自身素质和职业志向的基础上，通过对未来的职业生涯展望的描述，而制订出的关于职业发展的具体规划。职业生涯发展规划书为实现职业生涯规划提供了明确的时间表和路线图，它既是一份职业生涯的可行性报告，又是一个实施生涯规划的行动指南。

一、职业生涯发展规划书的基本内容

1. 确定志向

在制订生涯规划时，首先要确立志向，这是制订职业生涯规划的关键，也是你的职业生涯中最重要的一点。

志向是事业成功的基本前提，没有志向，事业的成功也就无从谈起。俗话说："志不立，天下无可成之事。"立志是人生的起跑点，反映着一个人的理想、胸怀、情趣和价值观，影响着一个人的奋斗目标及成就的大小。

2. 自我评估

自我评估的目的，是认识自己、了解自己。因为只有认识了自己，才能对自己的职业做出正确的选择，才能选定适合自己发展的职业生涯路线，才能对自己的职业生涯目标做出最佳抉择。自我评估包括自己的兴趣、特长、性格、学识、技能、智商、情商、思维方式、思维方法、道德水准以及社会中的自我，等等。

3. 环境分析

职业生涯环境的分析，主要是评估各种环境因素对自己职业生涯发展的影响，每一个人都处在一定的环境之中，离开了这个环境，便无法生存与成长。所以，在制订个人的职业生涯规划时，要分析环境条件的特点、环境的发展变化情况、自己与环境的关系、自己在这个环境中的地位、环境对自己提出的要求以及环境对自己有利的条件与不利的条件等。环境因素分析主要包括：家庭环境、行业环境、企业环境、组织环境、社会环境。

4. 设定职业生涯目标

职业生涯目标的设定，是职业生涯规划的核心。目标的设定，是在继职业选择、职业生涯路线选择后，对人生目标做出的抉择。其抉择是以自己的最佳才能、最优性格、最大兴趣、最有利的环境等信息为依据。通常目标分短期目标、中期目标、长期目标和人生目标。短期目标一般为一至二年，短期目标又分日目标、周目标、月目标、年目标。中期目标一般为三至五年。长期目标一般为五至十年。

一个人事业的成败，很大程度上取决于有无正确适当的目标。没有目标，如同迷失在大海里的孤舟，不知道自己走向何方。只有树立了目标，才能明确奋斗方向。目标犹如海洋中的灯塔，引导你避开险礁暗石，走向成功。

5. 制订行动计划与措施

这里所指的行动，是指落实目标的具体措施，主要包括工作、训练、教育、轮岗等方面的措施。没有达成目标的行动，目标就难以实现，也就谈不上事业的成功。因此，在确定了职业生涯目标后，行动便成了关键的环节。

6. 评估与修订

影响职业生涯规划的因素有很多。有的变化因素是可以预测的，而有的变化因素难以预测。在此状况下，要使职业生涯规划行之有效，就须不断地对职业生涯规划进行评估与修订。其修订的内容包括：职业的重新选择、职业生涯路线的选择、人生目标的修正、实施措施与计划的变更等。

二、职业生涯发展规划书的撰写原则与注意事项

1. 大学生职业生涯发展规划书的撰写原则

第一，个人需要与社会需要相结合。职业选择应当是社会与个人利益的统一，社会需要与个人愿望的有机结合。所以，大学生在进行职业生涯规划时，应积极把握社会对人才需求的动向，把社会需要作为出发点和归宿，以社会对个人的要求为准绳。既要看

到眼前的利益，又要考虑长远的发展；既要考虑个人的因素，也要自觉服从社会的需要。

第二，现实性与激励性相统一。人生目标的确立必须从自身的实际出发，不能定得太高，也不能定得太低。如果将人生目标定得太高，不符合实际，会成为永远无法实现的空想；相反，如果将人生目标定得太低，虽然可轻易实现，但不能充分展示、发挥自己的才能，会耽误自己的前程。

第三，目标的阶段性与协调性相结合。职业规划目标是人生目标的重要组成部分。人生目标不可能一步实现，同样职业规划的目标也不是一蹴而就的。因此，职业生涯规划应当考虑其长期、中期及短期规划的承接与协调；从协调性看，职业生涯规划是人生规划的主体部分，与个人、家庭和社会生活密切相关，制订职业生涯规划，要把职业生涯和家庭、社会生活结合起来，以保持整个规划的协调性。

2. 大学生职业生涯发展规划书撰写的注意事项

第一，职业生涯规划是建立在对自己的兴趣、特长、能力、社会需要等各方面全面了解评估的基础上的，进行目标设定时一定要结合经历经验、专业技能、兴趣特长等自身特点和情况，不能完全脱离现实。

第二，人才素质测评是了解自我的理论依据之一，大学生应将个人认识、他人评价和人才素质测评结果有机结合，形成一个较为全面的自我认知，据此设定的目标的信度才较高。

第三，措施要有可行性。针对职业目标制订的措施一定要具有可行性，这是评价职业生涯发展规划书的一个重要标准。最好制订出长期、中期、短期计划，并拟定详细的执行方案和时间限制。

第四，职业生涯发展规划书应有自己的风格和特色。无论是行文的风格、叙述的方式、文案的设计，还是职业目标的选择、职业路线的设计等，都要力争做到创新，要彰显自己的个性与特色。

第五，撰写职业生涯发展规划书还有几忌：忌大，忌空，忌记流水账，忌条理不清，忌文法不通、错别字连天，忌过于煽情、没有理性分析，忌死气沉沉、没有朝气。

三、大学生职业生涯发展规划书模板

（一）大学生职业生涯发展规划书模板一（文本式）

封　面

扉　页

规划人资料

真实姓名：_____

性别：_____

年龄：_____

籍贯：_____

身份证号码：_____

所在系或学院：_____

专业及班级：_____

学号：_____

联系地址：_____

邮编：_____

联系电话：_____

E-mail：_____

目 录
（略）

引 言

一、自我分析

结合大赛指定的人才测评报告以及××等分析方法，我对自己进行了全方位、多角度的分析。

1. 职业兴趣——喜欢干什么

我的人才素质测评报告中，职业兴趣前三项是××型（×分）、××型（×分）和××型（×分）。我的具体情况是……

2. 职业能力——能够干什么

我的人才素质测评报告结果显示，××能力得分较高（×分），××能力得分较低（×分）。我的具体情况是……

3. 个人特质——适合干什么

我的人才素质测评报告结果显示……，我的具体情况是……

4. 职业价值观——最看重什么

我的人才素质测评报告结果显示前三项是××取向（×分）、××取向（×分）和××取向（×分）。我的具体情况是……

5. 胜任能力——优劣势是什么

我的优势能力……，我的弱势能力……

自我分析小结：

二、环境分析

参考人才素质测评报告建议以及通过××等途径方法，我对影响职业选择的相关外部环境进行了较为系统的分析。

1. 家庭环境分析

如经济状况、家人期望、家族文化等以及对本人的影响

2. 学校环境分析

如学校特色、专业学习、实践经验等

3. 社会环境分析

如就业形势、就业政策、竞争对手等

4. 职业环境分析

① 行业分析。

（如 ×× 行业现状及发展趋势，人业匹配分析）

② 职业分析。

（如 ×× 职业的工作内容、工作要求、发展前景，人岗匹配分析）

③ 企业分析。

（如 ×× 单位类型、企业文化、发展前景、发展阶段、产品服务、员工素质、工作氛围等，人企匹配分析）

④ 地域分析。

（如 ×× 工作城市的发展前景、文化特点、气候水土、人际关系等，人城匹配分析）

职业分析小结：

三、目标定位

综合第一部分（自我分析）及第二部分（职业分析）的主要内容得出本人职业定位的 SWOT 分析：

内部环境因素：优势因素（S）……弱势因素（W）……

外部环境因素：机会因素（O）……威胁因素（T）……

结论：

职业目标：将来从事（×× 行业的）×× 职业

职业发展策略举例：进入 ×× 类型的组织（到 ×× 地区发展）

职业发展路径举例：走专家路线（管理路线等）

具体路径举例：×× 员—初级 ××—中级 ××—高级 ××

四、计划实施

（计划实施一览表中应包括计划、名称、时间、跨度、总目标、分目标、计划内容等。）

策略和措施

备注

短期计划（大学计划）2011—20×× 年

如大学毕业时要达到……

大一要达到……大二要达到……

或在 ×× 方面要达到……

如专业学习、职业技能培养、职业素质提升、职业实践计划等。

如大一以适应大学生活为主，大二以专业学习和掌握职业技能为主……

或为了实现 ×× 目标，我要……

中期计划（毕业后五年计划）20××—20×× 年

如毕业后第五年时要达到……

如毕业后第一年要……

第二年要……

或在 ×× 方面要达到……如职场适应、三脉积累（知脉、人脉、钱脉）、岗位转换及升迁等。

长期计划（毕业后十年或以上计划）20××—20××年

如退休时要达到……

如毕业后第十年要……

第二十年要……

如事业发展，工作、生活关系，健康，心灵成长，子女教育，慈善等方向性规划

详细执行计划如下：

本人现正就读大学（研究生／博士）×年级，我的大学计划是……

五、评估调整

职业生涯规划是一个动态的过程，必须根据实施结果的情况以及变化进行及时的评估与修正。

1. 评估的内容

职业目标评估（是否需要重新选择职业？）：假如一直……，那么我将……

职业路径评估（是否需要调整发展方向？）：当出现……的时候，我就……

实施策略评估（是否需要改变行动策略？）：如果……，我就……

其他因素评估（身体、家庭、经济状况以及机遇、意外情况的及时评估）

2. 评估的时间

一般情况下，我定期（半年或一年）评估规划；

当出现特殊情况时，我会随时评估并进行相应的调整。

3. 规划调整的原则

结束语

（略）

（二）大学生职业生涯发展规划书模板二（文本＋表格式）

封　面

署上作者、作品名称和年月日，可以在封面插入图片和格言

扉　页

个人资料

真实姓名：×××

性别：×

年龄：××岁

籍贯：××省××市／县

身份证号码：×××××××××××××××××

所在学校及学院：××大学××学院

班级及专业：××班××专业

学号：××××××××

联系地址：××××××××××××

邮编：××××××

联系电话：××××××××

E-mail：××××××××××××××

目　录

（略）

正　文

总论（引言）

第一章　认识自我

结合相关的人才测评报告对自己进行全方位、多角度的分析。

1. 职业兴趣——喜欢做什么

在我的人才素质测评报告中，职业兴趣前三项是××型（×分）、××型（×分）和××型（×分）。我的具体情况是……

2. 职业能力——能够干什么

我的人才素质测评报告结果显示，××能力得分较高（×分），××能力得分较低（×分）。我的具体情况是……

3. 职业性格——适合干什么

我的人才素质测评报告结果显示……我的具体情况是……

4. 职业价值观——最看重什么

我的人才素质测评报告结果显示前三项是××取向（×分）、××取向（×分）和××取向（×分）。我的具体情况是……

自我分析小结：

第二章　环境分析

参考人才素质测评报告建议，我对影响职业选择的相关外部环境进行了较为系统的分析。

1. 家庭环境分析

经济状况、家人期望、家族文化等对本人的影响

2. 学校环境分析

学校特色、专业学习、实践经验等

3. 社会环境分析

就业形势、就业政策、竞争对手等

4. 职业环境分析

（1）行业分析　××行业现状及发展趋势，人业匹配情况

（2）职业分析　××职业的工作内容、工作要求、发展前景，人岗匹配分析

（3）单位分析　××单位的发展前景、组织机构等

（4）地域分析　工作单位所在城市的文化特点、气候水土、人际关系等

职业生涯条件分析小结：

第三章　职业目标定位及其分解组合

1. 职业目标的确定

综合第一部分（自我分析）及第二部分（职业生涯条件分析）的主要内容，运用职业生涯决策平衡表确定职业目标。

结论：职业目标——将来从事（××行业的）××职业

职业发展策略——进入××类型的组织（到××地区发展）

职业发展路径——走专家路线（管理路线等）

2. 对本人职业定位进行SWOT分析

内部环境因素	优势因素（S）	弱势因素（W）
外部环境因素	机会因素（O）	威胁因素（T）
分析		

根据SWOT分析结果确定行动计划

3. 职业目标的分解与组合

把职业目标分成三个规划期，即，近期规划、中期规划和远期规划，并对各个规划期及其要实现的目标进行分解。

职业生涯规划总表

计划名称	时间跨度	总目标	分目标	计划内容	策略和措施	备注
近期计划（大学计划）	2008年—20××年	如大学毕业时要达到……	如：大一要达到……大二要达到……或在××方面要达到	如专业学习、职业技能培养、职业素质提升、职业实践计划等	如大一以适应大学生活为主，大二以专业学习和掌握职业技能为主，或为了实现××目标我要……	大学生职业规划的重点
中期计划（毕业后五年计划）	20××年—20××年	如毕业后第五年时要达到……	如毕业后第一年要……第二年要……或在××方面要达到……	如职场适应、三脉积累、岗位转换及升迁等		大学生职业规划的重点
长期计划（毕业后十年或以上计划）	20××年—20××年	如退休时要达到……	如毕业后第十年要……第二十年要……	如事业发展，工作、生活关系，健康，心灵成长，子女教育，慈善等		方向性规划

具体路径：××员—初级××—中级××—高级××

第四章　评估调整

职业生涯规划是一个动态的过程，必须根据实施结果的情况以及变化情况进行及时的评估与修正。

1. 评估的内容

职业目标评估：是否需要重新选择职业？（假如一直……那么我将……）

职业路径评估：是否需要调整发展方向？（当出现……的时候，我就……）

实施策略评估：是否需要改变行动策略？（如果……我就……）

其他因素评估：身体、家庭、经济状况以及机遇、意外情况的及时评估。

2. 评估的时间

在一般情况下，定期（半年或一年）评估规划。当出现特殊情况时，要随时评估并进行相应的调整。

3. 规划调整的原则：因时而动、随机应变

结束语

（略）

（三）大学生职业生涯发展规划书模板三（表格式）

大学生在校期间职业生涯规划表

一般情况		姓名		性别		年龄		政治面貌	
		就读学校				院、系			
		所学专业				感兴趣的专业			
		起止时限							
		年龄跨度							
规划总目标		就业		考研		留学		创业	
具体方向									
自我分析（包括现状分析与潜力测评的发展潜能）	认识自我	我的气质							
		我的性格							
		我的能力							
		我的兴趣							
		我的职业价值观							
		我心中理想的职业							
	角色转换目标	从依赖到独立的转变							
		从被动学习到主动学习的转变							
		从未成年人向成年人的转变							
环境因素分析	学校学习、生活等环境分析	本专业的课程设置（可另附表）							
		与未来职业发展有关的课程设置（可另附表）							
	行业发展趋势与就业环境分析								
	国家相关政策法规、经济形势分析								

我的现状与规划标准之间的匹配分析	我的优势		
	我的不足		
征求意见	家长建议		
	老师建议		
	同学建议		
	朋友建议		
大学生生涯规划目标分解	大一的目标	1. 学业规划目标	
		2. 生活成长规划目标	
		3. 社会活动规划目标	
	大二的目标	1. 学业规划目标	
		2. 生活成长规划目标	
		3. 社会活动规划目标	
	大三的目标	1. 学业规划目标	
		2. 生活成长规划目标	
		3. 社会活动规划目标	
	大四的目标	1. 学业规划目标	
		2. 生活成长规划目标	
		3. 社会活动规划目标	
大学期间生涯规划目标组合	学习目标	专业学习目标	
		与职业相关的学习目标	
	生活成长目标	体魄健康	
		心理健康	
		学会理财	
		学会管理时间	
		正确交友	
		其他	
	社会实践目标	参加社团目标	
		见习、实习目标	
		假期社会实践目标	

续表

大学期间生涯规划成功标准	学习生涯成功标准	专业学习成绩优良	
		与总目标相关的学习成绩优良	
	生活成长成功标准	体魄健康	
		心理健康	
		会理财	
		会管理时间	
		人际沟通能力强	
	社会实践成功标准	积极参与社团活动，成为社团骨干	
		见习、实习成绩优良	
		认识社会与职业	
找出差距			
缩小差距的方案			

第六章　大学生职业生涯规划的实施

在规划好了职业生涯目标之后，行动的实施便成了关键的环节。没有对目标的行动实施，就不可能实现目标，也就谈不上事业成功。这里所指的行动，是指落实目标的具体措施，主要包括工作、训练、教育、构建人际关系网、谋求晋升等方面的措施，讲究一定的策略。由于自身及外部环境条件的变化，职业生涯规划也要随着时间的推移而变化。在制订职业生涯规划时，由于对自身及外界环境的了解不可能面面俱到，最初确定的职业生涯目标往往都是比较模糊或抽象的，有时甚至是错误的。经过一段时间的具体实施以后，有意识地回顾自己的行为得失，可以检验自己的职业定位与职业方向是否合适，使得修正的工作有据可依，也使得实现职业生涯规划之路走得更顺畅。所以说，职业生涯规划实施的过程就是一个伴随评估、反馈与修正的过程，既是个人对自己不断认识的过程，也是对社会不断认识的过程。职业生涯规划实施中的评估与修正包括四个方面，即职业的重新选择、职业生涯路线的重新选择、人生目标的修正、实施措施与计划的变更。

第一节　职业生涯规划实施概要

一、大学生职业生涯规划实施的内涵和意义

1. 大学生职业生涯规划实施的内涵

大学生职业生涯规划的实施，就是将个人职业生涯规划方案付诸实践的过程，并根据实际情况的发展变化对职业生涯机会做出评估与修正，对职业生涯设计的阶段性结果和实施过程进行评估与修正，以确保生涯发展规划目标得以实现，最终取得职业生涯成功的过程。

在人生的发展阶段，由于社会环境的巨大变化和一些不确定因素的存在，职业发展与原来制订的职业生涯目标与规划有所偏差，这时需要对职业生涯目标与规划进行评估和做出适当调整，以更好地符合自身发展和社会发展的需要。

2. 大学生职业生涯规划实施的意义

（1）职业生涯规划的实施是计划和理想变成现实的桥梁

俗话说，成功是百分之一的灵感加百分之九十九的汗水。理想一旦确定，唯一要做的就是采取行动。职业生涯规划做得再完美无缺，如果不采取行动、不付诸实践，它始终是一份计划、一张纸，时间一长，很可能变成一张废纸。

（2）职业生涯规划的实施有利于规划方案的进一步优化

规划在实施中的调整不可避免，也只有及时准确的评估与修正才能使规划方案得到优化，使其有效性得到进一步加强。规划设计都是事先制订的，而影响职业生涯设计的因素有很多，有的变数可预测，有的变数难以预测。个体对自我的认知是不断变化、日趋成熟的，随着一个人的年龄增长，其兴趣、能力、经验等自变量在不断地变化，对职业的倾向性和判断也在不断地发生变化。尤其在环境的动态变化与个体的内在状态不断波动起伏的过程中，个体需要时时审视自己的职业选择、职业目标、职业生涯路线的确定是否适合自身的发展，有时正确的选择会因外部环境的变化而显得不合时宜，因此，要使职业生涯规划行之有效，就须不断对规划进行评估与修订。

（3）职业生涯规划的实施有利于大学生激发潜能，提升自身实力

只要目标切合实际又具有挑战性，加之坚定的执行力就可激发出个体的潜能，使个体实力得以提升。职业生涯规划实施是实现一个个阶段性目标，最终实现职业生涯终极目标的过程。而这个过程还伴随着个体的不断成长而随之评估、修正，并进行反馈的，使之更加符合个人的长期发展，更加有利于一个人聚集智慧发挥优势，更加有利于职业生涯规划的实现。

二、大学生职业生涯规划的实施策略

1. 学生方面的实施策略

（1）认识自我要全面客观

大学生在进行职业生涯规划时，首先要全面地认识自己，了解自己的各种特点，可以听听家长、老师和同学的评价。结合基本能力、生活习惯、兴趣爱好、价值观等，给自己一个科学合理的定位。此外，也可以借助职业兴趣和性格测验，认清自己的兴趣和性格。通过客观分析自己的优势和劣势，可以找到发挥自己特长的职业；通过对自己不足的剖析，可以避免从事不适合自己的职业。

（2）积极主动进行职业规划

大学生从踏进学校的那一天起，就要树立起职业生涯规划的理念，积极主动地规划自己的职业生涯，这样有利于将来职业生涯的发展。大学生在进行职业生涯规划时，不要过度依赖于外界的力量。制订了行动方案后，要有坚强的意志和毅力，不断地勉励自己，持之以恒，加强自我管理，把职业生涯规划落到实处。

（3）四年学习生涯的规划要合理

四年的大学生活，每年都有不同的任务，大学生的学习重点与心理特征都有所不同。根据这一自然的年限划分，大学生可以按学年为阶段设置阶段目标，进行自己的职业生涯规划，并按照每个阶段的不同目标和自身成长特点，制订一些有针对性的实施方案。大学生规划四年的学习生涯非常重要。

大学一年级可称为探索期。首先要转变由高中生到大学生的角色，重新确定自己的学习目标和要求。其次，要加深对本专业的培养目标和就业方向的认识，增强大学生职业生涯规划的自觉性，初步了解将来要从事的职业。再次，熟悉环境，建立新的人际关系，提高交际沟通能力，在职业探知方面可以向高年级学生、尤其是大四的毕业生询问就业情况。另外，业余时间积极参加各种各样的社团活动，增加交流技巧；在学习方

面，要巩固扎实专业基础知识，掌握现代职业者所应具备的最基本技能，为将来的就业选择打下良好的基础。

大学二年级应该有了初步的定向。认识自己的需要和兴趣，确定自己的价值观、动机和抱负。要了解自身应具备的各种素质，完成自己系统的职业生涯规划，并按具体计划付诸实施。可以开始尝试兼职、社会实践活动，并要具有坚持性，最好能在课余时间长时间从事与自己未来职业或本专业有关的工作，提高自己的责任感、主动性和受挫能力，并从不断的总结分析中得到职业的经验。

大学三年级就应该有所准备了。加强专业知识学习的同时，考取与目标职业有关的职业资格证书或相应的通过职业技能鉴定。要不断提高简历制作、面试技巧等求职技能训练，培养自己的职业技能。了解搜集就业信息的渠道，如果有机会要积极尝试。

大学四年级基本上可以算是冲刺期了。这个阶段大学生的毕业方向已经确定，大部分学生的目标应该锁定在工作申请及成功就业上。要重视实习机会，通过实习从宏观上了解单位的工作方式、运转模式、工作流程，从微观上明确个人在岗位上的职责要求及规范，为正式走上工作岗位奠定良好基础。积极利用学校提供的条件，了解就业指导中心提供的用人公司资料信息、强化求职技巧、进行模拟面试等训练，尽可能地在做出较为充分准备的情况下进行施展演练。完成具体的求职过程，并积极到社会上熟悉职场环境，提高适应社会的能力，为走向社会奠定坚实的基础。

以上这些举措如果贯穿于整个求学生涯，对学生就业观的形成，增强择业能力和求职技巧是很有帮助的。

2. 学校方面的实施策略

学校是大学生职业规划实施当中不可缺少的辅助力量，也应该有针对性的支持策略，比如在辅导教师队伍方面、辅导机构方面、训练平台方面、辅导体系方面入手。

（1）辅导教师队伍要专业

专业的辅导教师队伍应该是高校所配备的，也是做好学生职业生涯规划辅导工作的关键，这个队伍应具有精通业务、熟悉市场、有着强烈责任感、事业心和良好职业道德。为此，学校相应地逐渐培训自己的高素质师资队伍，让他们既熟悉学生工作又了解就业市场，使他们尽快掌握职业生涯规划指导的专业知识、方法和技巧，真正成为职业生涯规划方面的行家里手和职业生涯规划辅导队伍的中坚力量。这些专家化的职业生涯规划辅导教师，从微观方面而言，不仅能客观分析当前社会的职业状况和学生个体发展状况，帮助学生制订合理的职业生涯规划，而且能经常性地开展毕业生的就业指导、咨询、推荐和服务工作，帮助学生掌握求职的技能和知识。从宏观上为促使学生的职业生涯规划行之有效，还应该根据国家政策的调整、社会环境的变化，指导学生修改和调整自己的职业生涯规划。

（2）辅导机构要健全

高校建立健全职业生涯规划辅导机构，它应全面负责学校职业生涯规划教学活动的组织与计划工作，密切关注大学生就业市场的发展变化，积极开展职业生涯规划指导的调查研究工作，为学校调整和确定自己的办学模式、办学层次、专业设置和教学内容提供有力的参考。最基本的就是在现有就业指导中心的基础上，配上专职人员、固定场所以及必备的辅助工具，包括资料室、咨询室、洽谈室和会议室及与之相配套的多媒体设备，如进行心理测试需要的电脑、各种测量软件、测试仪器、书籍资料。

（3）训练平台要有社会性

学校为大学生职业生涯规划实施提供的训练平台涉及到如何有效地整合社会资源，使其具有很强的社会性。高校要加强与用人单位联系，主动走访社会上的用人单位，征求他们对人才培养的建议；聘请社会上的职业指导专家、人力资源专家进校，通过专题讲座、案例分析、经验分享、面对面咨询，使学生了解更多的相关就业信息、择业技巧、职业道德、社交礼仪等方面的知识。还要优化校外实习基地建设，通过校外实习，使学生积累更多工作经验甚至教训，提高实践能力和社会适应能力。

（4）辅导体系要有科学性、可操作性

大学一年级要指导大学生树立职业生涯规划的理念，明确人生发展目标；大学二年级要指导大学生科学制订职业生涯规划，让大学生认清自己的优势与特长、劣势与不足，让学生对职业现状和发展前景有比较深入的了解；大学三年级要引导大学生关注职业需求变化对职业生涯的影响，构建合理的知识、能力、素质结构，掌握一定的就业求职技巧；大学四年级要指导学生熟悉社会上的职业，完成从学生到劳动者的角色转换，顺利度过适应期。所以高校的职业生涯规划辅导要构建一套具有系统性、科学性、可操作性的大学生职业生涯辅导体系，使其贯穿不同年级、不同阶段、不同培养层次的大学生学习的全过程。

第二节　大学生职业生涯规划实施时出现的主要问题及对策

一、大学生职业生涯规划实施中出现的主要问题

大学生职业生涯规划实施中出现的主要问题有以下几个方面。

1. 执行力较弱

任何美好的目标都不可能唾手可得，提高执行力是职业生涯规划实施的先决条件。大学生常出现的一个问题是理论联系实际不够，重理论思辨轻动手实践。这就是规划设计完美但执行力不足的典型问题。规划的目的在于执行和实施，一些学生往往忽视这一点。有的仅把职业生涯规划当成一门不得不学的课程，制作和提交规划书只为完成作业，取得学分；有的在执行规划时缺乏毅力和意志，还有的学生自信心不足，遇到困难就怀疑自己的规划，担心目标定高了，常常半途而废。这些都是执行力不足的表现。

2. 评估方法不得当，反馈修正不到位

职业生涯规划具有可调整性，调整的目的在于优化规划方案，确保生涯目标的实现。及时反馈修正是职业生涯规划顺利实施的保障。一些大学生由于认识上的问题，把规划书束之高阁；有的则循规蹈矩，不敢也不善于把握实际情况的变化作出调整；更多的则是没有掌握生涯评估的技术和方法，难以发现生涯规划实施中的问题，反馈修正得不到落实。因此，大学生在制订好自己的规划之后，在实施过程中应制订评价的标准及评估的时间和方法，然后根据规划执行情况和具体情况的变化对规划作出及时的调整，以便收到更好的成效。

3. 实施计划无效

生涯目标的设定讲究时间梯度，实现生涯目标需要将目标进行必要的分解，即将总体目标在纵向、横向或时序上分解到各层次、各阶段形成目标体系，然后由远及近逐步细化实现目标的行动计划。有些同学在确定总体目标后，没有对目标进行分解或目标分解得不合理。导致规划实施的时间节奏把握不好，实施计划无效。

4. 随意性较大，不科学

大学生在职业生涯规划实施中缺乏科学的理论指导，不能以正确的态度对待大学生职业规划活动，导致出现了盲目性和随意性。部分学生认为社会发展太快，尤其是进入信息化社会后，许多事情是未知和无法预料的，打算得再好到时候也许什么都用不上。还有的学生虽然对职业规划实施有计划，但在实施中却呈现出随意性，跟着感觉走，做事三分热。由于缺乏对行业、职位详细信息的了解，体验不到真实的职业环境，所以大学生的职业生涯规划方向还存在诸多的不确定性，很容易受到社会的热点和突发事件的影响，表现随意性。

二、大学生职业生涯规划实施中主要问题的对策

针对以上大学生职业生涯规划实施出现的主要问题，首先要确定达到职业生涯规划目标的职业生涯路线，需要一个行动计划，还需要从自我管理、时间管理、行为管理、风险管理等几个方面作为切入点，才有可能落实职业生涯规划。

（一）确定职业生涯路线

确定职业生涯路线可以保证职业生涯规划的落实，是整个职业生涯规划价值体现的核心环节，更直接地引导通向哪一条路。通常会涉及行政管理路线、专业技术路线、经营路线……这几条路线可以互相转换，也可以有先后顺序。职业生涯路线的选择，也是职业生涯规划能否成功的重要步骤之一。发展路线不同，对人的各方面条件的要求也就不同。有时候即使同一职业，也有不同的岗位，有的人适合搞研究，可在某一学术领域有所突破，成为一名专家学者；有的人适合做编辑记者，可在媒体传播方面大显身手，成为一名走在前列的传媒人才；有的人适合搞经营，可在商海中建立功勋，成为一名经营人才。如果一个人不把自己的才能放到合适的岗位，这个人就很难成就一番事业。一般而言，职业生涯路线大致可分为5类（表6-1）。

当然，在进行职业生涯路线选择时，也应该要考虑自己的价值、理想、成就动机，确定自己的目标取向，自己希望向哪一条路线发展；而实际情况又要考虑自己的性格、特长、经历、学历等客观条件，确定自己的能力取向，才知道自己更合适哪一条路线发展；另外，也要考虑自身所处的社会环境、政治与经济环境、组织环境等，确定自己的机会取向，自己能够向哪一条路线发展。总而言之，就是从目标取向、能力取向、机会取向三方面考虑。进而，围绕着自己的职业目标和职业定位，设计合理的"职业发展线路图"（图6-1），最终实现自己的职业生涯目标。

（二）确定实施的行动计划

大学生在确定职业生涯目标后，根据各阶段的目标要求，制订相应的一系列可行

表 6-1　五种职业生涯路线

类型	典型特征	成功标准	主要职业领域	典型职业通路
技术型	职业选择时，主要注重的是工作的实际技术或职能内容。即使提升，也不愿意到全面管理的位置，而只愿在技术职能区提升	在本技术区达到最高管理位置，保持自己的技术优势	工程技术、财务分析、计划、系统分析等	例如：财务分析员—主管会计—财务部主任—公司财务副总裁
管理型	能在信息不全的情况下，分析解决问题，善于影响、监督、率领、操纵、控制组织成员，善于使用权力	管理越来越多的下级，承担的责任越来越大，独立性越来越强	政府机构、企业组织及其各部门的主要负责人	例如：制造业的管理路线为初级工程师—工程师—高级工程师—经理—高级经理—总监—副总裁—总裁
稳定型	依赖组织，怕被解雇，倾向于按组织要求行事，高度的感情安全，没有太大抱负，考虑退休金	一种稳定、安全、整合良好的家庭、工作环境	教师、医生、公务员等	例如：公务员路线为科员—副科级—正科级—副处级—正处级—副厅
创造型	要求有自主权、管理才能、能施展自己的特殊才能，喜好冒险，力求新的东西，经常转换职业	建立或创造某种东西，它们是完全属于自己的杰作	发明家、风险投资者、产品开发人员、企业家等	无典型职业通路，极易变换职业或从事自由职业
自主型	随心所欲，制订自己的步调、时间表、生活方式和习惯，认为组织生活是不自由的、侵犯个人的	在工作中得到自由及欢愉	学者、职业研究人员、手工业者、工商个体户、画家、作家等	在某个领域中发展自己的事业与个人

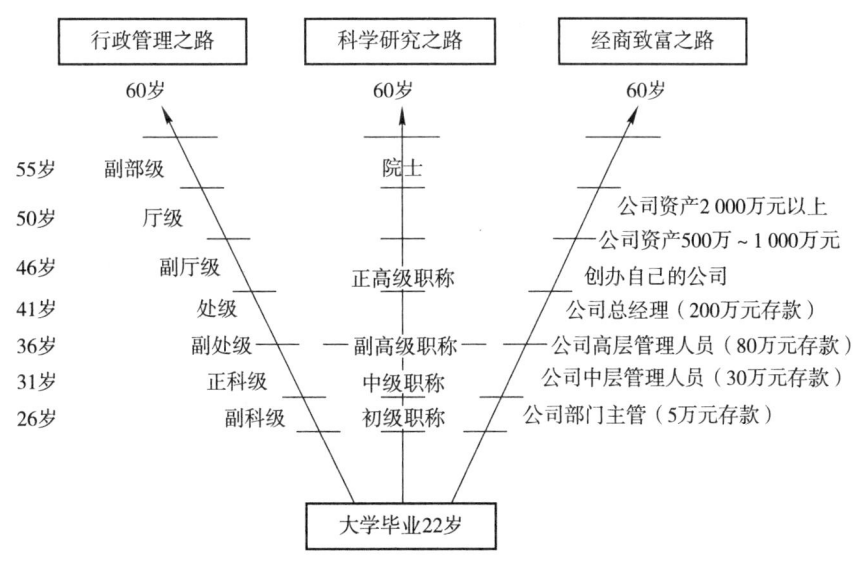

图 6-1　职业发展线路图

的、有效的、发展的行动措施，把职业目标转化为一个个具体的行动计划，并且持之以恒地去实施和执行。只有这样才能实现各自的职业生涯目标，才能走向成功。

1. 制订实施计划的要求

（1）要具体。计划必须是非常具体、具体到能够直接指导行动的。模棱两可的计划容易让人产生惰性，从而使执行的力度大打折扣。近期计划和短期计划能帮助梳理工作的轻重缓急，提高每天的效率，而长期计划是让你不偏离主方向的有力保障。有明确的截止期限能使计划的具体性得到更好的体现。

（2）要有可行性。不要把自己完全没有把握的工作提上计划书，至少也得在制订之前进行一番可行性的论证，这是保证计划约束性和严肃性的前提。与设计目标一样，"跳一跳，够得着"的原理同样适用于制订计划。如果计划制订得太多太繁杂导致难以执行，便会打击执行者的意志，以至于单单成了"写在纸上的计划"，执行计划就掉进泥淖之中无法动弹。

（3）要有重点。行动计划要紧紧围绕职业目标来制订。职业目标清晰后，围绕你最希望从事的岗位来学习，与实现职业目标无关或关系不大的任务尽量少地列入计划，以免主次不分。

（4）要有发展性。计划的制订一定要面向未来，尽可能充分地预计发展趋势及速度，以便使计划适应新的发展、新的形势。

（5）要有弹性。每个人都会遇到意想不到的情况，如果每天的计划都是百分之百，那么，在处理完这个情况任务之后，留给计划中工作的时间肯定就不够用了，这样会引起计划的拖延，无法保证计划目标的实现。所以制订计划必须有一定弹性，留有余地，不能将计划制订在能力所能达到的百分之百，而应该制订在能力所能达到的百分之八十，对每日计划尤其是如此。

2. 制订实施计划的能力素质内容

实施计划又可相应分为近期行动计划、短期行动计划、中期行动计划、长期行动计划等。我们在制订行动计划时，一定要结合自身的职业目标的具体要求。目前对于大学生来说，近期行动计划和短期行动计划更加具体，更加直接，由此可见，这两种行动计划是非常重要的。当然，这也是为了确保中长期行动计划得以有效实施的有力保障。所以，大学生在近期和短期行动计划中，要努力提高以下几方面的能力和素质。

（1）个人素质。个人素质的内涵很丰富，有多个方面，包括学习能力、社交能力、责任心、学识经验、自我控制、进取精神、创造性潜力、管理潜力、成就动机、灵活性、总结能力、工作态度、诚实水平等。关键是根据自身特点发挥自己的特长，同时要有过硬基本功的真才实学。专业技能强、上进、好学、有职业操守；真诚、敬业、守时；有团队合作意识、良好的沟通能力和亲和力；善于学习，积极主动解决困难的态度和能力；良好的组织能力和协调管理的能力，等等。

（2）专业技能。专业技能是专业知识和专业操作能力的统称。知识作为人类实践活动和思维成果的结晶，是人类创造历史、改造历史的重要工具。大学是一个传承与发展知识、文化，探求真理的地方。对于大学生而言，学习知识、积累知识是践行职业生涯的良好开端和重要保证，也是成长、成才和成功的必要条件。大学的学习特点要求大学生自觉地投入学习，必须制订科学的学习计划，自觉地、认真地去学习专业知识，夯实专业基础，注重专业技能的实践与提高，这将对职业生涯规划的目标实现提供有力的推动。

（3）通用技能。通用技能是人们在职业生涯中除岗位专业能力之外的基本能力，个人最能持续运用和最能够依靠的技能。虽然我们每个人选择的职业目标不相同，选择的路径也有所不同，每一条路径为实现职业目标所需的准备内容也不尽相同，但是，丰富自己的知识结构和内涵，提高自身修养和解决问题的能力等都是相通的。知识技能的运用都是在可迁移技能的基础上适用于各种职业，适应岗位的不断变换，是伴随人们终生的可持续发展能力，包括以下 10 项技能：自我管理能力、人际交往能力、学习和适应能力、语言表达能力、信息处理能力、解决问题能力、自我规划能力、创新能力、系统化工作能力、团队工作能力。

（三）实施职业生涯规划时的管理意识

实施职业生涯规划时应该培养对时间、行为、风险、自我四个方面进行科学的管理意识，提高规划实施的效率。

1. 时间方面的管理意识

时间管理，就是用最短的时间或在预定的时间期限内把事情做好。计划实施失败或者缓慢，没有效率，通常根源于浪费时间，抛开客观原因不说，单是主观原因常见的就有九种（表 6-2）。

表 6-2　浪费时间的常见主观原因

1. 做事目标不明确。

2. 行为作风拖拉。

3. 缺乏优先顺序，抓不住重点。

4. 过于注重细节，以至于在"精益求精"中贻误机会。

5. 做事有头无尾。

6. 缺乏条理，不简洁，简单的事情复杂化。

7. 事必躬亲，不懂得授权。

8. 不会拒绝别人的请求。

9. 思考问题消极，退避意识强烈。

针对以上所述浪费时间的原因分析，解决的方法在国际上就有五种经典之说（表 6-3）。

上述方法告诉我们，实现职业生涯规划必须要节约时间、学会管理好自己的时间，养成并加强时间方面的管理意识。

2. 行为方面的管理意识

从管理心理学研究方面而言，行为应该有六个特点，即行为具有目的性、能动性、预见性、程序性、多样性和可度性。

表 6-3　解决浪费时间的方法类型

类型	来源 \ 根据	方法内容
6 点优先工作制	该方法是效率大师艾维利在向美国一家钢铁公司提供咨询时提出的，它使这家公司用了 5 年的时间，从濒临破产一跃成为当时全美最大的私营钢铁企业，艾维利因此获得了 2.5 万美元咨询费，故管理界将该方法又喻为"价值 2.5 万美元的时间管理方法"。艾维利认为，一般情况下，如果一个人每天都能全力以赴地完成 6 件最重要的大事，那么他就一定会是一位高效率人士。	这一方法要求我们把每天所要做的事情按重要性排序，分别从"1"到"6"标出 6 件最重要的事情。每天一开始，先全力以赴做好标号为"1"的事情，直到它被完成或被完全准备好，然后再全力以赴地做好标号为"2"的事情，以此类推。
帕累托原则	这是由 19 世纪意大利经济学家帕累托提出的。其核心内容是生活中 80% 的结果几乎源于 20% 的活动。比如，总是那些 20% 的客户给你带来了 80% 的业绩，可能创造了 80% 的利润；世界上 80% 的财富被 20% 的人掌握着，世界上 80% 的人只分享了 20% 的财富。因此，要把注意力放在 20% 的关键事情上。	根据帕累托原则，我们应当对要做的事情分清轻重缓急，进行如下的排序： 第一，重要且紧急（比如救火、抢险）——必须立刻去做。 第二，重要但不紧急（比如学习、做计划、与人谈心、体检）——只要是没有前一类事的压力，应该当成紧急的事去做，而不是拖延。 第三，紧急但不重要（比如打麻将"三缺一"而紧急约你、有人突然打电话请你吃饭）——只有在优先考虑了重要的事情后，再来考虑这类事。需要特别指出的是，大多数人常犯的毛病是把"紧急"当成优先原则，其实许多看似很紧急的事情，拖一拖，甚至不办，根本无关大局。 第四，既不紧急，也不重要（比如娱乐消遣等事情）——有闲工夫再说。
麦卡锡 30 秒电梯理论	麦卡锡公司曾经得到过一次沉痛的教训。该公司曾经为一家重要的大客户做咨询。咨询结束的时候，麦卡锡的项目负责人在电梯间里遇见了对方的董事长，该董事长问麦卡锡的项目负责人："你能不能说一下现在的结果呢？"由于该项目的负责人没有准备，而且即使有准备，也无法在电梯从 30 层到 1 层的 30 秒钟内把结果说清楚。最终，麦卡锡失去了这一重要的客户。从此，麦卡锡要求公司员工凡事要在最短的时间内把结果表达清楚，凡事要直奔主题、直奔结果。这就是如今在商界流传甚广的"30 秒电梯理论"，或称"电梯演讲"。	根据麦卡锡 30 秒电梯理论，一般情况下人们最多记住一二三，记不住四五六，所以凡事要归纳在 3 条以内。

类型	来源＼根据	方法内容
办公室美学	秩序是一种美。均匀、对称、平衡和整齐的事物能给人一种美感。简洁就是速度，条理就是效率。简洁和条理也是一种美，是一种办公室的美学，工作的美学。	根据办公室美学理论要求人们养成如下良好的习惯：物以类聚，东西用毕物归原处；不乱放东西；把整理好的东西编上号，贴上标签，做好登记；好记性不如烂笔头，要勤于记录。处理文件有 3 个环节：第一，迅速回复。第二，迅速归档，以免文件弄乱或弄丢。第三，及时销毁。没有用的文件要及时处理掉，以免继续浪费时间和空间。
莫法特休息法	《圣经新约》的翻译者詹姆斯·莫法特的书房有三张桌子：第一张桌子摆着他正在翻译的《圣经》译稿；第二张桌子摆的是他的一篇论文的原稿；第三张桌子摆的是他正在写的一篇侦探小说。莫法特的休息方法就是从一张桌搬到另一张桌继续工作。"间接套种"是农业上常用的一种科学种田的方法。人们在实践中发现，连续几季都种相同的作物，土壤的肥力就会下降很多，因为同一种作物吸收的是同一类的养分，长此以往，地力就会枯竭。	人的脑力和体力，如果分时间阶段变换一下工作内容，就会激发新的优势兴奋灶，而原来的兴奋灶得到抑制，做到轮换间作，人的脑力和体力就会得到有效的调剂和放松。

目的性就是指行为是一种有意识的、自觉的、有计划的、有目标的、可以加以组织的活动，是自觉的意志行为；能动性是指人的行为动机是客观世界作用于人的感官，经过大脑思维所做出的一种能动反映，并且人的行为不是消极地适应外部世界，而是一个能动地改造世界的过程；预见性是指人的行为方式和行为结果等是可以预见的，因为人的行为具有共同的规律；程序性就是在一定的理论指导下，按照一定的程序，运用决策技术和方法来选择行为方案；多样性是指人的行为有性质不同、时间长短不同、难易程度不同等方面的区别；可度性是指人的行为通过各种手段可进行计划、控制、组织和测度。

根据以上分析行为的特点可以看出，做有执行力的人必须彻底改掉身上随意行事或不按计划行事的劣习，培养和增强行为方面的管理意识。

近年来被许多人所认可的、运用频率很高的一种综合行为管理方式叫做 GTD 方法，运用得当可以全面改善一个人的管理模式。

GTD 是 "Getting Things Done" 的缩写，是由效率管理专家戴维·艾伦开创的一套完整的个人综合行为管理模式。戴维·艾伦自 1983 年开始，就在洛克希德公司的千名经理研讨会上实验和改进这套法则。现在这套开创性的、行之有效的 GTD 系统方法，是戴维·艾伦作为高级管理顾问 20 多年、培训人员超过 50 多万的智慧结晶。GTD 是一套让人所做的行为变得轻松自如、事半功倍的方法。在个人管理和效率提升领域，GTD 已被许多世界顶级机构视为成功的黄金策略。戴维·艾伦也被誉为在提高工作效率方面最具有建树和影响力的思想家之一。

GTD 最大的优点于，它以非常简单易行的方法，将一切的焦点信息分门别类、清晰明确地保存在一个完整的系统中，系统地进行整理和回顾。让个人在管理中可以很清楚地掌握工作重点，根据所处的环境和时刻采取最高效的行动方案，以便达到轻松且富有生产力的新境界。GTD 执行的第一步是搜集信息；第二步是加工处理，确定下一步行动；第三步得出结论，管理分类信息；第四步回顾调整信息，并及时更新；第五步就是行动了，当然前提还要明确这是什么事，是否需要采取行动，行动后的具体怎么走下一步。归结起来可以综合成一个流程图（图 6-2）。

方法本身所包含的过程内容很平常，但能够形成这一套行事的模式是有相当大难度的。所以一旦能够从行为习惯上改善自己的行为活动方式，通常会产生事半功倍的效果。

3. 风险方面的管理意识

风险管理是指如何在一个肯定有风险的环境里把风险减至最低的管理过程，其中包括对风险的量度、评估和制订应变策略。

我们应该认识到，很多事情尤其是涉及外部因素较多的事务，预先的安排还面临着诸如环境改变、人事变动这样的决策风险。所以凡事也应该树立风险意识，学会规避风险所造成的损失和危害，这是职业生涯管理中的另一项必备工作。如果能做到面对风险时能够拿出有效的替代方案，那么就很有可能够在更深一个层次把握个人的职业生涯规划。所以大学生在实施职业规划时应该有风险方面的管理意识。

理想的风险管理，是一系列排好优先次序的过程，以使其中可能导致最大损失发生

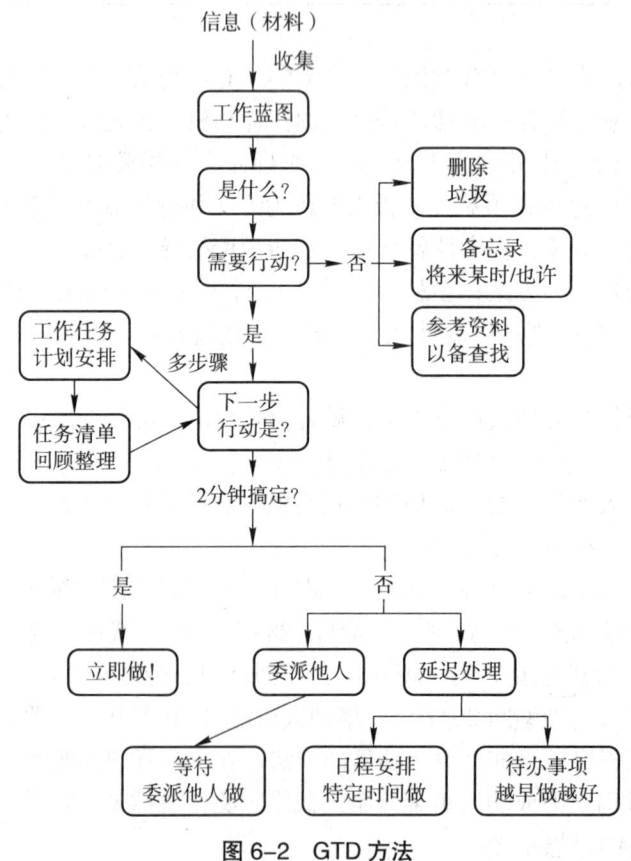

图 6-2　GTD 方法

的事情优先处理，而相对风险较低的事情则安排到后面处理。但实际面临的情况是，该优化过程往往很难预先决定，因为风险和发生的时间可能并不是一致的，所以要权衡二者的比重，以便做出最恰当的决策。随着社会发展和科技进步，现实生活中的风险因素越来越多。无论企业或家庭，都日益认识到了进行风险管理的必要性和迫切性。人们想出种种办法来对付风险。但无论采用何种方法，风险管理遵守以最小的成本获得最大的保障的这一条基本原则。风险管理还要面对资源有效运用的难题，这牵扯到机会成本的因素。把资源用于风险管理，又使能运用于有回报活动的资源减少；而理想的风险管理，正希望能够花最少的资源去尽可能化解最大的危机。与之相适应的对风险的处理大致表现为回避风险、预防风险、自留风险和转移风险4种方法。

回避风险是指主动避开损失发生的可能性。它适用于对付那些损失发生概率高且损失程度大的风险，如考虑到高强度的长跑竞赛时有休克的危险就不去比赛。虽然回避风险能从根本上消除隐患，但这种方法明显具有很大的局限性。其局限性表现在，并不是所有的风险都可以回避或应该进行回避。如人身意外伤害，无论如何小心翼翼，这类风险总是无法彻底消除。

预防风险是指采取预防措施，以减少损失发生的可能性及损失程度。预防风险涉及一个现时成本与潜在损失比较的问题：若潜在损失远大于采取预防措施所支出的成本，就应采用预防风险手段。

自留风险即自己非理性或理性地主动承担风险。"非理性"是指对损失发生存在侥幸心理或对潜在损失程度估计不足从而暴露于风险中；"理性"是指经正确分析，认为潜在损失在承受范围之内，而且自己承担全部或部分风险比购买保险更经济合算。所以，在作出理性选择时，自留风险一般适用于对付发生概率小且损失程度低的风险。

转移风险是指通过某种安排，把自己面临的风险全部或部分转移给另一方。通过转移风险而得到保障，是应用范围最广、最有效的风险管理手段。

4. 自我方面的管理意识

人的自我方面的管理意识是人们从事社会活动的根本，人的任何社会活动都是以自我管理为前提的。所以，大学生在进行职业生涯规划时，更要加强对自我方面管理意识重要性的认识，并且付之行动。自我方面的管理具体又应该包括自我管理、人际关系管理、情绪管理。

（1）自我管理。自我管理意识就是个人自觉能动地对自身进行管理，是人在正确的自我认识前提下通过自我计划、自我教育、自我控制，最大限度地发挥自己的潜能，更有效地实现自己的社会价值，从而取得自我实现的过程。

在自我认识的过程中，人不仅能够了解自己，同时也能认识自己与他人、社会的关系，认识自己在社会中的作用，正确地对自己进行评价和定位，从而合理地进行自我管理。自我计划是在正确地认识自己之后，根据目标的需要对自己的未来进行有目的的规划。我们只有通过自我计划才能使行为有目标、有组织、有效率。另外，自我计划要结合自身和环境因素，从实际出发，尊重客观事物，作出合理的自我计划。自我教育是个体把自己作为教育主体，通过自觉学习提高知识水平、提升道德品质的过程。自我教育对大学生的成长、成才具有重要的意义。大学生通过自我教育，主动地去学习知识和技能，开阔视野，提高分析问题和解决问题的能力，从而指导行为，促进目标的实现。自我控制是指个人对自身心理与行为的主动掌握，能够控制自身的情感冲动，并且通过自身检查把握目标的进度和质量，自行纠正偏差的过程。

（2）人际关系管理。人际关系在职业生涯中是一个不可忽视的课题。良好的人际关系是大学生开心学习、舒心工作和安心生活的必要条件。处理好人际关系的关键是要意识到他人的存在，理解他人的感受，既满足自己又尊重别人。在人际交往中要做到主动、真诚、平等、互动。

主动对人友好，主动表达善意能够使人产生受重视的感觉。好的人际关系必须在人际关系的实践中主动去寻找，逃避人际关系而想得到他人的友谊只能是缘木求鱼，不可能达到理想的目的。主动的人往往令人产生好感。

真诚是打开他人心灵的金钥匙，因为真诚的人使人产生安全感，减少自我防卫。越是好的人际关系越需要关系的双方暴露一部分自我，也就是把自己真实想法与人交流。当然，这样做也会冒一定的风险，但是完全把自我包装起来是无法获得别人的信任的。

任何好的人际关系都给人以自由、无拘无束的感觉。如果一方受到另一方的限制，或者一方需要看另一方的脸色行事，就无法建立起高质量的人际关系。

人们之间的善意和恶意都是相互的，一般情况下，真诚换来真诚，敌意招致敌意。因此，与人交往应从良好的动机出发，注重要互动起来。

（3）情绪管理。情绪会影响和决定一个人的交际态度和处事方法，并进而影响到整个交际的结果。一旦情绪产生波动时，个人会表现愉快、气愤、悲伤、焦虑或失望等各种不同的内在感受，假如负面情绪常出现而且持续不断，就会对个人产生负面的影响，如影响身心健康、人际关系或日常生活。因此，情绪在人际交往中起到了决定性的作用。如果大学生能够学会调控和利用情绪，管理好自己的情绪，将得到意想不到的收获。每个人都有情绪，消极情绪若不适时疏导，轻则败坏情致，重则使人走向崩溃；而积极的情绪则会激发人们工作的热情和潜力——各种情绪不同程度地影响着员工的工作和生活。只有了解了情绪，才能管理并控制情绪，才能发挥其积极作用。情绪管理要求我们要辨认情绪、分析情绪和管理情绪。

大学生面对学习和生活压力，要懂得合理调控情绪，把生活中的矛盾和不适排解，只要这样才能够更加健康、积极地去学习和生活，才能更好地去实施职业生涯规划行动方案，实现职业生涯目标。情绪管理的方法有很多，以下介绍比较常用的几种（表6-4）。

表6-4　情绪管理的方法

类型	内容
暗示法	当我们在生活中遇到情绪问题时，应当充分利用语言的作用，用内部语言或书面语言对自身进行暗示，缓解不良情绪，保持心理平衡。
注意力转移法	当出现情绪不佳的情况时，要把注意力转移到使自己感兴趣的事上去，如：给自己创造一个愉快的生活环境，如音乐、养花等，有助于使情绪平静下来，在活动中寻找到新的快乐。

类型	内容
宣泄法	遇有不良情绪时，最简单的办法就是"宣泄"；宣泄一般是在背地里，在知心朋友中进行的。采取的形式或是用过激的言辞抨击、谩骂、抱怨恼怒的对象；或是尽情地向至亲好友倾诉自己认为的不平和委屈等；或是通过体育运动、劳动等方式来尽情发泄；或是到空旷的山林原野，拟定一个假目标大声叫骂，发泄胸中怨气。必须指出，在采取宣泄法来调节自己的不良情绪时，要采取正确的方式，选择适当的场合和对象，以免引起意想不到的不良后果。
自我安慰法	当一个人遇有不幸或挫折时，为了避免精神上的痛苦或不安，可以找出一种合乎内心需要的理由来说明或辩解。如为失败找一个冠冕堂皇的理由，用以安慰自己，或寻找理由强调自己所有的东西都是好的，以此冲淡内心的不安与痛苦。这种方法，对于帮助人们在大的挫折面前接受现实，保护自己，避免精神崩溃是很有益处的。
交往调节法	某些不良情绪常常是由人际关系矛盾和人际交往障碍引起的。因此，当我们遇到不顺心、不如意的事，有了烦恼时，能主动地找亲朋好友交往、谈心，比一个人独处胡思乱想、自怨自艾要好得多。另外，人际交往还有助于交流思想、沟通情感，增强自己战胜不良情绪的信心和勇气，能更理智地去对待不良情绪。
情绪升华法	升华是改变不为社会所接受的动机和欲望，而使之符合社会规范和时代要求，是对消极情绪的一种高水平的宣泄，是将消极情感引导到对人、对己、对社会都有利的方向去。如一同学因失恋而痛苦万分，但他没有因此而消沉，而是把注意力转移到学习中，立志做生活的强者，证明自己的能力。
培养坚毅的性格	坚毅决定着大学生能否耐得住挫折和艰辛，而不坚毅的人多爱生病、逃避和沮丧。因此，在日常生活中，大学生要注重坚毅性格的养成，勇敢面对问题和困难。

如果采用了以上介绍的几种方法仍然没有什么好的效果，也不用灰心，在有条件的情况下，去寻求心理医生的指导、帮助，以之克服不良情绪。

第三节　大学生职业生涯规划实施中的反馈、评估与修正

职业生涯规划是动态的，需要调整。事物都是处在运动变化中的，作为一个动态的概念，规划职业生涯不是一劳永逸的，职业生涯规划也要随着时间的推移而变化，因此需要不断根据内外界变化作出相应的调整和修正。现实存在种种不确定因素，而大学生的自身的价值观也处于形成时期，这导致原来制定的职业生涯目标有时会与实际情况有所偏差。如果不及时对规划作出调整，就难以保证个人的职业生涯顺利发展。而职业生涯的不同阶段会面临不同的挑战和机遇，也应该进行调整。在人的一生中，随着知识、能力、经验、资历和自信心的增长，个人对自己的期望也越来越高，兴趣、能力和目标也会发生变化。更高的期望和要求就意味着更多的挑战，意味着新的机遇和目标，有利于自我实现和自我价值最大化。所以大学生职业生涯规划的实施过程应该也是一个不断反馈、评估、修正的过程。

一、大学生职业生涯规划实施中的反馈

反馈调整就是一个再认识、再发现的过程。在职业生涯规划过程中，必须进行信息反馈。所谓反馈，就是沟通双方期望得到一种信息的回流。反馈要求我们时刻注意周围环境的变化，不断地审视自我，不断地调整自我，不断地修正策略和目标，确保个人职业生涯规划的有效性。

在职业生涯规划反馈时，通常是实施全方位反馈。全方位反馈，也称360度反馈，由被誉为"美国力量象征"的典范企业英特尔首先提出并加以实施的。360度反馈的主体不仅包括被评价者的上级主管，还包括其他与之密切接触的人员（如同事、下属、客户），同时也包括自评（表6-5）。大学生职业生涯规划全方位反馈主体应包含学校领导、老师、学生和被评价者自身等。全方位反馈虽然是360度的立体化模式，但是仍然应该有自己的工作重点。第一，要做好同学间评议。同学间提供评价意见可以借助同学们的智慧与经验，让被评价的学生更清醒地认识到自身的优势和不足，以此明确努力的方向。第二，要做深自我评价。自我评价便于大学生进行自我反思，由被动接受评价转变为主动反省和总结学习工作的得失。第三，要做实评价反馈。大学生全方位反馈评估最后能否改善我们的职业生涯规划状况，在很大程度上取决于评价结果的真实反馈，从而增强反馈的效能。

表6-5　职业生涯规划的360度评估反馈

评估方式	评估者	评估内容
自我评价	本人	1. 才能是否得到充分施展 2. 是否满意自己在组织中的发展、社会进步中的贡献 3. 是否满意自己职称、职务、工资待遇的变化 4. 是否满意自己处理职业生涯与其他人生活的关系的结果
家庭评价	父母、配偶、子女以及其他重要的家庭成员	1. 是否理解 2. 是否给予支持和帮助
组织评价	上级、平级、下级	1. 是否有下级、平级的赞赏 2. 是否有上级的肯定和表扬 3. 是否有职称、职务提升或职务责、权、利范围的扩大
社会评价	社会舆论、社会组织	1. 是否有社会舆论的支持和好评 2. 是否有社会组织的承认和奖励

职业生涯规划的反馈类型更具体的则包括正式、非正式、绩效考评3种。

1. 正式反馈

程序化的过程是正式反馈所必需的。大学的正式反馈通常使用大学生的综合素质反馈登记表，从教育学的角度来界定，可划分为思想道德素质、智育素质、体育素质、文化素质和心理素质5部分。一般认为，不同大学、不同专业对学生素质结构的要求不同，但在进行必要的单位换算和加权处理后这5部分分值可形成一个综合素质评价值。

2. 非正式反馈

大学生在日常学习、工作、交流中互相提供反馈信息即为非正式反馈。它可以由老师或同学（朋友）对其所存在的缺点或错误提出意见，还可以通过写感谢信、当众表扬或老师当面赞许等方式来传递正面的反馈信息。通过日常交流和非正式反馈，学生可建立重要的人际交流渠道，为职业生涯规划进行正式反馈铺平道路。例如：学习上相互帮助；上课前、寝室卧谈会的交流等以便取长补短；在实训课结束后马上进行总结。

3. 绩效考评

绩效考评可采用多种形式，大学生可以根据自己的不同职业生涯目标，提供正确的信息反馈，发现合格的大学生标准和条件，采取不同的管理方式，提高自身素质。比如：有的大学生把考研当作自己近期最主要的目标；有的大学生准备毕业后踏入社会，为了给自己积累资本，各种职业证书就成了他们要攻克的难关；有的大学生想加入学生会，并将此作为大学阶段必不可少的一门实践课；有的大学生想节省时间，争取第二学位成了他们的最好选择。

二、大学生职业生涯规划实施中的评估

（一）评估的作用

1. 评估可以检测职业生涯策略是否得当

我们制订的职业生涯规划中包括的学习计划、培训计划、工作计划等，是否适当、是否有作用、实际效果如何，这应该是我们关心的问题。因为我们制订的这些计划都是在主观分析和经验的基础上的，因此，我们在实施这些计划的过程中，要不断地反省，定期地对实际的效果进行检验。

2. 评估可以检测职业生涯目标是否适当

我们身处的世界每天都在发生变化，这些变化都是影响我们制订职业生涯目标的因素。同时，大学生的心理不成熟，缺少社会阅历，加之大部分大学生对自己评价过高，制订的事业生涯目标与实际有很大的偏差，缺乏可操作性。职业生涯规划的每项内容都是建立在自我分析和客观事实基础上的，因此，要定期地对职业生涯规划进行评估，要考虑你所选择的职业是不是你心中最想做的工作，它是否适合你。这些问题必须在实际的工作中才能找到答案。

3. 进行阶段性的评估有助于我们及时调整职业生涯规划

如果我们对职业生涯规划很长时间才评估一次，就不可能及时地发现问题，并迅速做出改变。因此，要根据实际情况，进行定期的评估，以及时纠正实施过程中出现的偏差。时间最好不要超过一年。但是每年评估一次是针对短期目标而言的，对于中期目标要每3~4年评估一次，对于长期目标则要每7~10年评估一次。一般情况下，对中长期目标的评估要比短期目标评估花更多的时间，而且有可能对职业目标有较大改动。

（二）评估的要点

所有的评估最终都归结为自我素质和行为对现实环境的适应性判断，评估的要点包括四个方面。第一，抓住最重要的内容。在职业生涯的每一个阶段，都有相对主要的目标，其他目标都是围绕主要目标展开的。所以在评估过程中，一定要有所选择，不能面面俱到，应该把握住一两个关键的目标和最重要的策略方案进行追踪。第二，分离出最新的需求。对于新出现的变化，应该客观地分析，得出最新的需求，并且制订出最新的策略。一定要在变化中求稳定，在创新中求发展。第三，找到突破方向。方向比方法更重要，在面临环境变化带来的困难时，只要在某一突破口取得显著进展，整个局面就会随着发生意想不到的变化。拿出规划中的策略方案，对照变化的因素，寻找突破口，制订有效的措施。第四，关注最弱点。根据木桶原理，并结合实际变化的环境，发现自己素质和规划策略的最弱点，制订修正方案。

（三）评估的步骤

1. 确定评估的目的和任务

我们在做职业生涯规划的评估工作时要先确定评估的目的以及主要任务。从评估的内容就可以看出评估的目标，就是要确定职业生涯目标是否合适，是否需要更改职业生涯路径，策略是否得当。

2. 进行自我再评价

在制订大学生职业生涯规划的时候需要进行自我评估，而在实施的过程中的评估依然需要进行自我再评估，职业生涯规划实施中的评估与修正必须建立在对自我再认识、再评估的基础上。因为人总是随着知识、阅历和年龄的增长而成长，在职业生涯规划的不同阶段自我的状态也会有不同。在职业生涯规划实施的过程中，"重新认识自我"是人生发展的重要一步。重新认识自我，就是要在现有的基础上客观地评价自己，不高估自己，也不贬低自己；重新认识自我，就是要再一次认识自己的优势、劣势、自己的与众不同和发展潜力。重新认识自我是自我再评估的前提，是职业生涯规划与规划实施的重要基础。

自我再评价包括两方面的内容：其一是按完成时间评估；其二是按完成性质评估。当我们做好了一份职业生涯规划时，我们都会按照时间来确定阶段性任务。所以，自我再评价首先就要看我们是不是准时完成了计划中的任务。如果我们在规定的时间内完成了所定目标，说明计划比较合理，目标与策略设定得比较得当，可以继续实现下一个目标。如果我们在规定的时间内无法完成所定目标，那就应该进行反思，找出出现这种情况的原因及对策。总之，在自我评价的过程中不要单纯地考虑按时完成，还要保证质量，这样才能更好地实现目标。

3. 对事先搜集的反馈信息的准确性和可用性进行评价

在搜集信息的过程中，由于客观原因会存在信息与实际不符的问题。我们在搜集好信息以后，要进行仔细地甄别和筛选，保留对自己有用的信息，丢掉那些无用的和不真实的信息，这样结论才会客观。

4. 运用适当的评估方法

评估的方法和反馈的方法有交叉的地方，除了全方位反馈评估法，这里主要介绍PPDF 法，即个人职业表现发展档案。

PPDF 的英文全称是 personal performance development file，也可译成个人职业生涯发展道路。PPDF 为每个员工都设计了一条经过努力可以达到个人目标的道路，使员工明确只有公司发展了，个人的目标也就可以实现了。这实际上是一种极有效的人力资源开发的方法。管理者给员工进行具体的设计时，要使他们的职业生涯计划建立在现实的、合理的基础上，并且通过必要的培训、职务设计及有计划的晋升或职务调整，为他个人的职业生涯发展创造有利条件。为员工设计职业生涯发展计划有利于更深地了解员工的兴趣、愿望、理想，以使他能够感觉到自己是受到重视的人，从而发挥更大的作用，有利于用各种方法引导员工进入单位的工作领域，从而使个人目标和单位的目标更好地统一起来，降低员工的失落感和挫折感。还能够使员工看到自己在这个单位的希望，从而达到稳定员工队伍的目的。

（四）一种简单的 PPDF 法

1. PPDF 的主要目的

PPDF 是对员工工作经历的一种连续性的参考。它的设计使员工和他的主管领导，对该员工所取得的成就，以及员工将来想做些什么有一个系统的了解。它既指出员工现时的目标，也指出员工将来的目标及可能达到的目标。它标示出，你如果要达到这些目标，在某一阶段你应具有什么样的能力、技术及其他条件等。同时，它还帮助你在实施时进行认真思考，看你是否非常明确这些目标，以及你应具备的能力和条件。

2. 怎样使用 PPDF

PPDF 是两本完整的手册。当你希望达到某一目标时，它为你提供了一个非常灵活的档案。将 PPDF 的所有项目都填好后，交给你的直接领导一本，自己留一本。领导会找你，你要告诉他你想在什么时间内、以什么方式达到你的目标。他会同你一起研究，分析其中的每一项，给你指出：哪一个目标设计得太远，应该再近一点儿；哪一个目标设计得太近，可以将它往远处推一推。他也可能告诉你，在什么时候应该与电大、夜大等业余培训单位联系。他也可能亲自为你设计一个更适合于你的方案。总之，不管怎样，你将单独地和你相信的领导一同探讨你该如何发展、奋斗。

3. PPDF 的主要内容

（1）个人情况

① 个人简历：个人的生日、出生地、部门、职务、现住址等。

② 文化教育：初中以上的校名、地点、入学时间、主修专题、课题等。所修课程是否拿到学历，在学校负责过何种社会活动等。

③ 学历情况：填入所有的学历、取得时间、考试时间、课题以及分数等。

④ 曾接受过的培训：曾受过何种与工作有关的培训（如在校、业余还是在职培训）、课题、形式、开始时间等。

⑤ 工作经历：按顺序填写你以前工作过的单位名称、工种、工作地点等。

⑥ 有成果的工作经历：写上你认为以前有成绩的工作是哪些，不要写现在的。

⑦ 以前的行为管理论述：写你对工作进行的评价，以及关于行为管理的事情。

⑧ 评估小结：对档案里所列的情况进行自我评估。

（2）现在的行为

① 现时工作情况：应填写你现在的工作岗位、岗位职责等。

② 现时行为管理文档：做你现在的行为管理文档记录，可以在这里加一些注释。

③ 现时目标行为计划：设计一个目标，同时列出和此目标有关的专业、经历等。这个目标是有时限的，要考虑到成本、时间、质量和数量的记录。如果有问题，可以立刻同你的上司探讨解决。

④ 如果你有了现时目标，它是什么？

⑤ 怎样为每一个目标设定具体的期限？此处写出你和上司谈话的主要内容。

（3）未来的发展

① 职业目标：在今后3~5年里，你准备在单位做到什么位置。

② 所需要的能力、知识：为了达到你的目标，你认为应该拥有哪些新的技术、技巧、能力和经验等。

③ 发展行动计划：为了获得这些能力、知识等，你准备采用哪些方法和实际行动。其中，哪一种是最好、最有效的，谁对执行这些行动负责，什么时间能完成。

④ 发展行动日志：写发展行动计划的具体活动安排、所选用的培训方法，如听课、自学、所需日期、开始的时间、取得的成果。这不仅是为了自己，也是为了了解工作、了解行为。同时，你还要对照自己的行为和经验等，写上你从中学到了什么。

PPDF法操作起来十分方便、简单，它不仅对在职人员有极大用处，对大学生的职业生涯规划也具有同样的意义。PPDF绝不是又一种转瞬即逝的潮流，也不是陈酒改换一种新包装，而是一场实实在在的观念和实践的深刻变革。PPDF工具的自我构建和评价使用，直接挑战和冲击着残留的封闭、保守的传统文化与心理。事实上，并不是每个人都能准确、到位地做好自己的职业生涯规划。由此，HR的职业价值也有了彰显本职的可能，即为每一个员工的"个人职业表现发展档案"做好参考与指导。毕希纳曾说："每个人都是一个深渊，当人们往下看的时候，会觉得头晕目眩。"在尊重与承认人的价值的人本时代，一定程度上，HR就是为每一个员工挖掘"深渊"的人，以"向下看"的姿态与心理对待每一个员工。那时，评估HR成功就在于能因为员工的职业表现与专业发展而感到"头晕目眩"。

4. 得出结论

运用科学的评估方法，在对反馈信息进行分析以后，会得出最终结论。一般来说，只要每个步骤都依据客观事实来执行，得出的结论就比较正确，评估工作也就成功了。

三、大学生职业生涯规划实施中的修正

在对职业生涯目标和策略评估之后，发现其中的不足之处，就要及时对它们进行修正调整，一个好的职业生涯规划需要具备可行性，需要有实施计划的具体措施和时间。但是职业生涯规划做得过细也会束缚自己的手脚，可能丧失随时到来的种种机会，又会因为不切实际而丧失可操作性。在影响职业生涯的许多因素难以预料的情况下，要使职业生涯行之有效，就必须使职业生涯规划具有足够的弹性，在实践中不断进行评估和调整，并根据评估的结果进行目标和策略方案的调整与修正。

（一）修正的目的

第一，对自己的强项充满自信；第二，对自己的发展机会有清楚的了解；第三，找出关键的有待改进之处；第四，为这些有待改进之处制订详细的行为改变计划；第五，

以合适的方式答复那些给予反馈的人，并表示感谢；第六，实施你的行动计划，确保你能取得显著的进步和成就。

（二）影响修正的因素

第一，个人因素，包括年龄、性别、学历、工作经历、家庭背景、人格等。一方面要正确认识自己；另一方面要不断完善自己。第二，组织因素，包括组织规模、组织结构、组织文化、组织发展状况、人力资源规划、人力资源管理系统类型、晋升政策、人际关系等。要改变组织因素非常困难，但个人可以选择到最适合自己发展的组织中工作。第三，环境因素，包括社会环境、政治环境、经济环境、科技环境、自然环境、法律环境等。从宏观层面认识职业生涯发展的局限和可能，个人只能适应而不可改变。个人和组织只能适应第一因素，正确认识和分析第二因素、第三因素，寻求个人发展和组织发展的最佳匹配。

（三）修正的内容

修正即重新调配和安排，以适应新的情况和要求。其内容具体可以归结为职业方向的调整、策略和措施的调整、行为和心理的调整三个方面。

（1）职业方向的调整。职业方向的正确与否直接关系到职业生涯是否成功，它是职业生涯成功的关键因素。在实际工作中许多人都会发现自己职业发展不顺利，其原因是最初制订的职业方向是错的。最初，职业方向在很大程度上是依据个人兴趣和爱好进行选择的。随着时间的推移，在一些内外环境和自身条件变化的影响下，我们的兴趣和爱好很可能随之变化，原来的职业方向与新的兴趣爱好相冲突，所以造成职业发展的方向的偏差。另外，大学生缺乏对内外环境的客观分析，进行主观判断，敷衍了事，这就使自己对内外环境的认识出现了偏差。还有，大学生在制订职业生涯规划时，缺少对工作的真实体验，认识不够，导致职业方向选择出现问题。职业选择错误会直接导致职业目标和职业生涯路线的错误。因此，在综合分析、冷静思考的基础上，要对职业方向、职业目标和职业生涯路线做出修正与调整。

（2）策略和措施的调整。有时候，职业生涯发展不顺利并不是因为职业方向选错了或职业目标有问题，真正的原因可能是大学生针对职业目标所制订的策略和措施不合适。在设计好的职业生涯规划中，我们会根据自己与职业目标之间的差距制订一些策略和措施。这些措施又可以具体到参加什么培训班，选择哪个老师等。这些都会影响职业目标的实现。因此，当职业发展不顺利的时候，如果不是职业方向出了问题，就要看看是不是策略和措施的问题。

（3）行为和心理的调整。当职业发展不顺利时，原因既不是职业方向选择错误，也不是制订的策略和措施有问题，那就有可能是心理和行为不配合造成的原因。因此，要学会调整自己的心理状态。在职业生涯规划实施的过程中，除了自信，还不要妄自菲薄，也不要盲目自大。在确定好了目标以后，一定要坚定不移地走下去，不要轻易放弃自己的计划。不管在什么时候都要保持乐观、积极的态度。我们应该要认识到，职业生涯规划是一个动态过程，需要不断完善改进，以适应环境的变化。只有讲求实际，合理准确地评估自己，并不断地加以调整，才能合理定位职业生涯方向。

（四）职业生涯规划的修正应该注意的问题

（1）调整心态，坦然面对得失。职业生涯规划的每一次修正都是有代价的。在作出修正决定之前，必须全面考虑修正会带来的正面及负面的可能性，也需要为可能面临的问题提出解决方案，调整自己的心态，坦然面对修正职业生涯规划所带来的得与失。

（2）多问几个为什么。在修正职业生涯规划前应多问几个为什么，以避免修正的盲目性。

（3）制订一个系统的新计划。在修正职业生涯规划时，需要有一个比较系统的新计划。这个计划对目标的描述最好是可以量化的，还必须对是明确的、具体的、可行的。

（4）维护好原有的公司关系，充分利用你的人际关系网。与同事的关系也会成为你的人际关系网的一部分，应该好好维护。另外，还应该充分利用自己的人际关系网，精心维护的人际关系往往会让人有意想不到的收获。给自己的亲朋、好友、同学、校友打打电话，告诉他们自己的计划，看看他们有没有合适的就业机会可以推荐。无论这种推荐是否成功，你都应该对每个帮助过自己的人心存感激，并且在联系这些人的时候一定把握分寸。

（5）总结自己的优势和不足。在寻找新工作前，应从过去的教训和挫折中总结自己的经验、成就、教训和不足，重新评估自己的优势所在，并在应聘新工作之前就计划好如何把自己的不足变为优势，所选择的目标中的新工作应该能让人有可能发挥自己的优势。

（6）准备好把自己推销出去。每个人在就业市场上都是一件需要包装、需要让人了解接受的商品。在总结了自己的优势和不足之后一定要突出自己的优势，让负责招聘的人可以在最短的时间内了解自己的特长和经验。

第七章　大学生职业素质培养

机会总是青睐于有准备的人。双向选择、自主择业为每一位求职者提供了相同的择业机会，而要把握机会，做出正确抉择，是与职业生涯准备分不开的。良好的职业素质是担任现代社会职业岗位的必要条件，是人才成长的基础。面对人才市场激烈的竞争，大学生应该在真正走入职场之前，在大学阶段就能够更清晰地认识和了解与职业素质有关的概念和理论，从多方面培养自己的职业素质，不断积累自己的求职资本，增强自身的竞争能力，从而更好地适应将来在社会上从事职业岗位的要求，为未来的事业打下良好的基础。

第一节　职业素质概述

职业素质是所有从业人员都应该具备的素质，尤其是渴望提升职业竞争力的员工，更是职业人士职场成功的必备要素。一般说来，劳动者能否顺利就业并取得成就，在很大程度上取决于本人的职业素质，职业素质越高的人，获得成功的机会就越多。

一、职业素质的概念

1. 素质的概念

素质包括先天素质和后天素质。先天素质是通过父母遗传因素而获得的素质。主要包括感觉器官、神经系统和身体其他方面的一些生理特点。

后天素质是通过环境影响和教育而获得的。因此，可以说，素质是在人的先天生理基础上，受后天的教育训练和社会环境的影响，通过自身的认识和社会实践逐步养成的比较稳定的身心发展的基本品质。素质是人们完成某类活动所必备的主观条件和内在依据。素质的内容包括思想品德素质、生理素质、心理素质、科学文化素质和审美素质等等。

2. 职业素质的概念

职业素质是指从业者在一定的生理和心理条件的基础上，通过教育培训、职业实践和自我修养等途径而形成和发展起来的，在职业活动中起决定作用的、内在的、相对稳定的基本品质。职业素质是从业者对社会职业了解与适应能力的一种综合体现，并在人的职业活动中发挥着重要的作用，同时也是事业成功乃至职业生涯成功的第一需要。

职业素质的核心内容是专业知识和专业技能，从事不同职业的人，对其所具备的专业知识和技能有着特定的要求。个人的职业素质是以专业知识、技能为核心，由多种因素构成，它是个人的身体素质、社会文化素质、心理素质等根据不同的职业需要有机结合而成的。职业素质是在个人的其他素质的基础上发展起来的，而职业素质的发展又会促进个人其他素质的发展。职业素质是人才选用的第一标准；是职场致胜、事业成功的第一法宝。

二、职业素质的特征

一般说来，职业素质具有下列一些主要特征。

1. 职业性

虽然职业素质总体构成的大方向具有一定的趋同性，但具体到不同的职业，职业素质是不同的。对建筑工人的素质要求，不同于对护士职业的素质要求；对商业服务人员的素质要求，不同于对教师职业的素质要求。

正确认识职业素质的职业性特征，是突出职业核心能力和竞争优势，制订科学的职业规划的前提。

2. 内在性

职业从业人员在长期的职业活动中，经过自己学习、认识和亲身体验，觉得怎样做是对的，怎样做是不对的。这样，有意识地内化、积淀和升华这一心理品质，就是职业素质的内在性。

3. 整体性

一个从业人员的职业素质是和他的整个素质有关的。我们说某某同志职业素质好，不仅指他的思想政治素质、职业道德素质好，而且还包括他的科学文化素质、专业技能素质好，甚至还包括身体心理素质好。一个从业人员，虽然思想道德素质好，但科学文化素质、专业技能素质差，就不能说这个人整体素质好。相反，一个从业人员科学文化素质、专业技能素质都不错，但思想道德素质比较差，同样，我们也不能说这个人整体素质好。所以，职业素质一个很重要的特点就是整体性。

4. 稳定性

一个人的职业素质是在长期执业时间中日积月累形成的。它一旦形成，便产生相对的稳定性。比如，一位教师，经过三年五载的教学生涯，就逐渐形成了怎样备课、怎样讲课、怎样热爱自己的学生、怎样为人师表等一系列具有对稳定性的教师职业素质。当然，随着他继续学习、工作和环境的影响，这种素质还可继续提高。

5. 发展性

一个人的素质是通过教育、自身社会实践和社会影响逐步形成的，它具有相对性和稳定性。但是，随着社会发展对人们不断提出的要求，人们为了更好地适应、满足促进社会发展的需要，总是不断地提高自己的素质，所以，素质具有发展性。

三、职业素质的分类

1. 身体素质

身体素质指体质和健康（主要指生理）方面的素质。现代社会生活节奏快，工作压力大，没有健康的体魄很难适应。用人单位都希望自己的员工能健康地为单位多做贡献，而不希望看到他们经常请病假或者报销医药费。身体有疾病的员工不但会耽误自己的工作，还有可能对单位的其他同事造成影响。用人单位和大学生签订协议书之前，都会要求大学生提交身体检查报告，如果身体不健康，即使其他方面非常优秀，也会被拒之门外。加强锻炼，提高身体素质是大学生的必修课。

2. 思想道德素质

思想素质指思想认识、思想觉悟、思想方法、价值观念等方面的素质。思想素质受客观环境等因素影响，例如家庭、社会、环境。道德素质指道德认识、道德情感、道德意志、道德行为、道德修养、组织纪律观念方面的素质。

近年来，用人单位对大学生的思想道德素质越来越重视，他们认为思想道德素质高的学生不仅用起来放心，而且有利于本单位文化的发展和进步。思想是行动的先导，而道德是立身之本，很难想象一个思想道德素质差的人在工作中能够赢得别人充分的信任和良好的合作，因此也就很难取得事业上的成功。毕竟人是社会的人，在企业的工作中更是如此。所以，企业和单位在选拔录用毕业生时，对思想道德素质都会很在意。虽然这种素质很难准确测量，但是人的思想道德素质会体现在人的一言一行中，这也是面试过程的主要目的之一。

3. 职业道德

职业道德主要是热爱本职工作，恪尽职守，讲究职业信誉，刻苦钻研本职业务，对技术和专业精益求精。近几年的毕业生就业调查发现，超过两成的用人单位认为现阶段的相当部分大学毕业生缺乏职业道德，而只有不足 4% 的大学生意识到这一点。可见大学毕业生的职业道德不能令人满意。职业道德体现在每一个具体职业中，任何一个具体职业都有本行业的规范，这些规范的形成是人们对职业活动的客观要求。从业者必须对社会承担必要的职责，遵守职业道德、敬业、勤业。在今天，敬业勤业更具有新的、丰富的内涵和标准。不计较个人得失、全心全意为人民服务、勤奋开拓、求实创新等，都是新时代对大学毕业生职业道德的要求。缺乏职业道德的大学生不可能在工作中尽心尽力，更谈不上有所作为；相反，大学毕业生如果拥有崇高的职业道德，不断努力，那么在任何职业上都会做出贡献，服务社会的同时体现个人价值。

4. 专业素质

专业素质指专业知识、专业理论、专业技能、必要的组织管理能力等。大学毕业生应该拥有宽厚扎实的基础知识和广博精深的专业知识。基础知识、基本理论是知识结构的根基。拥有宽厚扎实的基础知识，才能有持续学习和发展的基础和动力。专业知识是知识结构的核心部分，大学生要对自己所从事专业的知识和技术精益求精，以适应当前社会对人才素质的要求。

5. 学习和创新方面的素质

学习和创新方面的素质主要是学习能力、信息能力、创新意识、创新精神、创新能力、创业意识与创业能力等。

一个大学生要在毕业后的继续学习中不断获取工作所需的知识。现代社会科学技术飞速发展，一日千里。只有基础牢，会学习，善于汲取新知识、新经验，不断在各方面完善自己，才能跟上时代的步伐。大学生所学知识的三分之二需要重新学习和更新，只有知道怎样学习和不断学习，才有可能不被社会淘汰。在现代社会中，政治、经济、文化、科技等方面有着千丝万缕的联系，只懂得某一方面的知识是不行的，只有知识面宽广的人，才能触类旁通，快速进入角色，因此大学毕业生在学好专业知识的同时，更要培养和提高自己的学习能力，根据工作的需要不断调整自己的知识结构，加速知识的更新换代，以适应社会要求。

现代社会日新月异，我们不能墨守成规。在市场经济条件下，各企业都要参与激烈的市场竞争。用人单位迫切需要大学生运用创新精神和专业知识来帮助他们改造技术，加强企业管理，使产品不断更新和发展，给企业带来新的活力。信息时代是物资极弱的时代，非物资需求成为人类的重要需求，信息网络的全球架构使人类生活的秩序和结构发生根本变化，人才，尤其是信息时代的人才更需要创新精神。

6. 心理素质

心理素质指认知、感知、记忆、想象、情感、意志、态度、个性特征（兴趣、能力、气质、性格、习惯）等方面的素质。健康的心理是一个人事业能否取得成功的关键，它是指自我意识的健全、情绪控制的适度、人际关系的和谐和对挫折的承受能力。心理素质好的人能以旺盛的精力、积极乐观的心态处理好各种关系，主动适应环境的变化；心理素质差的人则经常处于忧愁困苦中，不能很好地适应环境，最终影响了工作甚至带来身体上的疾病。近几年，校园里频繁出现大学生由于心理素质差，自我调适能力弱而导致自我毁灭的惨剧。大学毕业生在走出校园以后，会遇到更加复杂的人际关系、更为沉重的工作压力，这都需要大学毕业生很好地进行自我调适才能适应社会。拓展训练可以提高心理素质，很多知名企业都通过拓展训练来提高员工的心理素质以及团队成员间的信任关系。

7. 事业心和责任感

事业心是指干一番事业的决心。有事业心的人目光远大、心胸开阔，能克服常人难以克服的困难而成为社会上的佼佼者。责任感就是要求把个人利益同国家和社会的发展紧密联系起来，树立强烈的历史使命感和社会责任感。拥有较强的事业心和责任感的大学生才能与单位同甘共苦、共患难，才能将自己的知识和才能充分发挥出来，从而创造出效益。

近年来，由于"先就业后择业"观念的流行，很多大学生在找不到理想职业的情况下在自己不甚满意的单位工作，事业心不强，缺乏责任感，总觉得不能实现自己的个人价值，在工作中怨声载道，稍不顺心就"跳槽"，给用人单位留下极不好的印象。事业心和责任感的培养应该引起大学毕业生的关注。

8. 社会交往和适应素质

社会交往和适应素质主要是语言表达能力、社交活动能力、社会适应能力等。社交适应是后天培养的个人能力，是职业素质的另一核心之一，侧面反映个人能力。随着社会分工的日益精细以及个人能力的限制，单打独斗已经很难完成工作任务。人际间的合作和沟通已是必不可少的。大学毕业生应该积极主动地参与人际交往，做到诚实守信、以诚待人，还要努力培养团队协作精神，这样才能逐步提高自己的人际交往能力。

四、各种职业所需的职业素质

不同的职业对以上几种素质的要求是不同的。人对职业的适应与不适应，主要取决于人的职业素质是否达到了职业对人的要求，不同职业对人的不同要求就是对人的适应力的特殊要求，也就是对其素质优势的特殊要求。如果缺乏素质优势作为基础，即使职业岗位给人提供的条件再好，也无法满足人对职业的需要和职业对人的要求。

按所从事岗位的性质，大学生主要会在国有企事业单位、国家机关、民营企业、外资企业等单位工作。不同性质的单位以及同一单位的不同职位对人的职业素质要求都会有所不同，下面主要介绍几种不同职位对人的职业素质的要求。

1. 农林类职业所需的职业素质

随着农林业科学技术的发展，农林类职业的覆盖范围逐步扩大，不管是农、林、牧、副、渔中的哪一种，其生产过程都是综合多种因素在起作用。农林职业主要分布在农林的第一线，面对农村、农民。因此，要求从业者必须热爱农业，有良好的职业道德；身体健壮，对各种气候环境适应性强，并要求有较强的臂力、手眼灵活结合的运动能力；掌握农业新技术，具有生产、经济管理知识；有敏锐的观察力、较好的分析能力和果断的决策能力；具有适应性、综合性强的知识结构，懂得各种知识的相互联系和应用；至少要接受初等农业技术教育，掌握植物学、植物遗传学、育种、土壤、肥料、植物保护、耕作、气象、栽培、病虫害防治、农药和化肥使用、农业经济管理等方面的基础知识。

2. 教育类职业所需的职业素质

教育类职业的范围包括大学教师、中小学教师以及各类职业教育教师、干部培训教师等。

教育工作的特点决定了从业者应具有德才兼备的素质。教育类职业要求从业者掌握辩证唯物主义和历史唯物主义的基础理论和深厚扎实的专业知识，熟悉本专业最新研究成果及其发展趋势，了解与本专业相近的新兴边缘学科或交叉学科的情况，具有较高的文化素养，达到"一专多能"、兴趣广泛。在具备专业知识和技能的同时，掌握心理学和教育学的有关知识，能讲标准、流利的普通话（教师的普通话水平应达到国家标准二级乙等以上，语文科的教师要求二级甲等以上）、听力正常、口齿清晰、表达能力强、板书工整、条理性强、组织协调能力强，不仅要对社会问题、社会现象有正确的观察力，还要对学生有敏锐的观察力，具备良好的课堂教学组织管理能力并善于做学生的思想工作，把德育放在首位，培养学生德智体全面发展。随着多媒体教学的逐渐普及，在教学过程中熟练使用多媒体设备进行教学、熟练制作多媒体课件等也成为很多学校对大学毕业生的基本要求。

值得注意的是，高等学校肩负着培养高级专门人才和发展科学技术的重大责任，要求大学教师既能教学，又能从事科研；既有较高的理论水平，又有一定解决实际问题的能力。因此，大学教师的职位除了一般对教师的基本要求以外，还要求从业者具有较高的专业素养、理论水平和科研能力。目前除了个别紧缺专业以外，应聘大学教师的条件一般是硕士及以上毕业生。教育部重点大学招聘教师一般要求博士毕业生。

3. 工程技术类职业所需的职业素质

工程技术类职业包括各行业中从事工程技术应用工作的职位。

这类职业要求从业者有较高的文化水平，起码要完成中等专业技术教育，一般应有大专水平；牢固地掌握所学的专业知识，具有较新的现代专业理论和解决较复杂技术问题的能力，熟练地应用现代技术知识及管理知识，精力充沛，特别是应具有敏锐的观察力、钻研精神和创造力，要掌握并运用较高深的专业技术知识。为了便于学习和应用国外的先进技术，还要有一定的外语水平；有较强的自学能力，能不断进行自我素质开发，以便及时掌握并运用发展变化了的新技术、新工艺。在相关的专业知识基础上具备筹划、论证、设计、组织实施以及解决各种工程技术实际问题的能力，工作认真细致、一丝不苟，理论联系实际，积极深入生产第一线。

4. 科研类职业所需的职业素质

科研类职业主要指基础理论研究、信息情报研究、学科应用技术研究等职业。这类职业要求从业者具有丰富、坚实的专业科学知识，掌握严谨的科学研究方法并能运用于实际研究中，掌握大量的本专业研究的前沿信息，熟练掌握本专业的各种实验方法和调查方法并能运用于实际工作中。同时，科研工作的性质决定了其更为看重应聘者发现问题、分析问题和解决问题的能力以及追求真理的精神、较强的求知欲。所以应聘者的基本条件是硕士和博士研究生或本科生中的佼佼者。

5. 文化新闻媒体类职业所需的职业素质

文化新闻媒体类职业包括在出版社、报社、杂志社、电视台、电台、网络公司等机构中从事采编、报道等工作的职位。各类文化新闻媒体单位要求应聘者不仅有广博的社会、历史、文化知识，扎实的专业基础和技能，更应具有较强的政策观念和贯彻党的路线、方针和政策的自觉性，有一定的胆识、灵活的处事能力、较强的沟通能力以及敏锐的洞察力。同时还应具有较高的语言文字表达能力和写作能力，大学期间曾发表过文章的毕业生在这类职位有较强的竞争实力。不同的职位要求不同，具体来说，文化新闻媒体类的相关职业对大学生的职业素质要求如下：

编辑记者类的职业要求从业者要有较高的文化素质，一般需要大学本科以上毕业，要有较宽的知识面；要有敏锐的观察能力、辩证的思维能力和非常好的语言文字表达能力；身体健康，尤其是记者，必须有健康的身体；要有高尚的职业道德，对党、对人民、对社会主义现代化事业无限热爱，有极强的责任感，实事求是，不弄虚作假；要有较强的社会活动能力、人际交往能力。

图书馆、博物馆、文化馆、艺术馆、档案馆内的管理人员和讲解员一职要求从业者有中等以上的文化程度，必须接受专业技术技能教育。既要掌握有关管理、讲解的技能知识，还要掌握与所收藏的文化艺术品、文物等有关的文化技术知识和外语表达能力；身体健康，脑力体力并重；管理人员要有搜集、鉴别、整理、仿制、文字写作能力；讲解员要有较好的语言表达能力，外在素质也要比较好。

舞蹈演员等职业要求从业者要有健康的身体素质；有一定的文学、艺术天资；有良好的记忆力和自学模仿能力、语言表达能力，要有丰富的想象力，源于生活、高于生活的创造能力；感情丰富，能用文字或语言或表情或动作表达出人们喜、怒、哀、乐的感情变化；舞蹈、武打演员、乐器演奏演员、杂技演员等还需要脑、手、眼、脚协调配合的能力；要接受专门的艺术教育；并要有高尚的情操。

模特这一职业要求从业者身体健康，无任何残缺，虽然属脑力劳动，也要有较好的体力；思想健康，自尊自爱，作风正派，不为小利丧失人格和国格；文化水平较高，并要经过专门的技能训练；精力充沛、感情表达能力强。

经纪人这一职业要求从业者身体健康，无传染病，精力充沛，五官端正；有较高的文化程度，尤其是交易所内的经纪人一般应有大专学历，而且应接受专门的职业培训，要有深厚的经济理论基础知识，还要对经济活动实践有较深刻的理解；有较好的外在素质，有较好的语言表达能力，善于言谈交际；要有较好的辩证思维能力及较强的观察能力、分析能力、判断能力，活动能力强，对政治、经济形势敏感，注重人际关系，讲信誉。

工艺美术设计这一职业要求从业者要有正常的视力；有一定的创造能力和形象思维能力；思维敏捷，手的动作灵活，性格活泼，对外界事物反应较快；必须接受专业技术教育，起码要完成工艺美术技校的专业教育；有坚强的意志和毅力；有时工作持续时间很长，思想、精力要高度集中；要有较强的观察、审美、欣赏能力。

6. 管理类职业所需的职业素质

管理类职业主要包括国民经济管理、企业管理、金融管理、财政管理、外贸管理、行政管理等社会工作。这类职业要求应聘者具有相关的管理理论和知识，能根据管理职业的实际需要和管理科学的发展规律办事，掌握税务、工商、外经贸管理、法律等知识和国家有关的方针政策，并具有相应的工作协调能力、社交能力、群众工作能力和组织能力，以及认真负责、依法办事、坚持原则、严于律己、讲究实效的精神。大学期间有过社会工作经历或担任过学生干部的毕业生，深受招聘这类人员的单位的青睐。具体如下：

企业经营管理类工作要求从业者有较高的文化修养和文化水平，起码是高职以上的文化程度。同时，要有一定的历史、文学艺术知识，了解社会风俗习惯，甚至具有一定的世界政治、经济、文化知识。特别是既要有经营管理的专业知识，又要有关于企业生产、经营方面的基本技术知识；身体健康，精力充沛；要有良好的自学习惯；有较好的外在气质，身材适中，相貌端庄，与人接触礼貌周全，不卑不亢，既令人尊敬又不使人惧怕；有健康的心理素质和多方面的能力。

房地产管理要求从业者身体健康，有一定的体力，有的甚至要求有较强的体力，无传染病；性格外向，服务热情、细致、周到，性格开朗、大方，喜欢社会交往，动作敏捷、头脑灵活、应变能力强。

个体经营要求从业者有一定文化和从事生产经营的技术、技能和基本知识；有一定的特殊技术、技能和能力；有良好的职业道德；有较坚定的政策和法制观念；对国家的就业方针、政策、工商税务、物价、卫生、市容监督、劳动部门等的行政、法律规定等有比较全面的认识和了解；有自觉遵守社会公德、伦理道德、有关社会治安、正常的社会秩序的观念、习惯；有强烈的自我保障意识，加强个人自我保障意识，拿出适当的现实收入参加各种与个人生活、丧失劳动能力后生存有关的保险。

7. 公安、法院、检察院类职业所需的职业素质

公安、法院、检察院等职业包括公安人员、审判长、审判员、律师、检察长、检察人员等职位。这类职位要求从业者有健康的身体、充沛的精力；外貌端庄，身高适宜，谈吐清晰、稳健，有较好的外在气质；有较高的文化程度，起码要达到高中文化程度；有高度的责任感、使命感，热爱祖国，热爱人民，有随时为国家为人民以身殉职的牺牲精神；有健康的心理，有敏锐的观察能力、较强的分析能力、判断能力、应变能力、较强的人际交往能力、语言表达能力和自我约束能力；有爱憎分明的立场、感情；有严格

的组织纪律性，严格保守机密；对党的路线、方针、政策能够做到认真领会、实事求是地积极贯彻执行。

其中，律师类职业包括提供辩护、法律咨询、法律顾问、诉讼与非诉讼、仲裁、公司注册、处理合同纠纷等法律服务的职业。这类职业要求从业者有较高的思想政治素质和道德水平，忠于宪法和法律，坚持以事实为根据，以法律为准绳，严格依法执业。具有扎实的法律专业基础知识，了解和熟悉相近专业的知识，有较强的调查研究能力和周密的思维能力，对所遇到的问题具有较强的敏锐性和鉴别能力。还应诚实信用、严密审慎、尽职尽责地为当事人提供法律帮助。在执业活动中保守知悉的国家秘密、当事人的商业秘密和当事人的隐私。

8. 医疗卫生类职业所需的职业素质

医疗卫生类职业包括各类医院、血站、疗养院、门诊部、救护站、医务室、卫生防疫保健机构、科研部门的微生物实验室和个体开业诊所等机构的职位。医药科学不仅有生物学因素，同时又有社会学、心理学因素。医药技术的发展带来先进的实验技术和实验设备。因此要求从业者身心健康，不能有传染病，不仅有广博的医疗知识和精湛的医术，还要掌握新科技知识、培养正确分析和诊断病情的逻辑思维能力、精确细致的动手能力和遇事镇定、坚决果断的心理素质，有较强的科研能力；要有良好的记忆力、观察力、分析力、辩证的思维能力和判断力；具备优良的医德、高尚的道德情操、强烈的责任感和事业心，有救死扶伤的人道主义精神，热爱生命，热爱事业，工作高度认真负责；要有全心全意为人民服务的思想，不能以医谋私，要实事求是、一丝不苟，来不得半点虚假，能吃苦耐劳的。

9. 财会类职业所需的职业素质

财会类职业包括财务、会计、审计等相关职业。这类职业要求求职者身体健康，精力充沛，有较好的视力，矫正视力应在 1.0 以上，毅力、耐力较好，能长时间持续地坐着工作；需要较高的文化程度，受过专业培训，熟练掌握本专业的基础知识和与本职工作有关的政策、法规和规章制度，还要掌握一定的法律学、经济学、管理学以及营销方面的知识。财会人员应具备良好的道德品质，不贪图小恩小惠、不吃请受礼，要坚持原则，不贪污、不受贿，大公无私、诚实可靠，严守财经纪律，保守财经秘密，有敢于同违反财经纪律的行为、抢劫行为作斗争的精神，甚至有不惜牺牲生命来保卫国家和公共财产的斗争精神；认真踏实、慎重细致，而且要坚持原则，还要善于学习，不断更新业务知识，并有较强的社交能力；工作严肃、认真、谨慎、心细，有较好的运算能力，文字书写得体、工整、清晰。

10. 服务类职业所需的职业素质

家庭服务类职业要求从业者身体健康，无传染病，无残疾、畸形，有一定体力；思想品质健康，作风正派，不能有贪利之心，不受金钱利诱；记忆力和语言表达能力较好；最好能有初中文化程度，经过短期的职业培训上岗，懂得家庭生活基本常识。

商业、公共饮食服务、物资供销和仓储职业以其劳务为消费者服务，都是流通领域中的第三产业服务人员，要求从业者身体健康，精力充沛，无传染病；售货员、服务员要有较好的外在气质，五官端正、身材匀称，注意仪表，整洁大方；要经过专门的技术培训，其文化程度从职业高中或高职到大学本科，个别专业的个别岗位甚至需要硕士研究生；廉洁奉公、勤恳、热情、礼貌待人，严格遵守国家各项政策、法律、财务制度、财经纪律，有良好的卫生习惯；要懂得心理学、经济学等知识；记忆力好，有耐力，手眼动作灵敏协调，思维敏捷，有较好的洞察力和判断力。对售货员、服务员来说，还要有较好的语言表达能力和社会交往能力。

保安类职业要求从业者身体健康，需要有较好的听力、视力、体力；有一定的擒拿功夫；有机敏的反应能力、较好的判断能力，遇事镇静不慌乱；有较好的仪表和语言表达能力，有礼貌；有良好的思想品质，不受金钱利诱、不贪图小便宜，不能监守自盗；有不怕苦不怕累的吃苦耐劳精神。

园林工人、理发、美容、保育员等职业要求从业者要有一定的审美能力，有一定的观察生活、观察自然、观察人的能力以及创造想象和形象思维能力。

导游这一职业要求从业者一般应有大专以上文化程度，而且对外语、地方方言有较高水平。

环卫、殡葬服务人员等职业要求从业者不怕苦、不怕脏、不怕累，能吃苦耐劳，能默默无闻，甚至在别人曲解的情况下也能坦然工作。

公共交通、公共场所售票员、理发美容员、旅馆服务员、导游人员等职业要求从业者五官端正，有较好的语言表达能力，仪表庄重大方，甚至对身高也有一定要求。

11. 公关类职业所需的职业素质

公关类职业指在各级各类单位中从事对内联络与沟通、对外开拓与建立友好关系等工作职位。这类职业要求从业者善于分析判断、把握机遇，善于了解别人的心理、和各种不同类型的人相处交往，善于协调各种关系、为领导提供高质量的决策信息。因此要有广博的知识结构、广泛良好的社交能力、干练的办事能力和较高的文字及语言表达能力。

12. 技术服务业所需的职业素质

技术服务业主要包括科学技术情报、电子计算机、气象、地震、测绘、计量、海洋环境、环境保护等。素质要求是：一要身体健康，精力充沛，视力正常；二要有具有较高的文化程度，一般应是具有专业技术的大学本科毕业；三要在知识结构上数学、计算机、外语水平需较高；四要心理健康，注意力集中，分析能力较强，应变能力强，有辩证思维能力、较强的逻辑判断能力和推理能力，思维敏捷，在野外工作的，工作生活条件艰苦，必须有吃苦耐劳精神；五要在人际关系方面善于与别人合作。

13. 文秘类职业所需的职业素质

文秘类职业多指秘书，这类职业要求从业者身体健康，精力充沛，能在各种环境下协助领导工作，能长时间连续从事工作；有较高的文化水平和文化素养，较宽的知识面；有较高的写作能力和较好的语言表达能力，思维敏捷，对各种事物反应较快，有较好的辩证思维能力、观察分析能力、判断能力和记忆力，有较好的社会交往能力；有端庄的相貌仪表，善于应酬各种场面；具有操作现代化办公设备的技能；认真负责、积极主动，细心、逻辑性强，开朗乐观、稳健；办事、存放东西井然有序、忙而不乱。

社会上的职业还有很多，限于篇幅，此处就不再一一列举。总之，不同性质的用人单位，对用人有其特别的要求，所以，大学生在进校之初，就应该规划自己的未来，确定自己今后所从事的职业，并根据此类职业的要求来提高自身的职业素质。

第二节　综合知识素质的培养

在经济全球化和社会主义市场经济大环境下，大学生面临着种种挑战和压力。每个大学生都必须清醒地认识到，综合知识素质的提高，对于自己的求职择业和人生发展，都至关重要。大学生要努力提升自身的综合知识素质，以适应社会经济、文化发展的需要，顺利就业或创业，成就美好人生。

一、大学生应具备的知识结构

知识结构指一个人的知识构成状况，也就是外在的知识体系经过主体的输入、储存、加工，在头脑中内化形成的智力因素联系起来的多要素、多系列、多层次的动态综合体。大学生建立知识结构，一定要防止知识面过窄的偏向，能够根据职业和社会不断发展的具体要求，将已有的知识科学地组合，形成合理的结构，满足实际需要，最大限度地发挥知识的整体效能，对于成功就业和成就事业具有重要作用。现代社会的职业岗位，所需要的是知识结构合理，能根据当今社会发展和职业的具体要求，将自己所学到的各类知识，科学地组合起来的，适应社会对人才的要求。而合理的知识结构是既有精深的专门知识，又有广博的知识面，具有事业发展实际需要的最合理、最优化的知识体系。

（一）知识结构的模式

知识结构分三种结构模式，即宝塔型知识结构、幕帘型知识结构和蜘蛛网型知识结构。

1. 宝塔型知识结构

宝塔型知识结构，顾名思义，就是形如宝塔，由基本理论、基础知识、专业基础知识、专业知识、学科知识和学科前沿知识构成。基本理论、基本知识为宝塔底部，学科前沿知识为高峰塔顶。宝塔型知识结构的优点是强调基本理论、基础知识的宽厚扎实、专业知识的精深，容易把所具备的知识集中于主攻目标上，有利于迅速接通学科前沿。因此，现今中国大多数学校培养学生采用的都是宝塔型知识结构。

2. 幕帘型知识结构

一个具体的社会组织对其组织成员在知识结构上有一个总的要求，而作为该组织的个体成员，将依其在组织中所处的层次，在知识结构上又存在一些差异，这种知识结构就是幕帘型知识结构。这种知识结构强调个体知识结构与组织整体知识结构的有机结合，它对于求职者的启示是在求职择业的过程中，不但要注意所选职业类型在整体上对求职者的知识结构的要求，同时还要了解所选职业岗位在社会组织中的位置及具体层次，以此来调整自己的知识结构，增强就业后的适应性。以一个企业为例，企业对其成员的整体知识结构要求是具有财会、安全、商业、保险、管理等知识。而对企业中处于不同层次的个人来说，要求掌握上述知识的比例是截然不同的，从而组成各自不同的知识结构。

3. 蜘蛛网型知识结构

以所学的专业知识为中心，与其他专业相近的、有较大相互作用的知识作为网络的

"纽结"相互联结，形成一个适应性较大的、能够在较大范围内左右驰骋的知识网，这种知识结构称之为蜘蛛网型知识结构。这种蜘蛛网型知识结构的特点是知识广度与深度的统一，这种人才知识结构呈复合型状态。随着社会生产的高速发展，这种知识结构的人才非常受社会用人单位的欢迎，进入中国的外资机构尤其重视此类人才。

（二）大学生知识结构的内容

大学生知识结构包括基础知识、专业知识、工具知识和方法知识。一个立志成才的大学生的知识结构应该包括融会贯通的基础知识结构（包括利于创造的广博的相关学科的基础知识）、学有所长的专业知识结构、得心应手的工具知识结构和高效学习的方法知识结构。专业知识的功能很明显，直接用于与本专业对口的工作岗位，所以较受学生重视，但是基础知识、工具知识和方法知识在学生保持持久学习能力，创造性工作和成才过程中具有重要作用。

1. 基础知识结构

基础知识结构是指包括自然科学知识、社会科学知识和人文科学知识的宽厚广博的基础知识储备。基础知识是共性或一般性的知识，它具有较普遍的适用性，覆盖面较大。一个人基础知识越扎实宽厚，解决问题的能力就会越强。我们平时所说的"触类旁通"实际上就是知识迁移的表现。

大学期间所学的专业知识可能较快过时，如果基础知识再不深厚，那么就会缺乏知识更新能力，就会逐渐不适应自己的工作岗位。而基础知识不仅较长时间不会过时，而且还是继续学习能力的体现。大学设课虽多，但学时有限，对一个要求成才的大学生而言，在大学里学到的知识是很有限的，工作岗位上需要的知识不可能在学校里完全学到。要想具备持久学习的能力，很重要的一个方面是要在自己的知识结构中如何增加基础知识的比例和基础知识是否扎实的问题。基础好的学生常常显得有后劲，就是由于具有持久的学习能力而使知识不断更新和丰富以适应新形势的。在对人才诸多素质的培养中，学习能力往往比受教育的程度更为重要，所以学好基础知识，提高持久学习能力是相当重要的。

2. 专业知识结构

专业知识是指一定范围内相对稳定的系统化的知识。专业知识是知识结构的核心部分，是科技人才知识结构的特色所长，也是学科专业赖以生存和发展的基础。专业知识是大学生知识结构中最主要的部分，合理的知识结构，要求专业知识达到既精又深的状态。专业知识通常都是专业知识和基础知识的融合。大学生要对自己所要从事的专业知识和技术，具有一定的深度、一定的范围，有质和量的要求，对概念体系、理论体系、研究方法、学科历史和现状、国内外最新信息等都要了解和把握。同时，对与其专业近邻领域的知识也要有所了解和熟悉，善于将其所学专业知识领域与其他相关知识领域紧密结合起来，广、博、精、深已成为当前人才素质的重要要求。

3. 工具知识结构

（1）汉语言文学知识

作为一个高级专门人才，首先必须具备迅速准确的阅读理解能力和准确恰当地表达自己思想成果的能力。否则，既不能准确地接受别人的思想和研究成果，又不能准确恰当地表达自己的思想和研究成果，还怎么说得上是高级专门人才呢？

（2）外语知识

掌握外语知识对大学生来说无疑是非常重要的，随着改革开放的深入，我国和世界上许多国家的交往越来越频繁。面对这种形势，就是中华人民共和国的一般工作人员，掌握一定的外语知识也有必要。在现代社会中，一个科学技术工作者若不会查阅外语文献资料，不善于掌握科技情报，在工作中就会寸步难行，所以熟练地掌握一门外语特别是世界通用语英语就更显得十分必要。

（3）计算机知识

电子计算机的出现是人类科学技术史上的重大突破，是20世纪最杰出的科学成果。在已进入信息社会的今天，在人类社会的一切领域，计算机几乎达到了无孔不入的地步。计算机的发展水平和应用程度已经成为衡量一个国家工业发达程度和生产力发展水平的重要标志。有关计算机的知识和使用计算机的能力也成为一个人知识和能力结构中不可缺少的重要组成部分。"不会使用计算机就是现代社会的功能性文盲"，在这种形式下，处于21世纪的大学生，必须在自己的知识结构中增加有关计算机的基础知识并且熟练地掌握计算机的应用。

4. 方法知识结构

方法知识是指有关学习方法的知识。为了达到成才的目的，学习方法的知识也应是大学生知识结构体系中的重要组成部分。尤其是在高科技、信息化、知识更新周期越来越短的今天，人类传统的学习方法已经遇到了严峻的挑战。在这种形势下，大学生们掌握独立获取知识的科学的学习法，不仅对其提高大学期间的学习质量，而且对其终身发展也有着重大影响。在某种意义上可以说，掌握独立获取知识的学习方法比掌握某些具体的专业知识更为重要。

总之，一个立志成才的大学生应该具有以上四种知识结构，只有这样才能具有自我生长功能、自我完善功能、知识迁移功能和创造性功能。一个大学生初步建立起具有这些功能的知识结构，不但会为大学阶段高效率学习提供条件，而且会为毕业后保持持久学习能力，不断进行知识更新，创造性工作和成才奠定坚实的基础。

二、成功就业对大学生知识素质的要求

🔗 案例 »»

在当前就业形势十分严峻的背景下，对大学生的知识素质提出了更高的要求。因此，大学生若想成功就业，需要具备以下的知识素质。

1. 宽厚牢固的基础知识

基础知识犹如基石，只有宽厚坚实才能科学地搭建起稳固的知识大厦。大学生要筑牢基础知识，将有利于今后的成功就业和职业发展。大学生无论要选择何种职业，也不管要向哪个专业方向发展，都少不了宽厚扎实的基础知识。特别是随着市场经济的运行和经济的高速发展，社会的产业、行业、职业结构调整的速度必然加快，大学生的择业、就业已不可能再像以往那样"从一而终"，职业岗位随时变动的状况不可避免，要

适应这些变化，就必须具有扎实宽厚的基础知识。

2. 精深透彻的专业知识

毕业生是即将要从事较强专业性工作的高层次专门人才，因此，专业知识是知识结构的核心部分，是职业发展竞争中的核心要素，也是科技人才知识结构的特色所在，无专业特色，也就不成其为科技人才。因此，大学生必须通过专业课程的学习，掌握必要的专业知识，不断提升专业技能。

随着社会生产和科学技术的发展，社会对专业能力、特别是专业的实际操作能力的要求越来越高，对形成专业技能起着重要作用的专业知识也要求越来越精、越来越深。所谓精深，是指大学生对自己所从事专业的知识和技术，要在一定的范围，具有一定的深度，既有对概念体系、理论体系、研究方法、学科历史和现状等量的要求，又有对本专业国内外最新信息及与其专业邻近领域知识的了解和熟悉，并善于将其与本专业领域紧密联系起来。

3. 丰富广博的现代管理和人文社科知识

现代社会需要大学生具有一定的社会知识，一定的经济与管理知识和人文社会科学知识。大学生应该积极参加人文类课程的学习，不断扩充自己的知识面，不断丰富社会、经济、管理、文化方面的知识，从而不断提高自己的适应能力。目前我国大学乃至研究生阶段期间，学生们只在本专业知识范围内学习，即使学些其他学科内容也是极为有限的，所以他们普遍存在知识面较窄的问题。因此，作为一名大学生，应该利用专业学习的空余时间，多读一些社会科学、管理科学方面的书籍，拓宽自己的知识面，开阔自己的视野，不断增加对社会和现代管理科学的了解，从而不断提高自己的各方面能力，为成功就业做准备。

4. 新技术新知识的储备

现代社会发展日新月异，新技术、新知识层出不穷。如果只掌握本专业现阶段的知识，是很难适应社会的。所以，大学生要注意对新技术知识的学习，要注意把握本专业发展的方向与趋势、了解研究新成果、了解世界科技发展新动态，掌握专业前沿发展新情况，这样才能在实际工作中不断追踪国际上的先进技术，才能在职业发展竞争中立于不败之地。

三、大学生知识结构的优化

大学生知识结构的优化和建构，是一个长期的过程，必须要根据自己原有的知识结构状况，结合社会的需要和自己的发展方向，运用科学的方法，充分利用各种资源条件，有计划、有目的地进行。

（一）大学生知识结构优化的原则

大学生要建立合理的知识结构需要一个复杂长期的过程，而且必须遵循以下原则。

1. 核心层次性原则

一般来说，大学生知识结构的层次，大致可分为基础知识层次和专业知识层次。基础知识层次可细分为工具性知识和常识性知识。专业知识层次，又可分为核心知识和辅助知识。核心知识决定着知识结构的性质与功能；辅助知识作为知识结构的外层，积极配合知识核心进行有效的思维活动。

在知识结构中，层次性反映了知识结构中各组成部分之间，纵向联系的客观要求。合理的知识结构有从低到高，从核心到外围的几个不同层次。任何一个层次的知识都不能忽视。如果外围知识太庞杂，核心知识不突出，那么知识就显得贫乏；但如果只有核心知识层次，而外围知识浅薄，那么知识就狭窄。所以，每一个层次的知识，都要优化建构、充实。

2. 系统整体性原则

系统论认为整体大于各部分之和，系统的质，不同于要素的简单相加。可见，知识结构的功能并不是各学科知识的简单相加组合。知识单元的优化、组合、相互协调，知识功能单位容量越大，思维的跨度越大，跳跃性就越强，创造的可能性也越大。

因此，在知识结构优化、建构时，应当以系统的整体功能为目标原则来确定知识结构各部分要素及其相互之间的连接关系，发挥系统功能效应。不仅要重视自己的专业学科，而且要特别强调各专业、各学科之间的联系，打破学科的专业知识结构的隔阂，建立一种多方式、多维度、多层次的联系，整合成一个立体型的知识网络。这种知识结构包括按照逻辑关系建立的微观结构和在此基础上建立起来的，以主题为中心的从一般到特殊的宏观结构。

3. 动态调节性原则

知识结构不应是凝固、僵化不变的，而是一个动态、开放的，不断吸收新知识，不断进行自我调节的系统。任何系统总存在于一定的环境之中，系统只有对外开放，经常与外界进行能量和信息的交换，才能保持有序和稳定。

在当今这个信息知识爆炸时代，知识结构这个系统如不能及时吸收新知识、修正知识、更新知识、不能重新有机优化组合协调，知识结构将会老化、僵化，甚至解体，就谈不上创新活力了。因此，大学生应该遵循动态调节性原则来优化自己的知识结构。

（二）大学生知识结构优化的途径

1. 调整优化课程结构体系

当前高校学科专业课程的设置仍存在着面过宽或过窄，多数课程、专业老化、陈旧，学科、专业课程之间缺乏联系和衔接；专业分割严重，理论课程和实践课程脱离等问题。这种不合理之处，必须加以改革、调整、优化。合理设置课程，是大学生知识结构得以优化、建构的外在基础和先决条件。

大学生应该把专业课程设置的纵向深入与横向拓宽结合起来，把理工科和人文学科课程结合起来，相互渗透、相互交叉，并使新旧专业结合起来，开设综合性的交叉学科和边缘学科专业课程，打破专业、系、科、校际间的隔阂，建立立体网络系统的课程结构，既包括学科专业体系的综合和概括，重新建构科学的学科理论体系，概念框架体系和整合专业科目结构体系，还包括学生认知及思维形式与知识体系的统合，也包括科学知识与人文知识的协调与整合。

2. 实施创新教育模式

创新教育模式主要包括教育目标的创新、教学模式的创新和学生质量评估标准的创新三大块内容。实施创新教育模式，是大学生知识结构优化、建构的关键。

（1）教育目标的创新

传统的教育目标是以具体专业为基准，将相应的专业知识灌输给学生，停留在知识传授的层面上，忽视了大学生是否对知识完全吸收内化，是否形成了合理的知识结构的深入考察。而创新教育的目标不单是知识的授受，更重要的是培养大学生对知识的思考、组织能力、实践能力和创新能力，发展创造性思维，善于将知识转化为现实的智能和素质。

（2）教学模式的创新

我国高校的教学方式呈线型单调的程序流程，形成了以教材、教室、教师为核心的单一枯燥乏味的教学模式。这种模式造成学生单一、线型、片面的知识结构，并且教学方式也是简单的，基本上仍然是多灌输式少启发式、探究式；教学手段多是借助粉笔、讲台、黑板，以及少许简单的现代教学辅助手段。从上课到下课，教师主宰了整个课堂教学，平铺直叙、满堂灌、重演绎，在课堂上基本上是教师讲，学生听、做笔记。

高校要通过教学模式的创新，打破这种线型单调的程序教学，应用现代辅助教学手段，特别是利用网络学习的方式，形成线上线下的师生的互动，注重学生的自主和情感因素的同时，积极启发学生去思考，营造良好的、浓厚的、活跃的课堂氛围，引导大学生自主学习，增强自学能力，培养科学的思维方式、方法。

（3）学生质量评估标准的创新

多年以来，我国评估学生的尺度都是以分数为主的。以"分数"为本位的考查模式，显然不利于学生的知识结构的形成和对大学生的真实水平的衡量，应当予改革。

大学生的质量评估标准的创新，应该结合现代人才质量构成要素。现代人才质量构成要素，包括合理的知识结构、能力结构和素质结构。在具体评估时，可以采取综合测评的方法，根据专业大类培养目标的实际情况，权衡这三个因素的比重。其中，知识结构所占的系数应是最高的。

3. 大学生个人自身的努力

大学生知识结构的优化离不开个人自身的努力。所以大学生要树立正确科学的认知图式，充分剖析自己的知识结构状况，自觉、自主地按照科学的方法，通过自身的努力和内化，优化自己合理的知识结构体系。

（1）大学生知识结构的自我定位和选择

这是大学生优化自己的知识结构的根本前提。典型的知识结构，不仅包括上文中我们所说的宝塔型知识结构、幕帘型知识结构、蜘蛛网型知识结构，也包括"T"型结构、"π"型结构、壳层结构。"T"型结构，其特点是知识面的宽度与某一专业的深度相结合，博专相济；"π"型结构，其特点是知识面广，对两门以上的专业知识都有较深的研究，这种结构尤为难能可贵。壳层知识结构中心部分为基础理论、技术理论和应用理论构成的知识硬核；中间部分主要以论文等形式发表见解，该层反应思想活跃，吸收力强；最外层内容为在科学活动中所产生的闪光思想、灵感、预测和推断，也包括经过互相碰撞产生的新观念、见解、发现和创造。这个结构侧重于科技人才吸收知识和创新过程。知识结构不存在固定的绝对的模式，可以多种多样、因人而异，最重要的是适合自己的职业要求和发展方向。大学生要根据自己的兴趣、专业、成才目标和发展方向，定位和选择适合的知识结构。

（2）建立合理的学习结构

知识结构的优化过程，实质上就是一个学习过程。大学生要自觉摒弃那种死记硬背的习惯，注重运用科学的学习方法，增强自学能力，特别是要进行研究性的学习，对知识单元充分了解消化吸收，转换视角审视、发现和把握知识系列、知识间的相互关系，培养学术的敏锐性。

（3）理论学习与社会实践相结合

理论学习与社会实践相结合是使知识结构由内化继承向外向创造方向发展，跃迁至更高层次的关键。所以，要深入开展理论学习与各类实践性环节互动的教学相结合，注重学校教育与社会实践紧密结合，尽量多开展社会调查、课题研究和实习考察等形式的活动，给知识结构的外生、外延创造条件。在实践中，训练技能、培养能力、转变思维方式，突破传统的思维定式、惯性，对原有知识、经验、观念、方法进行新的组合；在实践中，对自己的知识结构不断进行预测调节、反馈调节，使知识结构在动态中不断优化，更趋于合理、有活力。

（4）充分利用网络资源

在现代，互联网发展非常迅猛，互联网上的知识信息资源非常庞大、丰富，获取相对容易，大学生不可不用。同学们可以通过互联网打破时间空间的限制，在更广阔的时空领域上获取更多的信息，进行更广泛的交流和合作。

2012年慕课（MOOC）开始在中国兴起并迅速发展起来，使大学生可以根据自己的实际情况选择自己感兴趣的慕课课程。通过深入学习，特别是精深的专业知识学习，都将对顺利就业和事业成功起到促进作用。

（5）勤奋学习，积累知识

专业知识是未来所需人才知识结构中不可缺少的内容，它是顺利完成工作并能够进行一定发明创造的重要条件。只有掌握了精深的专业知识和其他知识密切配合，才能在未来的社会分工中充分发挥作用。学习专业知识就要精深，特别是本专业的学科知识结构越精深，越有利于基本理论的知识创新。"精"，就是要精当，要掌握本专业的精华，做到融会贯通。"深"就是要了解透彻，对本专业的历史现状、发展趋势以及对学科的纵横联系有一个全面系统的理解。

此外，也应该学习各种工具知识（如外语、计算机）和方法知识（如文献检索、调查分析、信息论、控制论），做到熟练运用，得心应手。

知识结构不能只是一个空架子，必须要有知识单元构筑而成。缺少了勤奋学习、积累知识，知识结构的优化就无从谈起。大学生要根据自己的专业方向和成才目标出发，分析、确定哪些知识是自己的核心知识，哪些知识是自己的辅助知识。

（6）培养创新思维能力

创新思维的本质就是根据解决问题的需要，在头脑中对原有的知识经验、观念、方法等进行新的组合，特别是现有的知识结构进行优化与建构，使之形成新的合理的知识结构体系，并充分发挥其结构效能。因此，要知识结构不断得以优化与创新就必须提高创新思维能力，学会运用各种创新思维的原理和方法，自觉抵制和克服各种思维障碍的束缚，以实现思维方式与知识结构的创新互动。

大学生要善于开发自己的大脑，突破阻碍思维创新因素，即人们头脑中传统的、固有的观念和思维中形成的习惯与定势，挖掘自己的潜质，打破传统思维定式、观念束缚，树立创新意识和创新志向，重视以独立的思维和创新的思维方法为主要内容的思维能力的培养。提高创新思维能力的方法包括激发潜意识法、强化记忆法和相似诱导法等。大学生要自觉学习思维科学，强化训练，最大限度地培养和提高自己的创新思维能力。在学习过程中，要善于开动脑筋，注重事物的特殊性，突破常规，运用推理、类比等方法进行突破性、探索性思维扩展思路，独辟蹊径，努力探求新思路、新方法和新见解，提高知识选择能力、观察能力，分析能力，知识物化能力。

总之，大学生知识结构的优化，必须要根据自己原有的知识结构状况，结合社会的需要和自己的发展方向，运用科学的方法，充分利用各种资源条件，有计划、有目的地进行。

第三节　职业能力的培养

职业能力是大学生择业、就业的核心竞争力。对于正处于学生阶段的大学生来说，择业、就业乃至创业是每个人都迟早要面对的现实问题，只有充分认识职业能力与大学生就业之间的关系，才能科学合理地规划和安排自己的大学生活，有的放矢地培养自己的职业能力。

一、职业能力

职业能力是一个人可否进入职业的先决条件，无论从事什么职业总要有一定的能力作保证。没有职业能力，就无法进入职业工作，也就无从谈起职业生涯发展。职业能力的形成，是一个长期的过程，通常需要经过相当长时间的学习以及一定的实践活动才能完成。职业能力的形成，需要具备先天素质、后天的教育训练、职业活动实践等条件。职业能力是衡量一个人能否胜任某项工作的主观条件，是个人综合素质的体现。人在一生中，要从事各种社会活动，必须有相应的职业能力。

所谓职业能力是指从事职业活动所需要的综合能力，是成功进行职业活动所必须具备的知识、技能、态度和个性心理特征的总和。职业能力是从事某种职业必须具备的，并在该职业活动中表现出来的多种能力的综合，不是单一的一种能力，也不是毫不相干的孤立能力机械地相加，而是相互联系、相互影响的有机整体，是各种能力的"综合"。

职业能力一般包括职业特定能力、行业通用能力和职业核心能力三个层次。

1. 职业特定能力

职业特定能力是可以通过一定的学习培训方式，使人们具备从事一项有特定标准要求工作的能力。职业特定能力是每一种职业自身特定的，它只适用于这个职业的工作岗位，适应面很窄，但有一个职业就有一个特定的能力，所以特定能力的总量是最大的。这些能力的获得和提高，可以通过个人经验的积累和他人经验的传授，也可以通过创造性的工作对已有的经验进行更新和替代。

2. 行业通用能力

行业通用能力是以社会各大类行业为基础，从一般职业活动中抽象出来可通用的基本能力，它的适应面相对较宽，但是其数量少于职业特定能力。行业通用能力可以适用于这个行业内的各个职业或工种，而按行业或专业性质不同分类，行业通用能力的总量显然比特定能力小。行业通用能力可以通过一定的学习培训方式、个人经验的积累及他人经验的传授获得。

各个行业都十分重视从业人员的职业特定能力和行业通用能力，并且不同行业对从业人员职业特定能力和行业通用能力的要求有很大的差别。一方面，社会分工越来越细，对工作熟练程度和精细程度的要求在逐渐提高；另一方面，一些特定的职业由于其行业本身涉及公共安全、环境污染或人类生命健康等方面内容，需要从业人员经过严格的学习和培训才能具备相应的专业技能。

3. 职业核心能力

职业核心能力是又称为可迁移的能力，是从所有职业活动中抽象出来的一种最基本的能力，是任何岗位、职业都必不可少的，具有普遍适用性的，能够使每个人适应职业生涯发展、变化的，伴随终身且可持续发展的可迁移能力，这种能力的范围最广、通用性最强，但其数量更少。

核心能力对于各种职业而言，是从事任何职业的人要想取得成功都必须具备的能力，是一种超越具体职业、对人的终身发展起重要作用的能力。职业核心能力是行业通用能力和职业特定能力的基础，包括与人交流、数字应用、信息处理、与人合作、解决问题、自我学习、创新革新、外语应用等核心能力。具体来说，职业核心能力就是人们在教育或工作等各种不同的环境中培养出来的可迁移的、从事任何职业都必不可少的跨职业的技能，该能力可以提高人们工作的效率及灵活性、适应性和机动性，是个人获得就业机会、事业发展的重要保障。

由于职业核心能力适用于所有的职业，因此，当职业岗位发生变更或者劳动组织发生变化时，这一能力依然能够起作用，使工作者较快地适应新的职业岗位。另外，由于核心能力具有可迁移的特点，也有助于形成个人终身不断学习进步所必备的能力，在变化了的环境中不断自我充实、提高、发展，跟上技术进步、经济发展的步伐，增强可持续发展的能力和适应市场变化的能力，真正具有应变、生存、发展的能力，从而有助于提高大学生在社会实践中的竞争力，同时也有助于克服专业技能教育的定向性和社会需求多边性的不相适应问题。

随着社会的进步，许多有价值的知识和技能很快就会被淘汰。因此，获取知识的能力比获取知识的数量更为重要，学习能力的提高比吸收知识的数量更为重要。只有具备职业核心能力的人，才能够适应变化的环境，把握新的机遇。

二、大学生应具备的主要核心能力

🔗 案例 ＞＞＞＞＞＞＞＞＞＞＞＞＞＞＞＞＞＞＞＞＞＞＞＞＞＞＞＞＞＞＞＞＞＞＞＞＞

没有谁生来就能担当大任，都是从简单、平凡的小事做起，今天你为自己贴上什么样的标签，或许就决定了明天你是否会被委以重任。操心的程度直接影响到办事的效率，任何一个公司都迫切需要那些工作积极主动负责的员工。优秀的员工往往不是被动地等待别人安排工作，而是主动去了解自己应该做什么，然后全力以赴地去完成。当然这需要平时的锻炼和培养，因此，大学生要在日常生活中努力自觉培养自己的职业核心能力，主要包括以下方面。

1. 表达能力

表达能力是指运用语言阐明自己的观点、意见或抒发感情的能力，主要包括口头表达能力和书面表达能力，这是大学生应该具备的基本能力。作为人与人之间最主要的交流工具，在日常学习、工作和生活中，语言和文字所起的作用无可替代。不论今后从事管理工作还是技术工作，不论在政府机关还是民营企业，不论是用言语还是用文字，清楚、准确地表述是十分必要的。一个人要想让别人了解你、重视你，更好地发挥你自己的才能，其前提就是要有表现自己的能力。要准确表现自己，就离不开出色的表达能力。

语言表达能力是大学生必须具备的一项重要能力。学习、工作和社会人际交往等需要语言表达能力。在人际交往过程中，语言表达能力非常重要。你要想获得一份工作，你必须让用人单位了解你、赏识你、肯定你。因此你需要向用人单位说出你的长处，展示你的优点，因为仅仅靠简历是不够的，招聘单位面对着成堆的简历，对你只能有一个简单的了解，甚至根本没有时间看你的简历。所以，你必须抓住机会向招聘单位简洁地、流畅地有选择性地介绍自己的优点和长处，这样才会给用人单位留下深刻的印象。特别是对于那些对口语表达要求较高的职业，如教师、公关人员。这些用人单位在招聘时特别注重你的口语表达能力，即使你专业知识再丰富，专业成绩再突出，你不能表达出来，或者在被问及专业知识时抓耳挠腮、支支吾吾，用人单位也不会注意到你，甚至会认为你在胡编乱造。所以，要充分锻炼自己的口语表达能力。若想具备这一能力，当代大学生就要做好以下三方面：首先要敢于说，这也是练好口才的前提，而最好的方法就参加一些疯狂英语或英语角，练胆量；其次要做到有话可说（这需要广泛的知识面，多去图书馆看不同的书就是很好的选择），这是练好口才的基础；再次是要善于说话，注意不同的场合，注重语言的得体，这是练好口才的关键。

书面表达能力也很重要。不仅在参加工作走向社会后，会立即强烈地意识到这一点，而且，在求职择业的时候就会有深切的感受。比如撰写求职信、自荐信、个人材料，这种能力是人们之间交往的基本能力，是将来从事营销职业的人不可缺少的，也是每一个求职者在今后的工作中都会用到的。譬如工作计划、年终总结、调查报告、文件起草、写说明书等，无不需要书面表达能力。

大学生可以通过日常训练、参加专门的培训等方式来提高自己的表达能力，在大学的生活中积极参加各种活动，如辩论会、演讲比赛、征文比赛。

2. 实践能力

实践能力是保证个体顺利运用已有知识、技能去解决实际问题所必需具备的那些生理和心理特征。在现实生活中，尤其是教学、科研、生产第一线，大学生实践操作能力的强弱，将直接影响到其作用的发挥。而且大学生的实践能力也直接影响到工作能否顺利完成，用人单位一般对大学生的实践能力有较高的要求，那些眼高手低、只有理论没有实践经验的应聘者是不受用人单位欢迎的。一个大学毕业生如果在实践操作上有过硬的本领，一定会受到用人单位的青睐。随着时代的发展，纯"书生型"的人才已不能适应社会的需要。比如，以教师这个职业为例，许多用人学校在挑选毕业生时，往往注重的是毕业生的试讲能力和试讲效果，而不只是他们的专业考试成绩。作为一名教师，只有丰富的知识还是不够的，还要有把自己的知识传授给学生的能力。近年来，许多用人单位在挑选录用大学毕业生时，在同等条件下，往往会优先考虑那些曾担任过学生干部，具有一定组织管理能力的毕业生，这正反映了时代的客观要求。虽然不是每个大学毕业生都会从事管理工作，但是在实际工作中每个从业者都会不同程度地需要组织管理才能，现代社会职业表明，不仅领导干部、管理人员应当具备组织管理才能，其他专业人员也应当具备。

因此，大学生应注意克服只注重理论学习，而轻视实践操作的倾向，应该创造并珍惜每一次实践机会，多看、多听、多练、多思考，培养自己的实践能力。只要大学生本人及学校有关部门重视，大学生在校期间培养实践能力的机会还是很多的。像组织参加与专业相关社团、参与教师科研工作、积极参加暑期社会实践活动、担任班干部、寒暑假兼职等，这些活动都有利于大学生社会实践能力的提高。

3. 适应能力

适应能力是一个人综合素质的反映，它与个人的思想品德、创造能力、知识技能等密切相关。

人类文明总是在继承与创新的矛盾运动中发展的。适应社会，正是为了担当社会赋予人们的职责与使命。现实生活常常不尽如人意，大学生毕业之后，所面临的是找工作，参加工作，然后发展。它们都是在不断变化的，大学生要勇敢面对现实生活中的挫折，培养自己适应社会环境的能力。只有这样，即使是在比较艰苦的环境下，也能够变不利因素为有利因素，从而为大学生以后的事业成功奠定坚实的基础。根据调查，当今大学生的适应能力较差，心理承受能力比较脆弱。如在择业过程中，一些大学生稍有不顺就灰心丧气，到工作岗位后稍有不顺就心灰意冷。在前进的道路上遇到某些困难或失败，就表现为意志消沉，怨天尤人，甚至轻生或采取缺乏理智的发泄方式等等，这虽然并不代表大多数，但应该引起警觉。

适者生存，生存正是为了发展。因此，大学生应该注意培养自己适应社会的能力，无论面临哪种情况都要尽可能地缩短自己的适应期。这种能力对于求职者的健康成长和成才是必不可少的。

4. 社会交际能力

社交能力就是与他人相处的能力。一些大学生在刚刚走上工作岗位时，由于初涉世事，阅历较浅，缺少经验，往往在各种错综复杂的关系面前茫然失措，苦于无法适应，常常感叹"工作好搞，关系难处"。确实，社会上的人际关系远不如学校中的同学、师生关系那么简单。大学生步入社会后，要与各种各样的人发生这样那样的关系。能否正确有效地处理、协调好工作生活中人与人的各种关系，不仅影响一个人对环境的适应状况，而且影响着他的工作效能、心理健康、生活的愉快和事业的成就。

因此，大学生自觉地培养良好的社交能力非常重要。首先，大学生在人际交往过程中应该要谨记真诚的交友原则，要认识到在与别人的交往中，打动人的是真诚，以诚待友、以诚办事，只有真诚才能换来与别人的合作和沟通，真诚永远是人类最珍贵的感情之一。其次，在日常交往活动中，要从小事注意社交礼仪，积少成多；要主动与他人交往，理解他人，关心他人，不要消极回避，要敢于接触，尤其是要敢于面对与自己不同的人。不要担心自己的出身、相貌、经历，不要因来自边远的地区、相貌不好看或者经历不如别人而封闭自己。同时，要善于去做，大胆走出校门，消除恐惧，加强交往方面的知识积累，在实际的交往生活中去体会、把握人际交往中的各种方法和技巧。

5. 竞争能力

竞争能力是人们顺利完成某项活动必备的一种心理特征，是生物进化法则注入人们血脉的一种本能，也是大学生乃至人类都在追求的一种能力品质。每个人都有争强好胜之心，在现代社会，由于人们知识和技能的激增和强化，这种本能的潜质在人们身上变成顺利完成某种活动的明显的心理特征，因而也变成了人们的一种能力素质。

随着社会主义市场经济的进一步发展与完善，市场竞争更趋激烈，而市场竞争归根到底是人才的竞争。一个人如果不懂竞争、不具备竞争能力，在竞争的激流中就有随时被淘汰的危险。因此，竞争能力的培养尤为重要。大学生在培养自身竞争能力时应注意几点：一是意识到竞争能力是自身发展和社会发展的需要；二是要意识到竞争是实力的展示，掌握更多的技能技巧，善于抓住机会，勇于展示自己才会在竞争社会中获胜；三是要意识到竞争实际是人格的考验，作为文明人类所追求的一种能力特征，竞争的目的不是为了吃掉对方而是为了促进生产的发展和社会的进步，所以，大学生必须在竞争社会中保持健康积极的心态才能获胜。

6. 决策能力

人的一生往往会遇到许多重大的选择，需要自己当机立断、痛下决心来决断，决策能力就是指对未来行为目标的决断和选择的能力。良好的决策能力可以实现对目标及实现手段的最佳选择，可以少走弯路、少犯错误，以较小的代价取得进步与成功。对于大学生来说，走向社会是人生的一大转折点，显然也是对自己决策能力的一次检验。在未来的工作中，各种问题以及它们的变化进展都需要自己迅速做出反应，及时予以处理，优柔寡断错失良机和草率决断抓芝麻丢西瓜一样，都会给自己带来影响。

因此，训练和培养自己的决策能力是十分重要的。大学生在校学习期间，就要有意识地培养自己的决策能力，从日常小事做起，不要事事都请别人拿主意，要养成多谋善断的习惯。这样日积月累，就会形成一种能力习惯，以后遇到重大事情时就可以从容应对。大学生如果具备决策能力，就会慎重且恰当地选择出适合自己、与自己兴趣相符的发展方向，求职时就会从各种信息和建议中，对适合自己的职业岗位做出积极准确的反应。

7. 团队合作能力

现在企业招聘，也很注重应聘者的团队合作能力。因为一些大的项目仅仅靠某一个人是不可能完成的，只有通过团队的良好合作才能够完成任务。所以，大学生在日常生活和学习中要注重团队合作能力的培养。为了培养团队合作能力，大学生在读书之余要积极参加各种社会团体的工作。在与他人分工合作、分享成果、互助互惠的过程中，就可以体会团队合作的重要性。

8. 逻辑思维能力

逻辑思维能力高的学生能较准确地认识问题，较迅速地抓住问题的要害；能全面、客观地从多种角度分析问题，又能研究这个问题与其他问题之间的关系；既能搞清楚这个问题的现状，又能初步预测这个问题的发展趋势等。因此，招聘单位常会考察应聘者的逻辑思维能力。这种考察不是考核逻辑专业知识，而是考核应聘者对各种信息的理解、判断、分析、综合、推理等日常工作和生活逻辑思维能力。即使有些大学生不具备相关的专业知识，但仍然可以有较强的日常逻辑思维能力和运用能力。如果大学生具备一定的逻辑专业知识，解决问题时有一定的原则，并在实践中自始至终都贯彻这个原则，以这个原则为指导，就能够解答生活和工作中更复杂的问题，会更受用人单位的青睐。

9. 创新能力

创新是人类社会进步的根源，是当今时代的一个本质特征，也是与时俱进的要求。无论是经济社会发展的大环境还是高校教育科研的小环境，都对大学生提高创新能力提出了更高的要求。新时代的大学生必须具备一定的创新能力，有具备一定创新意识和创新能力，才能学有所得、学能所用、学会所创，使大学时期的学习过程转化为真正吸收的过程。从某种意义上来说，具备良好的创新能力，就意味着大学生具有较高的潜在价值和发展空间。

作为当代大学生内在素质的核心，大学生可以通过以下几种方式培养自己的创新能力。

第一，重视非智力因素的培养。创新素质是一种综合素质，大学生创新不仅需要智力因素的参与，同时还要具备良好的非智力因素，而且，非智力因素往往起着更加重要的作用。比如意志力、自信心、团队精神、自我激励等等。非智力因素对人的创新活动有启发、引导、维持、强化和调节的作用。

第二，热爱生活，关注生活。创新需求、创新灵感和创新设想很多都来自于生活。一个人只有充满对生活和人生的热爱，才会有浓厚的兴趣去完善生活，改进生活，方便生活，才能催生创新的萌芽。

第三，提倡包容，鼓励竞争。一所培养创新人才的大学，首先应该有一种能容忍并鼓励学生质疑和批判的人文环境。大学正是因为有着不同学术思想的教师与教师、教师与学生、学生与学生不断交流和交锋，才能获得学术发展的条件。师生、同学间要相互尊重、相互激励。教师要努力使学生成为教学的主体，培养学生乐于提出新问题的习惯，对学术的创新成果给予适当奖励，保护学生创新的积极性。

第四，付诸实践，精益求精。创新不但需要丰富的想象、足够的热情，更需要脚踏实地、反复实践。

10. 应变能力

应变能力也可以理解为处理突发事件的能力。紧急情况下，如果事态得不到迅速控制，后果往往不堪设想。这就要求大学生具有一定的应变能力，要临危不乱和快速决断。一般的，可以采用如下方法应对突发事件。

第一，迅速控制事态源头。事件的突发性意味着没有过多的时间用于事前准备。要快速介入，稳住事态，防止事态向不好的方向继续发展，尽量将其影响控制在源头处。

第二，处理好善后。及时总结经验教训，平时多进行一些预防性的准备，对提高应变能力也有所帮助。

第三，打破常规，积极应对。对于按常规操作难以解决的问题，可以尝试打破常规思维，采取非常规方法进行应对，这样往往能够起到立竿见影的效果。但是，这也要承担一定的风险，应对者应该权衡利弊，快速决断。

以上几大能力是当代大学生应具备的能力。具备了这些能力，才真正地意味着大学生综合能力的提高，才能于竞争社会里游刃有余地获胜。值得注意的是，大学生在进行能力准备时，要注意各方面能力的平衡发展，也要注重个人优势能力的培养。

三、大学生获得职业能力的方法与途径

人的职业能力水平是有差异的。这种差异并不是先天形成的，而是由于环境和受教育程度及自身实践状况等因素造成的。所以，大学生的能力是可以靠平时的学习、生活中的自觉培养和实践锻炼而获得的。大学生获取职业能力的方式与途径主要有以下几种。

1. 培养和发展兴趣

兴趣对培养能力相当重要。古今中外许多科学家、文学家、艺术家，都是在强烈的兴趣驱动下取得事业的成功。达尔文说："我就记得，我在学校期间的性格来说，其中对我后来发生影响的，就是我有强烈的、多样的兴趣，而沉迷于我感兴趣的东西。"郭沫若说："兴趣爱好也有助于天才的形成，爱好出勤奋，勤奋出天才。"杨振宁也说："成功的秘诀是兴趣。"在学习上，兴趣表现为求知欲，它是学习的主要心理特征之一。

因此，大学生要围绕所学专业发展自己的兴趣爱好，并以这些兴趣爱好为契机，加强相关知识的学习和积累，注意发展自己的优势能力。兴趣是可以培养出来的，有时候放弃自己原来的兴趣，也可以培养出新的兴趣。大学生在建造自己的职业能力时，应该以老一辈为榜样，不仅要权衡自己的所长所短，而且要逐渐培养对所学专业的兴趣和爱好，同时要把个人成才与国家需要统一起来，树立为现代化事业献身的思想，积极培养对所学专业的兴趣和爱好，在满怀兴趣的状态下去开垦新的园地，积极主动而且心情愉快地学习，建立自己的职业能力。

需要注意的是，大学生可以注意发展自己的优势能力，但仅有优势能力是不够的，必须对前面列出的几个基本能力都有所拓展，这就要求在注意发展兴趣能力的同时，也要超越自我，注意全面发展自己的各种能力。这是今后生存的需要，也是发展的需要。因为现代社会的多维竞争，增加了单一能力持有者的生存难度，同时也增加了企业的生存危机感。因此，不管是否是兴趣之所在，都必须注意锻炼自己的基本能力。

2. 在实践中积累能力

实践是培养能力的重要途径，能力是在实践过程中培养形成并在实践过程中表现出来的，因此，大学生在校期间要注重在实践中培养自己的能力。学校当然不同于社会，实践的形式还是比较单一的。但只要积极参与，就会有很多收获。比如要想具有组织管理能力，那就得积极主动地有意识地在法规和学校纪律约束范围内去组织一些活动，参加一些社团活动，并在有条件的情况下参与一些社会工作，这些活动都会使其组织管理能力得到明显提高。而如果要圆满地表现自己观点、思想和情感，那就得在公众场合善于演讲或具有写作等有关才能，否则只能变为空想，而演讲和写作就是一个实践过程。

3. 在学习中培养能力

学习对大学毕业生来说是非常重要的，学习是基础，没有学习便形成不了专业能力，更加谈不上把拥有的能力执行下去。企业引用大学生，就是希望所用的大学生能够

以成熟的心态来快速地学习企业所要求的技能并能给企业注入新鲜的血液。这也就不难理解为什么有的企业会比较看重一些证件，如大学英语四、六级证书。终身学习尤为重要。终身学习不仅表现在学生走进社会以后具备获得新知识的能力，而且表现在对文献资料过硬的查阅和检索能力，对信息的收集和处理能力，对中外文较强的阅读能力和语言交流能力以及敏锐的逻辑思辨能力。当前，大学生真正具备这些能力还有不少距离，因此，大学生要通过以下三种方式来提升自己的能力。

首先，要充实基础知识。大学生应该善于从自己的实际出发，有目的有计划地掌握新型人才的必备基础知识，为日后创造佳绩打好深厚扎实的基础，并主动掌握高新科技，提高创造能力，进入所学领域前沿，以顺应当代科技的迅猛发展。

其次，要善于自学。在当前知识更新越来越快的社会里，学会如何学习比知识本身更加重要。自学，尤其是在帮助下的自学，在任何教育体系中，都具有无可替代的价值。

再次，专通结合。既是自己领域的专家，又对邻近领域有恰当的了解和熟练的知识运用。要既适应科学的高度分化，是个专才，又是适应科学的高度综合，是个通才，纵向成才和横向成才相结合，求得最佳专通比例。

4. 积极锻炼职业技能

职业技能是支撑职业人生的表象内容，属于显性职业素质。职业行为和职业技能等显性职业素质比较容易通过教育和培训获得。锻炼良好的职业技能是职业素质培养的落脚点。但是，目前大学生对技能的理解存在一些错误的认识，不少人认为经过了专业学习，就有了相应的技能。事实上，知识教育是学习技能的基础，要把知识转化为技能，需经过反复的实践和体验。职业能力的培养有一个过程，学校里所形成的能力与工作岗位的要求有一定的差距，有的人能很快适应新的工作环境并顺利成长，而有的人因不适应环境而被公司"炒鱿鱼"。因此，大学生要自觉锻炼职业技能，必须学会整理自己的技能清单，了解已掌握的技能与自己的职业目标之间的差距，同时，要了解职业技能培养的途径和测评方法，要通过制订职业计划来了解自己、了解他人和了解社会。在制订计划过程中需要经历几个环节：一是通过各种途径搜集一些相关的信息来补充、完善职业计划；二是要预测在实现目标的过程中可能出现的阻碍，并考虑和规划如何逾越阻碍；三是在制订计划时要评估目标实现的可能性，兼顾自己的能力、环境条件的限制、周围人对自己的期望等。

第四节　职业素养的培养

良好的职业素养是大学生通向成功的必备素质，一个人的能力和专业知识固然重要，但是，职场要成功，最关键的并不在于他的能力与专业知识，而在于他所具有的职业素养。一个人在职场中能否成功取决于他的"职商"。大学生在校期间应该积极主动地进行职业素养培养，提升职业素养，才能在职场上赢得未来。

一、职业素养

职业素养是指职业内在的规范和要求，是在职业过程中表现出来的综合品质，包含职业道德、职业技能、职业行为、职业作风和职业意识等方面。职业素养是一个综合性概念，首先要具有专业性，其次，敬业和道德是必备的。职业素养可以通过个体在工作中的行为来表现，而这些行为以个体的知识、技能、价值观、态度、意志等为基础。良好的职业素养是企业发展的需要，是个人事业成功的基础，是大学生进入企业的"金钥匙"。

职业素养是大学生职业素质的内在表现，属于大学生职业发展的软件资源。

"素质冰山说"理论认为，个体的素质就像水中漂浮的一座冰山，水上部分的知识、技能仅仅代表表层的特征，不能区分绩效优劣；水下部分的动机、特质、态度、责任心才是决定人的行为的关键因素，用来鉴别绩效优秀者和一般者。

如果把人的职业素养比作冰山，那么浮在水面上的是他所拥有的资质、知识、职业行为和职业技能，是人的显性素养，占 1/8，可以通过各种学历证书、职业证书来证明，或者通过专业考试来验证。而潜在水面之下的东西，包括职业道德、职业意识、职业作风和职业态度，则是隐性素养，占 7/8。隐性职业素养决定、支撑着外在的显性职业素养，显性职业素养是隐性职业素养的外在表现。显性职业素养随时可以调用，相对来说比较容易改变和发展，但它只是冰山一角，仅有它并不能体现人在职场中的综合素质。由此可见，还要通过隐性职业素养的培养来更好地表现显性职业素养。对于即将进入或刚进入职场的大学生们，还是应该把隐性职业素养作为培养的重点，来尽快展现自己的才能！

职业素养是一个人职业生涯成败的关键因素。职业素养量化而成"职商"（career quotient，简称 CQ），也可以说一生成败看职商。据调查显示，90% 的公司认为，制约人才发展的最大瓶颈是：缺乏高素养的职业素养。美国学者的调查表明：绝大多数人在工作中仅发挥了 40%～50% 左右的能力；如果能够受到良好的职业素养教育，就能发挥其能力的 50%～80%。

二、大学生职业素养培养的现状

1. 重视显性评价指标，而忽视"冰山之下"的素质培养

在校大学生普遍重视学习成绩、专业知识等外在硬性指标，而忽略隐性的软指标培养。正是这种对职业技能重视，而对职业意识和职业行为习惯相对忽视的态度，使学生的职业素养难以得到均衡发展。

2. 职业素养培养平台不完善

近年来，各高校为学生所设置的职业素养课程，更多的是为了提升就业率。并且大多数教育工作者仍然认为职业素养的培养是德育课的教育范畴。高校教育中的职业素养教育平台、实践平台的不完善造成了高校教师对职业素养的培养显得有心无力。

3. 网络时代大学生职业素养培养面临新问题

大学生已经成为一个非常大的网络群体。网络已成为大学生获取各种知识、信息的主渠道，极大地冲击、改变着他们的思想观念和生活方式，使他们的职业素养培养面临一些问题。网络成瘾使大学生的职业素养进一步滑坡；沉迷网络削弱了大学生的道德感，扭曲了大学生的世界观、人生观和价值观；网络道德丧失带来了大学生的诚信问题，加剧了目前的诚信危机。

4. 大学生主动培养意识薄弱

当前许多大学生缺乏职业素养的主动培养意识，当他们进入职场后才意识到由于相关素养的缺乏，他们不能很快适应并融入社会及工作环境，以致出现人职难以匹配的现象。

5. 职业素养培养与企业实际需要脱节

用人单位的职业素养要求才是大学毕业生求职的"风向标"。但由于对用人单位的实际需求不够了解，从而造成了职业素养的培养过程中，教师对职业素养的认识与用人单位要求不一致，造成了需求认知偏差。

三、大学生职业素养的提升

（一）自觉培养职业意识

职业意识是职业活动的基础和前提，是人们对职业活动的认识、评价、情感和态度的总和，是支配和调控全部职业行为和职业活动的调节器。它能正确预期社会对职业人才的需求，客观分析、评价人的职业潜力，不但是学生当前学习、生活的动力，也是其未来实现自我价值的必备条件。对即将毕业的大学生来说，职业意识就是把对前途和未来的美好追求寄托在具体的职业上，并以此作为接受教育的主要目的，按照相应的标准去要求自己。

培养职业意识就是要对自己的未来有规划。因此，大学期间，每个大学生都要着重解决一个问题，就是认识自己的个性特征，包括自己的气质、性格和能力以及自己的个性倾向，包括兴趣、动机、需要、价值观等。据此来确定自己的个性是否与理想的职业相符，对自己的优势和不足有一个比较客观的认识，结合环境如市场需要、社会资源来确定自己的发展方向和行业选择范围，明确职业发展目标。

培养职业意识就是要培养职业的责任意识。责任意识是一种自觉意识，表现得平常而又朴素。所谓责任意识，是指人要知道并尽心尽力完成与自己所扮演角色对应的任务和职责，既是一种道德意识，也是一种行为实践。只有能够承担责任、善于承担责任、勇于承担责任的人才是可以信赖的人。决定一个人成功的重要因素不是智商、领导力、沟通技巧等，而是责任——一种努力行动，使事情的结果变得更积极的意识。有责任意识，再危险的工作也能减少风险；没有责任意识，再安全的岗位也会出现险情。责任意识强，再大的困难也可以克服；责任意识差，很小的问题也可能酿成大祸。有责任意识的人，受人尊敬，招人喜爱，让人放心。

（二）努力提升职业道德品质

培养良好的职业道德，不仅会做事，更要会做人。所谓职业道德素质，就是同人们的职业活动紧密联系的符合职业特点所要求的道德准则、道德情操与道德品质的总和。它是人们在特定的工作和劳动中以其内心信念和特殊社会手段来维系的，以善恶进行评价的心理意识、行为原则和行为规范，它是人们在从事职业的过程中形成的一种内在的有很大限制性的约束机制。职业道德是各个职业都需要秉承和遵守的基本准则，是实现职业长期发展的有力支撑。每一个大学生都要遵守"爱岗敬业、诚实守信、办事公道、服务群众、奉献社会"的社会主义职业道德规范，才能让自己拥有良好的职场人际关系，营造有利于自己的发展环境，真正促进自己职业素养的全面提升。在当前，大学生敬业精神、诚实守信的品德尤其重要。

1. 敬业精神

敬业是用一种严肃的态度对待自己的工作，勤勤恳恳、兢兢业业、忠于职守、尽职尽责，为实现职业上的奋斗目标而努力。敬业精神是一种优秀的职业品质，是职场人士的基本价值观和信条，是职业素养的首要内涵，是职业道德的集中体现。毕业生是不是具有敬业精神，是用人单位挑选人才的一项非常重要的标准，用人单位往往录用那些具有敬业精神的人。因为只有那些干一行、爱一行的人才能专心致志地搞好工作。如果只从兴趣出发，见异思迁，"干一行，厌一行"，不但自己的聪明才智得不到充分发挥，甚至会给工作带来损失。

具备敬业精神的员工之所以受欢迎，是因为他们认识到敬业精神是一种优秀的职业品质。这样的员工会为企业的发展做出真正的贡献，当然，他们自己也会因此从工作中获得无穷的乐趣和收益。一个对工作有敬业精神的人，会把职业当作自己的使命，这样的员工是真正敬业的员工。

敬业精神是现代社会所倡导的职业品质之一，也是所有企业和员工生存和发展所必需的潜在动力源。任何一个企业的发展都需要具有敬业精神的员工，同样，任何一个员工在企业中要想得到发展也离不开敬业精神。懂得敬业、能够敬业是一个人在职场中提升自己、拓展事业的前提，敬业精神所表现出来的积极主动、认真负责、一丝不苟的工作态度，是职场人士所应当而且必须具备的品质，它是获得最佳工作业绩的有力保障。

2. 诚信精神

诚信就是实事求是地为人做事，不弄虚作假，表里如一、言行一致，讲信用、守诺言，这是职业道德的最基本准则。诚信不仅是从业人员必须遵守的职业道德规范，也是为人处世的基本道德准则。有的毕业生已经与某家企业签约，工作过程中发现另一家企业待遇薪酬更具吸引力，便瞒着之前工作的企业与另一家企业签订了劳动合同，这种欺诈隐瞒将会给自己和单位造成严重的影响和后果。

对于大学生而言，培养自身的诚信精神有以下几个具体要求：

（1）不说假话。诚信讲究不欺诈，不弄虚作假，在日常学习和生活中对于老师和同学要以诚相待，不说假话。今后走上工作岗位才能习惯性地约束自己真诚待人，给领导和同事留下好印象。

（2）信守诺言。不给空口承诺，答应别人的事一定做到，不妄言，不吹牛。

（3）勇于承认错误。金无足赤、人无完人，每个人都有犯错误的可能。犯错本身并不可怕，可怕的是为自己的错误找各种理由，这样不仅无法找到犯错的根本原因，更会使人与人之间失去最可贵的信任。

大学生要建立长效自我约束机制，注重自我修养，将职业道德的养成转化为自觉、自主的潜意识行为；要积极向职业模范人物和身边的榜样学习，吸取成长的经验和自我管理的动力；要自觉培养敬业、诚信精神，提升自己的职业道德品质。

（三）培养积极良好的沟通能力

在各个岗位工作的过程就是与公众沟通的过程。一个人的工作能力，在很多方面体现在沟通能力上，工作中的大部分矛盾和问题都是由于沟通障碍引起的，良好的沟通能力是大学生在职场通向成功的重要条件。因此，高校教学的重要内容之一是进行科学训练，培养学生积极良好的沟通能力。

首先，要训练学生的语言表达能力。在教学中，应尽一切可能给学生创造讲话的机会。上课时，可将教师点名变为学生进行自我介绍，锻炼了学生的口语表达能力。同时，根据教学内容可适当安排讨论课，讨论结束后还可以推选代表发言。要在第二课堂活动中组织"普通话训练小组""演讲、辩论小组""口才演讲训练小组"等，并在平时训练的基础上举办"诗歌朗诵会""演讲比赛""辩论赛"等形式多样的活动。

其次，要培养学生的体态表达能力。体态被称为"第二语言"，在很多情况下发挥着辅助甚至替代语言表达的作用。训练学生保持真诚亲切的目光与自然大方的微笑是至关重要的。而且，恰当的手势、优雅的举止、标准的动作、协调的姿态，也会有效地表达出学生内在的思想与气质。

职业测评：沟通能力测试　>>

（四）培养团结协作的团队精神

团队精神，简单来说就是大局意识、协作精神和服务精神的集中体现，是指为了实现某一共同目标而由相互协作的个体所组成的团队表现出来的精神。现代工作中的每一件事情都不是一个人可以独立完成的，需要他人的合作，良好的团队精神是实现工作目标的重要保证。团队精神要求有统一的奋斗目标或价值观，而且需要信赖，需要适度的引导和协调，需要正确而统一的文化理念。团队精神强调的是组织内部成员间的合作态度，为了一个统一的目标，成员自觉地认同责任并愿意为此目标共同奉献。

当今市场竞争激烈，崇尚团队精神，具有较强的合作意识的团队和个人，才会取得更大成功，企业在用人的时候，把团队意识比个人获得的荣誉看得还要重要。要完成一个大项目，个人能力再强，没有他人的帮助，也做不到十分完善，如果没有很好的团队意识，整合不好人才资源，对于企业来说，其实是一种损失。大学生只有把自己置身于一支合力强大的团队之中，才能在市场竞争中取胜，才能达到自己追求的目标，事业才能更加成功。

对大学阶段学生团队精神的培养是多方面、多途径的，最基本的途径有两个方面：一是团队精神认知问题，二是团队精神内化问题。团队精神的认知问题要抓住三个方面：第一，坚持把培养团队精神作为高等学校大学生品德素质培养的重要目标，并把培养工作贯彻到整个思想品德教育系统的各个方面中去。第二，在现有的课程设置体系中，要加强或增补与团队精神相关的教学信息。第三，要有计划地举办讲座，开展专题教育活动。举办团队精神主题讲座或专题教育活动是向大学生传递团队合作知识。

团队精神的内化过程是一种体验、熏染、陶冶、养成的过程。一要精心组织好以增强团队精神为目标的各种集体活动。二要加强班级建设。在凝聚力很强的班级里，大学生们能够彼此关心、互相爱护，遇到困难挫折时可以从集体中获得帮助和慰藉，取得成绩时可以得到承认和肯定，可以使大学生在与其他成员既竞争又合作的过程中，获得同时达到集体目标和个人目标的成功感受。

第五节　大学生职业素质培养的意义和途径

随着大学毕业生人数逐年增多，大学生就业难已经是不争的事实。大学生就业难受很多因素的影响，除了国家就业岗位总量不足以及结构性的矛盾外，与大学生自身素质也有一定关系。从学校和学生来看，目前用人单位招聘员工，主要注意的是就读的学校、所学的专业以及其在大学期间的学习成绩和经历；而实际上，从用人单位来看，最看重的则是大学生的职业素质。因为员工的职业素质的高低将直接影响用人单位的绩效和经营利润。大学生自身的职业素质对参加工作后工作业绩和个人发展等状况也将产生极大的影响。

一、大学生职业素质存在的问题

大学生就业难的根本问题是大学生职业素质水平问题。目前，大学生职业素质所存在的问题主要反映在以下几个方面。

1. 职业心理素质较低

有无良好的心理素质，对成才和就业有着重要的影响。用人单位很重视求职者的心理素质。如果心理十分脆弱，就算他专业成绩再好，也会错失良机。所以，大学生平时应当不断努力提高自己的心理素质。

大学生受"先就业后择业"的思想影响，在社会上跳槽频繁，有的甚至还不知道自己是否能胜任工作就要走人，给人一种缺乏信誉的感觉；遇事以自我为中心，只考虑公司能够给自己什么，而不是我能对公司有什么贡献；缺乏主人翁精神、敬业精神，将公司对自己的培养只当成自己今后个人发展的资本积累，没有感恩心态；有些大学生进入工作岗位后，工作"兴奋期"短，很快就开始缺乏工作热情等。种种现象，折射出大学生不成熟的心理素质，成为当今大学生在激烈的人才竞争市场中的绊脚石，影响了大学成功就业和职业发展。

🔗 职业测评：求职心理素质测试　>>>>>>>>>>>>>>>>>>>>>>>>>>>>>>>>>>>>>>>

2. 职业能力不足，知识结构相对单一

大学生在就业时表现出的职业能力不足，主要反映在知识结构不健全，专业知识不系统不扎实，综合技能水平不高（尤其是科研能力、创新能力和解决实际问题的能力低）以及缺乏一专多能的素质等。具体表现在以下几个方面：

（1）没有很好地自我认知，缺乏对自我客观、系统、科学的认识，常出现高估自己能力的现象。这一点表现为：择业期望值很高，把待遇是否优厚、交通是否便利以及住房是否宽敞等作为选择标准，不愿承担艰苦的工作，不愿到经济欠发达地区和基层学校去工作。

（2）在选择就业单位的过程中，明显表现出被动和随意性，缺乏科学性和主动性。主要表现为对自身的素质和就业竞争能力评价过低，不敢主动向用人单位推销自己，不

敢主动参与就业竞争，陷入不战自败的困境之中。

（3）获得职业信息的能力和职业目标的筛选能力还不强，虚荣心和侥幸心理往往使他们改变原有的目标而采取不切实际的从众行为。

3. 缺乏应有的社会实践活动

大学生不能将自己所学知识与社会要求结合起来，实际应用能力不足。一些用人单位的人事负责人认为，许多学生动手能力差，到岗后企业还要花费相当的精力进行培训，不能很快开展工作，在实践方面的素质缺陷是显而易见的。

"我们是很看重实践经验的，一般都不招收应届毕业生，而是选择经验更加丰富的应聘者。"在广州市南方人才市场的招聘现场，一家企业的招聘人员如是说。不少用人单位都希望能够招到实践经验丰富的毕业生，最好是"来之能战，战之则胜"。

事实上，和这家企业持同样看法的用人单位不在少数。企业招聘官在招聘毕业生时，首先看实习的经历和表现。在人力资源部门眼中，实习经历丰富的学生是"性价比"相对较高的学生。

可是，在校大学生参加此方面训练实践的机会并不多，缺乏应有的社会实践活动制约了大学生职业素质的提高。

与美国等一些国家相比，我国实行的还是传统的应试教育，社会实践教学在实际操作中有一定的难度，这有以下几方面的原因：一是大家都习惯了我国传统的教育模式，开放式的实践性教学有一个探索的过程；二是高等院校的教师与社会接触有限，导致实践课难以有效开展；三是高校实践教学考评体系不健全。在课堂上，老师大多数还是灌输式教学，以掌握知识要点为主，学生要完成各种考试，修完所规定的学分，几乎也没什么时间参加社会实践。一个大学生是否合格，考评依据是各科目的成绩分数。而考试成绩只反映了学生的理论学习能力，对于一个企业所需要的责任心、诚信以及团队合作精神等职业素质，作业题是衡量不出来的。尤其是一个学生的行为习惯问题、态度问题、心态问题以及个人道德水平与修养等，这些对于一个人的职业素质来说，是非常重要的。

4. 缺乏创新能力

相当多的学生不具备创造性学习的能力，创新能力普遍缺乏。创新能力是知识与技能经过一系列的归纳、分类、总结后形成的复杂而协调的行为动作，是一种综合性、高层次的思维能力和行动能力，具有强烈的社会实践性、高度的综合性、突出的创造性和鲜明的个体性等特点，其内容包括细微的观察力、深刻的洞察力、丰富的联想力、勇于独立探索的精神，以及发现问题、探寻规律、科学解决问题的能力等。目前大学教学存在的某些不足恰恰是重知识传授而轻方法传授，以至于毕业生的创新能力、思考能力较差。学生在走上工作岗位后表现明显后劲不足、工作缺乏创意等弱点。

5. 缺乏团队协作能力

大学生缺乏互动能力，缺乏团队意识、合作精神与沟通能力。一些大学生的知识、技能和工作业绩都很优秀，可以很好地完成自己的任务，但是在与人相处方面，特别是在与他人沟通方面很欠缺。缺乏与他人合作与沟通的意识，过分考虑自己的得失，很少从集体利益出发，有的大学生缺乏与人沟通的基本知识和礼貌，不能自觉的以团队的利益为重，并在各自岗位上尽职尽责。缺乏自愿并主动与其他成员积极协作、共同奋斗的意愿和作风。

6. 缺乏拼搏精神

90后的大学生绝大多数是独生子女，从小娇生惯养。由于家庭对其抱有较高的期望，学习心理压力过重等诸多因素，导致他们的心理相对孤僻和敏感，盲从依赖，缺乏独立性。有很多独生子女认为，自己的择业和就业是父母应该考虑的问题，找关系是找工作的关键，希望依靠父母的力量，动用他们的各种社会关系为自己找到就业单位。择业时他们更愿意选择在本地就业，因为生活有父母照顾，并且父母在本地关系多，自己对环境也熟悉。

二、加强大学生职业素质培养的意义

1. 有助于提高大学生的就业率

中国人口基数大，就业形势严峻是目前社会层面的问题，但是每年依然有无数优秀的大学毕业生能拥有一份自己满意的工作，这与良好的个人职业素质是密不可分的。大学生毕业找不到工作，有的人是因为就业期望过高，但更多的因为"素质不过硬"，被用人单位拒之门外。因此，提高大学生的个人职业素质是顺利就业的必然要求。只有不断提高自己的个人素质，能力超群、品德高尚的大学毕业生步入社会后才能更好地融入工作岗位，得到他人的尊重、重视和信赖，也为自己的未来做好了必要的铺垫。因此，大学生职业素质培养有利于推动大学生的顺利就业。

2. 有助于促进大学生的职业生涯发展

三百六十行，行行出状元，一个人要赢得职业生涯的发展，除了正确地把握时机，做出恰当的职业选择之外，更重要的就是具备良好的职业素质。只有在大学阶段打下良好的专业基础，锻炼各方面的能力，培养出良好的职业素质，日后才能有机会在自己的行业里崭露头角，赢得职位上的晋升和事业上的发展。所以，职业素质培养也是个人成功的关键。

3. 有助于企业赢得市场竞争力

一个企业有没有竞争力，关键在于其产品的质量、设计、价格和产品服务有没有竞争力，这一切都受制于企业员工素质的高低。而在全球化的今天，任何一个企业都有可能面临着跨国界的竞争。所以，企业要赢得市场竞争力必须要有高素质的员工。企业招聘具备良好素质的大学生，有利于优化企业劳动力素质构成，增强企业的创新能力，培育企业的核心竞争力，赢得竞争优势。

4. 有助于国家全民素质的提高

国家兴旺、民族振兴是每一个中华儿女的心愿，加强大学生职业素质培养，提高大学生的身体素质、心理素质、专业素质、社会交往和适应能力、学习与创新素质以及思想品德素质，有利于造就一支具有较高综合素质的接班人队伍，也有利于带动整个国家国民素质的提升，从而使社会更加文明、进步、和谐。

三、大学生职业素质培养的主要途径

大学生职业素质的提高是一个长期的过程，可以通过学校教育和大学生自身两个方面进行。

（一）高校要加强对大学生职业素质的教育

高校要加强对大学生职业素质的教育，要将职业素质教育贯穿于整个大学阶段的始终；帮助大学生树立科学的职业理想；指导大学生确立自己的职业目标；培养大学生良好的职业心理素质。

1. 职业素质教育应贯穿于整个大学阶段的始终

学生在大学阶段的一项重要任务就是为职业生涯做好准备。因此，职业素质教育与就业指导活动应贯穿于整个大学阶段。大学生职业素质教育，要从新生入学开始到毕业结束。要从课程设置到培养目标、从课堂教学到实践教学、从专业技能培养到人文素质提高、从专业思想教育到职业道德教育等方面，全方位、多角度、全过程地强化大学生的职业意识。

培养大学生职业素质，要贯穿素质教育思想。素质教育的实质是促进学生内在身心的发展与人类文化向个体心理品质的"内化"，其目的是提高人的整体素质。高校只有走素质教育的发展道路，才能使培养的大学生具有严谨的学风，求实的科学态度，深厚的学问功底，较高的职业素质和优良品质，为今后的就业与发展打下坚实的基础。

此外，要在大学各个阶段有层次地指导学生开拓职业生涯设计。从大一开始，就业指导要帮助学生认识自己所学的专业，让学生了解将来可能从事的职业范围和将要担当的社会角色，并根据个人性格特征、兴趣爱好设计自己的职业生涯，对自己今后的职业发展有所考虑。学生有了明确的目标之后，就会有更高的学习积极性，能创造性地学好专业知识、专业技能，有意识、有目的提高自己的职业素质。

目前，绝大多数大学生缺乏对职业素质主动探索的动机。比如，不会思考自己所学的专业与自己的职业理想是否有关系，不明白学好专业的路径有哪些，不知道自己该做哪些调整才能适应社会的需求。事实上，新生刚入学的时候就需要做多方面的调整，其中，个人对所选专业的兴趣、制订的学习计划等，都与今后想从事的职业有关。更何况，有的大学生在报考专业志向时就存在依赖的倾向。他们选择专业方向更容易听从父母、教师等对自己有影响的人的意见，而不是根据自己的个性、喜好和能力选择学习方向。这使得一些大学生在接触专业之后，才发现让自己专心投入学习并非易事。有些大学生在发现所学专业与自己理想不相符时，容易采取消极回避的态度对待这种冲突，无形中失去了对自己发展的控制权，陷入被动的学习状态。

我们认为，职业素质培养和就业指导的着眼点是引导大一学生从入学开始就探讨职业生涯设计的意义。如果认为工作只是为了赚钱，获得自己在社会生活中的经济地位，学生在大学期间的发展眼光很可能就停留在一个狭窄的方向上，而不会探索社会对专业人才的全面要求是什么，从而忽视全面塑造适合自己的职业形象。

2. 帮助大学生树立科学的职业理想

一个人进入职业生涯，实现职业生涯的成功，是要通过职业这一平台来实现的。在大学职业准备阶段，大学生应该确立什么样的职业理想，才能为今后的职业生涯发展打下良好的基础，为今后健康幸福生活做好铺垫呢？现实中，有些人一生荣耀，可问其是否幸福，其答案是否定的；有的人虽然没有显赫地位、富甲一方，但他们热爱自己的工作，热爱生活，生活得非常快乐，这与他们的职业观与职业理想密切相关。

职业理想有其目标价值，具有超前性和导向性的特点，对人们能够产生吸引和激励作用。目前，人们的科学民主精神明显增强，价值取向趋于多元化，这在大学生人群中表现得更为明显。但同时，由于当前国际、国内形势的种种变化，有些大学生对于前途感到困惑，有的大学生思想消极、空虚，终日与游戏为伴。现在毕业生拿不到学历、学位双证毕业的现象呈上升趋势。所以，在大学时代只有树立科学的职业理想价值观，才能把大学生的思想引到积极、健康的方向，激发他们的精神动力，塑造大学生健全的个体人格。大学生职业理想定位科学，可以对今后的一生起到"启明星"式的导向作用。

3. 指导大学生确立自己的职业目标

（1）帮助大学生了解自己的职业个性

人的个性影响职业行为习惯，每个人都有自己独特的能力模式和人格特征，每种人格模式都有与其相适应的职业。人们要想在职业生活中充分地显示自己的个性特点，实现自己的个性发展，获得尽可能大的自由感、满足感和适应感，那么在择业前，就应该了解自己所属的个性类型及其职业适应性。职业指导的目的就是要解决大学生的兴趣、能力与工作机会相匹配的问题，帮助大学生寻找与其特性相一致的职业。例如，喜欢怎样的同事，喜欢怎样的活动，对什么问题感兴趣，这类问题都会与个人的工作状态有一定的联系。如果学生了解到这一点，他们在确定自己工作时就会多一层理性的思考，择业的针对性就会强一些。例如，管理者要善于交往沟通，多角度思维，关心下属，而销售工作则必须具有主动、耐心及热情等性格。可以说，从事每一种职业都有一定的职业性格，好的职业性格有助于个体在相应职业中更好地完成工作。

学校一方面需要帮助学生认清自己的个性特点，知道其适合性倾向；另一方面，也要帮助学生认识到个性形成和发展中自身的能动作用，让他们主动培养和增强有利于自己选择的职业素质。

（2）帮助大学生了解自己的职业技能

相应的技能是大学生进入职业领域的资本。不同的职业会对人们有不同的技能要求。做研究工作要求具有调查、分析、归纳和演绎的技能，做教育工作要求具有澄清、说服、评估和鼓励的技能。大学生对技能的理解存在一些模糊的认识，他们普遍认为经过了专业的学习，就有了相应的技能。学校需要让学生了解受教育是学习技能的基础，要把知识转化为技能，一定要经过反复实践或者体验。学校要辅导学生学会整理自己的技能清单，了解这些技能与自己的职业目标之间的差距，还需要培养哪些技能以及培养的途径和认识的方法，这就是就业指导的重点。

4. 培养大学生良好的职业心理素质

当前，高校大学生的心理问题日益突出，经常有大学生因心理问题而完不成学业的状况，甚至有大学生自杀的现象，大学生心理健康教育越来越受到高校的重视。但是，大学生职业心理健康素质教育与大学生心理健康教育不同，他们虽然密切联系，但并非一个概念。高校心理健康教育的主要目标和任务是培养大学生良好的个性心理品质和自尊、自爱、自律及自强的优良品格，使其具有较强的心理调适能力。职业心理健康素质培养所要解决的问题是大学生在未来择业过程中所面临的各种具体的心理问题，如职业角色认识、积极心态、抗挫折能力、健全人格塑造、交往能力培养以及成功心理的培养，这些素质在今后的工作过程中将直接与个人的职业发展有关。大学生职业心理素质的培养是一个全方位、全过程的系统工程。

（1）开设职业心理课程

学校要建立大学生职业心理培训体系，在全校范围内开设职业心理课程。系统讲授相关职业心理素质的基本知识，使在校大学生从理论上认识从业人员职业心理特点要求和正确的行为规范。

（2）采取第一课堂与第二课堂互相结合的方式

教师在课程教学过程中应阐明与未来职业的关系和作用，使大学生在专业知识技能的学习培养中熟悉所学专业的职业状况，强化职业心理。在第二课堂要建立老师、管理人员、学生与社会人员代表组织的服务性学习队伍，结合社会进行专题性研究、实践活动等，从感性上、心理上认同职业的特性。

（3）邀请本行业的优秀人士与大学生进行对话

学校可以邀请本专业优秀毕业生或者业内知名成功人士来做讲座、访谈等，用他们的现身说法，分析作为成功者的职业心理素质特点，用现实中鲜活的例子引导他们实现未来自我形象塑造，培养对未来职业的自豪感。

（二）大学生要努力提高自身的职业素质

大学生要努力在专业学习、日常生活、社会实践、社团组织活动等各个方面提高自身的职业素质，全面加强自身的职业素质培养与训练。

1. 在专业学习中积累

专业知识的学习和技能的培养是职业素质的基础，大学生要在专业学习中提升自身的职业素质。大学生应时刻牢记，知识是能力的基础，勤奋是成功的钥匙。离开了知识的积累，能力就成了无源之水，而知识的积累要靠勤奋学习来实现。大学生在校期间，思维活跃，精力充沛，接受能力强，是学习知识的黄金时期。知识的海洋浩瀚无垠，在专业课学习中，大学生不仅要明确学习专业课的重要性，掌握相关课程的知识点，还要在老师的引导下，全面了解相关职业的要求，提高专业课的基本技能即职业技能，在专业学习中不断将理论与实践、学习与应用紧密地结合起来，缩短"知识—能力—素质—运用"之间转化的时间，将知识内化为自己的能力和素质，培养自己的综合职业能力。这是一个从业者能够胜任工作的基本条件，也是实现人生价值的基本条件。

2. 在日常生活中培养

职业素质准备是一个系统工程。其中，职业道德在职业素质中居于首要位置，是职业素质之本。职业道德评价，即"内省"，能推动个人主动提高自身的职业道德修养。因此，在职业素质准备过程中，大学生要从培养自己的良好习惯入手，从小事做起，从点滴做起，切实按照职业素质的各种规范来严格要求自己，规范自己的言行，指导自己的实践。例如，在日常交往中，约定的聚会，要按时出席；承诺的任务，要力争完成；朋友托办的事，答应了，就要办到；借别人的款项、物品，要如期归还；等等。这些不是无关紧要的小节，而是影响到个人信誉和人际关系的大问题，切不可掉以轻心。

职业礼仪是职业素质之形。对一个国家、民族、地区来说，礼仪水平的高低，是其政治、经济、文化是否发达的重标志；一个团体、个人礼仪修养如何，是其综合素质的反映。大学生要形成整洁得体积极向上的仪容仪表以及平和、宽容的处世态度，注意修身养性，完善自身的道德情操。良好的职业道德和礼仪修养能提高大学生的职业竞争能力，而这一切需要大学生在日常生活中不断加以培养。许多用人单位在招聘面试时都在礼仪方面进行考察，考察学生的仪表仪容、言谈举止，往往还在学生不经意处设置礼仪考题，考核学生的礼仪修养。例如，金利来公司的曾宪梓先生在面试员工时，看其能否将放在门口地上的笤帚捡起放好；日本一些企业让新员工打扫厕所。

3. 在社会实践中体验

职业素质与其他素质教育活动相比，具有更强的实用性和针对性。随着社会劳动分工的日益发展，职业逐渐分化，职业结构也日趋复杂，但无论从事什么职业，都必须具备一定的思想品德素质、科学文化素质、专业素质和身心素质。这些素质都不是生而有之，而主要是在后天的学习、实践和锻炼中形成的。其中，实习是增加就业机会的重要筹码，目前，越来越多的高校也注意到实践经验可以增加学生就业机会。为了提升就业竞争力，不少高校安排学生利用寒暑假或者专门抽出时间走出校园，踏入社会到用人单位实习。大学生更要重视在实习中培养自己的职业素质。丰富的社会实践是指导人们发展、成才的基础。大学生大部分时间是在校园里接受教育，接触社会的时间有限，所以珍惜每一次教学实习和社会实践活动机会，将自己所学的专业知识、所掌握的专业技能与实践紧密地结合起来，检验自己在校学习的专业知识是否实用、是否够用，所掌握的专业技能是否能满足工作岗位的需要，进而更好地了解社会，了解职业，了解自我，培养对职业的自豪感、责任感和幸福感。这就要求大学生要做到知行统一。"知"，即认知，是劳动者在职业实践活动中经过理论学习和经验总结所获得的正确认识；"行"，即行为，是劳动者参与社会实践，进而改造客观世界的所有活动。知行统一，即劳动者将职业道德的理论、情感、信念、意志和习惯不断地融入自己的职业实践活动中，真正做到言行一致、身体力行，从小事做起，从平凡做起，实现自身的职业实践活动和现实社会生活实践的有机统一。

大学生要开展社会服务调研，根据大学生的需要和对社会、经济、人文环境的了解，开展丰富多彩的社会调查和服务调研活动，带着问题走向社会开展调查，感受社会上的人和事，了解一个地区的经济、政治、文化环境；要利用寒暑假时间，体验一下短暂的打工生活，丰富自身的社会经验；要参与采访杰出校友、成功人士，以借鉴他们的成功经验，获得更多的经验和社会信息；要积极在用人单位参加实践，在单位内感受企业文化，了解员工的敬业精神，反复体验工作规程，掌握操作技能；要分析本专业以往毕业生的就业流向，及时获取用人单位对毕业生使用情况的反馈信息，了解用人单位的需求，从而进一步补充学习和调整职业价值取向。通过实践，达到理论与实践相结合，培养分析问题、解决问题的能力，使自己真正成为能干、善断、睿智、多谋的人。

4. 在社团组织中锻炼

大学校园作为培养人才的主要基地，集合了几乎全部的教育教学方法，并给予了在校大学生充分地发展自我、展现自我的机会和放飞自我的空间，社团组织就是重要的形式之一。

大学生社团因其组织自发性、结构松散性、发展动态性、目标趋同性、内容广泛性、类型多样性等特点，符合当代大学生的特质，适应大学生成长、成才的需要，而受到他们的青睐。在宽松的环境下才能锻炼大学生的思维能力，激发大学生的研究兴趣，增强大学生的学习自觉性，从而养成乐于学习、勤于思考、大胆创新的好习惯，这正是职业发展的必要元素。大学生社团已成为培养大学生的职业道德、提高专业技术水平、锻炼较强的交际能力、培养较好的团队精神、养成良好的心理素质的重要阵地。作为大学文化的一种有效载体、第一课堂的补充和延伸，大学生社团是大学生"自我教育、自我管理、自我服务"的有效途径。大学生社团类型多种多样，有学术类、技能类、社科类和服务类等，大学生可以结合自己的兴趣、爱好参与相关社团。

随着高等教育的发展，大学生社团越来越成为素质拓展的重要舞台。因此，借助大学生社团这个广阔的空间，培养学生职业素质，提高其职业适应能力，具有深远的现实意义。

5. 学习先进模范

先进模范，即一定社会所标榜和推崇的道德理想或人格理想的化身。学习先进模范，以此来激励自己提高职业道德品质，也是提高职业道德修养的有效方式之一。向先进模范学习，是任何社会都十分重视的道德典范，对整个社会职业道德风尚的进步具有示范作用。

在社会主义条件下，大多数劳动者尤其是青年人，都不同程度地向往和追求某种高尚的道德理想或人格理想，对先进模范充满敬佩，渴望通过建立丰功伟业，以获得他人和社会的肯定、赞赏和标榜。因此，我们在社会生产实践活动中，应充分发挥先进模范的感染作用以促进整个社会职业道德水平的全面提高。

青年时代是多梦的时代，充满憧憬和理想、勇于开拓和迎接挑战是当代青年的一大特征。即将进入社会的大学生，应该顺应时代要求，把握历史机遇，全面加强职业素质培养与训练，以自己的聪明才智和良好的职业素养，为自己今后的职业生涯开拓出宽广而又通畅的发展道路，成就自己的职业梦想。

第八章　大学生职业生涯管理与发展

我们每个人都要在职业生涯中度过大部分人生，但是由于每个人职业价值观的不同，以及对职业生涯管理投入的不同，每个人的职业生涯结果也会有所不同。因此，明确职业生涯管理的重要作用，做好职业生涯管理，对于我们每一个想获得事业成功的人来说都是非常重要的，特别是对大学生来说，早日了解职业生涯管理的相关问题，就会更早地进行职业生涯管理，从而掌握职业生涯的主动权，实现自我价值的不断提升和超越。

第一节　职业生涯管理的概念、特征及意义

一、职业生涯管理的概念及分类

（一）职业生涯管理的概念

职业生涯管理（career management）是现代人力资源管理的重要内容之一，是企业帮助员工制定职业生涯规划和帮助其职业生涯发展的一系列活动。职业生涯管理应看做是竭力满足管理者、员工、企业三者需要的一个动态过程。在现代企业中，个人最终要对自己的职业发展计划负责，这就需要每个人都清楚地了解自己所掌握的知识、技能、能力、兴趣、价值观等。个人必须对职业选择有较深的了解，以便制订目标、完善职业计划；管理者则必须鼓励员工对自己的职业生涯负责，在进行个人工作反馈时提供帮助，并提供员工感兴趣的有关组织工作、职业发展机会等的信息；企业则必须提供其自身的发展目标、政策、计划等，还必须帮助员工做好自我评价、培训、发展等。当个人目标与组织目标有机结合起来时，职业生涯管理就会意义重大。因此，职业生涯管理是指由个人主导、组织参与、为实现个体职业发展和组织持续发展的双赢，贯穿于个体服务于组织期间的职业决策的匹配、职业历程的规划、职业策略的执行和实施、职业生涯的评估和反馈、职业发展的促进等一系列活动的总和。

职业生涯管理一般包含着以下几个方面的内容：第一，职业生涯管理是组织与个人之间互动、互惠的人力资源管理过程；第二，职业生涯管理是一个系统、动态、循环的过程，会受到个体主观判断与客观环境的影响；第三，组织是职业生涯管理的客观基础，个体是职业生涯管理的主体对象，二者都是职业生涯管理的参与者；第四，个人进行职业生涯管理的最终目的是个人职业生涯的成功与发展，组织实施职业生涯管理的最

终目的是推动组织目标的实现与可持续发展；第五，个人的职业生涯管理贯穿其职业生涯和组织职业生涯的全过程。

由此可见，职业生涯管理不仅包括个人职业生涯管理，同时也包括组织职业生涯管理，它是由个人和组织共同参与的一项活动过程，其宗旨是追求员工个人目标和组织目标的协调统一。

（二）职业生涯管理的分类

职业生涯管理主要包括以下两类。

一是自我职业生涯管理（individual career management），是指劳动者在职业生命周期（从进入劳动力市场到退出劳动力市场）的全程中所要从事的职业进行规划设计，并为实现职业目标而积累知识。它由职业发展计划、职业策略、职业进入、职业变动和职业位置等一系列变量构成。

二是组织职业生涯管理（organizational career management），是指由组织实施的旨在开发员工的潜力、留住员工、使员工能自我实现的一系列管理方法。

由此可见，一套系统、有效的职业生涯管理制度和体系往往会涉及组织管理与员工发展的多方面内容，可以说是一个极其庞大的系统。

二、职业生涯管理的特征

职业生涯管理是一个长期的过程，其主要特点包括以下几个方面。

1. 职业生涯管理是一项系统工程

职业生涯管理是一个融合组织各项活动的复杂过程，它需要一套有效的职业生涯管理制度和体系，并且会涉及组织管理和个人发展的诸多方面，如对个人状况的深入了解，规划发展目标和发展路线，对职业生涯进行开发和发展，评价职业生涯管理的效果等。因此，职业生涯管理是一项系统工程。

2. 职业生涯管理具有双重目标

在现代社会中，个人最终要对自己的职业生涯负责，实现个人的自我价值；而对于组织来说，应该鼓励个人的职业生涯管理，并为其提供良好的发展环境，以便协助个人实现职业生涯管理的目标。因此，可以说，组织的存在与发展，离不开成员的努力工作；一个成员的发展同样也离不开良好的组织和集体，职业生涯规划管理具有双重目标。

3. 职业生涯管理是一个持续、动态的管理过程

在职业生涯的不同阶段及组织发展的不同阶段，每一个人由于主客观条件的变化，其发展目标、发展特征、发展任务及发展重点等都存在差异，因此，职业生涯管理是一个持续、动态的管理过程，每一发展阶段都需要有不同的管理方式。对于大学生来说，应该根据自身的条件和外界环境的变化，制订出适合自己的职业生涯管理规划。

4. 职业生涯管理具有引导性、功利性和专业性

职业生涯管理有助于大学生完成自我探索，克服工作过程中遇到的困难和挫折，并且能鼓励入职后的大学生将职业目标同组织发展目标紧密相连，使其能顺利协调工作和生活的关系，并使他们能尽可能多地获得机会，因而带有一定的引导性和功利性。同

时，组织职业生涯管理多是将员工视为组织内部可开发增值而非固定不变的资本，由人力资源部门负责，因此具有较强的专业性。

5. 职业生涯管理形式多样、涉及面广

职业生涯管理同时涉及职业活动的各个方面，形式多种多样，既包括针对大学生个人的管理活动，如各种培训、开发、咨询、讲座，以及为提高学历的学习给予机会和便利，同时也包括组织的诸多人事政策和措施，如建立、规范和执行职称评审制度，以及有效的内部升迁制度。

三、职业生涯管理的意义

现代市场经济中，人才资源才是组织竞争的优势来源。因而对职业生涯进行管理的意义就明显地表现了出来。对个人来说，要想不断地提升自己的职业素质和能力，以提高自己在人才市场的竞争实力与价值，满足个体生存和发展的需要，就要对职业生涯进行自我管理。对组织来说，要想创造更多的经济效益，保持竞争优势和活力，适应外界经济环境的变化，就必须提高员工的业务技能和工作绩效。如果能够将个人的职业生涯管理与组织的职业生涯管理有机地结合在一起，无论是对个人而言，还是对组织而言，都有着十分重要的意义。

（一）职业生涯管理对个人的意义

> 🔗 案例 >>

1. 职业生涯管理有利于自我价值的不断提升和超越

工作的最初目的可能仅仅是找一份养家糊口的差事，进而追求的可能是财富、地位和名望。职业生涯管理对职业生涯目标的多次提炼可以使工作目的超越财富和地位，追求更高层次自我价值的实现，更易获得成就感。职业生涯成功的最高境界莫过于实现自我价值。虽然作为人们成功标志的价值取向有一定的差异性，但是任何一种成功，在需要人们努力付出这一点上是共同的。在满足了基本需要的过程中获得成就感和满足感，在不断提升自我和超越自我的行动中，实现自我价值。职业生涯管理，可以极大激发人们朝着自己的发展目标奋力前行，促进自我价值的实现。

2. 职业生涯管理有利于对工作环境的把握和控制能力

职业生涯规划和职业生涯管理既能使大学生了解自身长处和短处，有针对性地进行人力资本投资，养成对环境和工作目标进行分析的习惯，使自己能够合理计划、分配时间和尽力完成任务、提高技能。有调查表明，大概50%左右的友爱满足感，56%左右的归属感，70%左右的实力、胜任、自信、能力等是通过职业生涯管理得到的，因此，职业生涯管理对大学生起着极大的激励作用。

3. 职业生涯管理有利于个人处理好职业和生活的关系

良好的职业计划和职业生涯管理可以帮助大学生从更高的角度看待工作中的各种问题和选择，将各种分离的事件结合并联系起来，从而服务于职业生涯目标，使职业生活更加充实且富有成效。它更能把握职业生活同个人追求、家庭目标等其他生活目标的平

衡，避免出现顾此失彼、两面为难的困境。

（二）职业生涯管理对组织的意义

1. 职业生涯管理是组织长盛不衰的保证

人力资源是一种可以不断开发并不断增值的资源，任何一个成功的组织，其成功的根本原因在于拥有高质量的企业家和高质量的员工。知识已成为社会的主体，而掌握和创造这些知识的就是"人"，因此组织需要注重人的智慧、技艺、能力的提高与全面发展。如果组织内个人的才能和潜力得到充分发挥，人力资源不被虚耗、浪费，那么组织的生存发展就拥有了取之不尽、用之不竭的源泉。组织可以通过职业生涯管理使人尽其才、才尽其用，充分体现人才的自我价值，这是组织留住人才、凝聚人才的根本保证，也是提升组织人力资源竞争力和组织竞争力的重要途径。

2. 职业生涯管理可以使组织的人力资源得到开发

职业生涯管理是人力资源开发与管理的一项重要职能。职业生涯管理可以调和人力资源同组织在现实和未来可提供的职业机会与挑战间的矛盾，通过人岗匹配，使组织内个人的兴趣和特长受到组织的重视，从而提高个人的积极性，挖掘出其潜能，更好地为组织服务。

3. 职业生涯管理可以对组织未来的人才需要进行预测及开发

对组织而言，开展职业生涯管理可以帮助组织预测未来的人力资源需求，通过对组织内的个人的职业生涯设计，为他们提供发展的空间、培训的机会和职业发展的信息，使组织内个人的发展和组织发展结合起来，有效地保证组织未来发展对人才的需要，避免出现职位空缺而找不到合适的人选。经过职业生涯管理，一旦组织中出现了空缺，可以很容易在组织内部寻找到替代者，这样既减少了填补职位空缺的时间，又为员工提供了更加适合他们发展的舞台。

4. 职业生涯管理能充分调动人的内在积极性

职业生涯管理的目的就是帮助员工提高在各个需要层次的满足度，既要使员工的低层次物质需要逐步提高，又使他们的自我实现等精神方面的高级需要的满足度逐步提高。因此，职业生涯管理不仅符合人生发展的需要，而且也立足人的高级需要，即立足于友爱、尊重、自我实现的需要，真正了解员工在个人发展阶段中想要什么，协调其制订规划帮助其实现职业生涯目标。这样就必然激起员工强烈的为企业服务的精神力量，进而形成企业巨大推动力，更好地实现企业组织目标。

5. 职业生涯管理能帮助组织留住优秀员工

组织的优秀人才流失有多方面的原因，譬如专长没有得到发挥、薪酬不理想、没有晋升机会等。组织职业生涯管理体现了组织对个人发展的关注，表达了组织与个人共同成长的意愿，同时提供各种机会、采取各种手段帮助个人发展自我，增强个人的归属感，使个人与组织间建立长期的心理契约，并使他们在合适的职位上发挥才能，争取职业上的成功，从而获得较高的工作满意度，吸引和留住优秀人才，增加现有员工队伍的稳定性。

第二节　职业生涯管理的任务、流程与影响因素

一、职业生涯管理的主要任务

职业生涯管理的本质是满足员工和组织双方的发展需要，最终达到员工本人不断成长、组织不断发展的目的。但是，怎样管理才能实现双方的发展目标？或者说如何行动才能导致在实现员工个人职业生涯发展目标的同时，又实现了组织发展目标这一结果？这的确是职业生涯管理所面临的首要任务。具体地说，职业生涯管理的任务主要包括以下六个方面。

1. 做好职业生涯发展规划

这是有效管理职业生涯的第一项任务，员工个人是完成这一任务的主要责任者，组织也要确实担当起导师的职责。

2. 明确组织的发展目标

这一项任务主要是由组织来完成的。如果从组织的角色考察，确定组织的发展目标，对职业生涯管理至少有以下重要的作用：根据组织的发展战略目标、方向制订组织人才规划；针对不同时期的发展目标预测人才需求，设计与规划职位；制订合理的员工升迁制度，确定甄选升迁的标准，给优秀员工提供晋升机会；为相应的岗位选拔合适的员工；及早确认和开发员工的各个方面的能力；实施员工培训与开发计划。当然，确定组织的发展目标，对个人来说也有以下几个方面作用：确认自我价值观与组织价值观是否一致；组织提供的岗位是否符合自己专业、特长和兴趣爱好；组织资源是否有利于个人获得可持续发展；自己是否能够满足岗位的要求，胜任工作。

3. 开展与职业管理相结合的绩效评估

这是职业生涯管理的又一项重要任务。从职业生涯管理的角度看，绩效评估是进行职业生涯管理的手段，对组织来说，绩效评估的结果有助于建立内部员工的管理体系，为组织内员工的考核、培训、晋升、选拔、任免提供第一手最为直接和客观的依据，同时还可为员工培训、需要确定、岗位轮换、薪酬管理等诸多的问题提供依据。对个人来说，绩效评估的结果，是认识自我的重要依据，也是调整职业生涯发展目标的重要依据。在职业生涯管理中，绩效评估的主要工作任务有以下几个方面：进行员工工作业绩表现的评估；通过评估了解员工的工作士气，为组织的政策调整提供参考依据；反馈评估结果，为员工职业发展指明方向；为员工提供公平竞争与发展的机会；由于评估的目的是用于职业生涯发展，其关注的焦点往往是在员工将来绩效的表现上，因而常常与其潜能的开发目的紧紧联系在一起。

4. 进行职业生涯发展评估

职业生涯发展评估，是职业生涯管理的一项十分关键的任务。由于社会经济和职业环境的多变性因素，导致职业生涯发展出现相对的不稳定性和动态的调整变化，即使是员工本人，也可能随时面对转岗与下岗分流的挑战。定期对组织和个人的职业生涯发展状况进行评估，可以及时找出组织和个人在发展过程中存在的问题，并提出针对性的解决办法。

对组织来说，应该通过职业生涯发展评估结果，建立组织的职务分析系统，判断员工职业生涯发展的可能性，并以此来调整、完善相关政策、环境，让组织管理更为人性化。对个人来说，应通过职业生涯发展评估和组织的职务分析系统，让自己了解组织中的各个职业岗位的任职资格和必备条件、能力要求，并明确努力方向，更好地进行个人职业发展的定位和建立稳定的职业锚，随时调整自己的职业发展目标，真正做到自我职业发展的与时俱进。

5. 进行职业适宜性调整

人进入组织后，一般都会产生探索新岗位、争取获得理想岗位的心理需要。但是，很多理想的岗位并非适合每个人。职业生涯管理的一个任务就是要将一些工作绩效表现不佳的员工调整到适合他能力所及、兴趣所在的岗位上去。那么，职业生涯管理有效的标志之一是职业的适宜性。如果个人在职业活动中通过多次培训仍不能获得职业的适宜性，那么他无论如何也难以获得职业生涯发展的成功。因此，进行职业适宜性调整，就成了职业生涯管理十分必要的任务，其工作重点是：进行职业适宜性分析研究和评估；对员工的工作或职业生涯目标做适当调整；通过调整或培训获得良好的工作适应；实现"人岗匹配"和"人岗相宜"；使员工的职业生涯目标与家庭生活目标、组织发展目标趋向一致。

6. 制订职业生涯发展措施

进入到组织中的员工，常常有三种类型：一种是能胜任某一职位工作的要求，他们在工作岗位也能尽心尽责地完成职务工作，并平稳地发展着；一种是既能胜任某一职位工作，还能胜任更高一级职务工作，他们具有极大的职业潜能开发利用空间；还有一种类型是难以胜任或勉强胜任某一职务工作的要求，他们需要培训或重新调整、选择新的职务工作。这就需要组织有专门的职业生涯发展措施来保证这些员工都能各尽所能地"按需发展"。其实在日常职业活动中，好的想法和方案有很多，但如果没有强有力的执行措施保证，再好的职业生涯管理制度也难以落到实处并产生效益。职业生涯发展措施很多，但以下几种是必不可少的，它们是：各种教育培训及培训计划；工作的扩大与丰富化制度；给予挑战性的工作和不断增加工作的责任；晋升、薪酬等各种激励措施。

二、职业生涯管理的流程与影响因素

（一）职业生涯管理的流程

职业生涯管理是一种互动式的管理，个人职业生涯管理与组织职业生涯管理的和谐发展是职业生涯有效管理的关键。职业生涯管理的流程如图8-1所示。

个人职业生涯管理的目的是通过对个人兴趣、人格、能力、价值观和个人发展目标的有效管理，实现个人的职业发展成就最大化。组织职业生涯管理的目的是以组织为中心，结合个人的发展愿望与组织的发展需求，通过对所有员工的管理，充分发挥组织成员的集体潜力和效能，提高人力资源质量和人力资源管理效率，最终实现组织的持续发展。二者之间需要承担各自的责任，共同完成对职业生涯的管理。

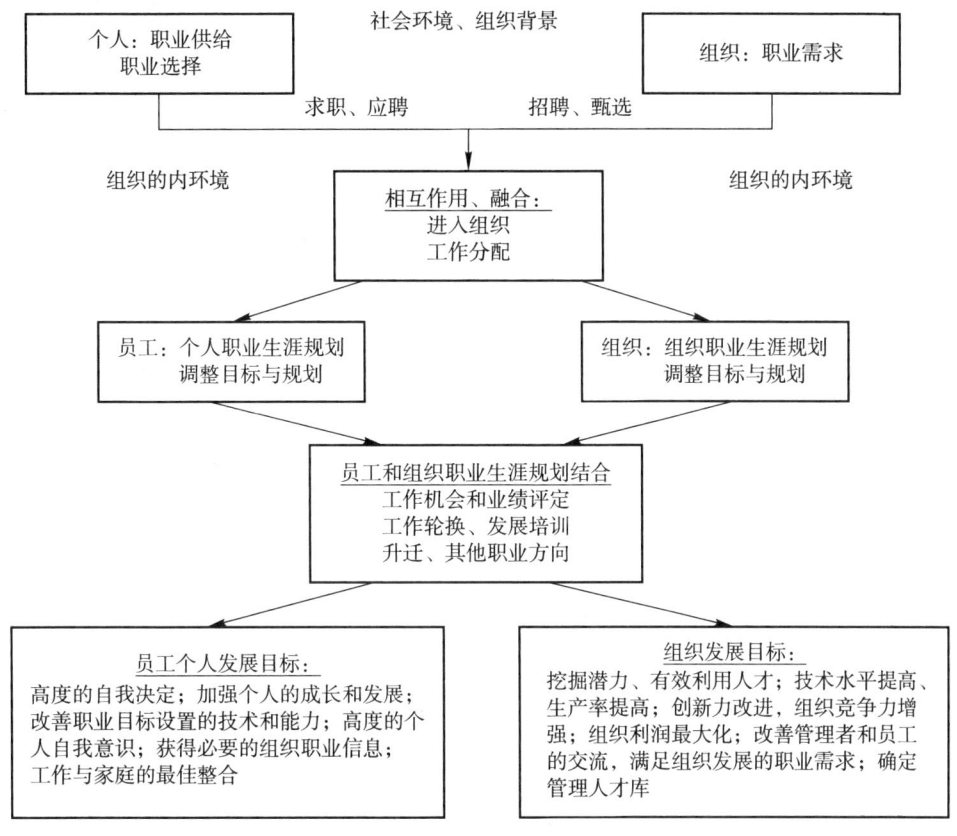

图 8-1 职业生涯管理流程

（二）职业生涯管理的影响因素

职业生涯管理的影响因素有很多，作为一个系统，各个因素中之间存在着交叉影响，具体来说，包括以下几方面的因素。

1. 个人因素

（1）心理特质。每个人都有独特的心理特质和个性，如智商、情商、性格、潜能价值观、兴趣、动机。

（2）生理特质。它包括性别、身体状况、身高、体重以及外貌等。

（3）学历经历。它包括所接受的教育程度、训练经历、学业成绩、社团活动、工作经验、生活目标等。

（4）家庭背景。它包括父母的职业、社会地位、家人的期望等。

2. 组织因素

（1）组织特色。它包括组织文化、组织规模、组织气氛、组织结构等。

（2）人力资源评估。它包括人力资源需求预测、人力资源规划、人力资源供求、人员招募方式等。

（3）人力资源管理。它包括工资报酬、福利设施和员工关系发展政策等。

3. 环境因素

（1）社会环境。它包括就业市场的供求关系、国家有关劳动与人事方面的政策及法规的颁布与实施等。

（2）政治环境。它包括政治的变动、国际政治风云的变化等。

（3）经济环境。它包括经济增长率、市场竞争、经济景气状况等。

（4）科技的发展。它包括产业结构的调整、高新科技的影响、现代化技术与管理的发展等。

职业生涯管理不仅要考虑个人和组织方面的影响，还要考虑大的社会、经济环境因素特别是科技发展的对职业生涯管理的影响。特别是新时期国家新战略引领新发展方面更是影响大学生职业生涯管理的重要因素。

科技的发展，使我们进入到各方面快速发展的时期。这世界变化太快，10年前，我们还为在电脑上登录一个QQ号而兴奋不已，5年后，QQ就已成为只有在工作时候才会挂上去的一个传送文件的工具，而如今，刷朋友圈才是社交网络的时尚。对于我们的工作和工作的组织，也是如此。当这些变化发生后，最明智的反应不是抱怨或等待，而是面对现实并解决。

三、个人导向型职业生涯管理模型

个人导向型职业生涯管理模型是由格林豪斯（Greenhaus）等人提出来的。该模型包含了8项活动：职业考查；认识自己和环境；目标设定；制订战略；实施战略；接近目标；获得反馈；职业生涯评价。如图8-2所示。

1. 职业考查

职业考查是收集并分析与职业有关的信息的过程。进行职业考察有利于更好地认识自己的价值观、兴趣和才能，以及环境中的机会和障碍。

人们经常认为自己对自己很了解，事实却往往相反。例如，总有一些人不清楚自己真正的需求；有些人缺少认识自己的动力；有些人活在他人的期待之下，反而忽略了自己的真正需要；有人根据自己的主观想法而不是客观事实进行判断；也有人会高估或者低估自己的能力。总之，职业考查对于增强个人的认知能力很有帮助。

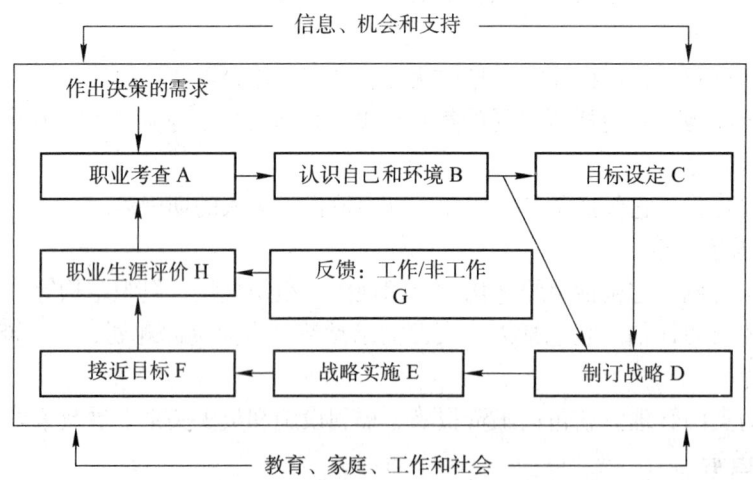

图8-2　个人导向型职业生涯管理模型

2. 认知自己和环境

对自我和环境全面的认识能使人设立适当的职业目标并制定恰当的职业战略。

如果缺乏对自身和环境的准确认识，将很难设定符合实际的目标。例如，想要成为一名销售部经理，如果对销售部经理的岗位职责、工作内容、绩效标准、任职资格以及薪酬缺乏了解，或者对自己在任职资格各个方面的能力有估计，又怎么能够能实现这一目标呢？

研究结果证明，那些能够对自己的价值观和所选领域有一个多方面觉察的学生在建立职业生涯目标时，比那些相对不清楚自我和职场的学生，倾向于设定更加现实可行的目标，建立更现实的工作预期，从而获得更高水平的工作满意度。总之，研究证据表明，认知能够对职业生涯管理产生积极的影响。

3. 目标设定

这里所说的目标是职业生涯目标。职业生涯目标是指人们希望达到的、与职业生涯相关的结果。职业生涯目标的设定有以下两方面的要求。

（1）设定的目标要具体化

具体化的目标可以使人们更清楚要怎么做，付出多大的努力才能达到目标。目标设定得明确，也便于评价个体的能力。因此，目标设定得越明确越好。事实上，明确的目标本身就具有激励作用，这是因为人们有希望了解自己行为的认知倾向。对行为目的和结果的了解能减少行为的盲目性，提高行为的自我控制水平。

（2）设定的目标要有挑战性

实现目标的难度依赖于人和目标之间的关系，同样的目标对某个人来说可能是容易的，而对另一个人来说可能是难的，这取决于他们的能力和经验。有研究表明，承诺了具体的有挑战性的任务目标的员工比那些没有目标或承诺低目标的员工表现更加出色。在职业生涯管理中，具有挑战性的职业生涯目标往往带给人们更多的成就感，并会由此带来引发了更大的激励。

4. 制订战略、实施战略和接近目标

职业生涯战略是指一系列设计出来可以帮助个人达到职业生涯目标的活动。格林豪斯等人将职业生涯战略归纳为以下七类：第一，现有岗位的竞争力；第二，扩大工作参与（长时间努力的工作）；第三，技能开发（通过培训和工作经验）；第四，机遇开发（通过自我推荐、明确的任务划分和工作关系网络）；第五，建立和睦关系（师傅、上级、同级人员）；第六，自己形象的树立（传递一个成功者的形象）；第七，参与组织政治。

当职业生涯战略制定出来以后，紧跟其后的是实施战略，只有这样才能不断地接近目标，并最终实现目标。

5. 获得反馈

在实施职业生涯战略的过程中，应该进行阶段性的小结，总结前一个阶段的经验和教训，从而形成对职业生涯发展的反馈，检验前一个阶段的实施效果，根据反馈回来的信息对职业生涯管理进行修订，以适应环境的改变，同时为下一轮的职业生涯管理提供参考依据。这也是对个人和组织的再认识和再发现。

6. 职业生涯评价

职业生涯评价是人们获得并利用职业相关的信息反馈的过程，评价的内容主要有两

方面，一是指评估职业生涯是否成功，二是评估个人职业生涯目标能否实现。具体来说可以分为个人、家庭、组织和社会四类体系，具体内容及评价标准如表 8-1 所示。

表 8-1　职业生涯评价体系

评价方式	评价者	评价内容	评价标准
自我评价	本人	1. 自己的才能是否充分施展 2. 对自己在企业发展、社会进步中所作的贡献是否满意 3. 对自己的职称、职务、工资待遇等方面的变化是否满意 4. 对处理职业生涯发展与其他人生活动的关系的结果是否满意	根据个人的价值观念及个人的知识、水平、能力
家庭评价	父母、配偶、子女等家庭成员	1. 是否能够理解和肯定 2. 是否能够给予支持和帮助	根据家庭文化
组织评价	上级、平级、下级	1. 是否有下级、平级同事的赞赏 2. 是否有上级的肯定和表彰 3. 是否有职称、职务的晋升或相同职务责权利范围的扩大 4. 是否有工资待遇的提高	根据企业文化及其总体经营结果
社会评价	社会舆论、社会组织	1. 是否有社会舆论的支持和好评 2. 是否有社会组织的承认和奖励	根据社会文明程度、社会历史进程

职业生涯评价有利于形成一个自我纠正的机制，起到监督职业生涯过程的作用，是职业生涯规划管理中的重要组成部分。

总之，个人导向型职业生涯管理有利于个人完成相应的职业生涯规划，从而获得职业生涯的成功。需要注意的是，个人导向型职业生涯管理与组织之间也是有密切联系的，并不能完全脱离组织而存在，它需要组织中的相关信息的介入，如由组织提供的绩效评估、自我评估和技能培训项目，都是要纳入到个人导向型职业生涯管理范围之内的。

<h2 style="text-align:center">第三节　职业生涯早中后期管理</h2>

大学生从学校毕业后走向社会将会进入职业生涯的早期阶段，这一段时期一般发生在 20~30 岁之间，在此阶段，一个人开始进行择业、择偶的选择，其中择业居于首位。职业生涯中期阶段是一个时间长、富于变化，既有可能获得职业生涯的成功，又有可能出现职业生涯危机的阶段。这一时期一般为 30~50 岁。职业生涯的后期阶段为退休前的 5~10 年，在这一阶段，大多数人的学习能力和体力开始下降，适应能力也逐渐减弱，事业已经达到顶点，开始呈下降的趋势。职业生涯每一时期都有自己的特点，需要进行相应的管理。

一、职业生涯的早期管理

（一）职业生涯早期阶段的特点

职业生涯早期阶段是指一个人由学校进入组织，并为组织所接纳的过程，年龄阶段为 20～30 岁。这是一个由学校走向社会，由学生变成雇员，由单身步入婚姻生活的过程。这一系列角色和身份的变化，需要经历一个适应过程。职业生涯早期阶段，无论从个人生物周期、社会家庭周期还是从生命周期来看，其任务都比较单纯、简单，个人的主要任务就是在组织里适应组织，学会好好地工作。了解职业生涯规划的早期特点，是确立职业生涯管理对策的基础。职业生涯早期的特点主要表现在以下几个方面。

1. **进取心强，具有积极向上、争强好胜的心态**

刚进入职场时，会对职场具有一种新鲜感，也会具有很强的进取心。进取心是一种积极的力量，能促使个人不断上进，力求发展。但另一方面，由于年轻气盛，往往会出现浮躁和冲动的情绪，在职业发展中表现为缺少对自己不足与缺点的认识，对现状认识不清楚，争强好胜导致紧张的人际关系。比如在工作失误时可能会怨天尤人，在工作开展过程中会自以为是。

2. **职业竞争力不断增强，具有雄心壮志**

在职业生涯早期阶段，随着工作经验的积累，个人会逐步提高自己的工作能力，并学会将原有知识转化为实际能力，从而增强职业发展的自信心，提高职业竞争能力，并由此而产生更大的职业抱负，对未来的职业发展充满理想。

3. **组建家庭，处理家庭责任与职业发展之间的关系**

在职业生涯早期阶段，个人会从单身到组建家庭再到生育子女，家庭结构和家庭角色发生变化，个人必须学会处理同配偶及子女的关系，要承担照顾家人的责任，家庭观念逐步增强。与此同时，还要处理家庭责任与职业发展之间的关系。

（二）职业生涯早期管理易出现的问题

1. **现实带来的冲击**

所谓的现实带来的冲击是指个人对其工作所怀有的期望与工作实际情况之间存在差距而带来的冲击。对于许多第一次参加工作的人来说，经常会出现所从事的职业与职业理想之间的冲突，认为所做的工作或者枯燥无味、或者毫无挑战性，从而会对职业产生失望的情绪，进而影响职业的发展。

2. **与组织其他成员之间存在隔阂**

任何人到一个新的环境当中都要面临着新的人际关系，但个人进入组织之后，会面临与组织其他成员之间的隔阂问题，例如，可能会与其他人存在由于年龄问题而产生的代沟，会遇到其他成员带有的对新人固有的偏见。

3. **难以得到信任和重用**

因为新加入的个人对组织不熟悉，组织对新加入的个人也不了解，二者之间无法在短时期内取得信任，所以最初交给新人的工作可能是过于容易或是十分乏味的，这样可能会使新人的工作积极性受到一定的打击，对工作会带来负面影响。

4. 会经受职业挫折

职业挫折是指人们从事职业活动和个人职业生涯发展过程中的需求不能及时得到满足，从而职业发展受到阻碍。在职业生涯早期，职业挫折的问题是普遍存在的，经常出现的职业挫折有以下几类：第一，人职不匹配导致的职业挫折；第二，工作的非人性化或其他因素导致的职业挫折。第三，人际关系不佳导致的职业挫折；第四，才能得不到发挥导致的职业挫折。

（三）职业生涯早期管理的应对措施

1. 进入职业生涯之前需要做好思想准备

职业是处于一定物质环境和心理环境中的，个人从事职业的态度会受到主客观因素的影响。因此，在进入职业生涯之前，做好思想准备工作十分重要。要有取得成功所必需的态度和价值观，要有积极的工作态度。

首先，要对组织进行积极的认知和理解，做好充分的思想准备，接受组织的文化。其次，要培养积极的情感，不管对组织是怎样的一种感觉，当你融入其中的时候，都要以饱满的热情来工作，这也是事业成功的一个法宝。再次，要树立积极的意向和正确的价值观。既然选择了这一职业和职业所在的工作单位，就要从内心真正地接受。任何组织和职业的好坏都不是绝对的和不可改变的。对于自己所选择的职业，要认识到它对自己的重要性，要充满信心，只有兢兢业业努力工作，做出自己的成绩，才会有发展的前景。

2. 进入组织后，熟悉工作环境，形成良好印象

第一次交往所形成的印象会对人的态度产生深远而持久的影响。如果对某人的第一印象好，这个好的印象就会维持很长时间，并影响人们对他以后行为的认知。如果对一个人的印象不佳，往往会对此人以后的言行举止产生偏见。因此，新员工在进入一个新的组织之后一定要注意建立良好的形象，否则会影响到自己今后的发展。具体来说要做到以下几点。①要适当地讲究着装。②要有时间观念。③尽快熟悉工作，明确岗位责任，争取出色地完成第一件任务，并极力完成以后的每项工作。④积极利用非正式场合熟悉周围的同事，注意交往的技巧，营造良好的人际关系。⑤熟悉组织的文化、制度和发展策略等，将自己看是组织的一部分。

3. 掌握职业技能，学会如何工作

职业技能是衡量劳动者从业资格和能力的重要尺度。掌握职业技能，提高工作能力是职业生涯早期管理的重要内容，具体来说包括以下几个方面。①弄清岗位职责，明确工作任务。在接受每项具体工作时，都要向相关人员询问清楚：个人承担的是什么工作任务、任务的目标和要求、要求完成任务的时间等。②要克服依赖心理，自己积极主动地工作。有些新人在进入组织工作之后，往往带有一定的依赖性，总寄希望于上级或者同事对自己指导和照顾，缺乏工作的主动性和自主性。有些人还会把在工作中得不到指导，看作是上司不称职，对自己不友好，从而产生抱怨心理。事实上，组织中的每个人都承担着自己的工作职责，新人应当学会自主地开展工作，明确所承担的工作任务和工作方法，认真工作，这样才能够在工作中有所收获，尽快成长。③从小事做起，树立良好的职业形象。有些刚毕业的大学生总认为自己很了不起，对于工作中的小事不屑一

顾，从而给人不踏实、不卖力的印象，给人留下不好的职业形象，有可能会因此失去职业发展的机会。

4. 适应组织环境与人际关系

刚毕业的大学生还有些学生气，或多或少的存在不适应新环境与新的人际关系的问题。要想尽快融入新的环境与新的人际关系中，应该注意以下几个方面的问题。①要接受组织现实的人际关系。任何已经存在的组织都有一定的人际关系和人际结构，甚至还存在复杂的人际氛围。有喜欢搬弄是非的人，也有喜欢拉帮结派的人，还有妨碍他人进步的人等。面对这种情况，新毕业的大学生要有正确的态度，学会客观对待，避免卷入人际关系的是非之中，否则不仅浪费时间和精力，而且还会有不好的结果。②要尊重上级，学会与上级融洽合作。刚刚结束了学校生活的大学毕业生，进入工作岗位之后，要尽快完成从学生到雇员的角色转换，要认识到上级管自己是应该的，同时还要学会接受不同性格类型的上级，要针对上司的性格特点，与其融洽相处，不要表现出不满意、瞧不起、不在乎等情绪。③寻找个人在组织中的位置，建立心理认同。大学毕业生进入组织之后，需要对自己进行恰当合理的定位，以争取上级的认可和同事的接受。如果大学毕业生被分配到一个工作团队，并明确承担本团队的任务，那么就必须学会使自己的需要和才干与该团队的要求相结合，学会与团队成员和睦相处，团结合作。

5. 与组织配合进行职业生涯管理

在职业生涯的早期阶段，组织会为员工制订出合乎实际的个人职业发展规划，对个人的职业生涯进行管理。而对于刚刚毕业的大学生，更应该按照组织的发展目标和发展方向，配合组织进行个人职业生涯管理。

（1）提供自己的真实材料

刚参加工作的大学生应向组织提供自己的有关材料，使组织全面了解自己，如在校期间的学习经历、是否是学生干部、有何特长、参加过的社会实践活动。

（2）主动获得反馈信息

职业生涯早期阶段是个人与组织相互接纳的过程，大学毕业生因缺乏工作经验和技能而不能立即胜任所分配的工作，因此，需要主动从上司和同事那里了解关于自己的信息，及时纠正自身的不足，提高自己的工作能力和业务水平。

（3）争取获得晋升的机会

晋升是组织对员工的肯定。新员工在组织中要积极努力工作并积极争取各种晋升的机会，这样不仅可以更好地锻炼自己，还可以提高自己的管理能力，有助于实现个人目标。

（4）围绕本单位、本行业寻找发展机会

新员工可以根据本单位情况，制订适合在本单位发展的个人发展规划。既要有短期的计划，又要有长期的目标。当然，计划不要定的过于死板，还要根据实际情况不断补充和更正。另外，毕业生还可以根据自己所从事的行业寻找发展机会，管理好自己的职业生涯。

6. 正确面对困难，努力提高自己

对于刚工作的大学毕业生来说，在工作中遇到困难和障碍是在所难免的，这时候不要惊慌，也不要退却，要摆正自己的心态，用积极乐观的态度来解决问题。面对困难和

障碍，不能逃避，更不能畏缩不前，要学会在困境中崛起，不断地提高自我。最好的办法是制订出相应的目标，利用一个个目标的完成来提高自己的能力。

二、职业生涯的中期管理

职业生涯中期阶段一般为 30～50 岁，此阶段正值复杂人生的关键时期，每个人都要面临诸多问题和生命周期运行的变化，以及个人特质的急剧变化。作为人生最漫长、最重要的时期，其特殊的生理和家庭特征使其职业生涯发展面临特定的问题和任务。

（一）职业生涯中期阶段的特点

职业生涯发展中期是一个非常复杂的时期，在这一阶段，职业生涯周期处于发展和提升的时期，并逐步达到高峰；家庭周期由组建家庭到生育、培养子女，直至子女成家立业；而生物周期则由精力旺盛到逐渐衰弱。职业生涯中期是个体生命周期中最重要的阶段，也是个人职业生涯周期中最重要的时期。具体来说包括以下几方面的特点。

1. 职业发展轨迹呈倒"U"型

职业生涯中期长达 20 多年的时间，在中期的初始阶段，职业发展轨迹呈现由低到高逐步上升的趋势，在职业生涯中期的中间段出现职业顶峰，经过辉煌的职业高峰之后，职业轨迹就会呈现下降的趋势，整个过程呈现为一个倒"U"型的曲线形状。不同人的曲线也是各有差别：事业成功，大有作为的人的曲线顶峰平而长；事业的成功只是昙花一现的人，其形状如山峰，峰高顶尖；事业发展平平的人，曲线低而平缓，无明显突出。

2. 要承担职业生涯发展与家庭的双重责任

在职业生涯中期阶段，职业发展呈现复杂化和多元化特征，既要想方设法在自己的专业领域保持领先地位，以自己的经验和知识获取更多的报酬和地位，又要面对职业生涯中期的危机，职业发展任务繁重。30 岁左右，人的精力还比较旺盛，职业发展处于上升时期；在 40 岁左右，职业发展将会到达顶峰。如果 40 岁左右，职业发展还没有达到顶点，还在不断地努力，那么精力可能会跟不上。在家庭方面，很多人会由单身变为有家庭和有子女的人，并且要面对子女的成人，此时的家庭关系较为复杂，任务重，既要学会担当家庭责任，处理好同配偶、子女的关系，又要抚养、教育子女，为子女的将来做好打算。在职业生涯和家庭方面，由于都需要花费大量精力，容易产生工作和家庭冲突。特别是在子女上小学或者中学的时候，这种冲突比较严重。现代社会的生活节奏很快，工作压力越来越大，许多人在繁忙的工作之后，还要回家做大量的家务，照顾孩子的学习和生活。而且，有时候可能还要把工作带到家里或者在下班之后去参加一些培训，以提高自己的竞争力。这样在家庭、工作之间就会产生双重的责任，也会产生一定的矛盾和冲突。特别是当有一些特殊事件发生时，比如子女、父母生病或夫妻一方由于出差等原因不在家时，都会出现忙得晕头转向、恨不得有分身术的情况。

3. 职业认同感遭受到冲击

进入职业生涯中期，特别是人到中年以后，开始面临梦想和现实成就之间的激烈冲突，职业生涯早期阶段发生的选择职业和生活道路时的矛盾再度出现。随着子女逐渐长大成人，自己可能会对昔日的职业选择开始产生怀疑和困惑，甚至是焦虑和不满。此外，父母和子女之间存在着代沟，子女对父母的价值观和所取得的成就未必认同，有的甚至不屑一顾，这样就会加重他们对自己职业生涯的不满和疑虑。这些感情和心理的变化会给中年人的职业生涯发展带来一定的影响。一部分人会对自己的工作进行重新评估，如果个人的认同要素和需要从未得到满足，他就会毅然去寻找新的职业，探索新的发展空间。

另外，人到中年会逐渐意识到职业机会随年龄的增长越来越受到限制，这也会给人的职业人认同感带来冲击，从而产生焦虑不安的情绪。这主要情绪主要来源于以下两方面。①受金字塔式的职位结构存在的影响，职业生涯发展越向上路越窄，职位越少，所以正在攀登的人或专业技术水平达到一定程度的人会感到发展道路遭到阻塞，产生焦急与忧虑。②由于平日工作平稳，出于某种变化，有调换职位的欲望，但受自身的年龄和经历等原因，无法找到新的职业岗位，这也会使人产生焦虑。

（二）职业生涯中期管理易出现的问题

🔗 **案例** >>

在职业生涯的中期阶段，职业危机是大多数职业者都会遇到的问题。现实中每个人遇到的中年职业危机可能的大小不同，但都需要我们认真对待。

具体来说，职业生涯中期职业危机可以分为以下几种。

1. 缺乏明确的组织认同和个人职业认同

有些人工作了几十年之后才发现自己的地位并不重要，在自我认同降低的同时如果也没有组织给予认同，这样只会带来两种结果，一是放弃工作，更多地转向关注工作之外的自我发展和家庭生活；二是对工作本身失去了"反应"，其积极性、兴奋点、注意力已不在工作上，而是放在了组织福利奖酬上，如报酬、津贴、安全等问题的计较。

2. 现实与职业理想不一致

有些人在职业发展中期会陷入一种自我矛盾之中，其原因在于现实职业发展同早期规划的职业目标、职业理想不相一致，这主要表现在两个方面：一是从事自己理想的职业却未取得自己所期望的成就；二是职业锚完全不同于最初的设想，与抱负相比，更需要职业以外的其他东西来弥补。这两种情况都会导致个人的失望与沮丧，需要重新规划职业生涯。

3. 职业生涯发生急剧转折或下滑

在职业生涯中期，特别是人到中年以后，每人不可避免地会产生中年期的各种矛盾和心理变化，不少人还面临工作不顺心、无成就感、现实与理想矛盾的情境。如果一个人不能正确地对待和处理这些复杂的情况与变化必然会产生职业生涯的急剧转折与滑坡。一些人可能会因年龄、健康状况、兴趣爱好、价值观和家庭关系的改变，导致对工作没有热情，不再有进取心。

4. 精神压力过大，健康状况不佳

职业生涯中期是家庭、工作和生物生命周期相互作用最强烈的阶段，在这一阶段处于人生的中年时期，也是人生最劳累的阶段，事业发展、子女教育、父母赡养都需要精力,并且会带来相当大的精神压力,如果不能妥善地处理这些事情,往往容易出现身体疾病,导致健康状况不佳。有关调查显示:许多老年性疾病开始提前,如高血压、高血脂、偏头痛,都在35~40岁的人身上发现。据有关专家研究发现:35岁以前是健康期,35~45岁为疾病形成期,45~55岁为疾病爆发期。因此,在这一阶段对于健康问题需要引起重视。

(三)职业生涯中期管理的应对措施

1. 保持良好的心态和进取的精神

人到中年,将面对诸多问题和生命周期的变化,这是人生的关键时刻和转折点。对于有信心获得晋升和发展的人来说,他们劲头十足,有充分的潜力。但是有相当数量的中年员工面临职业生涯中期危机和各种家庭问题,从而降低了工作热情,只求平平稳稳地度过以后的职业生涯。因此,保持进取精神和乐观的心态是职业生涯中期应该完成的重要任务。

2. 重新进行自我认识

为高效地进行职业生涯中期的管理,需要个人在这一阶段不断地对职业生涯规划进行评估、修正,通过"我能干什么?我能干好什么?"的自我评价,掌握个人条件的变化及其在职业实践中检验的结果从而完成对自我条件重新认识。这个过程是与第一次进行职业生涯规划时的自我认识有所区别的,因为这不是为了检验初定目标是否符合实际,而在总结职业活动实践经验的基础上进行的。职业生涯中期的自我认识要基于自己的中年期感受重新探索自己的兴趣、人格、能力和价值观,通过组织内部的职业生涯发展座谈会,或者与家人、同学、同事、朋友或者职业顾问进行讨论,来明确自我、工作和家庭之间发展的优先顺序。

3. 适当考虑降低职业目标

如果组织措施得力,个人也努力了,目标还是实现不了,那就是个人的能力问题。能力的差异是客观存在的,因此不能用过高的目标来苛求自己。人到中年应该以更加实际的态度来对待自己,根据实际情况来调整自己的职业目标,以更加豁达的眼光来对待自己的能力,对就业环境进行再分析,重新评估自己职业生涯的机遇和阻碍。这样才能更好地找准方向。

4. 对职业与职业角色进行重新选择

处于职业生涯中期的人都经历了较长时间的职业工作,同时也面临着新的职业角色选择,这时个人必须重新审视自身的生活目标和价值观,以便取得一种更稳定的生活结构,摆脱以往的角色模式或压力,选择新的角色。如果组织缺乏合适的机会和岗位,而个人又有能力,就可以考虑寻求新的发展机会,拓宽自己的职业空间。个人应注意社会的变迁和组织的变革,不断引进新的思考方式武装自己的头脑,充实自己的知识,提高技术和能力,并将它们应用到自己的工作中,提高工作能力与生产效率,提高自身的竞争力。否则,就容易缺乏胜任现在或将来工作角色的能力,将会落伍甚至被时代抛弃,面临职业生涯危机。

5. 协调好家庭、工作和生物生命三个周期

在职业生涯中期,每个人都面临着来自家庭周期、职业生涯周期和个人生物周期

的生命周期问题。这三个生命周期相互影响、相互制约，因此，解决职业生涯中期的问题，正确处理三个生命周期运作之间的关系，求得三者的适当均衡，是这一阶段的人必须完成的重要任务。由于职业生涯的三个生命周期本身运行就存在着矛盾，因此做出决策、做好决策是十分困难的，往往会出现顾此失彼的情形。因此，在进行职业生涯发展决策时，要懂得"鱼与熊掌不可兼得"。可以根据自我评估和再认识后的需求，综合考虑各方面的因素。另外，还需要对遇到的问题保持一种积极进取和乐观的心态。

6. 要有危机意识，保持持续学习的能力

要关注世界潮流涌动的趋势，顺势而为，不能只顾低头拉车，也要抬头看路，时刻要有危机意识。要将自己打造成一专多能的多面手。所谓一专，就是努力成为某个领域的专家。当今是知识大爆炸的时代，多能就是跨界的能力。重要的是要保持持续学习的能力。在知识大爆炸和快速发展的今天，人更要"活到老，学到老"。现代技术更新之快，一些知识很快过时了，必须还得持续充电。虽然中年人学习新事物的能力、拼劲都下降了，但是理解力在上升，而且有着年轻人无法比拟的工作经验，因此要不断学习、总结提升自我。

三、职业生涯的后期管理

（一）职业生涯后期阶段的特点

当进入职业生涯后期阶段时，人身心特征都发生了很大变化，表现在以下几个方面。

1. 自我意识产生，怀旧心重，安于现状

这一时期，人会倾向于从事自己喜欢的活动、实现个人兴趣；受生命周期的影响，健康意识增强，重心转移到自我生命和健康上，开始怀念过去的岁月，渴望与过去的社会关系交往以满足精神上的需求。另外，个人的能力、精力和生理机能开始退化，学习能力下降，职业能力也明显衰退，进取心有所下降，开始安于现状。

2. 职业角色发生转变

一个人到了职业生涯后期阶段，其在职业中期所形成的光环都会渐渐褪去。由于其体能和精力衰退，学习能力和整体职业能力下降，面对知识和技术的更新已无力改善，职业能力和竞争能力逐渐减弱甚至消失，但是在知识技能、组织文化、人际关系处理能力等方面存在一定的优势，因此可以通过担任良师角色继续在工作中尽职贡献。

3. 对家庭的依赖增强

在职业生涯晚期，有些人的家庭会出现空巢、夫妻相依为命的现象，家庭情感生活成为精神支柱，部分人会对家庭的依赖感增强，安享天伦之乐成为这一阶段人的主要需求。

（二）职业生涯后期管理易出现的问题

1. 不安全感增强

在职业生涯后期，个人由于在工作时将全部身心和精力都投入到组织的发展中，为了组织的壮大和发展，牺牲了家庭时间和休息时间，当面临职业生涯即将结束时，会产生大量的不安全感，这主要表现以下两个方面：

（1）经济上的不安全感

人在退休之后，经济收入就会减少，但社会消费水平却有可能提高，在社会保障体系还不够健全的情况下，退休后的生活来源就会成为他们的精神负担，从而会产生一定的不安全感。

（2）心理上的不安全感

此时人已经接近人生暮年，他们开始寻求心理的归宿，害怕被子女、社会和家庭冷落。从而在心理上产生不安全感。此外，有的老年人晚年丧偶，感情上感到孤独无助，不安全感随之产生。

2. 疾病增多

由于年纪大了，身体衰退、老化，免疫系统功能减弱，疾病就会显著增加。这时候会担心自己身体健康没有保障，认为将来的生活会很艰辛，受健康等因素的影响，在职业方面也不会有更大的提升。

3. 工作效率受到怀疑

对于处在职业生涯晚期的人来说，保持竞争力和工作效率是非常重要的，组织的发展必然会引进更多新的技术和理念，对教育和技能水平较低的人来说就存在着挑战。他们可能会因工作效率低下而成为组织前进的包袱。老年员工被普遍并错误地认为在各方面都不行了，无论是在生产率、工作效率，还是对工作的热情及进取心、适应能力等方面都受到了怀疑。

（三）职业生涯后期管理的应对措施

1. 为退休做准备

退休是职业生涯中的一个重大转变，意味着持续了40~50年的职业生涯的结束。为退休做准备主要包括决定何时退休，退休后该如何过上充实、满意的生活等。要做好退休前的思想准备工作，培养个人兴趣，策划退休后的个人生活；抓紧退休前的时间使自身职业工作能够有一个圆满的结束和交代，并做好相应的接班人培养工作。

2. 进行角色转变与心理调适

处于职业生涯后期的人，要学会接受心理机能衰退及其引起的职业能力和竞争力下降的事实，要从思想上认识和接受新人的成长及其权力的提升，调整好自己的心态，做好角色转变工作，例如，可以充当老师或师傅来培育新人，充当教练对雇员进行技能培训，充当参谋和顾问对组织出谋划策，充当指路人为年轻的员工提供咨询，充当伯乐发现人才。同时，员工也可以适当地将重心转移到个人和家庭生活方面，积极从事业余爱好、社交、家庭、非全日制工作和社区活动等角度获取满足。

第四节　职业生涯管理的策略

一、目标管理

20世纪50年代，管理学大师德鲁克在对传统的绩效管理方法的缺陷进行分析改进的基础之上，提出了目标管理法。德鲁克所倡导的"目标管理法"经过半个世纪的推广应用，被各国工商企业及其他各类组织普遍采纳，成为一种基础性的管理操作平台。其实，德鲁克关于"目标管理与自我控制"的精要思想，对职业生涯管理同样具有重要指导意义。

（一）职业生涯目标定位

有效的职业生涯管理首先要有明确而独特的目标定位，职业生涯目标定位是指结合自我评估和职业环境评估，确定自己长期的职业发展方向，明确今后自己取得职业成功时的状态和水平。要获得明确而独特的职业目标定位，首先必须认识自我，从审视和检验自己的核心价值观着手。职业生涯的基本方向是由职业目标定位来确定的，一旦确定就应该长期固守，而具体的职业阶段性目标，则需要随情势变化而不断调整，职业目标是一种主观的、抽象的、一般性的憧憬设想，它又是一种现实的，具体的工作状态描述，这是职业目标的两重性。

（二）实行有效职业生涯目标管理的要素

实行有效的目标管理需要注意以下几个方面。

1. 设立目标要客观，实事求是

个人发展目标的确立与团队或企业的目标一样，必须具有客观性，否则只能停留在幻想当中。也就是说，个人目标的设立必须建立在个人兴趣、爱好、知识、能力、身体条件及社会环境等因素的基础之上，应该是通过努力可以达到的，并且是可考核、可评价、明确、具体的，是可量化、可分解的。

2. 分解目标要科学合理

任何一个人都不可能一步跨入自己的理想世界，也都不可能瞬间实现自己的人生目标与价值。一个人的成功之路是由一个个目标铺就的，一个目标实现以后，新的目标必然出现在前方。因此，一个人最终价值的实现就是在一个个具体目标的实现中体现出来的。

3. 努力实现目标是根本

毛泽东说过："世上无难事，只要肯登攀。"现实中无数个成功典范告诉我们，无论你从事的职业多么微不足道，只要你有明确的奋斗目标，同时能为实现这一目标不懈地努力，即使你最终无法到达金字塔的顶端，你也会离金字塔的底部越来越远，离金字塔的顶端越来越近。

4. 人生总目标的实现要坚持

与团队或企业的目标管理一样，一个人的人生目标通过层层分解，最终会落实到每一天每一件事上，一个善于对自己实行目标管理的人是从来不会忽视对每一天的工作或每一件事的计划与总结的。

（三）职业生涯目标管理的基本方法

职业生涯目标的设定，是职业生涯规划的核心。有了正确、适当的职业目标，才能明确奋斗方向。巴菲特之所以伟大，不在于他在 75 岁的时候拥有了 450 亿美元的财富，而在于他 22 岁的时候就找准了目标，然后用一生的信念去坚守。一个人想要取得事业的成功，就要按照成功的规律来制订行动的目标和规划。

大学生目标管理的最大优点，在于它能使人们用自我控制的管理来代替他人支配的管理，能够激发大学生用最大的能力把事情做好。大学生目标管理的基本方法是：建立目标。建立目标是大学生人生走好路、起好步的关键。设立目标要符合 SMART 原则，即 specific（具体的）、measurable（可以衡量的）、achievable but challenging（可以达到的但有挑战性的）、relevant（相关的）、timebound（具有时限性的）。采取上述原则设立目标的好处是：它使所指定的目标和计划有实现的可能，并且可以帮助你在一段时间之后回顾、总结自己所取得的进步与不足，明确自己该干什么及干得怎么样。

（四）职业目标的实现

俗话说，心动不如行动。如果没有行动，计划就会毫无价值，目标也就失去了意义。大学生要注重从小事做起，从职业行为习惯的养成着手，提升目标和计划的执行力。

1. 认真完成学业，积极投身实践

职业目标的实现，首先需要知识的基础，大学生要夯实理论基础，培养职业发展潜力。同时，积极参与各种实践活动，巩固知识，修正方向，提升能力。

2. 严格执行，分清轻重缓急

目标的实现要靠严格的执行力，要保证自己的行动和计划保持一致，并不断总结和校正。在面对各种变化时，要分清轻重缓急，灵活机动，协调好矛盾冲突，以确保职业目标的实现。

3. 借助多方资源，投入有效行动

目标的实现，仅靠自身是不行的，还要善于利用组织和集体等一些外力资源，以实现自己的目标，这也是情商和智商的良好体现。要善于整合资源，集中力量，包括集中脑力、时间、精力、物力、财力等一切可调动的资源为我所用，为目标服务。同时尽可能地排除无益于目标实现的一切干扰，提升效率。

4. 及时总结，形成良性循环

一个人做一件事只是增加了一种经历，并不代表增长了经验，只有及时总结，科学分析得失，深究来龙去脉，才能在做事的同时，改进思维的方式，促进良好行为习惯的养成，全面提升自身职业素质，直至形成自己的职业核心竞争力，从而达到素质提升的良性循环。[1]

二、时间管理

由于人类的一切活动都要在时间中进行，而进行一切活动都要讲究效率，从而创造收益，因此，只有对时间进行合理利用、有效管理，这些目标才能如期实现，这一点在职业生涯管理中甚为重要。

（一）时间管理的重要性

1. 生活、工作和学习时间管理的重要性

在日常生活、工作或者学习中有没有时间管理结果是不同的，管理者要很好地完成

---

① 王培玲，席波，王湘君.职业生涯规划.北京：清华大学出版社，2015.

工作就必须善于利用自己的工作时间。时间是最宝贵的财富，没有时间，计划再好，目标再高，能力再强，也是空谈。对于大学生来说，有效地利用时间是储备职业能力的最好方法。时间对于所有的大学生都是一视同仁的，但收获和未来的前景是不同的。所以，不懂得利用时间就是最无能的管理者，浪费时间就等于浪费自己的财富，浪费自身的生命。

2. 业余时间管理的重要性

人与人之间有环境、机缘、能力的差异，也有性格的差异。而科学大师爱因斯坦说过这样一句话："人的差异在于业余时间。"业余时间对我们每个人意味着休息和充电。有的大学生充分利用自己的业余时间多学习知识，增长技能，而有的大学生却把大量的业余时间用于网络，甚至熬夜打电子游戏，不仅损害了身体健康，还在第二天上课的时候提不起精神，影响了学业。

（二）不同时期的时间管理

制订时间管理计划可能人人都会，但制订科学的时间管理计划就不是每个人都能胜任的了。科学的时间管理计划是为完成远大目标而制定的一个计划体系，一般包括长期计划、中期计划和短期计划。长期计划一般以年度来实施，年计划又可分为季计划、月计划、周计划和日计划。而日计划、周计划、月计划的总和便是年计划，它们累计起来的成果便是年计划的成果。通过实现一个个年计划，长期计划也就慢慢实现了。

1. 制订多年计划

多年计划是对时间进行总体规划的出发点。从多年计划出发，规划今后多年的长期目标。在制订时间管理计划之前，首先要全面调查，了解自己的主客观条件，系统分析有关问题的历史和现状，然后在对各种目标进行分析、权衡和论证的基础上，对各种可供选择的目标进行选优。在制订时间管理计划时，千万不要被"我做不了大事"的思想所束缚，只有坚定信心，才能制订出科学的时间管理计划。

2. 制订年计划

在职业生涯规划中，年计划意味着在这段时期，我们能合理安排一年的工作、学习和生活，并且在这一时期中，计划是具体和具有操作性的年计划的制订必须根据自身的目标和愿景来确定，如一年当中关键的任务和重点，学习目标要达到哪种程度，假期去哪里旅游或者考察。

3. 制订季计划

季计划是年计划的检查工具，当每一个季度结束时，可以为接下来的季度制定目标或者方针，并确定相应的任务和安排，定期检查已制订的任务和计划，可根据具体情况做出相应的改变。

4. 制订月计划

对于月计划的目标和安排而言，很大一部分来自于季计划。对于大学生而言，随着计划期限的缩短，应该对计划的精度和准确度进行相应的增大，这样的月计划可以更多地把时间放在细节上的任务。

在大学生的时间安排中，必须考虑自身有多少自由时间可供利用，并且要对一些非无法预知的情况留出一些时间来应对，以便自如地执行既定的日程。月计划实际上就是合理安排一个月内的学习、工作和生活，比如在一个月内读一部大部头的书籍，或去某个地方做一次实地考察和调研，或者去公司实习，都可列入月计划的范围内。

5. 制订周计划

周计划就是要求我们更加准确和具体地计划和安排，相当于抽取月计划的一部分并进行细化处理。比如说，这一周必须完成哪些工作？学校有哪些重要的会议和日程安排？本周哪个任务最重要并且最费时间？

6. 制订日计划

日计划是从周计划中衍生出来的，每一日的计划在时间规划的最后，也是最重要的一个阶段，是对已定目标和计划的实践。每日的计划要求把总任务细化和分解，哪个时间段完成哪个目标，并且这些目标都是通过努力可以预见完成的。制订每项计划后，根据任务数量、性质、要求等确定每项任务所需的时间；另外预留计划之外的时间应付突发性事件；最后计划一定要严格执行，按规定完成任务。

不同时期有不同的时间规划，如果把握好每一个阶段的目标并合理分配好你的时间，你会发现你离成功又近了一步！

职业测评：时间管理测试 >>

三、情绪管理

情绪是人本身的一种反应，是可以控制的，也是可以管理的。情绪管理就是善于掌握自我，善于合理调节情绪，对生活中矛盾和事件引起的反应能适可而止的排解，能以乐观的态度、幽默的情趣及时地缓解紧张的心理状态。

（一）情绪管理的重要性

情绪总是伴随于我们左右，若能恰当地处理，则可以为我们的生命添加色彩。同时，情绪又处于社会生活敏感的前沿阵地，对自身情绪的控制与调节能力，成为衡量现代人素质的重要标志。

情绪与大学生的学习、生活、交往、发展息息相关，对于大学生的身心健康、学业发展和个人成长有着直接和重要的影响。当代大学生思想活跃，主观上拥有美好的理想和发展愿景，客观上又缺乏对社会的全面认识和深入理解，在成长的过程中容易发生情绪的波动，出现焦虑、抑郁、自卑人际交往障碍等情绪问题。深入理解情绪的特点，学会自我调节，培养和提高情绪管理能力，提高情绪自制力，对大学生的成才发展具有重要意义。

（二）提高情商的方法

情绪商数（emotional quotient）通常简称情商（EQ）。情商是指一个人最重要的生存能力，是一种发掘情感潜能、运用情感能力影响生活的各个层面和人生未来的关键性品质。该概念的提出被称为人类智能的第二次革命。在人成功的要素中，智力因素（或称为"智商"）只占20%，而其他非智力因素（其中主要是情商因素）占了80%。在美国的企业界，"智商使人得以录用，情商使人得以晋升"的用人准则早已深入人心。面对日益激烈的社会竞争、高强度的工作负荷及复杂的人际关系，只有高智商是难以应付的，还要有高情商才能使自己跟上社会发展的节奏。情商是如何占有这一重要地位的呢？根据科学家们的研究结果显示，情商是一种驾驭自己的能力，包括驾驭自己的情绪，驾驭自己的思想，驾驭自己的意志，控制和协调构成自己心理过程的不同要素的相互作用关系，让自己努力去实现自己的愿望。下面介绍几种提高情商的方法，供大家参考。

1. 学会觉察和认识自己的情绪

情绪的控制并不是压抑情绪，学会体察自己的情绪，恰恰是情绪管理的第一步。情商高的人第一步就要察觉辨识各种情绪。当我们产生情绪时，表示生活中有事件刺激至大脑引发警报，与此同时若我们能觉察到情绪的产生并认知情绪的种类，就可以延缓情绪瞬间的爆发，将不良影响降到最低。必须不断进行自我训练，通常要不断地自我询问"我现在的情绪如何"，让自己能够敏锐地辨识各种情绪。

2. 培育积极心态和健康心理

当我们开始运用积极的心态并把自己看成成功者时，我们就开始走上成功之路了。若想收获成功的人生，我们绝不能仅仅播下几粒积极乐观的种子，然后指望不劳而获，我们必须不断给这些种子浇水，给幼苗培土施肥。要是疏忽这些，消极心态的野草就会丛生，夺去土壤的养分。与此同时，人们相信会有什么结果，就可能有什么结果，充满信心，焕发活力，心智敏锐，最终心想事成。

3. 培养良好的人际交往能力

人际交往能力是情商的一个重要组成部分，心理学家通过调查发现，良好的人际关系对于提高人们的情商和生活的幸福感具有重要意义。大量研究证明，一个人如果长期生活在良好的人际关系当中，他的个性就会得到健康发展。因此，良好的人际关系对我们刚刚走上工作岗位的大学生来说也是非常重要的。

（三）调控不良情绪的方法

情绪出现问题时，我们该如何处理呢？一方面，我们要努力提升自己的情商，累积积极的情绪；另一方面，要学会调适消极情绪，特别是要学会调控不良情绪的方法。

1. 观念转变法

通常我们在学习过程中有挫折感时，或人际关系紧张时，或对人生感到失望时，负面情绪就产生了。然而真的是老板不公平、老师偏心，或父母不关心吗？到底是谁造成我们不快乐呢？先讲个故事，供大家作参考。

有一位一百多岁的老人，每天都很快乐。有人好奇地问他："为什么你每天都这么快乐呢？"这位老人笑呵呵地回答："因为我每天早上起床都有两个选择，一个是快乐，一个是不快乐，而我每天都是选择快乐，所以我每天就很快乐。"

我们有"自主选择权"，可以决定自己的情绪走向，而且有福气做一个"自由情绪"的主人。原来，一直让我们陷入气恼、悔恨、嫉妒、退缩、不安等负面情绪的关键人物，就是我们自己。如果我们想跳出"受害者"的情绪陷阱，那么我们自身是责无旁贷的！让我们学习做个"责任者"吧，开始学习责任管理，让自己的人生更加精彩。

2. 学会排解不良情绪

以下是几种常见的排解不良情绪的方法。

（1）发泄法

将不良情绪发泄出去，比如当你发怒时，不如赶快跑到其他地方，或是找个体力活干一干，或是跑一圈，这样就能把因盛怒激发出来的能量释放出来，从而使心情平静下来。在过度痛苦和悲伤时，哭也不失为一种排解不良情绪的有效办法。

（2）环境调节法

大自然的景色，能愉悦身心，陶冶情操。到大自然中去走走，对于调节人的心理活动有很好的效果，千万不要一个人关在屋子里生闷气。长期处于紧张工作状态的人，定期到大自然中去放松一下，对于保持身体健康、调节身心紧张大有益处。

（3）疏导法

人的情绪受到压抑时，应把心中的苦恼倾诉出来，特别是性格内向的人，仅靠自我控制、自我调节还远远不够，还需借助于别人的疏导。心理学研究认为，人的心理处于压抑的时候，应当允许有节制的发泄，把闷在心里的一些苦恼倾倒出来。因此，当有了苦闷的时候，可以主动找亲人、朋友诉说内心的忧愁，将压抑的情绪释放出来，不要总憋在心里，以摆脱不良情绪的困扰。[①]

（4）自我激励法

也就是用生活中的哲理或某些明智的思想来安慰自己，鼓励自己同痛苦和逆境做斗争。一个人在消极情绪中，通过名言、警句进行自我激励，能够有效地调控情绪。

（5）自我暗示法

当受不良情结所压抑的时候，可以通过言语暗示作用，来调整和放松心理上的紧张状态，使不良情绪得到缓解。当你陷入忧愁时，暗示自己"忧愁烦恼都没用，还是振作起来吧"进行这种自我暗示，对情绪的好转将大有益处。

（6）注意力转移法

就是把注意力从引起不良情绪反应的刺激情境上转移到其他事物上去。在痛苦、烦恼时，集中精力做一件有意义或感兴趣的事，有意识地转移注意力，忘掉或者冲淡烦恼。在不愉快的情绪产生时，学会使自己的心思有所寄托，不要使自己处于精神空虚的状态，这样就能很快将注意力转移到他处，从而达到化解不良情绪的目的。

四、压力管理

伴随着中国经济的高速增长和市场化进程的逐步深入，中国人承受的职业压力也越来越大。毋庸置疑，压力在一定程度上能够转化成动力，但过强的压力，则可能会使人们在工作时无精打采、精神恍惚。一旦压力与能力反差太大，执行者就会承受不了，工作效率也会越来越低。因此，对职业压力的有效管理，自然就成为企业保持与提高运行效率的必要手段。

请阅读下面一则关于压力管理的小故事，体会一下进行压力管理的重要性。

---

① 王培玲，席波，王湘君. 职业生涯规划. 北京：清华大学出版社，2015.

在清华大学组织的一次培训课上，老师在课堂上拿起一杯水，然后问台下的学员："各位认为这杯水有多重呢？"有人说是半斤，有人说是一斤，老师则说："这杯水的重量并不重要，重要的是你能拿多久？拿一分钟，谁都能够；拿一个小时，可能觉得手酸；拿一天，可能就得进医院了。其实这杯水的重量是一样的，但是你拿得越久，就越觉得沉重。这就像我们承担着压力一样，如果我们一直把压力放在身上，不管时间长短，到最后就会觉得压力越来越沉重而无法承受。我们必须做的是放下这杯水，休息一下后再拿起这杯水，如此我们才能拿得更久。所以各位应该将承担的压力于一段时间后适时地放下，并好好地休息一下，然后再重新拿起来，如此才可能承担更久。"

职业压力是一个复杂的大系统，由生活变故、认识评价、应对方式、社会网络、个性特征和身体素质等多种因素相互作用而形成，员工本人可以通过作用于该系统的多种因素来进行管理。在日常工作与生活中，认识到职业压力的作用及其可能导致的后果，对可能出现的过度压力有心理准备，并主动学习应对职业压力的方法，争取较快地将消极因素转化为积极因素，就可以有效地控制职业压力。常用应对职业压力的方法有：其一，了解自己的能力，制订切实可行的目标；其二，劳逸结合，积极休息，培养业余兴趣爱好；其三，加强体育锻炼，生活有规律，睡眠充足；其四，建立和拓展良好的社会支持系统，拥有朋友；其五，积极面对人生，自信豁达，知足常乐，笑口常开；其六，改变不合理的观念，通过有意识地改变自己的内部语言来改变不适应状况。

当面对现实职业压力时，处理方法有写压力日记、肌肉放松训练、冥想、自我催眠、一分钟放松技巧、播放音乐、寻求来自亲友的社会支持、合理发泄消极情绪、合理认知评价压力源等，这些方法可以消除职业压力导致的生理、情感及认知症状。此外，还可以通过在保留职位或更换新的职位前休假，安排在休假期间旅游、从事志愿者工作等调适自己的心理状态。

有效的压力管理对每个人非常重要，而职业女性因为生理和心理方面的特点，除了前面介绍的压力缓解和管理策略、方法外，还有一些特有的适合女性的方法，可以有效地进行压力管理。

（1）把一张纸揉成一团，把它当成压力，像投篮一样把它投进纸篓里去，告诉自己这是把压力彻底抛弃，这种方法带有女性的"撒娇特性"。

（2）想象一件自己认为最有趣的事情，并持续回味一会儿，也可以找一个只有自己的地方，想一件可笑的事情，忘记烦恼，大声笑出来。

（3）想哭就哭，有道是男儿有泪不轻弹，但是哭对于女性来讲没有什么难为情的，哭能够缓解压力。心理学家曾经给一些成年人测试血压，然后按照正常血压和高血压编成两组，分别询问他们是否哭过，结果87%的血压正常的人说偶尔哭泣，而大多数高血压患者却回答说从不流泪，这说明让人类情感抒发出来要比深深埋在心里有益得多。

（4）在办公室里溜达一会儿，同时回忆一下你最喜爱的饭菜的内容，下班后在厨房里给自己做一顿大餐，尽情地享受美味。

（5）一读解千愁。在书的世界遨游的时候，一切忧愁悲伤便付诸脑后，烟消云散，读书可以使一个人在潜移默化中逐渐变得心胸开阔，气量豁达，不惧压力。

（6）看恐怖片。英国有专家建议，人们感到工作有压力，是源于他们对工作的责任感，此时他们需要的是鼓励，振奋精神，所以与其通过放松技术来克服压力，倒不如激励自己去面对充满压力的情况，例如去看一场恐怖电影。

（7）嗅嗅香油或者打扮自己。在欧洲和日本，风行一种芳香疗法，香油能够通过嗅觉神经刺激或者安抚人类大脑边缘系统的神经细胞，对舒缓神经紧张、心理压力很有效果。另外花点时间打扮一下自己，美丽的女人是最自信的。

（8）吃零食。很多女性都喜欢吃零食，不过吃零食的目的并不仅仅在于满足肚子的饥饿需要，而是在于对紧张的缓解和内心冲突的消除。

（9）穿上称心的旧衣服。穿上一条平时心爱的旧裤子，再套一件宽松衫，你的心理压力不知不觉就会减轻，因为大多数女性都是感性和浪漫的，穿了很久的衣服使人回忆起某一特定时空的感受，并深深地沉浸在缅怀过去那如梦般的生活眷恋中，人的情绪也为之高涨起来。

（10）养宠物有益身心。一项心理学实验显示，当精神紧张的人在观赏自养的金鱼或者热带鱼在鱼缸中优雅地翩翩起舞时，往往会无意识地进入"宠辱皆忘"的境界。养宠物还能够激发人的爱心，寄情于物，心中的压力也大为减轻。

五、挫折管理

在现实生活中，人们常常会遇到一些令人失落的挫折，这时，如果一味埋怨别人，躲避现实，往往会使自己的心态越来越坏，不能从挫折的阴影中走出来。因此，要从以下几个方面进行调节。

1. 自嘲法

在经受挫折后，不妨自己调侃一下自己，通过自我贬抑而达到出奇制胜的效果，从而使自己的心理达到一种高层次的平衡，这种方法在心理学上称为自嘲法。自嘲，常常与突发的灵感和超常的智慧联系在一起，常常能产生意想不到的效果。

2. 学会自我激励

遭遇挫折后，寻找自己好的一面，增强自信，有利于保持乐观的心境，激励自己去解决问题。心理学研究发现，人的心理承受能力是有限度的，面临的冲突事件太多，就会烦躁不安，紧张惶恐。在遭遇挫折时，因为无能为力，不少人用顺从的方式应对压力，久而久之，变得麻木、颓废。颓废的人是因为行为缺乏积极性，而实际上行为的积极性是可控的。我们不妨"给自己一个激励"，使自己积极地面对挫折。

3. 宣泄法

个人遭遇挫折后，容易产生紧张焦虑等不良情绪，这种不良情绪必须通过某种方式宣泄出来才能保持心理平衡，维护心理健康。如果不良情绪得不到宣泄，那么随着不良情绪的增加，就会破坏心理平衡，危害心理健康。因此，当遇到挫折后，应当设法宣泄不良情绪。在这里需要注意的是，应当避免破坏性的发泄方式，因为虽然破坏性的发泄方式能暂时减轻心理压力，但违反社会规范必将带来新的挫折。

4. 维护心理健康

个人遭遇挫折后，为了避免自尊心受损，可以通过向下的社会比较、有选择地接受反馈、缺陷补偿、自我照顾归因等方式来实现自我美化，最终达到心理平衡。

因此，在遭遇挫折后，我们应立即把自己的注意力、思想和行为转移到其他方面，如听音乐、积极工作、睡觉，"逃避"紧张、焦虑等不良情绪，维护自己的心理健康。

5. 学会用阳光心态面对生活

阳光心态是一种积极的、向上的、宽容的、开朗的健康心理状态。因为它会让你开心，它会催你前进，它会让你忘掉劳累和忧虑。当你遇到困难时，它会给你克服困难的勇气，它会让你相信"方法总比困难多"，让你去检验"世上无难事，只要肯登攀"的道理。

既然挫折无处不在，逆境无时不有，当我们在工作中遇到挫折时，就要敢于正视现实，不逃避、不畏惧，认真总结失败的经验教训；要学会自我安慰，心怀坦荡，情绪乐观，做到失败不失志；面对挫折更加坚定信心，顽强拼搏，最终战胜挫折，取得胜利。

六、健康管理

健康是生命的基础，是生命质量的体现，是实现人生梦想的条件，是人生永恒的话题。健康不仅是指良好的生理状态，而且包括良好的心理状态。心理健康和生理健康是互相联系、互相作用的，心理健康每时每刻都在影响人的生理健康。如果一个人性格孤僻，心理长期处于一种抑郁状态，就会影响体内激素分泌，使人的抵抗力降低，疾病就会乘虚而入。一个原本身体健康的人，如果总是怀疑自己得了什么疾病，就会整天郁郁寡欢，最后真的一病不起。因此，心理健康是生理健康的基础。

（一）心理健康胜良药

心理健康与身体健康密切相关，要想身体好，先要心态好。然而良好的心态并不是天生就有的，它更需要我们自己去培养。

1. 客观评价自我，积极取悦自我

对自己进行辩证的评价，防止极端主义评价是建立正确的自我意识的核心。一个人能对自己做出实事求是的评价，做到自尊、自爱、自信、自强，有自知之明，才能保持乐观进取积极向上的健康心态。过高或过低的评价都会妨碍个人潜能的发挥，降低个人对环境的适应能力，从而产生心理问题。

2. 学会让自己快乐

快乐是健康的亲兄弟，心情愉快也是治疗许多疾病的良药。生活就像是一面镜子，你对它笑它就对你笑，你对它哭它就对你哭。你每天愁眉苦脸地对待生活，你感受的就是痛苦；你每天都能快快乐乐地对待生活，那你就能享受快乐。快乐是一种角度，我们需要经常转换角度去面对生活。

3. 培养良好心态

我们的人生不可能总是一帆风顺、一马平川，畅通无阻的，而积极、乐观、上进的心态就是应对挫折、坎坷、失败、批评的良好心理"良药"。大学生要自觉培养自己的积极、乐观、上进、自信、知足常乐等良好心态，努力排除自怨自卑、怨天尤人等不良心态。

4. 学会控制情绪

生活中有时难免会遇到不良刺激而出现情绪反应，所以，一个人应该在自己情绪过激时及时予以控制。具体方法有：及时告诫和提醒自己制怒；及时脱离现场；接受他人

劝解；找机会向好朋友、同学倾吐心绪等。

（二）身体健康是基础

身体健康是我们从事一切工作的本钱，没有健康的身体就没有好的生活。健康虽说不是一切，但没有健康就没有一切！因此我们要学会管理自己的健康。

1. 健康源于好习惯

习惯与智慧不同，它与遗传无关，是在后天的环境和教育培养下形成的。因此，习惯是可以修正和改变的，养成好的健康习惯，能够收获健康的身心，享受高质量的生活。好习惯决定人的健康，不良习惯损害人们的健康。因此，我们要想拥有健康，把握命运，就要学会驾驭日常生活中的行为习惯，做习惯的主人，让好习惯引导我们走向成功。

2. 进行适度运动

坚持锻炼有利于健康，它可使你的血液变得"富有"、血管变得有弹性、肺活量增加、心肌更加强壮、骨骼肌密度增强、血压稳定；还能够提高肌体工作的耐力，改善不良情绪。

3. 睡出的健康

人的睡眠是人的三大本能需要之一。人的一生将大约 1/3 的时间用来睡眠，若睡眠出问题，将产生一系列精神和躯体症状。睡眠是如此重要，然而目前睡眠失调的现象却高得令人难以置信，其实只要稍加注意，养成良好的睡眠习惯，大部分睡眠失调都是可以改善的。

4. 吃出的健康

制订健康食谱，进行系统的膳食管理，建立每周营养配餐食谱，把好"吃"这一关，掌握好美味与健康的平衡，就能让你既享口福，又能健康长寿。建议食物多样化，以谷类食物为主，多吃蔬菜水果和薯类，适量摄入鱼、禽、蛋和瘦肉，养成良好的喝水习惯，合理分配三餐，合理安排一日三餐的时间及食量，进餐定时定量。平衡膳食才能满足人体各种营养需求，达到合理营养、促进健康的目的。

第五节　大学生职业生涯发展

大学生进入职场后，要由学生角色向社会角色、职业角色转换，在这个过程中，往往会出现这样或那样的问题，因此，大学生需要了解角色转换的相关问题，做好职业适应工作，以谋求在职场上获得更好的发展。

一、大学生职业生涯发展中的角色转换

角色转换是指随着个人在社会环境中身份和地位的变化，所扮演的角色相应变化，其社会角色期望和个人角色意识随之转变，从而产生不同角色行为。大学生从毕业离校到进入就业岗位是一次巨大的角色转变过程，从校园环境到社会工作环境，从学生到劳动者，从主要完成学习任务到主要完成工作任务，从主要为自己负责到为整个工作集体负责，这样的角色转换是未曾经历的全新变化，它和大学生未来的职业生涯顺利发展息息相关。学生角色与职业角色差异如表 8-2 所示。

表 8-2　学生角色与职业角色的差异

差异	学生角色	职业角色
所处环境	校园环境	社会工作环境
完成任务	以学习为主，培养能力	以工作为主，发挥和应用能力
权利义务	依法接受教育，接受经济生活的保证和资助；努力吸收知识营养，全面发展，增强知识技能	依法行使职权，正常开展工作，并在履行义务的同时取得应有的报酬
社会责任	接受教育，储备知识和锻炼能力，力求个人的全方位发展	以特定的身份去履行份内的职责，依靠自己的本领和技能去分析、解决问题
角色规范	从培养、教育的角度出发，促使其今后能顺利成长为一名合格的人、一名有用的人	更为严格、具体，基本是从社会或是用人单位的良好发展及稳固运行的角度出发
活动方式	主要是单独学习，并接受外界给予	主要是团队协作，并运用知识能力向外界提供劳动，生产效益
认识社会	书本知识、课堂学习、他人经验等，其认识社会途径主要是间接的	来自亲身实践，认识社会的途径主要是直接的，认识的内容是现实的、具体的

（一）大学生毕业前夕的角色转换

大学生从每年大四的 10 月份左右找工作开始，就面临着由学生角色向职业角色转换的问题。在毕业前夕，即将毕业的大学生的自主支配的时间相对较多，许多毕业生在找工作期间，会经历不用上班、不用上课的阶段，在这段期间内，有些人会把它当成"最后的疯狂"，完全放松，甚至放纵。事实上，在校学习期间的学习环境、学习条件以及学习技能的训练都是最为理想的。因此，毕业生应该从就业协议书签订到毕业离校这段时间，有针对性地学习知识、培养能力，提前奠定良好的心理基础和知识技能基础，做好由学生角色向社会职业角色的转变。具体来说，可以从以下几个方面进行。

1. 重视毕业实习和毕业设计，学习专业知识和专业技能

大学的课程设置总体上偏重于基础知识的学习和基本技能的培养，而不一定涉及特定岗位上所需要的专业知识和技能。通过毕业实习和毕业设计，大学生可以将自己所掌握的理论知识运用于实际，这不仅有利于加深对书本知识的理解和巩固，还能够查漏补缺，发现自己的不足，进而可以进行相关能力的训练与提升。因此，毕业实习和毕业设计是毕业生进行理论知识向实践能力转换的重要途径，同时，也是毕业生步入职场的一个必要的过渡阶段，要引起大学生的重视。

2. 认真进行自我认知，慎重择业

对于社会职业的选择，大学生要根据自己专业、特长、兴趣等，寻找适合自己的工作，以免走不必要的弯路，因此，需要认真地进行自我认知，加强对自身能力的了解，考虑自己的优点与缺点，结合自己的职业理想，寻找到适合自己发展的工作。

（二）试用期内的角色转换

大学生毕业后参加工作，往往需要经过一段时间的试用期，考核合格之后才能转为

正式人员。在校园期间，大学生学习和生活条件比较优越，空闲时间和自由支配时间比较多，节奏也比较缓和，压力较小；而参加工作后，特别是在试用期内，大学生往往被安排到条件艰苦的基层去锻炼，有些可能会面临工作繁忙、需要加班加点等情况，属于自己的时间越来越少。在这种情况下，往往会加剧角色冲突，因此，大学生需要做好试用期内的角色转换工作，具体来说，可以从以下几个方面来入手。

1. 要重视岗前培训

岗前培训对于刚刚走上工作岗位大学生的角色转换是非常重要和必要的。它不仅仅是让初到单位的大学生了解单位的基本情况，熟悉规章制度和工作程序，更重要的是可以通过岗前培训来树立集体主义观念，培养人的协调能力和奉献精神。有很多单位通过岗前培训来考察新员工素质高低，并根据表现择优录用，重新分配岗位。因此，大学生一定要以认真的态度把握好这个能够充实自己、表现自己和提升自己的机会，重视岗前培训。

2. 要了解环境，尽快进入角色

社会好比是一个大舞台，每个人都有自己的角色位置。大学生进入新单位后，首先应该认清自己在工作环境中所承担的工作角色以及这个角色性质、职责范围，弄清楚工作关系中上级赋予自己的职权和自己承担的义务。只有这样，才能够尽心尽力地去扮演好自己的角色。如果角色意识淡漠，一意孤行，我行我素，该请示的擅作主张，该自己处理的事务不敢做主，势必会与新环境格格不入。

3. 要善于适度地展现自己的知识

刚进入单位的大学生同事面前一定要表现得谦虚、随和，在尊重同事丰富经验的同时，适时适度地展现自己的知识与能力。例如，可以利用工作机会，特别是当同事在工作中遇到麻烦时，以谦虚诚恳的态度从理论上提出自己的见解，共同商讨，共同解决问题。也可以利用业余娱乐机会、发挥自己的知识优势。在交流中让同事了解你的为人和性格，表明自己的世界观、人生观和价值观，缩短与同事间的距离，成为大家的朋友。相反，如果以文凭自居自傲，那样只能使得同事对你产生反感，使得自己越来越脱离群众，变得孤立无助。

4. 要树立工作的责任意识

大学生在走上工作岗位之初，一般不会被委以重任，而是要先从最简单的辅助性工作做起，这也是人才成长的基本规律。但是，有些大学生会凭着对工作的新鲜感和学识上的优越感，认为自己被大材小用了，对一些工作不愿意干，甚至开始闹情绪，这实际上是缺乏工作责任意识的表现。任何一项工作除了要有足够的热情外，还需要有丰富的经验和随机应变的能力。这种经验和能力的获得并非一朝一夕就能得到的，而是要靠平时工作中的积累和训练。因此，不管工作的大小，分工的高低，大学生都要应该以满腔的热情、高度的事业心和责任感认真对待，圆满完成任务。

二、大学生入职后的职业适应

小王毕业于一所名牌大学，由于在学校里表现优异，能力突出，毕业后如愿进入某中央国家机关。小王对自己的能力有着极大的信心，以为靠自己的热情和努力很快就会得到上司和同事的认可。但出乎意料，工作一段时间，小王发现同事们在背后对他指指点点、非议颇多。到底是什么原因呢？原来，小王一心想干出成绩，对办公室的琐事从来不放在眼里，诸如打开水、做卫生，虽然来了几个月，但小王一次也没干过。在日常交往过程中，他不拘小节、大大咧咧的性格也引起了同事们包括上司的不满。和同事一起进出，进门自己先进，出门自己先出。同事或上司到他面前，本来作为新人应该及时从座位上站起来，小王往椅子上一靠，把二郎腿一翘，上司和同事虽然表面上不说，但心里的意见就大了。至此，虽然小王的工作热情和能力很强，但却没有赢得领导和同事们的认可。[①]

小王的这种现象在刚刚步入职场的同学们中有一定的代表性，一些职场新人没有很好地适应工作环境，太过于注重自我工作而没有关注工作中的"小事""琐事"，缺乏工作中多方位的能力的培养。刚步入职场，很多人不知道从何下手，处处不适应，忽视和轻视了工作中的一些礼节小事，养成了拖沓马虎、以自我为中心的工作弊病，给同事和上司留下不好的印象，影响了大家对自己的评价，从而阻碍了自己的职业发展。

同学们终将会离开校园走向社会，那么步入职场后，即将迎来人生的重大转折。告别"学生"时代，开始以"职场人"的全新面貌展现自己。随之而来地就是要面对职业适应问题。

（一）大学生入职后常会出现的心理问题

1. 对学生角色存在依恋

经过十多年的学校生活，每个大学生都养成了一种习惯性的学习方式和生活方式。刚走上工作岗位，大学生常常会表现出对学生角色的依恋，自觉不自觉地将自己置身于学生角色之中，以学生角色来要求自己和对待工作，以学生的视角来观察和分析事物，因此会表现出对职场的不适应。

2. 对他人产生依赖

大学生活是处于依赖与摆脱依赖的过渡期。当大学生离开学校走向社会，承担起成人的职业角色时，成人的自觉性和独立性还没有养成，因而，初入职场的大学生往往存在着一种依赖的心理。在这种依赖心理的作用下，一些大学生不去深入地了解自己的工作性质、范围、程序以及相互关系，而是处处依赖他人，工作全靠领导或同事安排，安排多少干多少，缺乏主动性和创新性。

3. 缺乏自信

大学生初入职场，面对新的工作环境和生疏的人际关系，往往缺乏应有的自信。一些大学生在工作中放不开手脚，看到别人工作经验丰富，驾轻就熟，相比之下觉得自己这也不行，那也不行，胆小、畏缩，不知工作应从何入手，担心自己做错了事，会造成不好的印象。如此一来，领导、同事也不敢把重要的工作交给新来的大学生，这又会使大学生容易产生不被重视自卑感，对工作抱有"不求有功，但求无过"的消极态度，进而产生自我否定心理。

4. 产生苦闷压抑的孤独感

工作单位等级分明的上下级关系，居高临下的命令方式等也容易使大学生产生压抑

① 马天威.大学生职业生涯发展指导.沈阳：东北大学出版社，2017.

感。另外，走出校门，踏入社会，大学生旧的交际圈子逐渐瓦解，而新的交际圈子尚未建立。面对新的工作环境和一张张陌生的面孔，每个人都会有一段短暂的友情真空时期，特别是那些远离家乡的求职者，周末会变成漫长的等待，孤独感会更加强烈。

5. 存在眼高手低的自傲感

有些大学生自以为接受了高等教育，已经学到不少知识，已经是人才了，因此，轻视实践，放不下架子，看不起基层工作和基层工作人员，甚至认为大学毕业从事底层工作、干一些不起眼的事是大材小用，有失身份。因此，这些大学生在对待工作会存在眼高手低的现象，大事做不了，小事又不做。

6. 见异思迁

大学毕业生在角色转换时还容易表现出不踏实的作风、不稳定的情绪。有的大学生整日心神不宁、焦躁不安，工作作风轻浮，做事无恒心，不安分守己，总想投机取巧。有的大学生工作几个月后还静不下心来，可谓"人在曹营心在汉"，三心二意，这山望着那山高，一阵子想干这项工作，一阵子又想干另一项工作，整日恍惚不定，患得患失，成为职场"漂流瓶"。

（二）大学生入职后对职业角色的适应

大学生进入职场后，可以从以下五个方面来着手进行职业角色的适应工作。

1. 树立良好的第一印象，建立和谐的人际关系

第一印象是指某种客观事物首次作用于人的感官，在人的头脑中产生的对事物的整体反映，包括对事物的外观形状、行为特点、价值判断等。人际交往中的第一印象是指在初次接触时给别人留下的形象特征。毕业生新到一个工作单位，往往是领导、同事关注的焦点，大家都会试图通过观察、接触，更多地了解、认识新来者。在大多数情况下，同事不会直截了当地询问打听，一切都有赖于毕业生的自我表现。通常，凭着丰富的社会阅历和敏锐的洞察力，领导和同事通过一定接触，甚至仅仅是旁观，就会形成先入为主、轻易拂之不去的第一印象。因此，大学生要从以下几个方面着手，树立起良好的第一印象，建立起和谐的人际关系。

（1）衣着整洁、仪态大方。衣着服饰是一个人文化素养的外在表现，一定要和身份相符，不能过于花哨时髦。可适当体现个性，但和周围同事反差不能太大。发型、化妆应简洁明快，切忌矫揉造作。

（2）待人接物，举止得体。待人要热情坦诚，与人交谈时，应注意发现别人感兴趣的话题，不要太多谈论自己，同时要善于倾听别人的言论，尤其注意不要随便打断别人的谈话。与人相处应不矜不持、不卑不亢，并注意倒茶、让座之类容易但又不可少的日常礼节。

（3）工作认真，踏实肯干。切忌懒散、浮躁、漫不经心，做事要善始善终，千万不要丢三落四、虎头蛇尾。对必须从事的体力劳动，不能因为太脏、太累、太苦、太单调而轻视。

（4）诚实守信，遵守纪律。自觉遵守各项规章制度和工作纪律，不迟到，不早退。为人处世一定要守信用，答应过别人的事情务必兑现，如确实因客观原因而未能做到，一定要通过合适的方式使对方给予理解，避免发生误会。

（5）摆正自己的位置，不"越位"。既然自己的角色是职场新人，那么就要学会摆正自己的角色位置，有节制地出力和做人，切忌"越位"。一是不能决策越位，你可以对某些决策发表自己的见解，但一定不要替领导决策；二是不能表态越位，对带有实质性问题的表态，上级领导没有表态也没有授权，不宜抢先表态，喧宾夺主，使领导被动；三是不能工作越位，有些工作如果由上司做更合适，就不能抢先去做，吃力不讨好；四是不能场合越位，有些场合，如社交场合、参加重要活动，要适当突出领导，不可得意忘形，抢了领导的风头。

2. 尽快熟悉岗位工作内容

熟悉自己所在的岗位工作内容，主要是认真了解岗位工作的业务内容、背景、责任、友邻关系，要明确本职工作的定位。其内容一般可归纳为以下几点：

（1）弄清楚自己岗位工作的任务和责任。

（2）明确本岗位处理事务的工作权限。

（3）明确本岗位处理事务的执行程序，并按程序办事。

（4）明确本岗位所需要的基本技能。

（5）以忠诚的态度、坚定、勇敢、富有耐力的精神，尽最大的努力，去完成岗位规定的任务和其他领导交办的事情。

（6）学会及时反馈，将办理的事务和进展情况或者结果，及时汇报至有关部门或人员以便及时掌握和了解情况。

（7）在特殊情况下，即使是非顶头上司指令传至本岗，也须立即执行，并尽量向自己的上司反馈信息，使领导知道自己目前正在从事的工作内容，估计何时能够完成此项工作。

（8）了解哪些部门具有何种职责和工作范围。

（9）在执行任务中，遇到无法解决的难题，及时报告至有关部门。

（10）以强烈的责任心对单位的生存和发展问题，提出合理化的建议，对改进本部门工作效率的问题向自己的上司进言。

3. 善于学习，完善自我

随着科学技术的迅猛发展和社会的进步，知识的更新速度也日益加快，学生阶段的学习只是为日后的工作打下了一个基础，如果不进行继续教育和学习，就会很快地落后于时代的发展。因此，大学生要通过不断的学习来适应时代的变化、职场的变化。具体来说可以从以下几个方面进行：

（1）在实践中学习。职场新人已经具备了一定的理论知识，知识结构也已初步形成，但要适应职业生活，构建适应社会发展的知识结构，就必须参加丰富多彩的实践活动，多方面、多角度地积累各种感性知识和实践经验，不断地把书本知识运用到实际工作中去，深入社会生活，参加各种实践活动，尤其要注意密切结合工作实际，努力从实践中汲取营养，在实践中积累和学习，以优化自己的知识结构。

（2）向他人学习。大学毕业生在就业上岗之初往往比较缺乏实践经验，因此要特别注意向同行尤其是向老同志学习，他们由于工作时间较长，具备了丰富的实践经验，职场新人要牢记"三人行，必有我师"的古训，要不耻下问，切不可自命清高，要善于发现别人的长处，虚心学习。

（3）利用新的方式和方法学习。随着社会的进步和科技的发展，继续教育和终身学习越来越受到人们的重视。职场新人在就业后由于工作的压力和时间的限制，学习可能会受到一定的影响，但不可因为各种主观或客观的原因而放松学习。可以利用各种方式、通过各种途径不断学习，提高自己。比如，可以通过网上学习、网上教育来获取信息，更新知识，或者进行在职进修、参加各种培训班、攻读新的学位。

总之，大学生应该充分认识到职业适应对自身成才与发展的必要性，不断学习、探索角色适应、心理适应、生理适应、群体适应、智能适应等规律，以顺利地度过职业适应期。

三、职业生涯发展阶段

人们的职业生涯并非是一条平坦的直线，而是周期性的、曲线型的、呈一种螺旋式上升的轨迹，就像正弦曲线一样，从波峰到波谷，又从波谷到波峰。毕业生入职后职业生涯发展的关键在五个阶段。这5个阶段的主要任务是：完成角色转换、适应社会、职业认同与开拓、重新评估自我、晋升和调整发展方向。

1. "职业探索"阶段

工作开始后的1～3年是职业生涯的"探索"阶段。毕业生逐渐变得成熟，但还不能"独当一面"，正处于职业探索的状态。这个阶段还仍然处于迷茫状态，主要任务还是明确"我是谁""我能做什么"。迷茫的主要原因是缺乏自信和社会经验。这段时间也是跳槽的多发期，但这段时间也是积累知识和工作技能的关键期。

2. "职业适应"阶段

工作3～5年后，逐渐步入"职业适应"阶段，逐渐熟悉组织文化，了解组织内情，建立初步的人际关系网。职业性格特点逐渐凸现出来，对自己的优势和不足逐渐清晰，于是开始进入"职业适应"阶段，对职业方向进行合理调整和适应。可以尝试再到单位不同的岗位工作，既能开阔视野，增添新鲜感，还能了解自己究竟最适合做什么工种。

3. "职业锁定"阶段

工作5～10年后，随着对自身优劣势及性格特点的日渐清晰和不断的实践锻炼，毕业生渐渐由"职业适应阶段"走向了"职业锁定阶段"，基本确定自己的职业发展领域，并结合自己的经验和阅历，开始承担重要的工作，发挥并发展自己的能力。而有的人仍然处于迷茫状态，没有职业认同感，不知道如何锁定自己的职业生涯。当然，如果依然愿意从事这份工作，首先应该端正态度，决不能整天愤世嫉俗、怨天尤人，而应该投入工作，在工作中快速磨炼和积极探索，不断修正下一步的工作流程和发展方向。已经暂时"锁定"了职业种类的，也不要混日子，应该更加勤奋地不断寻求自我突破，使自己不断跨越新的高度。

4. "事业开拓"阶段

工作10～15年后，当了解了自己的"职业锚"时，"职业"将成为终身的"事业"，开始从前期"职业阶段"中的技能、经验及资金积累走向人生事业的开拓历程。人到中年，基本确定了自己的职业定位，从心理上理解了人生的有限，而自己也开始重新衡量事业和家庭生活的价值，并为实现自己的职业理想、人生价值和事业上的成功去努力奋斗。

5. "事业平稳" 阶段

工作 15 年以后，自己已经步入"不惑之年"，前期"职业锁定阶段"和"事业开拓阶段"已经有了许多积淀。在这个阶段，职业人所需要的是如何使你的事业能够在平稳的过程中持续上升。这期间还要不断地去观察市场、了解市场，不能有丝毫的松懈，所以你可能会感觉很累、很辛苦，但见得多了，承受压力的能力也增大了，获得的经验、体会也就更多。

四、职业流动与职业再选择

由于现在大学生就业难，很多毕业生开始走"先就业再择业"的道路。在市场化配置人才资源的今天，流动是一种非常正常的社会择业现象。毕业生应把自身的职业发展与社会发展的需要紧密结合起来，充分认识职业流动的现实意义，树立正确的再择业观。

（一）职业流动

职业流动（occupational mobility），是指劳动者在不同职业之间的变动，是劳动者放弃又获得劳动角色的过程。简单地说就是在人们进行职业实践以后，寻求更好的、更适合的职业岗位的活动。职业流动是社会流动的形式之一，人才流动再就业也是一种普遍的社会现象。职业流动不同于劳动者的区域流动和职务变动，但是又与劳动者的区域流动和职务变动互为关联，有着密切的关系，往往相伴而发生。俗话说，"人往高处走，水往低处流"，经过一段工作实践之后，对自己所处的社会环境、对自己所从事的职业、对自己的优劣势有了越来越清晰的认识，这些认识都成为我们再次做出职业选择时必不可少的参考条件。

职业流动的方式很多，在同一声望等级的职业系列中，从一种职业流动到另一种职业，称为水平流动。从业者在不同声望等级的职业系列中，从一种职业流动到另一种职业，称为垂直流动或上下流动。在从业者的职业生涯中，职业水平流动与垂直流动的总和，称为一生中的职业流动。记录从业者一生职业流动的轨迹，便可得知劳动者职业生涯模型。两代人之间的职业流动，称为代际流动。科学技术进步与生产力的变革引起社会职业结构的变化，称为结构性流动。由从业者个人自身因素引起、不影响社会职业变化的流动，称为个别性流动。引发职业流动的有社会原因，也有个人原因。自然环境的某些变化，有时也会影响职业的流动。毕业生要更新观念，改变"一次就业定终身"的传统观念，克服由此造成的思想压力与心理负担，树立职业流动的观念，并以"慎重的态度"对待第一次就业。

（二）职业流动的原则

1. 职业素质与社会需要相匹配的原则

个人素质与社会需要相匹配的原则要求职业人在进行职业流动时，把社会需要作为出发点和归宿，以社会对个人的要求为准绳，把个人意愿和社会需要结合起来、统一起来，不断培养和提升社会所需要的职业素质。包含个人所选择的职业，既是个人所长，又是社会所需；个人所具的个性特点同社会所需要的职业个性特点是基本一致的；个人所处的环境和条件同从事该职业所需要的客观条件相统一；个人职业生涯规划适应于组织职业生涯规划管理。因此，必须要深入、认真地了解社会需要，充分认识自己的素质特点，全面分析个人与社会的最佳结合点。

2. 有利于成才的原则

在职业流动的原则中，如果说适应社会需要是前提，发挥素质优势是标准的话，那么，有利于成才则是职业流动的最高原则。这就要求毕业生在进行职业流动时，要尽量遵循人职匹配这一科学性原则，把事业目标看作择业抉择的第一因素。如果大学毕业生择业不能根据自己的身心特点选择适合自己的职业，而把地区、收入等因素看得过重，就可能会放弃自己喜好又能发挥自身素质优势的岗位而去苦苦追求地域好、工资高的岗位，其结果往往会是虽然一时得到了物质上的满足，但因自身作用不能充分发挥而成为精神乞丐，反而耽误了前程。相反，如果能够从事自己喜爱、适合于自己特长的专业，这就为成才创造了有利的条件，也能更好地将择业愿望与效果统一起来。

3. 职业关联性原则

职业关联性原则是大学生职业流动时应遵循的重要原则。

可以先来做个二选一的选择题：假如你是某重点高中的招聘主管，正在招聘语文教师，此时有两人前来应聘，你会聘用谁？

情况1：A.某大学中文系本科毕业生；B.某大学法律系本科毕业生。

情况2：A.某大学硕士毕业生，本硕均为中文专业；B.某大学硕士毕业生，本科法律专业，硕士中文专业。

情况3：A.某大学硕士毕业生，本硕均为中文专业，具有两年高中语文教学经验；B.某大学硕士毕业生，本硕均为中文专业，具有两年报刊工作经验。

对于以上情况，你能够轻松地作出选择：A.那么，请你思考一下，为什么选A而不是B？这对你的职业流动，甚至职业生涯规划有什么影响呢？

职业关联性原则包括：前后所学的专业之间应该有关联；专业与从事的职业之间应该有关联；前后从事的职业之间应该有关联。

需要注意的是，专业或职业之间是否有关联，不是以专业或职业本身之间的关联来衡量的，而是以要从事职业的要求来判断的。

人生是一个不断积累的过程，这种积累包括人际关系、经验、人脉、口碑……如果常常更换行业，之前的积累就会付之东流，而事实上，35岁以前我们的生存资本靠打拼，35岁以后生存的资本靠的则是积累。

4. "两面都要抓"的原则

在寻求新的工作机会的同时，仍然要集中精力做好现有的工作。不要认为既然要离开，就可以在目前的岗位上混日子，"打一天渔，晒三天网"，这样不但会恶化自己的工作态度，破坏自己的"第一印象"和工作积极性及增长工作经验的机会，同时也会对公司造成不良的影响。具备高度责任感的员工的一个重要行为表现就是对工作的善始善终，这样无论在哪里工作，都能留下较好的职业口碑，更有利于在新的环境中发展。另外，由于现在社会的就业压力很大，换一份理想的工作并不容易，只有做好现在工作的基础上，才能赢得一份更好的新工作。

5. 职业稳定与职业调节相统一的原则

职业稳定是相对的，变化是绝对的，随着社会需要的变化、社会环境与客观条件的变化，择业者需要不断提高自身素质、调整职业目标。职业稳定与职业调节相统一，实现人与职业总体和谐，这是社会稳定和发展的基础。对于毕业生来说，综合考虑择业的各种影响因素，充分利用各种求职途径，选择最适合自己的职业，并在自己岗位上发光发亮，则是择业者应有的权利，同样也是择业者必须承担的一份社会责任。对于国家和社会来说，采取各种有利于推进就业创业的政策措施，积极鼓励大学生各尽其才，也是其责无旁贷的任务和责任。所以，要实现职业稳定和职业调节相统一，最主要的还是需要从业者应不断提高自身的职业素质，主动适应职业发展对人才的需要。

（三）再择业时应注意的问题

当我们面对再次择业时，需要注意以下几个方面。

1. 客观分析，准确定位

自我认识一定要全面、客观、深刻，绝不能规避缺点和短处。每个人都有自己独特的技能、天赋和能力，有自己喜欢、擅长的某个或某些领域；同样，也有自身的劣势和不喜欢的事情。经验或经历中所欠缺的方面，最不擅长的是什么，等等。在考虑转行的时候，一定要全面客观地分析自身的具体情况，最好多参考父母、朋友、同学、师长、专业咨询机构等的意见和建议，结合自己性格特点、兴趣爱好、志向理想选择一个更适合自己、更有发展空间的职位。通常可以列出自己今后可能的3~4个工作机会，以及实现每个工作机会自身的优势、劣势及可能的机遇和威胁，进而从中选择一个最适合自己的机会。可以不断地向自己提问，从自我探寻中进一步了解自己。譬如可以问自己，与潜在竞争者相比，自己专业上有没有优势？自己最希望就业的是哪个行业？这些问题都是为了能够进行系统的思考，准确定位后，最终做出一个冷静的决策。

2. 再择业要坚决果断

人无完人，工作单位也不是十全十美的。再次择业时，可能也会面临岗位不尽如人意的情况。因此，面对众多的用人单位，择业者必须把握自己的条件，结合单位的要求，进行综合比较，权衡利弊，做出科学的、果断的取舍。一味地等待，只能坐失良机。特别是转行时行动更要坚决果断。据调查，往往在原有领域走得越远，造诣越深的人，转做其他行的难度越大。但只要认为转换行业方向是正确的，对自己未来的发展更有好处，就不要再犹豫。因为等待、观望的时间越长，需要付出的代价也就越大。如果我们将这些都看做是一种投资的话，那么整个事情就变得相对简单，你并不是在换工作，而是在对一个新领域进行投资，而且它将给你带来巨大的收获。

3. 对于刚进入职业社会的人而言，工作经验和经历是最大的弱势

如果不是工作非常不合适，入职后的前两年最好保持工作稳定。但也可以选择"换岗位不换单位"的策略。现在很多大型企业采用内部招聘的形式——企业在留住人才的同时，也给人才职业调整的机会，可以通过内部应聘选择公司中更加适合的其他岗位，以实现资源优化配置的目的。同时也要注意，内部招聘的企业对经常跳槽的人一般是不欢迎的，所以要慎重设计自己的职业道路，不要在转行中让自己走弯路。此外，就业后频繁地跳槽既不利于自身核心能力的培养，也不利于正确的职业选择，搞不好还会导致个人的信用危机。

4. 再择业要充分了解新的用人单位情况

对新单位的了解非常重要，再次择业前，要先了解该单位的情况，如单位所在地、规模、架构、背景、经营模式、目前的发展状况和未来的发展规划，还要了解你转去的岗位与你的专业、兴趣是否一致，工作环境是否较原来有所改善，待遇是否合理，发展空间有多大，还需要注意你要转换单位的人事变动情况等。如果无法得到书面资料，也要设法从该单位或其他同行中获得情报，包括业绩的表现、活动的规模、今后预定拓展的业务和单位的文化等，从而判断出它的环境是否公平、单位上升通道是否通畅等，避免因急于求成而做出错误的决策。多做了解，充分准备，防止掉进"新坑"。

5. 要善于处理好新旧职场之间的关系，整合资源

商业社会，职业流动本是平常事，但需注意，在职业流动过程中，要尽量避免负面影响。有竞争关系的公司间转换工作是正常的事，但这更是考验一个人的道德与诚信的时候。无论是单位发展还是个人发展，遵守竞争原则，恪守商业准则，都是获得单位认可的基石。同时，不要误以为流动就意味着对过去的结束和否定，而要积极处理好新旧职场的各种关系，提炼出积极有用的东西。原公司的领导、同事、朋友都是你的人力资源库，不妨珍惜这一大笔财富。因此，在职业流动的过程中要善于整合自己和原单位的内外资源，尽快投入到新工作中。

6. 要做到失业不失志、不失德

毕业生在再择业的过程中，可能会出现暂时的失业问题，这就必须做好充分的思想准备，做到重振精神，"失业不失志"。首先，要对自身职业素质进行反思，勇于自我"解剖"，针对自身的职业素质缺陷，主动充实自己。其次，要对再择业环境进行反思。如果发现再择业并非是自身职业素质，而是社会不良风气所致，则更应树立自立自强的上进精神，顽强进取，寻找重新就业的机遇。要懂得"卓越的人的优点是在不利与艰难的遭遇里百折不挠"。许多人在第一次的就业中，就已积累了一定的职业经验，要敢于发挥自己的职业潜能，向那些与原有职业相通或相近的职业大胆进攻，争取更大的发展，争取最后的成功！

五、职业生涯发展成功的要素和标准

（一）职业生涯发展成功的基本要素

入职后的大学毕业生在通往成功的路并不平坦。要想获得职业生涯发展的成功，除了环境因素的影响之外，个人因素是起决定性的因素之一。

1. 自信心

自信心代表着一个人在事业中的精神状态和把握工作的热忱以及对自己能力的正确认知。自信心强，工作起来就有热情有冲劲，可以勇往直前。当然，有时候我们也会面对失败和挫折，但这些并不可怕，每当你经历一次打击，就学到一份知识，积累一次力量和勇气。所以，在任何困难和挑战的面前首先要相信自己。

2. 目标

没有明确的目标，犹如在黑夜里行走，容易盲目。无论你在想什么还是在做什么，如

果没有方向，也就没有成功可言。李时珍花了 27 年的时间写成了《本草纲目》；曹雪芹也用了十年的时间写成了《红楼梦》。这些人除了有非凡的才能之外，就是具有明确的目标。

3. 能力

能力是与自己所学的知识、工作的经验、人生的阅历和长者的传授相结合的。专业并不决定未来的职业，职业素质才是决定人生方向的关键。能力的培养是和吸收新知识、新经验密不可分的。因此，毕业生要不断地充实自己，提高自身的能力，只有这样才能取得职业成功。

4. 意志力

许多事没有成功，不是因为构想不好，也不是没有努力，而是没有坚强的意志力，在遇到某些挫折时就开始放弃。要想取得职业成功，就必须培养自己坚强的意志力，把挫折当做前进的阶梯，不断追求。

5. 创新

在这个不断进步的时代，大学生应培养创新性的思维，要紧跟市场和现代社会发展的节奏，不要一味地在传统的理念里停滞不前。在工作中要不断注入新的想法，提出有创造性的建议。

6. 规划

中国学生的"思想教父"李开复先生的职业生涯无疑是成功的，从他的人生选择中我们深刻地体会到：一份工作是暂时的，而职业的发展是永恒的。职业生涯是可以自己设计的！成功的人生需要正确的规划，你今天站在哪里并不重要，但是你下一步迈向哪里却很重要。

（二）职业生涯发展成功的标准

每个人都希望事业有成，但对成功的认识各不相同。世界上并不存在人人都适用的唯一成功标准，只要人尽其才，才尽其用，就算成功。有学者提出了"职业成功"的六条具体标准：第一，工作成果比较突出；第二，职务晋升比较快；第三，工资收入和获奖比较多；第四，受到人们的赞美、尊敬、羡慕；第五，自己有独到的见解或超尘脱俗的做法，而不受社会不同舆论的影响；第六，个人的职业生涯目标最终得以实现，有一种成就感。

职业生涯成功与否，许多学者认为应进行全面评价。全面评价就是综合考虑个人、家庭、组织、社会等各方面因素。因此，是否成功的评价可分为自我评价、家庭评价、组织评价和社会评价四种。如果能在这四方面都得到肯定的评价，则其职业生涯应视为成功。

人生在世，事业为本。大学毕业生要认识到职业岗位才是自己成才的舞台，才是自己施展才华、取得成就的场所。只有立足岗位、踏实肯干、善于探索，才能尽快成才。因此，大学毕业生要勇于实践，将理论和实践相结合，在实践中继续学习、不断总结、逐步完善、有所创新。只有不断调整和提高自己，才能在充满竞争的社会中到达成功的彼岸。

参考文献

1. 霍尔顿 . 在组织中高效学习 . 沈亚萍，刘争光，李冲，等，译 . 北京：机械工业出版社，2016.

2. 茶金学，万晓定，徐步朝 . 大学生职业发展与就业指导 . 北京：北京理工大学出版社，2013.

3. 刘怡娟 . 职业生涯规划：从职场走向成功的第一步 . 北京：中国人民大学出版社，2013.

4. 刘平，张文 . 大学生职业生涯规划与就业指导 . 北京：高等教育出版社，2017.

5. 庄明科，谢伟 . 大学生职业素养提升 . 北京：高等教育出版社，2016.

6. 林奇清 . 大学生职业生涯规划与管理：我的生涯，我做主 . 北京：科学出版社，2016.

7. 王培玲，席波，王湘君 . 职业生涯规划 . 北京：清华大学出版社，2015.

8. 马天威 . 大学生职业生涯发展指导 . 沈阳：东北大学出版社，2017.

9. 摩根 . 重新定义工作：大连接时代职业、公司和领导力的颠覆性变革 . 刘怡，译 . 北京：人民邮电出版社，2015.

10. 刘铸，刘献文 . 大学生职业生涯发展与规划 . 沈阳：辽宁大学出版社 .2011.

11. 姜而岚，吴成国 . 大学生职业生涯与发展规划 . 北京：人民交通出版社，2011.

12. 王璐，苏贻涛 . 大学生职业生涯规划理论与策略 . 吉林：吉林大学出版社，2012.

13. 付晓容 . 浅谈大学生职业素养的培养 . 教育与职业，2008（15）：164-165.

14. 黄文琳 . 网络时代大学生职业素养的培养途径分析 . 萍乡高等专科学校学报，2013（5）：93-96.

15. 张文宏，刘琳 . 职业流动的性别差异研究：一种社会网络的分析视角 . 社会学研究，2013（5）：53-75.

16. 张再生 . 职业生涯规划 . 天津：天津大学出版社，2014.

17. 陈建 . 职业生涯规划 . 北京：北京理工大学出版社，2011.

18. 王占军 . 大学生职业生涯规划咨询案例精编 . 上海：华东师范大学出版社，2017.

19. 龙进，肖红伟 . 地方高校大学生职业发展与就业指导 . 北京：北京大学出版社，2010.

20. 宋景华，刘立功 . 大学生职业发展与就业创业指导 . 北京：高等教育出版社，2010.

21. 刘铸，刘献文 . 大学生职业生涯规划 . 大连：大连理工大学出版社，2010.

22. 关健，丁宏 . 大学生职业生涯与发展规划教程 . 哈尔滨：黑龙江大学出版社，2010.

23. 钟谷兰，杨开 . 大学生职业生涯发展与规划 . 上海：华东师范大学出版社，2015.

24. 陈凯 . 我的前程我做主 . 上海：上海交通大学出版社，2010.

25. 董鹏中 . 职业生涯规划 . 北京：高等教育出版社，2017.

26. 龚永坚，戴艳，吴乐央 . 大学生职业生涯规划 . 北京：高等教育出版社，2016.